JN130368

都市木造
デザイン大全

構造や防耐火から接合部のディテールまで

安井昇・日経アーキテクチュア 共著
日経アーキテクチュア 編

はじめに

日本国内における大規模木造時代の幕開けは、1990年代に遡ります。「出雲ドーム」(92年) をはじめ、大断面集成材を利用した大型木造ドームが相次ぎ誕生しています。それを第1世代とするならば、第2世代が生まれる契機は、2000年の建築基準法改正で「性能規定化」が導入され、さらに2010年に「公共建築物等木材利用促進法」が施行されたことです。それにより、規制緩和や技術基準の整備が進展。ホールや庁舎などの大型耐火建築が実現するなど、中大規模木造が一気に花開きました。

最近は、大きく2つの流れが生まれています。1つは、4階建て以上の中高層木質・木造建築の増加です。この規模では耐火建築物とすることが求められ、ここ4 ~ 5年、柱や梁などで、1時間耐火や2時間耐火の構造部材の開発が目立っています。1時間耐火で4階建てまで、2時間耐火で14階建てまでの木造建築が可能になります。

もう1つの流れは、1000m²以下の中規模木造で、地域のシンボルとなるような架構デザインが増えていることです。耐火要件を緩和して、架構を現しとしています。一般の流通製材で20m超のスパンを実現する例、中断面集成材で、格子状のトラス架構をつくる例など様々。製材、集成材にこだわらず、適材適所で特徴的なデザインを実現しています。

こうした中大規模木造の流れを踏まえ、本書には、公共建築物等木材利用促進法の施行後、その成果が表れ始めた2013年以降のプロジェクトを約30件収録しました。いずれも日経アーキテクチュアに掲載した注目プロジェクトです。

PART1では、集成材を用いた中大規模木造にスポットを当てています。大型の耐火建築物から、架構のデザインを競う最近の中規模木造までを集めています。続くPART2では、地方自治体の要望を受け、地元産の製材を用いて地域の象徴ともいえる中大規模木造を実現した事例を取り上げました。なかには、製材の新たな利用法として、カンナがけ前のテクスチャーを柱や梁の意匠に生かす例も出ています。

PART3では、大空間建築や中高層建築で、鉄筋コンクリート造とともに木造を用いた混構造の例、木造自体を混構造としたケースを集めました。後者は、在来軸組み工法と、LVL (単板積層材) やCLT (直交集成板) など新たな木質建材を利用した構造との複合です。

PART4では、木造建築の設計に当たって、避けては通れない防火や耐火について、防耐火の第一人者である安井昇氏 (桜設計集団代表) に解説してもらいました。併せて、2018年の建築基準法改正で、防耐火に関する設計がどう変わるか、概略を説明いただきました。

最終のPART5には、都市住宅の代表事例を集めました。耐火構造が求められる4層木造に、国内で初めて挑んだ集合住宅のほか、木造3階建ての小住宅に国土交通省の告示による外壁耐火をいち早く導入した例など、先駆的なケースを収録しています。

このほか、「構造設計者の視点」として、中大規模木造の総括のほか、木造拡大に向けた今後の展望をお聞きしました。本書が、中大規模木造を理解する一助になるとともに、設計実務の幅を広げるのに少しでもお役に立てば幸いです。

日経アーキテクチュア編集

各記事中の所属や肩書、写真、図版は原則として初出時のものです。
記事は初出時の情報に基づいており、現在では異なる場合があります。
初出記事の掲載号は、246ページをご覧ください。

都市木造デザイン大全

表紙・カバー写真：浅田美浩、イクマサトシ、スタジオ・クハラ・ヤギ、平井広行、安川千秋、吉田誠

CONTENTS

OPINION 構造設計者の視点 160

PART 4 防耐火の法規と技術を知る 167

PART 5 都市住宅を攻略する 221

PART

1

進化する中大規模木造

木材利用の拡大に向けて期待される中大規模木造では、様々な新しい取り組みが見られる。
耐火性能の追求から、伝統技術の応用、
最新の加工技術の利用まで、集成材を用いた最新事例を取り上げる。

各事例のタイトルで1行目は、左から順番に、「耐火性能」「架構のポイント」「地上階数」を示します。
耐火性能で、「その他」とあるのは、「その他建築物」を表します

イ2準耐火　集成材による大スパントラス梁+ラチス壁 | 2階建て

住田町役場 ［岩手県住田町］

設計：前田建設工業・長谷川建設・中居敬一都市建築設計JV、近代建築研究所（意匠）

トラス梁とラチス壁で大スパンの木造庁舎

岩手県の内陸に位置する住田町に、新しい木造庁舎が完成した。長さや太さの限られた部材を用いて、凸レンズのようなトラス梁や、斜め格子のラチス壁を構築。ニーズの変化に対応しやすい大スパンの木造架構を実現した。

約600m²の無柱空間が広がる2階執務室。天井に見える凸レンズのような形状のトラス梁で21.8mのスパンを飛ばしている。トラス梁は湾曲集成材ではなく、長さ約5mのカラマツの中断面集成材を3本組みで構成した（写真:15ページまで特記以外は吉田 誠）

〔写真1〕**外周の庇で雨から守る**
1.8m間隔で49列のトラス梁が並ぶ。内外ともに、構造の木材を現しとした。外壁の雨がかりを防ぐために、建物の外周に3.6m以上の庇を張り出した

北上山地の森に包まれた岩手県南東部の住田町に2014年9月、新しい役場が完成した。地上2階建て、延べ面積2900m²弱の木造建物だ。長さ76m、幅22mの長方形の建物に、凸レンズ状に組んだトラス架構が、深い庇を出して載る〔写真1〕。

この架構も含め、主要構造部は集成材で組み上げている。約711m³の構造材の約7割は、住田町産のスギとカラマツを使用。燃えしろ設計（表面が燃えても構造耐力上支障のない断面としておく設計手法）による準耐火建築物とし、構造材を被覆せず、内外で現しにしている。

住田町総務課庁舎建設室の菅野享一室長補佐は、「10年ほど前から『森林・林業日本一の町づくり』を旗印に地域振興に取り組んでいることもあり、当初から内外に木が見える木造で考えていた」と説明する。

1957年に建てられた旧庁舎は、鉄筋コンクリート造だった。東日本大震災で被災し、災害対策拠点として使えなかった反省から、住田町は新庁舎の建設を急いだ。旧庁舎の隣地にできるだけ短期間で完成させるために2012年秋、設計・施工一括型のプロポーザルを実施。前田建設工業など3社のJVを選定した。

プロポーザルの要件で、JVの構成員が「3者以内」とされていたため、そこに名前は含まれていないが、当初から意匠設計と構造設計の2社を加えた計5社で協働している。

堅固な木造スケルトン

「この先、何十年も使っていくには、変化するニーズに柔軟に対応できる大空間を用意しておく必要がある」。意匠設計を担当した近代建築研究所（東京都武蔵野市）の松永安光代表は設計の基本姿勢をそう話す。

その言葉通り、この建物は4つの大空間でシンプルに構成されている。建物の南寄りには、2層吹き抜けの交流プラザと町民ホールの2つの大空間〔写真2〕。執務室のある北寄りは、建物の端部に耐力壁をまとめてあり、1、2階とも700m²以上の大空間だ。この空間は、間仕切り壁で仕切ることもできる〔写真3〕。

木造でこうした柔軟性の高い大空間を実現できた背景には、構造と防火の2点からの設計の工夫がある。

構造上の工夫は、建物を覆うトラス梁の架構と、外壁に設けた耐力壁だ。トラス梁は、長さ約5mの中断面部材を組み合わせて、建物の幅に当たる21.8mのスパンを飛ばしている。さらに、外壁の随所に2種類の耐力壁を配置した。構造用合板で固めた耐力壁と、光や風を通すラチス状の耐力壁だ。壁倍率は、前者が約14倍、後者が約9倍。岩手県内の庁舎は、通常の1.25倍の耐震強度が必要だが、この建物は堅固なスケルトンによって、それを上回る1.5倍を確保している〔写真4、5〕。

面積区画なしの大空間

一方、防火上の工夫は、面積区画

〔写真2〕**2層吹き抜けの大空間**
庁舎のエントランスに当たる2層吹き抜けの交流プラザ。樹齢60～140年という4本のスギの丸太柱は、町民の寄贈などによるもので、構造体とは切り離して自立させている

〔写真3〕
構造材が現しの準耐火建築物
内部に柱や耐力壁のない2階の執務空間。空調設備などがある箇所を除き、天井材は張っていない。燃えしろ設計による準耐火建築物で、トラス梁や柱といった主要構造部を現しとしている

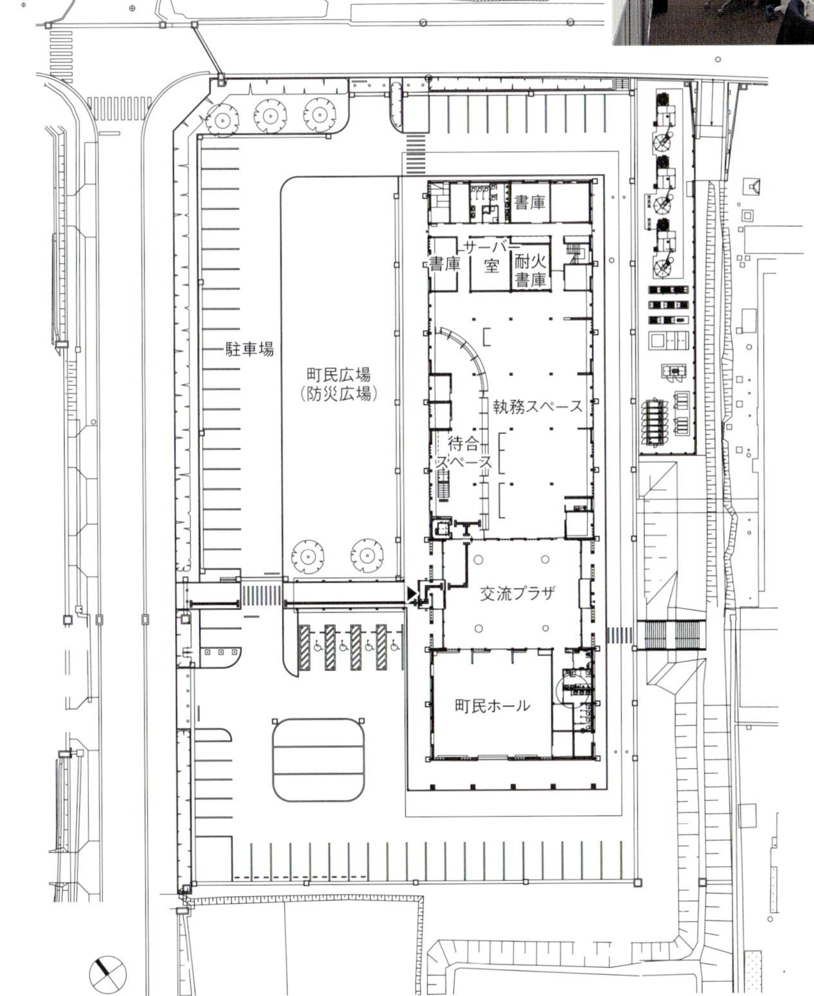

1階平面図 1/1,000

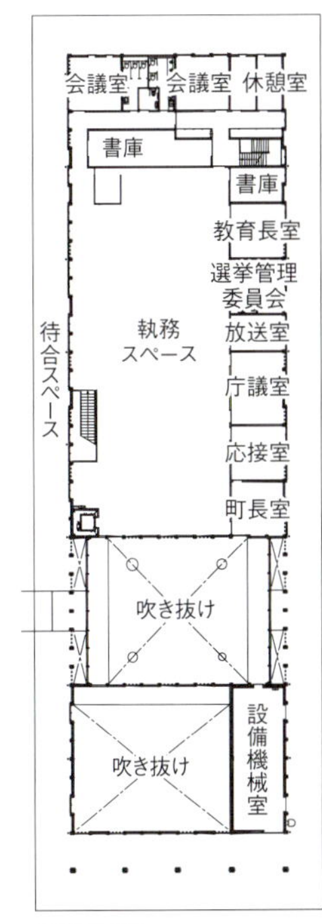

2階平面図

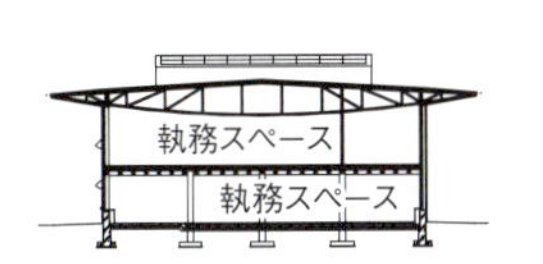

断面図 1/1,000

〔写真4〕**通し柱は中断面材の2丁合わせ**
2層吹き抜けの町民ホール。災害活動拠点としての使い方も想定しており、正面の扉からはトラックが出入りできる。外周の通し柱は、断面寸法150×300㎜のスギ集成材の2丁合わせ

の控除だ。この建物は、防火・準防火の指定地域になく、特殊建築物でもない。そのため、防火の制限を受けるのは、規模のみだ。延べ面積が3000m^2以下の2階建てのこの建物は、「法規制によらない準耐火建築物」に該当し、1500m^2ごとの「面積区画」が求められる。しかし、面積区画が適用されると、柔軟性の高い大空間はつくりにくい。

そこで着目したのが、建築基準法施行令112条第1項。その規定によると、スプリンクラー設備を設けると、床面積の半分が面積区画から控除される。この建物の場合、延べ面積約2900m^2の半分に当たる約1450m^2が控除され、残る面積が1500m^2を下回るため、面積区画が不要になった。空間の柔軟性を損ないかねないシャッターなどの防火設備も建物内に設けずに済んだ〔写真6〕。

独特な架構を持つ木造だったこともあり、事業の過程ではBIM（ビルディング・インフォメーション・モデリング）を採り入れた。「町の関係者や現場の職人に対して、木材が組み上がるイメージを伝えやすく、木造でBIMが有効だと確認できた」と、

前田建設工業建築事業本部企画・開発設計部の鈴木章夫部長は話す。

町ぐるみでつくった住田町庁舎では、今後、2層吹き抜けの交流プラザでのイベント開催など、町民を巻き込んだ活用方法も検討していく。

住田町役場

所在地：岩手県住田町世田米字川向88-1　主用途：庁舎　地域・地区：都市計画区域および準都市計画区域外、法22条区域　建蔽率：30.7％（指定なし）　容積率：36.6％（指定なし）　前面道路：北西14.5m、北東9.0m　駐車台数：61台　敷地面積：7881.03m²　建築面積：2405.42m²　延べ面積：2883.48m²　構造：木造　階数：地上2階　耐火性能：イ2準耐火建築物　各階面積：1階1682.79m²、2階1200.69m²　基礎・杭：直接基礎　高さ：最高高さ11.23m、軒高8.83m、階高3.85m、天井高3.51m　主なスパン：7.28×5.46m　発注者：住田町　設計・監理者：前田建設工業・長谷川建設・中居敬一都市建築設計JV　設計協力者：近代建築研究所（意匠）、ホルツストラ（構造）　監理監修者：松田平田設計　施工者：前田建設工業・長谷川建設・中居敬一都市建築設計JV　施工協力者：岩手電工（電気）、双葉設備アンドサービス（空調・衛生）、中東、住田住宅産業、坂井建設（以上、木造軸組み工事）、中東、三陸木材高次加工協同組合、協同組合さんりくランバー（以上、集成材製作）、中東、けせんプレカット事業協同組合、秋田グルーラム（以上、プレカット）　運営者：住田町　設計期間：2012年12月～13年7月　施工期間：2013年8月～14年8月　開庁日：2014年9月16日　設計・監理費：5715万円　工事費：11億9144万8800円

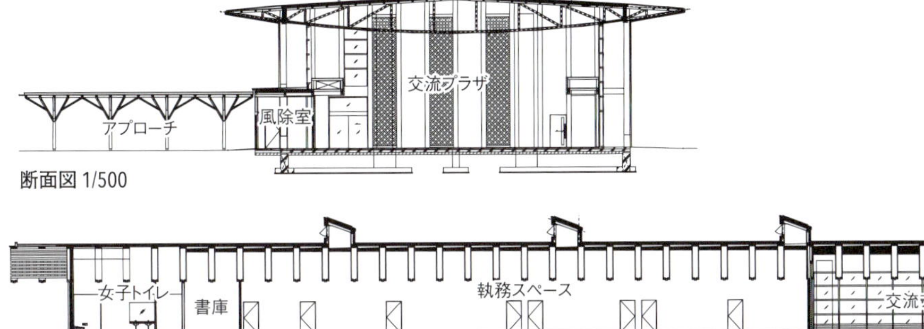

断面図 1/500

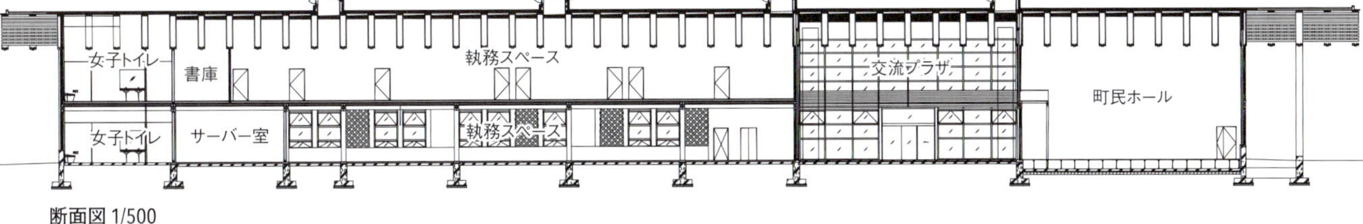

断面図 1/500

〔写真5〕**光と風を通す壁倍率9倍のラチス耐力壁**

西面の夕景。随所に配置されたラチス壁は、壁倍率9倍相当の耐力壁。断面90㎜のスギ集成材で構成。光や風を通す耐力壁として、構造設計者の稲山正弘氏と、接合金物メーカーのグランドワークス（富山県滑川市）が共同開発したもの

〔写真6〕**材料調達と使い勝手からスパンを決める**

1階の執務室は、2階の床を支える柱が7.2m間隔で並ぶ。7.2mというスパンは、調達可能な梁材の長さと、課ごとのデスク配置がしやすい寸法から決まった

中断面集成材で無柱の大空間

長さ約5mのカラマツ集成材を下弦材に用いたトラス梁で、スパン21.8mの大空間を支える。それぞれの下弦梁は3本の集成材で構成した

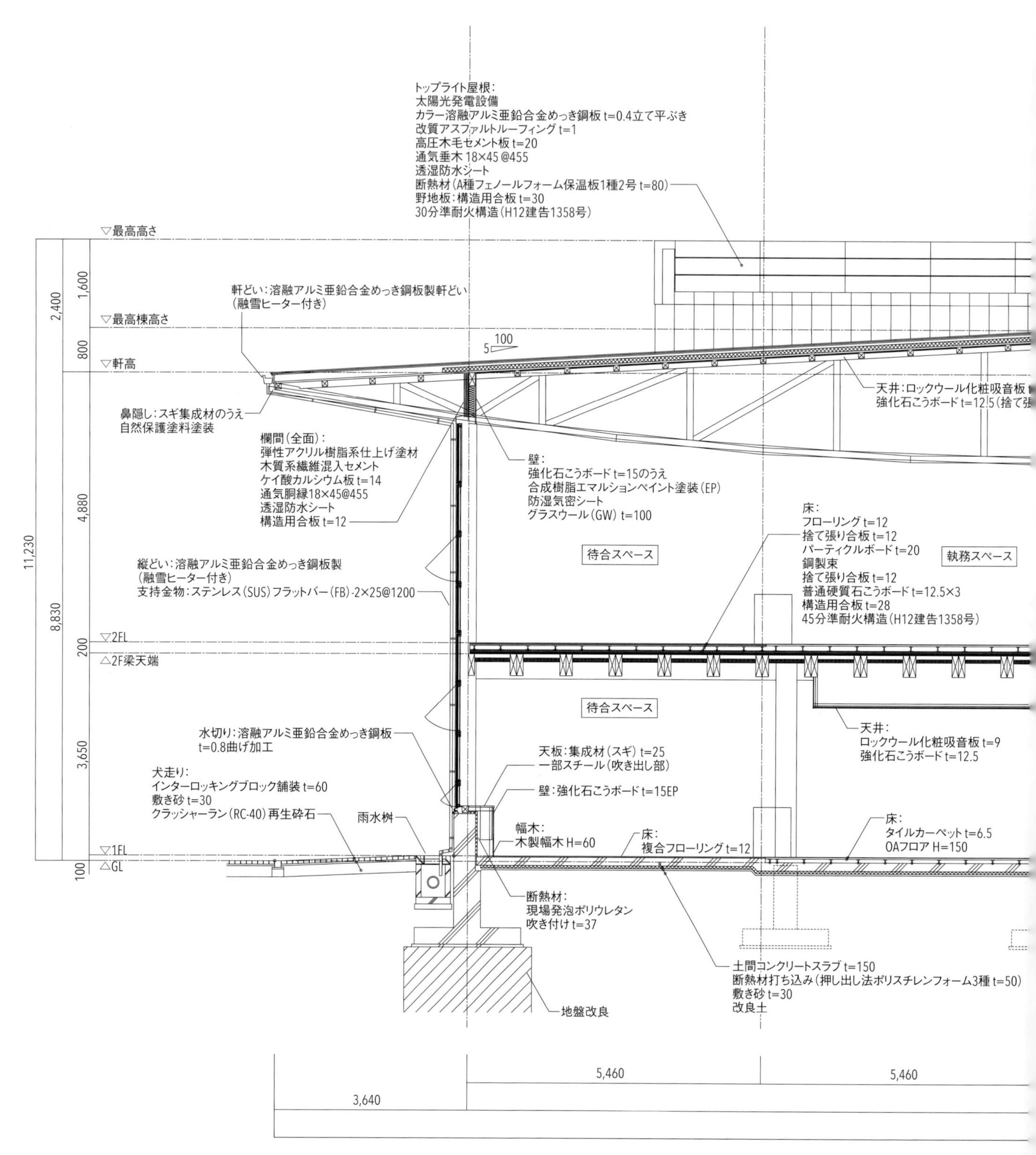

断面詳細図 1/100

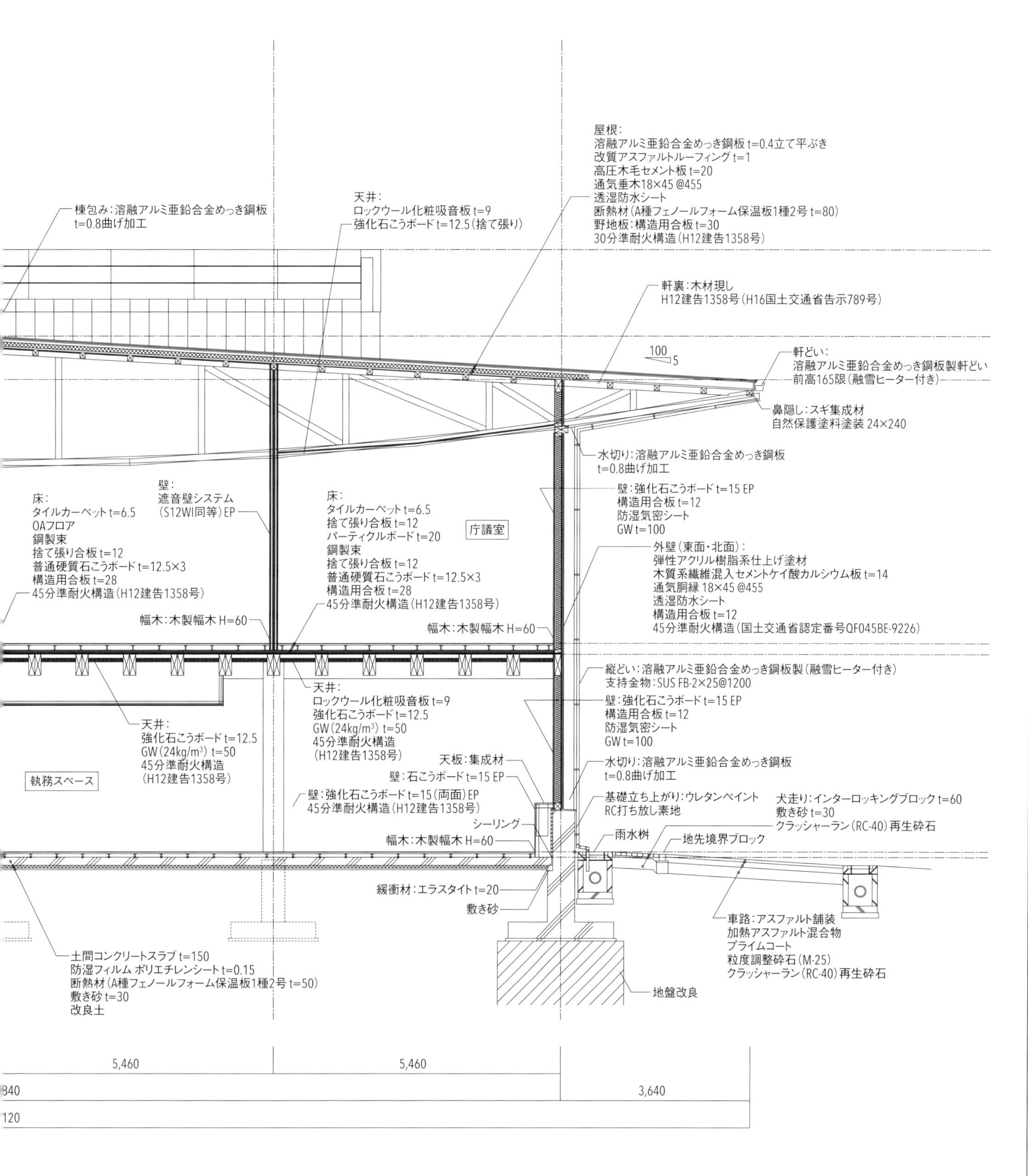
屋根:
溶融アルミ亜鉛合金めっき鋼板 t=0.4立て平ぶき
改質アスファルトルーフィング t=1
高圧木毛セメント板 t=20
通気垂木18×45 @455
透湿防水シート
断熱材(A種フェノールフォーム保温板1種2号 t=80)
野地板:構造用合板 t=30
30分準耐火構造(H12建告1358号)
棟包み:溶融アルミ亜鉛合金めっき鋼板
t=0.8曲げ加工
天井:
ロックウール化粧吸音板 t=9
強化石こうボード t=12.5(捨て張り)
軒裏:木材現し
H12建告1358号(H16国土交通省告示789号)
100
5
軒どい:
溶融アルミ亜鉛合金めっき鋼板製軒どい
前高165限(融雪ヒーター付き)
鼻隠し:スギ集成材
自然保護塗料塗装 24×240
水切り:溶融アルミ亜鉛合金めっき鋼板
t=0.8曲げ加工
壁:
遮音壁システム
(S12WI同等)EP
床:
タイルカーペット t=6.5
OAフロア
鋼製束
捨て張り合板 t=12
普通硬質石こうボード t=12.5×3
構造用合板 t=28
45分準耐火構造(H12建告1358号)
床:
タイルカーペット t=6.5
捨て張り合板 t=12
パーティクルボード t=20
鋼製束
捨て張り合板 t=12
普通硬質石こうボード t=12.5×3
構造用合板 t=28
45分準耐火構造(H12建告1358号)
庁議室
壁:強化石こうボード t=15 EP
構造用合板 t=12
防湿気密シート
GW t=100
外壁(東面・北面):
弾性アクリル樹脂系仕上げ塗材
木質系繊維混入セメントケイ酸カルシウム板 t=14
通気胴縁 18×45 @455
透湿防水シート
構造用合板 t=12
45分準耐火構造(国土交通省認定番号QF045BE-9226)
幅木:木製幅木 H=60
幅木:木製幅木 H=60
縦どい:溶融アルミ亜鉛合金めっき鋼板製(融雪ヒーター付き)
支持金物:SUS FB-2×25@1200
壁:強化石こうボード t=15 EP
構造用合板 t=12
防湿気密シート
GW t=100
天井:
ロックウール化粧吸音板 t=9
強化石こうボード t=12.5
GW(24kg/m³) t=50
45分準耐火構造
(H12建告1358号)
天井:
強化石こうボード t=12.5
GW(24kg/m³) t=50
45分準耐火構造
(H12建告1358号)
執務スペース
天板:集成材
壁:石こうボード t=15 EP
壁:強化石こうボード t=15(両面)EP
45分準耐火構造(H12建告1358号)
水切り:溶融アルミ亜鉛合金めっき鋼板
t=0.8曲げ加工
基礎立ち上がり:ウレタンペイント
RC打ち放し素地
犬走り:インターロッキングブロック t=60
敷き砂 t=30
クラッシャーラン(RC-40)再生砕石
シーリング
幅木:木製幅木 H=60
雨水桝
地先境界ブロック
緩衝材:エラスタイト t=20
敷き砂
車路:アスファルト舗装
加熱アスファルト混合物
プライムコート
粒度調整砕石(M-25)
クラッシャーラン(RC-40)再生砕石
土間コンクリートスラブ t=150
防湿フィルム ポリエチレンシート t=0.15
断熱材(A種フェノールフォーム保温板1種2号 t=50)
敷き砂 t=30
改良土
地盤改良
5,460
5,460
840
3,640
120

MORE FOCUS

地産地消のプロトタイプを目指す

住田町は木材の産地であることから、設計チームは、当初から地産地消の木造を目指した。町内の森林資源や林業関連設備の能力に加え、完成後の維持管理も見据え、“町内で賄える木造” を設計した。

「地元で、しかも大型の木造の建設に関わるのは新鮮だった」。そう振り返るのは、住田町役場に多くの構造用集成材を供給した地元の集成材メーカー、三陸木材高次加工協同組合営業部の紺野利勝課長だ。普段、つくっているのは、一般的な住宅用の小中断面の集成材。出荷してしまうと、その後の使われ方は追いきれない。それが住田町役場では身近に形となって現れた。構造材が現しの庁舎は、今や顧客を案内する“モデルルーム”だ。

「プロポーザル参加時から提案してきた地域密着型の木造建築をつくることができた」。そう手応えを口にするのは、設計を担当した近代建築研究所の高山久氏だ。工事が始まると地元に常駐し、建設に携わった地域の企業などとの調整を図りながら、監理してきた。

中断面材で22mスパン

設計チームは当初から、地域を強く意識していた。「原木の調達から、製材、プレカット、建設、そして維持管理までを、地元の企業などが参画できるようにつくるのが、公共施設の本来の姿だと思う。そのプロトタイプを示すことができた」。そう話すのは、構造設計を担当したホルツストラ（東京都杉並区）を主宰し、東京大学大学院木質材料学研究室教授でもある稲山正弘氏だ。

稲山氏が言うプロトタイプとは、地域で木造をつくるためのプロセスを意味する。設計チームは、地域で調達できる木材をはじめ、製材所や集成材メーカー、プレカット工場の能力などを、事前に調べた。町内にひと通りそろっているが、大断面や長尺の製材や集成材を、大量に調達

〔写真7〕
町内で集成材の製作からプレカットまで
ラチス梁を構成するカラマツの集成材の多くは、製作もプレカットも町内の工場で手掛けた。各部材は人力で運べ、現場で地組みしてから据え付けた（写真：右の2点は近代建築研究所）

〔図1〕**長さ7m以下の中断面集成材による構造**
各部の構造部材は長さ7m以下の中断面材を2～3本組みにして構成している。トラス梁はカラマツ、通し柱はスギの集成材。接合部は、一部を除き一般流通する接合金物を使用（資料：近代建築研究所）

するのは難しい。「長さ7mまでの中断面材で、いかにして大空間をつくるか」（稲山氏）が鍵となった。

それを象徴する1つが、建物の幅である21.8mを飛ばすトラス梁だ。1.8m間隔で49列ある。各トラス梁は、断面寸法が240×120㎜の集成材1本を、150×120㎜の2本で両側から挟み込んだ3本組み。各部材の長さは5m程度だ。両側の2本と、中央の1本との両端部をずらし、互い違いにかみ合わせてつなぐことで、大スパンを可能にした。下弦材は曲線状に見えるが、すべて直線の部材で構成されている〔写真7、図1〕。

構造材だけではない。仕上げ材に使ったスギは、原木調達から施工まで、ほぼすべて町内で行った。耐力壁の外装仕上げに張った「よろい壁」は、地元の住田住宅産業が考案し、施工したものだ〔写真8〕。「地元の大型施設であるだけに、大工の意気込みが違った。細部までこだわった。例えば、この板材は、万が一、劣化した際も、部分的に簡単に取り替えられる仕組みになっている」と、同社の佐々木一彦代表は話す。

そのよろい張りの外壁がある建物の外周には、3.6m以上の深い庇が張り出す。「外壁の雨がかりがないので、維持管理は心配していない。コストのかかる足場を設けず、高所作業車で作業できる。地元で維持管理しやすい木造になった」と、住田町の菅野室長補佐は、誇らしげに語る。

（松浦 隆幸＝ライター）

〔写真8〕**地元大工のこだわり**
町内のスギでつくった外装の「よろい壁」は、製作から施工まで地元の工務店が手掛けた。表面にビスが現れない仕上げから、施工を踏まえた製作ユニット、劣化時の部分的な交換まで、配慮が行き届いている（写真：左は近代建築研究所）

1時間耐火 **耐火集成材による組み柱+立体トラス | 3階建て**

南陽市文化会館 [山形県南陽市]

設計：大建設計

国内最大の木造ホール
トラスと組み柱で大架構

国内最大規模の木造公共建築として注目されてきた。1403人収容の大ホールでは、立体トラスと耐火集成材の組み柱から成る巨大架構を考案。地域のスギを活用するため、基本設計直後から丸太を先行発注して、施工に備えた。

エントランス空間にある交流ラウンジ。山形県を取り巻く8つの山を象徴する8本の柱が円形に並ぶ。それぞれの柱は、断面が約60㎝角の耐火集成材の外周に、パイン材を張って16角形に仕上げたもの（写真:25ページまで特記以外は安川 千秋）

〔写真1〕**高さ25mの木造ホール**
北隣の南陽市役所から見た全景。高さが25m弱の箱形の部分が1403人収容の大ホール。その左の平屋部分だけは鉄筋コンクリート造で楽屋などが入る。右上の写真は大ホールの建て方が終わった2014年10月の様子（写真：右上は戸田建設）

耐火木造の大型公共施設として注目されてきた山形県南陽市の「南陽市文化会館」が、2015年10月6日にオープンした。エントランス空間には、8本の太い柱が円を描いて並び、来館者を迎える。その先に、大断面集成材の柱と梁で組まれた延べ面積6200m²に及ぶ木造の空間が続く。

施設の核となる1403人収容の大ホールも、もちろん木造だ。それは箱形の外観にも現れている〔写真1、2、図1〕。「音響性能に優れる木造の大ホールを目指した。同様のホールは、おそらく国内には存在しない」。構想段階から事業に携わってきた南陽市みらい戦略課の吉田弘太郎課長補佐は、建設の意図をそう話す。

築45年の鉄筋コンクリート（RC）造の旧市民会館が東日本大震災で被災したのを機に、新しい施設の建設に着手した。当初は、RC造の選択肢も残しながら、木造で実現する道を探った。

大断面集成材の軸組み

木造を目指した理由は大きく2つある。1つは専門家の意見だ。計画に当たり、音楽家の坂本龍一氏や、イベントプロモーターなどによる建設専門家委員会で検討。生の演奏音が効果的に響くとされる木造の大ホールを推す意見があった。それを受けて、「市民の文化振興や、将来の運営面から、一流のアーティストにも選ばれるようなホールにすべきだと考えた」と吉田課長補佐は説明する。

2つめの理由は、地域経済の活性化だ。公共施設の建設に、地域の森林資源を活用すれば、地元経済に効果をもたらし、管理の行き届かない森林の保全も期待できる。

ただし、延べ面積が3000m²を超

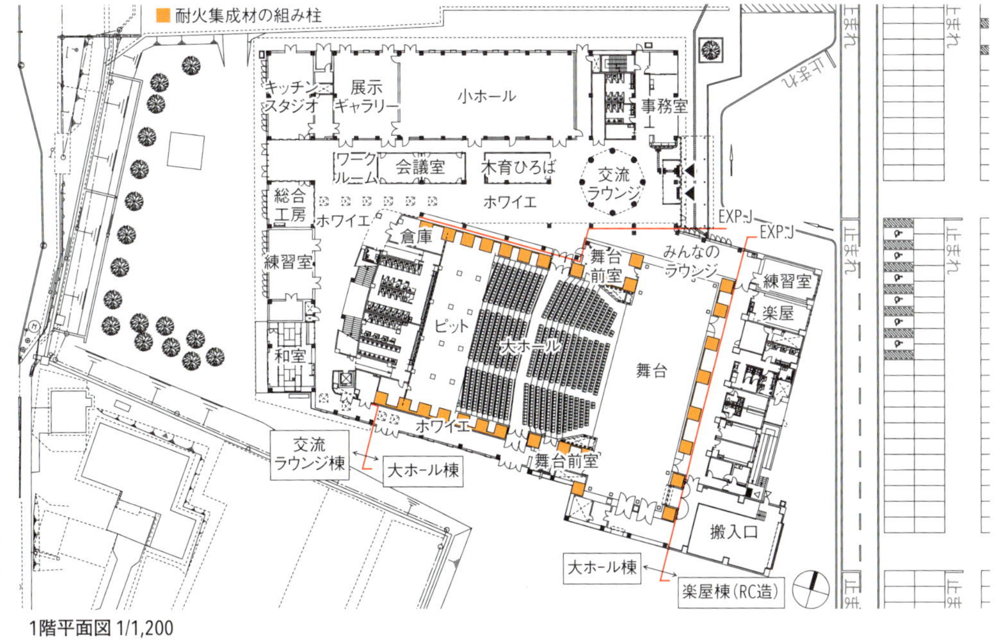

〔図1〕
3棟をエキスパンションでつなぐ
施設全体は、独立した構造の3棟（交流ラウンジ棟、大ホール棟、楽屋棟）を、エキスパンション・ジョイント（EXP.J）で一体化させた構成。利用者のための空間は1階のみで、2階には事務室や倉庫などがある

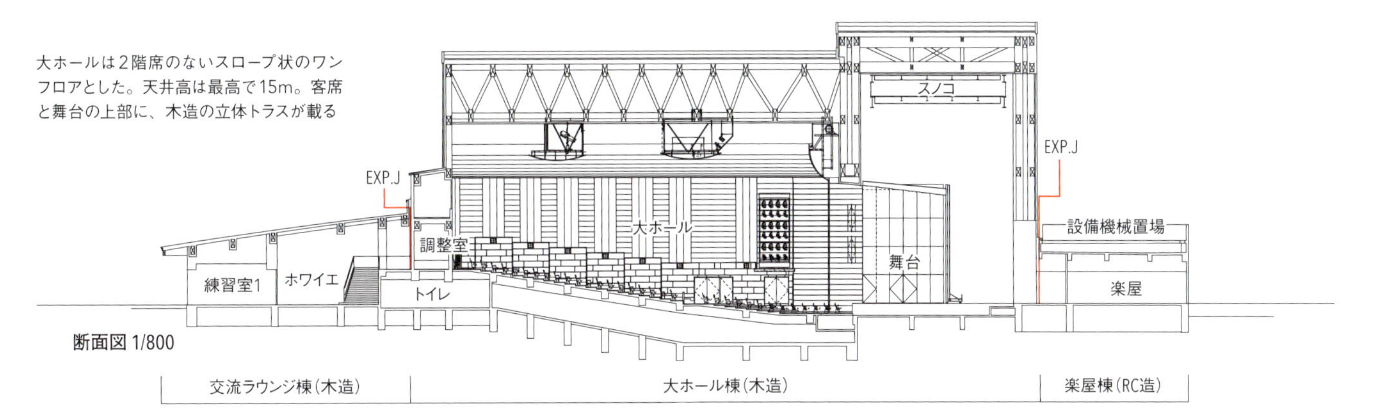

大ホールは2階席のないスロープ状のワンフロアとした。天井高は最高で15m。客席と舞台の上部に、木造の立体トラスが載る

〔写真2〕
ホワイエは2層分の大空間
大ホール沿いに続くホワイエは、2層分の高さがある大空間。耐火集成材の柱や、耐火被覆した梁型をそのまま現している。右手の階段は、大ホールの入り口

〔写真3〕**28mの大スパン**
大ホールの床面積は約1400m²。側面の壁の上部には、構造部材であるスギの「組み柱」の一部を現しとしている。それ以外の壁と天井は、日本木造住宅産業協会の大臣認定工法を用いて、全体を耐火構造とした

〔写真4〕**高さ5mの立体トラス**

大ホールを覆う立体トラス。スギよりも強度が高いカラマツの集成材を用いた。上下弦材の高さは1m以上、トラス全体の高さは5m近くある。トラスに使った木材は耐火部材ではないので、その上下に耐火構造の天井と屋根を張った（写真：3点とも戸田建設）

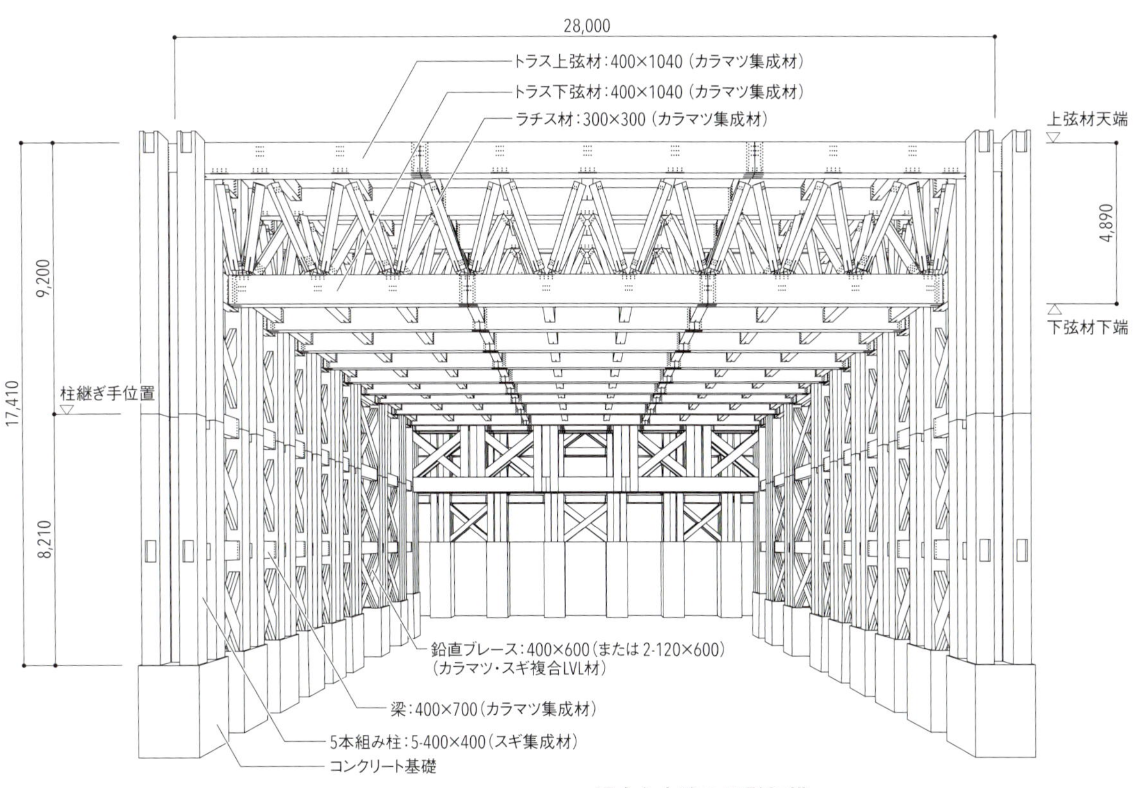

大ホール木造架構パース 1/250

〔図2〕**巨大な木造の門形架構**

スパン28mの立体トラスと、高さ17mの組み柱による門形架構で支える。数m間隔で並ぶ組み柱同士は、梁やブレースでつないだ。巨大な門形架構全体を、耐火構造と壁と天井で包んだ

〔写真5〕**ユニット化して建て込む**
柱と梁、ブレースをユニット化して建て込んだ後、組み柱として接合した（写真：戸田建設）

〔写真6〕**施設内に部材を展示**
耐火木造であることを広く伝えるために、使用したスギの耐火集成材の実物を展示している。白っぽい部分は、燃え止まり層の石こうボード

外壁：耐火金属
サンドイッチパネル t=50
グラスウール（GW）-M 24kg/m^3 t=100充填

ホール外側

スギ集成材
強化石こうボード
無垢スギ板

625
625
625
625

カラマツ集成材梁
カラマツ集成材梁
カラマツ集成材梁
カラマツ集成材梁

耐火柱
柱材：スギ耐火集成材400×400
被覆材（内層）：強化石こうボード t=21×4枚
被覆材（外層）：スギ集成材 t=12

ホール内側

内装仕上げ：スギ集成材 t=15
耐火被覆：強化石こうボード t=21×2枚（両面）
木製間柱下地（45×105以上）
GW-M 24kg/m^3 t=50充填

大ホール組み柱平面詳細図 1/30

〔図3〕**5本の組み柱で立体トラスを受ける**
スギの耐火集成材5本を市松状に構成した組み柱。ホール内側を現しとした以外は、内外の壁に石こうボードを張って耐火構造としている

える集会場なので、施設全体を耐火構造にしなければならない。その設計は、プロポーザルで選定された大建設計（東京都品川区）が担当した。「大断面集成材の柱梁と、LVL（単板積層材）のブレースによるシンプルな軸組みで、大空間の耐火木造を構成した」と、同社意匠設計室の笠原拓課長補佐は説明する。

柱に用いたのは、設計中の2013年に、シェルター（山形市）が大臣認定を取得した1時間耐火集成材「COOL WOOD」。断面が400㎜角のスギ集成材に4枚の石こうボードを巻き、表面を無垢のスギ材で仕上げるものだ。仕上げまで含めた柱全体の断面は600㎜角になる。

一方、梁は当時、耐火認定を受けた部材がなかったため、日本木造住宅産業協会が大臣認定を受けていたメンブレン工法を用いて、集成材に耐火被覆を施した。

巨大な木造の門形架構

大ホールは、木造ならではともいえる架構だ〔写真3〕。大断面集成材による立体トラスで、28mのスパンを飛ばす門形の架構を考案した〔写真4、図2〕。

一般に、木造の大空間は、力を伝達しやすく部材を小さくできるアーチ構造やシェル構造が多い。このホールで立体トラスを選んだのは、音響効果を高めるために、天井が平らなシューボックス形（箱形）の断面としたからだ。そのため、上下弦材の梁せいは1m以上、トラス全体の高さは5mという巨大な構造物になった。

立体トラスの両端を受ける高さ17mの柱も巨大だ。単独でこれほどのトラスを支えられる太い耐火集成材はない。そこで考えたのが、耐火集成材5本を市松状に並べて接合する「組み柱」だ。その外縁は1.8m四方にもなる〔図3、写真5、6〕。立体トラスの木材には耐火性能がないので、耐火構造の壁と天井で全体を包んでいる。

建設時から注目されたホールの運営は好調だ。「当面は80%以上という高い稼働率を維持できる」と、吉田課長補佐は笑顔を見せる。

小ホールの内観。2層分の高さがある空間に、木造の太い柱やブレースを現しにしている

交流ラウンジから入り口を見る。耐火集成材を用いた8本の柱は、パイン材で化粧しているが、木造の梁は木材に模した仕上げとした

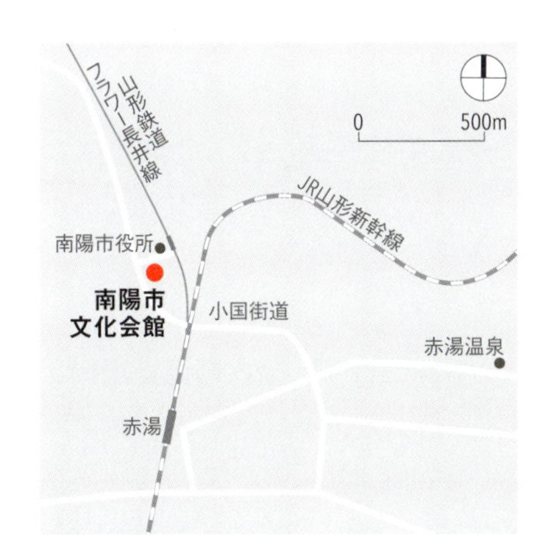

南陽市文化会館

所在地：山形県南陽市三間通430-2　主用途：集会場　地域・地区：第二種住居地域、法22条区域　建蔽率：25.21％（許容60％）　容積率：26.76％（許容200％）　前面道路：西21m、南6m　駐車台数：400台　敷地面積：2万3138.20m²　建築面積：5831.70m²　延べ面積：6191.38m²　構造：木造、一部鉄筋コンクリート造　階数：地下1階・地上3階　耐火性能：1時間耐火建築物　基礎・杭：杭基礎　高さ：最高高さ24.51m、軒高23.04m、天井高2.7m　主なスパン：7.0×7.0m　発注者・運営者：南陽市　設計・監理者：大建設計　施工者：戸田建設・松田組・那須建設JV（建築、機械、外構）、スズデン（電気）、シェルター（木構造製作）、米沢地方森林組合（木材調達）、森平舞台機構（舞台機構）、ヒラカワ（木質バイオマスボイラー）　設計期間：2012年12月～13年7月　施工期間：2013年10月～15年3月　開業日：2015年10月6日　設計・監理費：1億3215万7500円　総工費（備品除く）：63億5281万7241円（建築・機械・外構38億3216万4000円、電気3億1479万円、木構造製作12億6582万円、木材調達1億1521万6500円、舞台機構2億3143万2120円、舞台音響・照明3億7422万円、木質バイオマスボイラー5864万4000円、外構1億775万7750円、造成5277万2871円）

交流ラウンジ棟にある和室。一見、和室とは不釣り合いな柱や梁をあえて見せて、利用者に木造建物であることを示そうとしている

MORE FOCUS

木材調達と財源確保がカギ

地域材を活用する木造の大型施設を実現するために乗り越えるべきハードルは、木材調達と財源確保の2点だ。南陽市文化会館では、どのようにそれらの課題をクリアしたのか。

使った木材量は3570m³。その製作のために伐採した丸太の量は1万2400m³に上る。地域の森林だけでも25ヘクタールを伐採した。

これほど多くの木材を、特定の地域内で短期間に調達するのは極めて難しい。特に、工期の制約が厳しい公共工事の場合、工事入札の後に施工者が調達したのでは、工期に間に合わないリスクが高まる。この課題は、地域材の活用事例が増えるに連れて指摘されている。

そこで南陽市は、文化会館を木造で計画し始めた当初から木材調達のリスク回避策を練った。「カギは分離発注にある。通常、建築工事に含まれる丸太調達と木材加工の2つを切り離し、先行して発注した」と、南陽市の吉田課長補佐は説明する。

南陽市が取った発注プロセスのポイントを図4に示す。最初のポイントは、吉田課長補佐が指摘したように、分離発注に踏み切った点だ。そのうえで、2段階で丸太を調達した。

まずは基本設計が終わった段階で、木材量を概算して、南陽市を含む地域材のスギの丸太調達を発注。さらに、実施設計を受けた第2段階として、不足分のスギとカラマツの丸太を発注した。

丸太の調達を追うように並行して発注したのが「木構造製作」だ。受注者は、市が調達した丸太を受け取り、製材・乾燥した後、必要な集成材などを製作する。

さらに、木構造製作の受注者は、建築部材としての品質確保や、現場に搬入するまでの保管も請け負った。これによって、分離発注の問題としてしばしば指摘される部材の品質管理や責任の明確化を図った。施工者に対しては、南陽市が責任を負う材料支給という形を取った。

丸太調達から木材製作までにかかった時間は約1年。その時間を前倒し

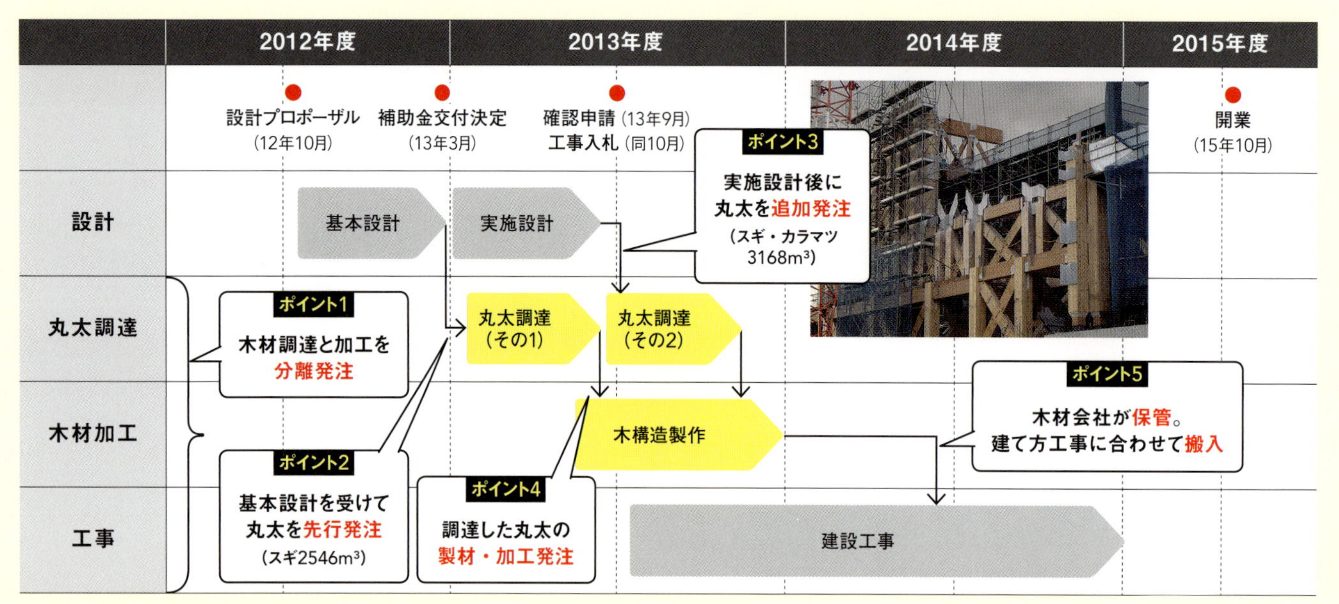

〔図4〕**工事発注に先駆けて木材を分離発注**
工事発注後の木材調達では間に合わないと判断し、丸太調達と木材加工を分離発注して先行させた。木構造製作を受注した木材会社は、部材の品質確保や現場納入までの保管も請け負った（資料：南陽市の資料をもとに作成、写真：戸田建設）

〔写真7〕**木材は市からの支給**
すべての木材は、南陽市から施工者に支給する形をとった。写真は、大ホールの内壁に現しとした耐火集成材の柱と仕上げ材

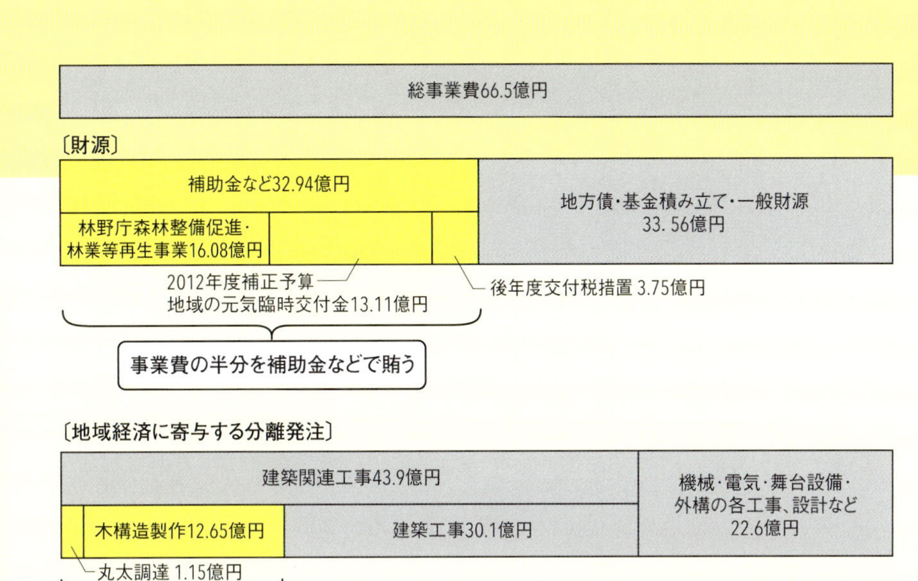

〔図5〕**分離発注で地域経済に寄与**
総事業費のうち、設計・監理費や備品などを除く工事費は63億5000万円。建築関連工事費のうち、木材調達に関する約3割を分離発注して、地域に与える経済効果を高めた

したことで、現場の建て方工事よりもはるかに早い時期に、必要な木材はそろった〔写真7〕。

建築工事の3割を地域に発注

分離発注は、地元経済への効果を考慮したものでもある。通常のように、丸太調達や木材加工を建築工事の一部として一括発注すれば、たとえ地元企業などに仕事が回っても下請けになる。「同じ仕事をしても、下請けは値引きされるが、元請けになれば公共単価を満額で受け取れる。しかも、それぞれが納品を済ませれば、建築工事を待たずに支払いも受けられる。そのあたりの差は、地元経済にとって非常に大きい」と吉田課長補佐は言う。

南陽市文化会館の場合、地域に直接の経済効果をもたらした丸太調達と木構造製作工事の総額は14億円弱。この額は、建築関連工事費44億円の3割に相当する〔図5〕。南陽市を中心に近隣地域の森林25ヘクタールで伐採し、調達したスギとカラマツの丸太は5700m³。丸太の全調達量の46%に当たる。

市の負担は工費の約半分

木材調達と同時に、吉田課長補佐が強調するのが、財源の確保だ。南陽市文化会館の事業費は、備品も含めると約66億5000万円。そのうち、南陽市が各年度の財源から支出したのは、起債を含めても23億円弱だ。「この額で、この施設をつくれたのは大きい」。33億円は国の補助金や交付金だ。10億円は建設のために市が積み立てた基金で賄っている。

林野庁の補助事業に関しては、詳細な資料や模型を同庁に繰り返し持参して説明し、採択にこぎつけた。その後、「地域材による耐火木造の大規模公共施設」として全国的に注目されることになる。

施工中から押し寄せた視察者は、オープン後も絶えず、その数は8000人を超えた。視察者の最大の関心は、財源の確保だという。「地方自治体が地域材を活用して大型施設を実現させる秘訣は、木材調達と財源の確保に尽きる。行政が楽をしようと思ったら難しいだろう」と吉田課長補佐はクギを指す。

（松浦 隆幸＝ライター）

1時間耐火　耐火集成材による木造ラーメン+在来軸組み ｜ 4階建て

京都木材会館［京都市］

設計：ゆう建築設計

〔写真1〕**ガラス越しに耐火柱を見せる**
テナントの入る1階では、現しで使った2時間耐火集成材の柱がガラス越しに見える。撮影は2016年3月。同年9月初旬に歯科医院が開業した（写真：30ページまで特記以外は浅田 美浩）

地域材で 4階建ての耐火木造

ハードルの高い4階建ての耐火木造に挑戦した。構造部材は地域材でつくり、地域の建設会社が施工できるような部材や工法で設計。一部の柱で、2時間耐火の大臣認定部材を全国に先駆けて採用している。

〔写真2〕**可動式ルーバーで木を見せる**
東向きの正面全景。事務所が入る2階部分を、回転式の縦ルーバーで覆った。京都らしさを意識しつつ、新しいデザインを目指した。1枚ずつ手動で回転すると、開口面積を変えられる

〔図1〕**木造ラーメンに軸組みを載せる**
2層の木造ラーメンに、軸組み工法2層を載せた構造。正確には、ラーメン構造は長辺方向だけの一方向ラーメンで、短辺方向には筋交いを入れている　（資料：ゆう建築設計事務所）

在来軸組み工法（3～4階）
木造ラーメン（1～2階）

2016年3月、京都の市街地に、地域材を用いた木造4階建ての京都木材会館が完成した。1968年に建てられ、老朽化が進んだ鉄筋コンクリート（RC）造3階建ての旧事務所を建て替えた。2階に、建て主である京都木材協同組合などの事務所があるほか、同組合の収益事業として、1階のテナントに歯科医院、3～4階に計10戸の賃貸住戸が入る〔写真1、2〕。

敷地は準防火地域で、敷地の広さからすると、必ずしも耐火建築物にする必要はない。従来の木造ならば、耐火要件の低い3階建ての準耐火建築物で設計するのが一般的だろう。耐火建築物とする場合も、RC造と木造の混構造にする方法もある。しかし、この建物は、木造だけで4階建ての耐火構造を実現している。

「木材会社で組織する組合である以上、時代の要請に応えたいと考え、京都産材を使った4階建ての耐火木造に挑戦した」。そう話すのは、事業をとりまとめた京都木材協同組合

〔写真3〕**2時間耐火柱を採用**
ギャラリーとしての利用も想定した吹き抜けのエントランス。正面奥にある柱は、1階部分が2時間耐火、2階部分が1時間耐火。太さの違いが分かる

の笠井伸一事務局長。設計者の選定では、京都が基盤の設計事務所5社を対象にプロポーザルを実施。関西を中心に、医療・福祉分野などで豊富な実績を持つゆう建築設計（京都市）を選んだ。同社の清水大輔チーフアーキテクトは、「過去に耐火木造を設計した実績はなく、当社としても挑戦だった」と振り返る。

京都産材の集成材で耐火柱

構造は、1〜2階が木造ラーメン、3〜4階が軸組み工法。木造同士の混構造のような構成だ〔図1〕。「用途の異なる上下階では、適切なスパンや開口部の取り方などが異なる。コスト面なども考慮して、上層は軸組み工法とした」と、清水チーフアーキテクトは説明する。

1時間耐火の性能確保には3つの手法を併用した。1つは、木造ラーメンの柱に使った耐火集成材だ。1時間耐火の大臣認定を取得したシェルター（山形市）の「COOL WOOD」を使った。部材の断面は3層構造。京都産ヒノキの集成材による断面300×450㎜の構造部分が中心にあり、その外周を厚さ21㎜の強化石こうボード2枚で巻いたうえで、仕上げのスギ集成材を張ったものだ。耐火部材なので、室内側ではすべて現しで使っている〔写真3、4〕。

残る2つの方法は、木構造をすっぽりと包む耐火被覆を施すもの。屋根と床は、日本木造住宅産業協会（木住協）が大臣認定を取得した一般認定工法で被覆した。外壁と間仕切りは、2014年8月に公布された国土交通省告示861号による仕様で被覆している。賃貸住戸と事務所など異種用途の複合建物に必要な防火区画も、各床の耐火構造で確保している。ま

〔写真4〕**耐火柱は現し、床と壁は認定工法で被覆**
2階会議室。1〜2階で使った耐火柱は現しとしている。設計当時、設備配管などを貫通できる梁の大臣認定材がなかったため、通常の集成材の梁とし、一般認定工法で被覆した

京都木材会館
所在地：京都市中京区西ノ京小倉町138　主用途：事務所、店舗、共同住宅　地域・地区：準工業地域、準防火地域、高度地区、市街地型美観形成地区　建蔽率：47.70％（許容70％）　容積率：138.03％（許容200％）　前面道路：東16.0m、南22.0m　駐車台数：5台　敷地面積：449.10m²　建築面積：214.20m²　延べ面積：754.50m²（うち容積率不算入部分134.60m²）　構造：木造・一部鉄骨造（階段）　階数：地上4階　耐火性能：1時間耐火建築物　各階面積：1階208.71m²、2階174.47m²、3〜4階185.66m²　基礎・杭：直接基礎（独立基礎）　高さ：最高高さ13.73m、軒高12.5m、階高2.85m、3.05m（住戸）、天井高2.3m（住戸）　主なスパン：5.4×5.4m　発注・運営者：京都木材協同組合　設計・監理者：ゆう建築設計　設計協力者：シェルター（木構造）、福井建築設計事務所（基礎、鉄骨階段構造）、幹設備設計事務所（設備）、ファサードデザインコンセプト・ルーバー検討プログラム：砂山太一　施工者：吉村建設工業　施工協力者：竹内工務店（木構造）、関西電業社（空調・電気）、長尾工業（衛生）　設計期間：2013年1月〜15年3月　施工期間：2015年4月〜16年3月　開館日：2016年3月18日　総工費：2億5918万9200円

た、エレベーターや屋外避難階段の扉は、特定防火設備としている。

2時間耐火部材で先導性

法的には1時間耐火を満たせばよい建物だが、一部で2時間耐火部材を用いた〔図2〕。「事務所とテナント、住宅という複合施設の避難安全性を考慮し、設計中に大臣認定を取得した2時間耐火集成材の柱を、全国で初めて採用した。コストアップはほとんどなかった」と、清水チーフアーキテクトは採用の理由を説明する。

この部材利用などが先導的な取り

〔図2〕**2時間耐火部材を試験的に使用**
法的には1時間耐火を満たせばよい建物だが、1階で6本の2時間耐火部材を用いている。大臣認定を取得したばかりの2時間耐火集成材の柱を、全国で初めて採用した

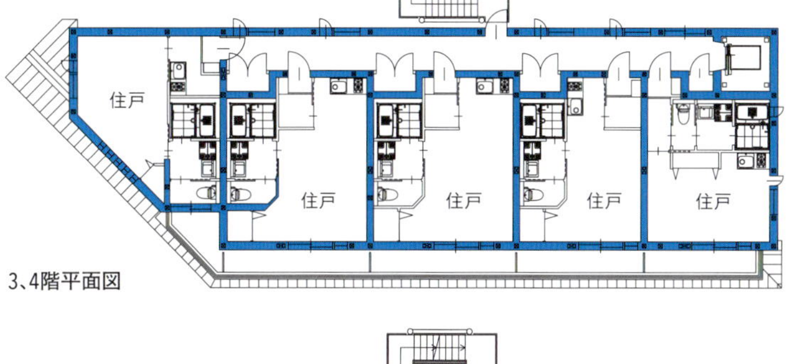

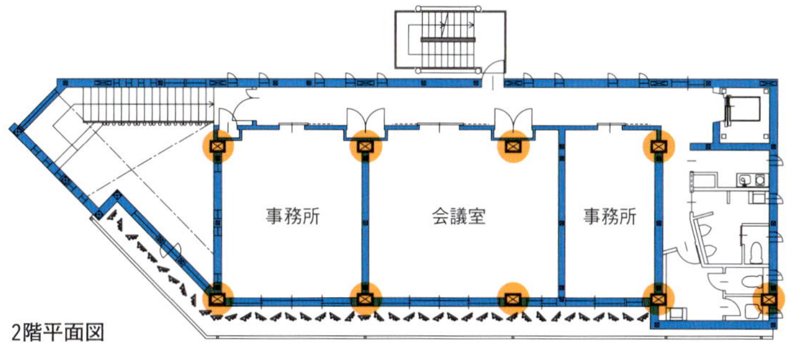

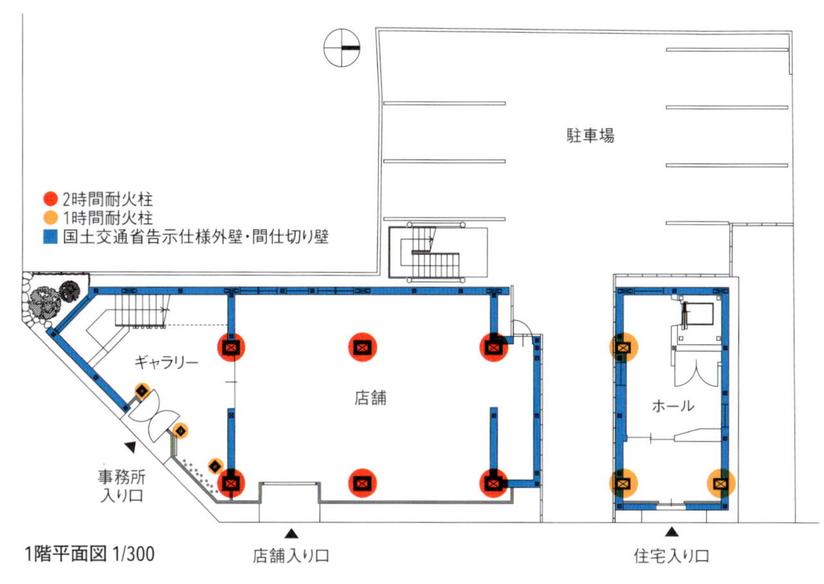

〔写真5〕**住戸は認定工法で被覆**
賃貸住戸の内観。軸組みの構造に、一般認定工法と国交省告示による耐火被覆を施している

組みとして評価され、2014年度の木造建築技術先導事業に採択され、約3600万円の補助金を受けた。

建設費は約2億6000万円。「準備資金はなく、借り入れと寄付、補助金で賄った」と、笠井事務局長は言う。運営上、テナントと賃貸住戸の収入が重要になるが、いずれも空室のないスタートを切った〔写真5〕。

京都木材会館は施工中から広く注目されたが、地元京都の期待はとりわけ高かった〔写真6〕。「地元の建設会社が施工できる部材や工法を考えた。耐火木造の設計は、RC造や鉄骨造では考えなかったことにまで意識が向き、とても楽しかった」と、清水チーフアーキテクトは話す。

（松浦 隆幸＝ライター）

〔写真6〕**施工中から注目集める**
木造ラーメンの柱梁は、鋼製プレートを挿入してドリフトピンで接合した。施工中から広く注目され、1100人超の見学者があった（写真：ゆう建築設計事務所）

現しの構造材と耐火被覆を使い分け

1～2階の柱に用いた耐火集成材は現しだが、それ以外の構造材はすべて耐火被覆した。事務所と賃貸住戸を隔てる3階床は遮音性を確保できる納まりにも配慮した

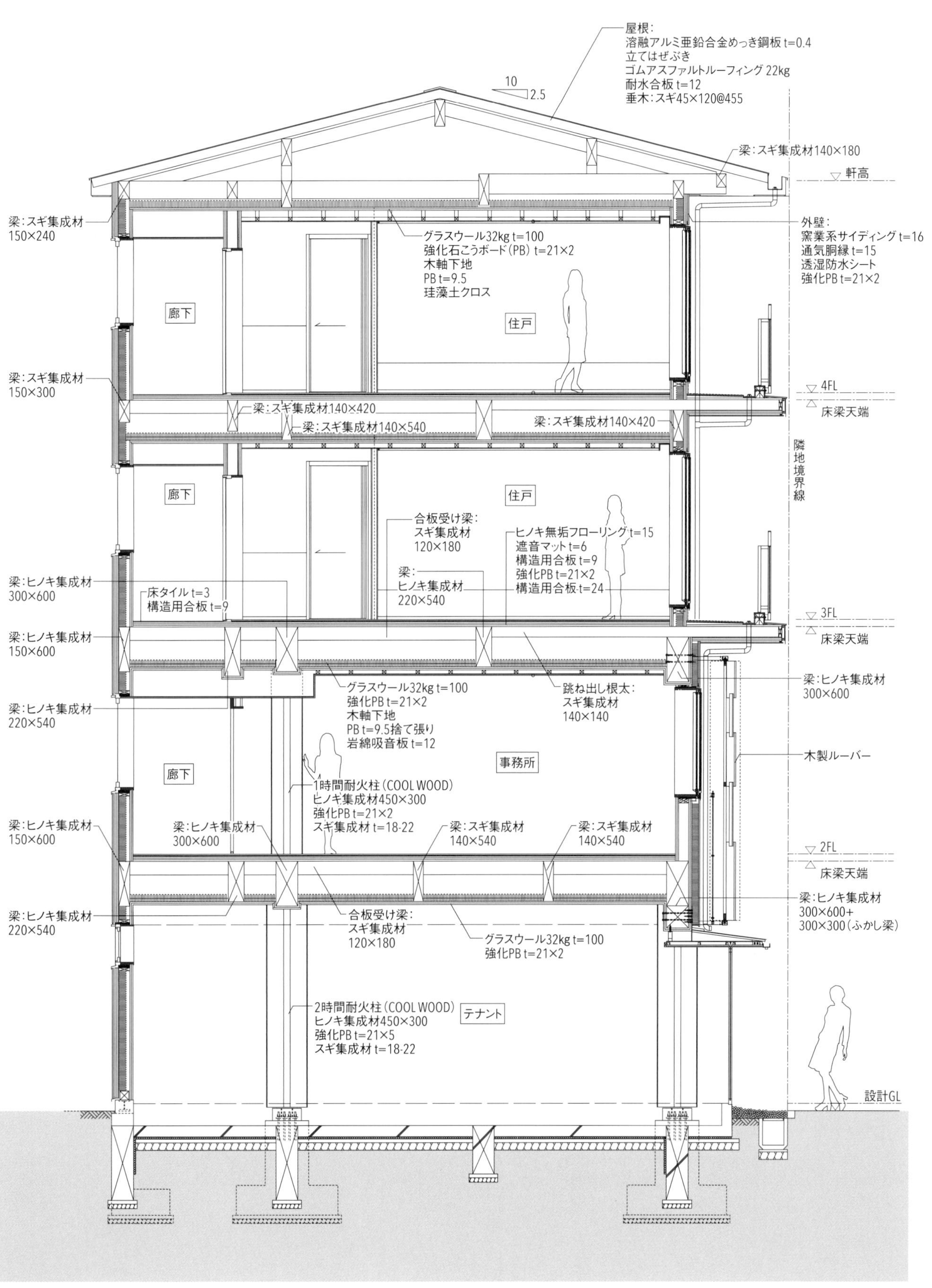

断面詳細図 1/75

その他 壁・屋根一体の格子トラス | 2階建て

富岡商工会議所会館 [群馬県富岡市]

設計：手塚建築研究所

米マツ集成材の斜め格子が生む長さ60mに及ぶ無柱の大空間

南北に延びる2枚の外壁と、折り連なった屋根面を格子状のトラスで構成し、無柱の内部空間を実現した。屋根の谷部を支える柱や、2階の床などでインナーフレームを構築、トラスには最小限の補助材を付加した。

〔写真1〕格子トラスで壁と屋根を構築
吹き抜けの1階大会議室。一辺1820㎜の正方形で構成した斜め格子が空間を覆う。壁で閉じた東側に対し、路地を設けた西側は開放的な全面ガラスとした（写真:37ページまで特記以外は吉田 誠）

45度に振った米マツ集成材の格子が、外壁となってそそり立つ。6つの三角屋根を連続させた天井にも、外壁に呼応した木格子が露出する。2018年4月23日に業務を開始した富岡商工会議所会館は、格子トラス状の架構がそのまま空間に現れている〔写真1、2〕。

徒歩数分の距離には、14年に世界遺産に登録された富岡製糸場がある。「木の架構は、富岡製糸場の木造トラスから想起して発展的に構築した。労務環境も含めて当時最先端の施設だった富岡製糸場の特性を踏まえ、焼き直しではなく未来へつながる建築を意図した」。手塚建築研究所（東京都世田谷区）を共同主宰する設計者の手塚貴晴氏はそう話す。

〔写真2〕**南北をつなぐ路地空間を用意**
駅や市役所に近い北西側からの外観。細長い敷地に沿って路地を設けた。右奥に見えるのが、補強改修した既存の袖蔵。扉を開けると表通りの商店街へ抜けられる

斜め格子に水平・垂直材を付加

斜め格子で外壁と屋根を構成する形態は、初期段階から固まっていた。構造設計を担当したオーノJAPAN（同渋谷区）の大野博史代表は、斜め格子の力強さを体現する合理的な架構として実現させた。

「壁の斜め格子は、水平・垂直材と組み合わせることで強度が出る。ここでは、2階の床とこれを支える柱、屋根の谷部分まで延びる柱がその役割を担うようにした」と大野代表は説明する。

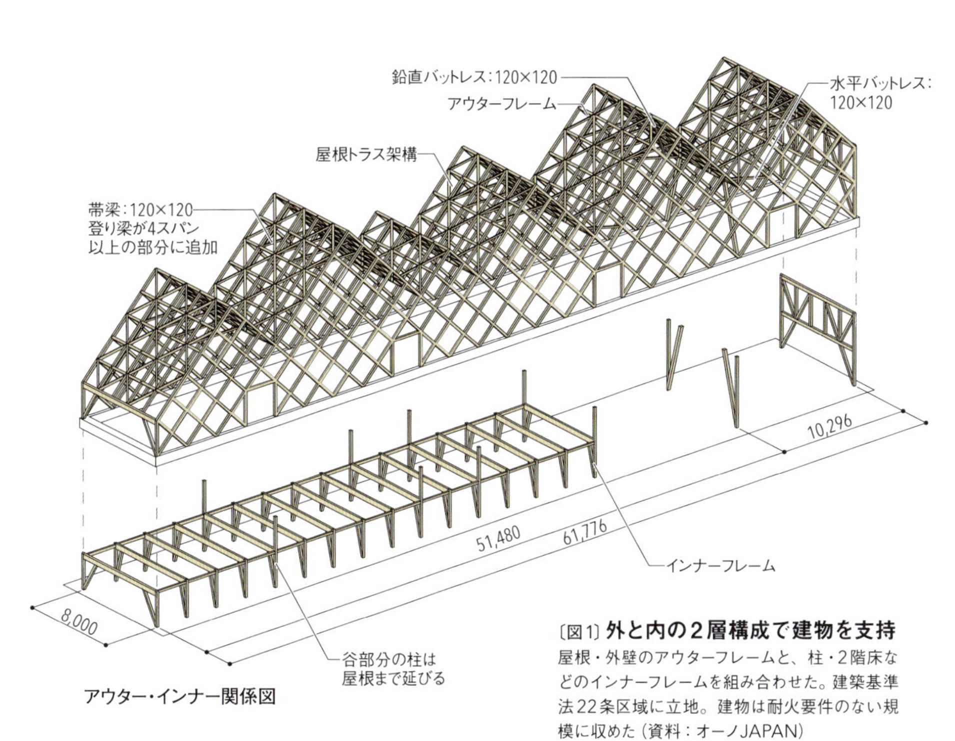

〔図1〕**外と内の2層構成で建物を支持**
屋根・外壁のアウターフレームと、柱・2階床などのインナーフレームを組み合わせた。建築基準法22条区域に立地。建物は耐火要件のない規模に収めた（資料：オーノJAPAN）

外壁と屋根で構成するアウターフレームと、2階床や柱で構成するインナーフレームを組み合わせて固定し、特に力がかかる部分に補強部材を組み込んだ。柱の梁間方向に方杖を、屋根の谷まわりに火打ち（水平バットレス）をそれぞれ設置。4スパン以上の登り梁には、たわみを抑える帯梁を加えた〔図1〕。「斜材を配置した屋根面の剛性が高いので、方杖などの数を抑えられた」と大野氏。できるだけ無駄を削ぎ落とし、力の流れを表現した。

トラスを構成する木材の主断面は170㎜角とした。調達のしやすさを勘案し、製材ではなく集成材を用いた。接合部は、標準的な斜め材の交差部では、ほぞとボルトを組み合わせた。屋根の谷部の梁まわりのように力が集中する部位は、鋼板の金物

鋼材を見せずシンプルに納める

170㎜角の米マツ集成材で組んだ格子トラスは、多方向から複数の部材が取り合う接合部も生じる。部位に応じたボルトや鋼材を組み合わせて接合部の強度を確保。裏側で金物を処理したり、ダボを埋めたりして、できるだけ金物を隠した

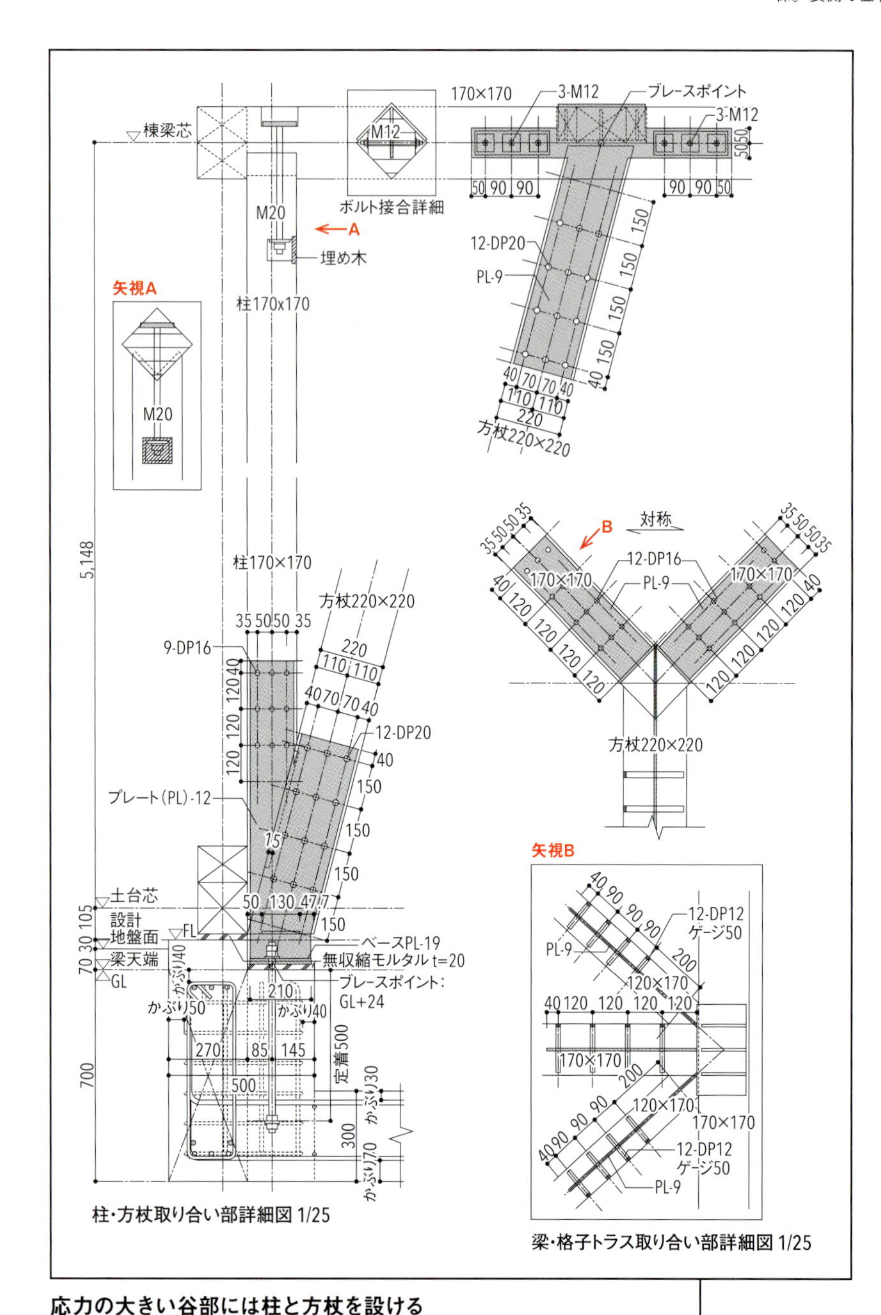

応力の大きい谷部には柱と方杖を設ける

力がかかる屋根の谷部分に設けた柱と方杖まわりの詳細。柱や梁、屋根トラスの格子材は170㎜角。方杖は220㎜角、屋根トラスの斜材は120×170㎜。接合部に鋼材を挿入して強度を確保した(資料:右も手塚建築研究所、オーノJAPAN)

鋼板を立体的に組み込む

谷まわり接合部。左下から延びる方杖や梁を接合する鋼材と、両側の格子トラスの3本ずつの部材を受ける鋼材を組み合わせた。断面図に示した部分では水平バットレスも取り付く(資料:オーノJAPAN)

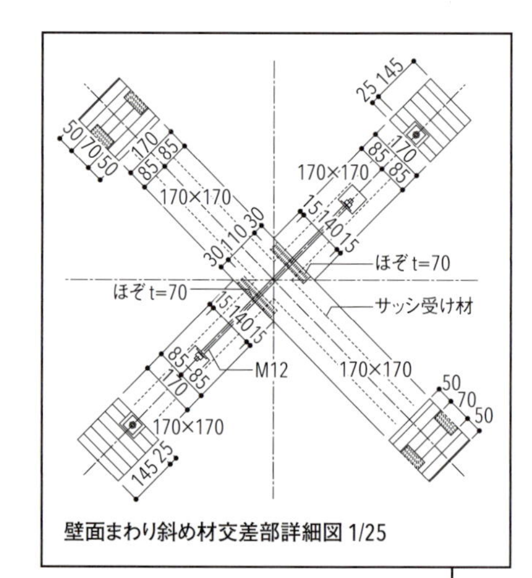

壁面まわり斜め材交差部詳細図 1/25

クロス部は「ほぞ+ボルト」

170㎜角の斜め材がぶつかる標準的な外壁格子トラスの接合部。ほぞと引きボルトを組み合わせた。基本的に、斜め材の長さは2スパンとし、直交する材を井桁状に組んでいる

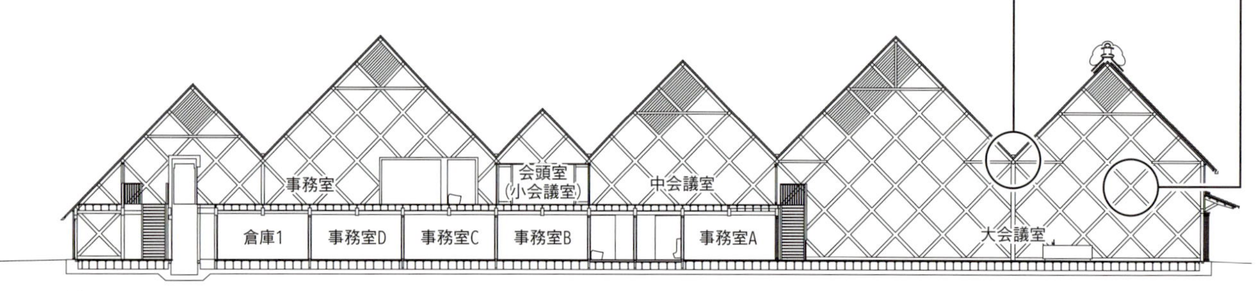

断面図 1/400

〔写真3〕**1820㎜角の正方形格子を組み合わせ**
西面の格子トラス。Low-Eペアガラスを斜材の外側に固定している。日射遮蔽のためにはめ込んだ細かい木の組み子は、製糸場で使われていた蚕具（さんぐ）の「まぶし」（繭をつくるための場所）を想起させる

施工

トラスは現場で組み立て
外壁の建て方の様子。プレカットした格子トラスの集成材を1本ずつ現場で組み立てた。集成材の製作・建て方は石川県能美市の中東が担当（写真：右も手塚建築研究所）

建て方は南から北へ
建て方完了間近の北側外観。「部材が集中する谷部分の施工は特に難しい。プレカット材が無事に組み上がるとほっとした」と手塚建築研究所の矢部啓嗣氏は振り返る

〔写真4〕**室機能に合わせた大小の屋根**
2階の中会議室（左上）と会頭室（左下）。壁側の頂部に排煙と換気を兼ねたアルミの可動ガラリを設置している。暖冷房は1、2階とも床から行う。2階に床がある部分は、1階の廊下に方杖が連続する（右上）

を挿入した。金物は、材が取り付く方向に合わせて3次元に突き出す複雑な形状になった〔写真3〕。

「純粋な構造材として用いるのが本物の木造だと考えている。地域性など、条件に応じた様々なメッセージを込められる点も木造の面白さだ」と手塚貴晴氏は話す。接合部に鋼板を組み込んだのは、先進技術を持つメーカーが現在も事業所を構える富岡らしい表現につながると判断したからだ。

街とつなぐ仕掛けも

この建物は、かつて呉服店だった明治時代の木造建築を建て替えたもの。間口8m、奥行き約62mという細長い建物の内部には、必要な部屋を縦に並べた〔写真4、5〕。南側の表通りに面した吹き抜けの1階大会議室はイベントホールを兼ね、街との接点の場として機能する。北側は2層構成とし、2階に商工会議所の事務所を配置。1階には、旧会館にあったテナント貸しの小部屋を並べた。

西に隣接する既存の袖蔵（そでぐら）は、補強のうえ、ギャラリーとして使えるように修復した。平時は南北の扉を開き、会館沿いに延びる路地空間を介して行き来できる。「商店街に面した表の顔を残しつつ、敷地の両側をつなぐ人の流れを生み出すことも意識して設計した」（共同主宰者の手塚由比氏）

（守山 久子＝ライター）

〔写真5〕**旧吉野呉服店のイメージを残す**
隣接する袖蔵を残して旧吉野呉服店を建て替えた。瓦でふいた平入りのつくりは旧建物のイメージを踏襲したもの（左）。夕方になると組み子越しの明かりで建物が浮かび上がる（右）

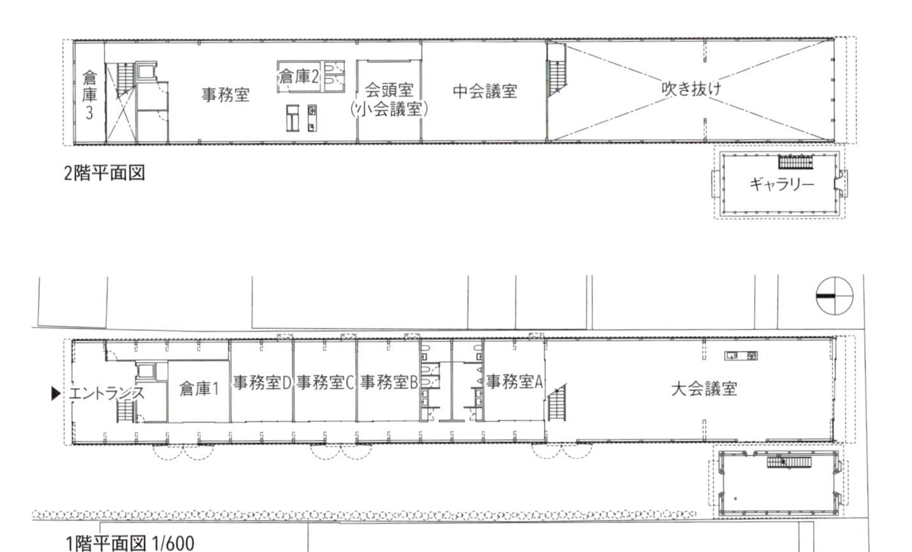

2階平面図

1階平面図 1/600

富岡商工会議所会館
所在地：群馬県富岡市富岡1121-1　主用途：事務所　地域・地区：商業地域　、法22条区域　建蔽率：51.07%（許容80%）　容積率：81.5%（許容400%）　前面道路：南10.40m、北4.98m　駐車台数：15台（隣接駐車場含む）　敷地面積：1067.24m²（袖蔵：83.25m²を含む）　建築面積：502.34m²　延べ面積：801.64m²（うち容積率不算入部分4.54m²）　構造：木造　階数：地上2階　耐火性能：その他建築物　各階面積：1階494.21m²、2階307.43m²　基礎・杭：ベタ基礎　高さ：最高高さ12.06m、軒高5.47m、階高2.96m、天井高2.62m　発注・運営者：富岡商工会議所　設計・監理者：手塚建築研究所　設計協力者：オーノJAPAN（構造）、ぼんぼり光環境計画（照明）　施工者：タルヤ建設・湯川工務店JV（建築）、湯井電気（電気）　施工協力者：細谷工業（空調・衛生）　設計期間：2016年1月～17年5月　施工期間：2017年6月～18年5月　開館日：2018年4月23日
本体外部仕上げ
屋根：いぶし瓦、溶融アルミ亜鉛合金めっき鋼板 t=0.4一文字ぶき　外壁：溶融アルミ亜鉛合金めっき鋼板 t=0.4一文字ぶき　外まわり建具：溶融亜鉛めっきハット鋼、Low-Eガラス　外構：旧吉野呉服店古瓦小端仕立て、アスファルト舗装

発注者の声　地域の交流の場として活用したい

小堀 良夫
富岡商工会議所会頭

（写真：日経アーキテクチュア）

歴史的な木造建造物を残す旧吉野呉服店跡地を2015年に購入して活用を図ることになった。保存の検討と並行して交差点拡幅に伴う旧商工会館の移転が決定し、新会館の計画が始まった。市の移転補助金などのほか、会員から約1億2000万円の協力金を集め、土地や建物解体の費用を含めた事業費を賄った。

手塚建築研究所に設計を依頼したのは、「ふじようちえん」（07年）の発想の面白さや、「建てた建物を育てるのは建て主と利用者」という考えに共感したから。設計途中で建物の老朽化が進んで危険な状態と分かり、建て替えに変更した。既存建物のイメージを生かしつつ、現代的な木造の建物にしてほしいと依頼した。

旧商工会館は、エレベーターがない3階建て。最上階のホールは近年、結婚式や落語会などの催しに使われる機会が減っていた。その点、新しい会館では表通りに面した1階に大会議室がある。子どもや高齢者、地元の人から観光客まで、地域の幅広い交流の場に育てていきたい。

商工会議所では、隣接する袖蔵との連動も含め、建物や大会議室の活用法を検討中だ。今回は1000年残る建物が富岡市に出来上がったと自負している。あとはどう使っていくか。私たちの発想力が問われる。　　　　（談）

その他　**貫式木造ラーメン｜2階建て**

大船渡消防署住田分署 ［岩手県住田町］

設計：SALHAUS

量感伝わる現代の貫構造 金物を使わず込み栓で接合

全国でも珍しい、車庫を含めて全て木造の消防署だ。ふんだんに木材を使える状況から、貫式木造ラーメン構造を採用。その架構を見せ、周辺の歴史的な町並みとの調和を図ると同時に、町をリードする木造建物を目指した。

岩手県住田町は「森林・林業日本一のまちづくり」計画を掲げ、役場庁舎の周辺に「木質の中心市街地」の形成を予定している。以前は町外れにあった「大船渡消防署住田分署」も、老朽化による更新時期を迎え、町は役場庁舎の隣接地を取得。公募型プロポーザルで設計者にSALHAUS（東京都千代田区）を選んだ。

延べ面積は約800m²、構造は木造を主体とすることが条件だった。住田町は江戸時代に街道沿いの宿場町として栄えた歴史があり、敷地の近くに残る歴史的な町並みとの関係を視野に入れることも求めた。

敷地は広く、平屋でも計画できたが、SALHAUSは訓練広場を大きく取るために、地上2階建てで平面をコンパクトにまとめ、柱に梁を貫通させる貫式木造ラーメン構造を採用。東側の大半を占める車庫は、同じく貫式のフィーレンディール（はしご状）トラスによって、ほかと共通の部材で大空間を実現した［写真1、2］。1階は車庫の奥に仮眠室と水まわり、2階には常時使う事務室を配置した［写真3］。ガラス張りのエントランスホー

〔写真1〕**貫式フィーレンディールトラスで車庫空間**
貫（ぬき）を垂直方向に重ねた量感あふれる木造架構だ。SALHAUSの安原幹共同主宰は「大空間になる車庫の上部に、雲のようにもくもくした架構があるイメージは初めからあった」と話す（写真：43ページまで特記以外は吉田 誠）

ルは展示空間にもなる〔写真4〕。

伝統的な貫構造の発展形

貫式木造ラーメン構造の採用は、佐藤淳構造設計事務所（東京都港区）を主宰する佐藤淳氏のアイデアが発

〔写真2〕**車庫はスプリンクラーで内装制限を緩和**
北東から見た全景。車庫は床面積が50m²を超えるので、奥側に配置した諸室とは異種用途区画を設けたうえで、スプリンクラーと排煙窓を設置して内装制限を緩和している

〔写真3〕**2階の見通しのいい場所に事務室**
事務室は1階エントランスホールの階段を上がってすぐの場所にある。右手は車庫の吹き抜けに面し、左手からは訓練広場を見渡せる

ルーフテラス
会議室
待機室
車庫
男子仮眠室
出勤準備室

断面図 1/300

貫架構を垂れ壁状に重ねる

貫は2段で設けるのが基本。車庫は長手が4段ある。プロポーザル後の設計で3～6段に増えたところもあるが、プロポーザル応募時の初回の打ち合わせで、佐藤氏がその場で算出したものがベースになっている

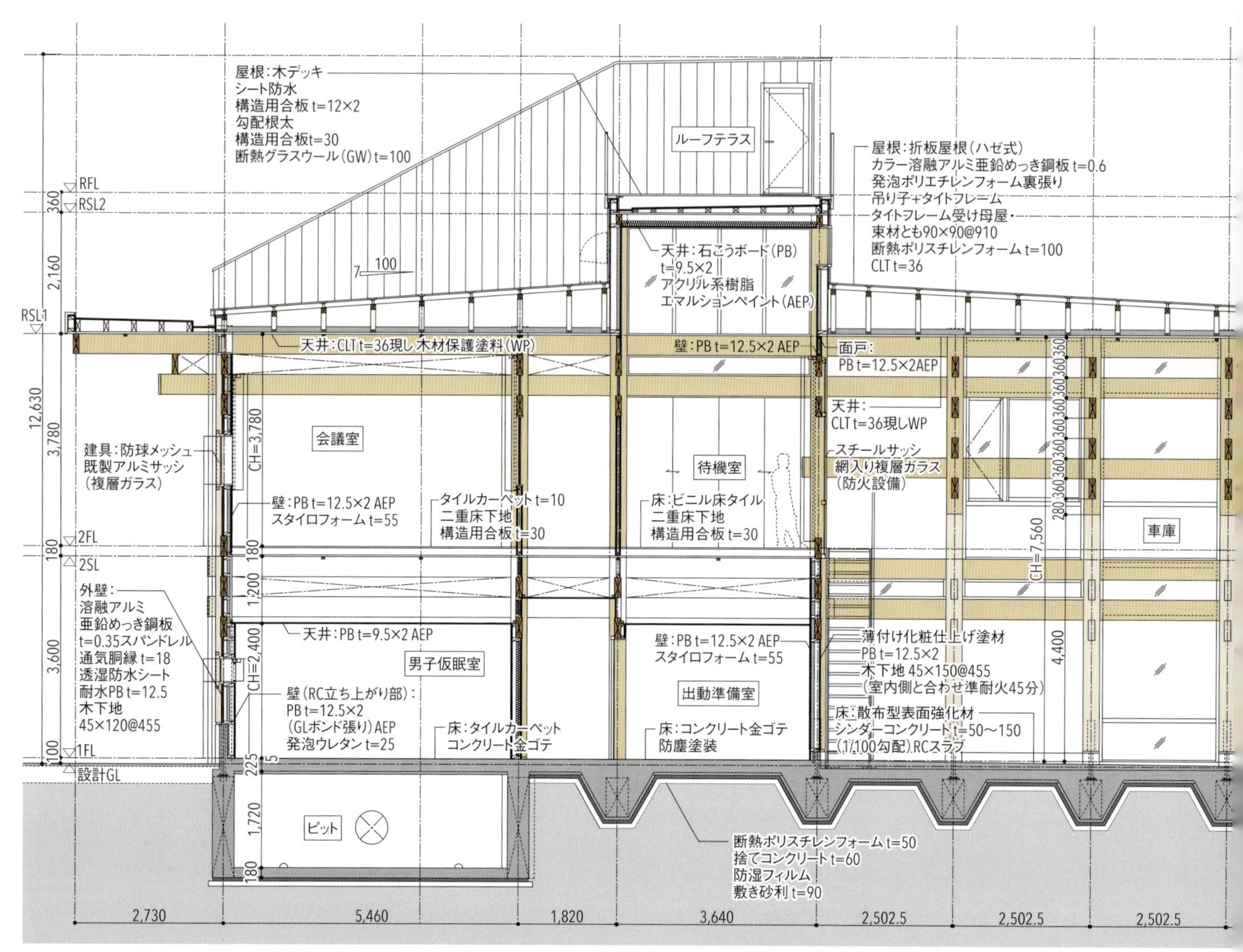

断面詳細図 1/120

〔写真4〕**ギャラリーを兼ねるエントランスホール**

署員以外も利用するエントランスホールは、入りやすい雰囲気に。奥の階段を上がると、町を一望できるルーフテラスに出られる。屋根と2階床、階段の踏み板にはCLTを使用

端だ。SALHAUSは当初、組み柱に梁を挟み、それをグリッド状に配置する架構をイメージしていた。部材寸法を計算した佐藤氏は、貫構造のほうが、ボルトなども使わず、合理的に納まりそうだと思いついた。「木造の場合は、金物を使わず接合できないかをまず考える」と佐藤氏。

垂れ壁状に梁を何段か重ねる純ラーメン構造に近い形で試算したら、基

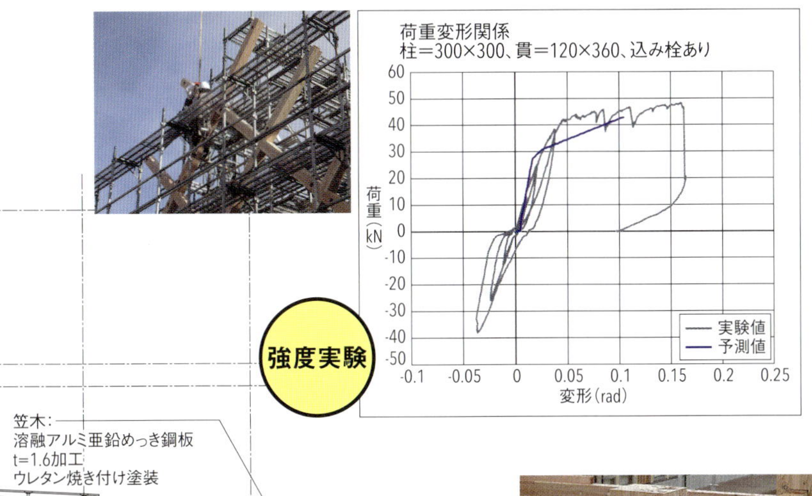

接合部の変形能力を確認

佐藤氏は、込み栓をたくさん打つことで、貫構造の強度が高まると見込み、所属大学の研究室で実験を行った。写真は終局時の柱。荷重変形曲線は予測値と実験値がほぼ重なり、「おおむね目標通りで、足し合わせが働いていると確認できた」と佐藤氏（写真・資料：東京大学佐藤淳研究室）

2軸分の井桁状ユニットを固定後、直交梁を設置

地組みしたユニットをY軸方向に沿って柱脚に固定し、2軸分を固定後、X軸方向の直交梁を設置。1工区分が済み次第、梁継ぎ手と柱梁交差部に込み栓を打ち込んだ（写真：SALHAUS）

笠木：
溶融アルミ亜鉛めっき鋼板
t=1.6加工
ウレタン焼き付け塗装

軒天：
CLT t=36現し WP

面戸（一般部分）：
ケイ酸カルシウム板 t=8
ポリウレタン樹脂エナメル塗装（UE）
木下地 30×60@455（GW充填）

シートシャッター

最大開口=4,300（4,400）

2,502.5　2,730

施工

車庫空間も共通部材で実現

軸組みは井桁状に組んだユニットを基本とする。込み栓はCNC加工機で刻むことから丸棒に。梁せい360㎜はプロポーザル応募時から変わらない。プロポーザル前は製材利用を想定して柱を240㎜角で考えていたが、貫効果を上げるために300㎜角とした

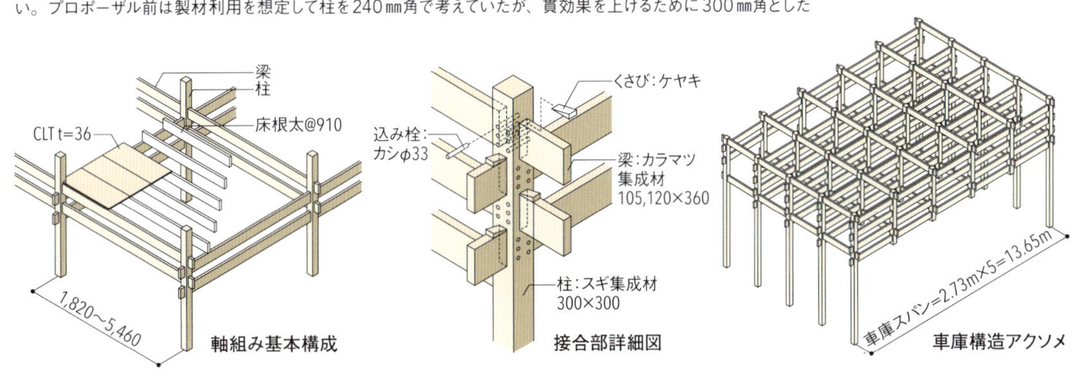

軸組み基本構成　接合部詳細図　車庫構造アクソメ

本は2段、車庫は長手が4段で成立しそうだった。佐藤氏は「今やるべき貫構造として、伝統的な構造の発展形を見せたいと思った」と話す。

SALHAUSも貫構造に可能性を感じた。「庁舎なので、将来の可変性を担保するためにラーメン構造にしたい。貫を2〜4段入れれば、木材をたくさん使うことになる。同時に、真壁づくりが残る歴史的な町並みへの回答にもなる。いけると思った」と安原幹共同主宰は振り返る。

最終的に、貫の段数が想定より増えたところもあるが、基本は変わらない。また、柱は町産材の製材、梁は町内で製造する集成材を使う予定だったが、求める断面の通し柱の調達が難しいと分かり、柱も集成材に変更。柱の製造や建て方は福島県郡山市の藤寿産業に依頼した。

貫構造の軸組みの接合部には金物を使わず、込み栓を6本打った。さらに、くさびで締めている。

この建物は、木造の役場庁舎とともに、「木質の中心市街地」のけん引役となる。「2棟が並び立つことで都市空間が地域資源でできているように見える。ほかの地域にはない風景が生まれた」と安原共同主宰は語る〔写真5〕。　（長井 美暁＝ライター）

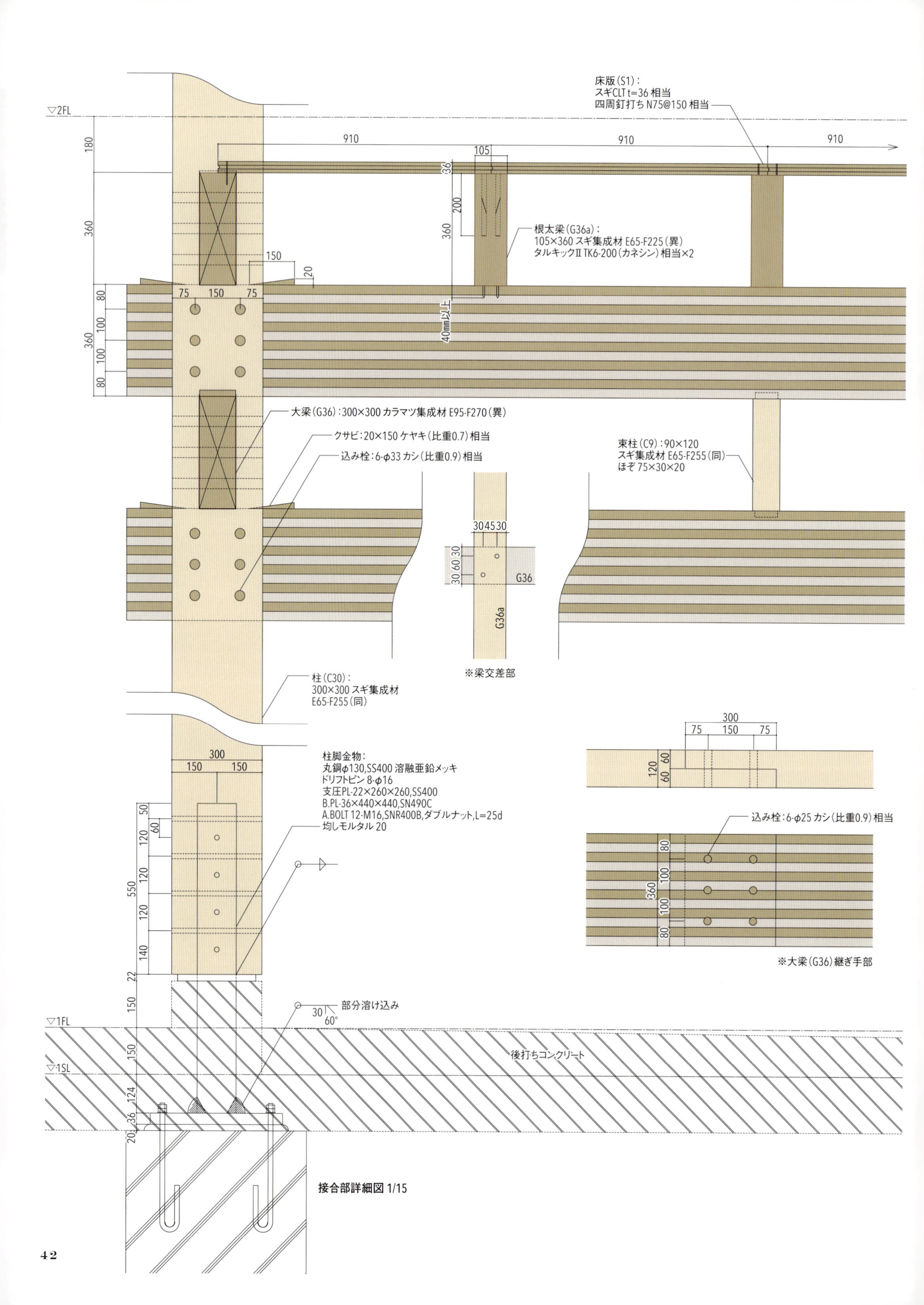
床版(S1):
スギCLT t=36 相当
四周釘打ち N75@150 相当
▽2FL
910
910
910
105
根太梁(G36a):
105×360 スギ集成材 E65-F225(異)
タルキックII TK6-200(カネシン)相当×2
40㎜以上
大梁(G36):300×300 カラマツ集成材 E95-F270(異)
クサビ:20×150 ケヤキ(比重0.7)相当
込み栓:6-φ33 カシ(比重0.9)相当
束柱(C9):90×120
スギ集成材 E65-F255(同)
ほぞ 75×30×20
G36
G36a
※梁交差部
柱(C30):
300×300 スギ集成材
E65-F255(同)
柱脚金物:
丸鋼φ130,SS400 溶融亜鉛メッキ
ドリフトピン 8-φ16
支圧PL-22×260×260,SS400
B.PL-36×440×440,SN490C
A.BOLT 12-M16,SNR400B,ダブルナット,L=25d
均しモルタル 20
込み栓:6-φ25 カシ(比重0.9)相当
※大梁(G36)継ぎ手部
部分溶け込み
▽1FL
後打ちコンクリート
▽1SL

接合部詳細図 1/15

発注者の声 | 今後の整備の布石となる取り組みに

田畑 耕太郎
住田町建設課
住宅係技師

（写真：長井 美暁）

住田分署は中心市街地において、役場庁舎に続く第2弾の建物だ。更新時期の迫る公共施設を今後、集約していくうえで、布石となるプロジェクトにするため、プロポーザルの実施要項に「木質の中心市街地」という言葉を盛り込んだ。町内全域が都市計画区域外のためマクロなビジョンがなく、町内の公共施設は行き当たりばったりな整備が常態化していたので、「エリア全体の整合性」を担保するようなビジョンがほしいと考えた。担当課の異なる行政関連施設が整合性なく整備されていく事態を避けたかった。

本プロジェクトでは、「大船渡消防署住田分署デザイン会議」という議論の場も設けた。メンバーはプロポーザルの審査委員の学識経験者や分署長、副町長などで、役場の職員も参加し、竣工までの過程を見守った。竣工後も名称を変えて継続し、各課が抱えるハード事業を共有するように努めている。陸前高田市の「学校づくりデザイン会議」をロールモデルとした。

プロポーザルの実施を含め、小さな地方自治体のこうした取り組みが、1つの先例になればと思っている。

（談）

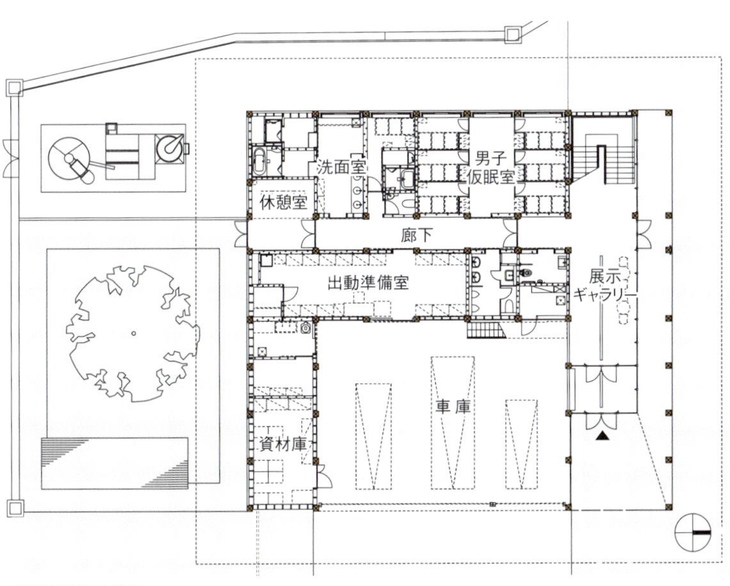

1階平面図 1/400

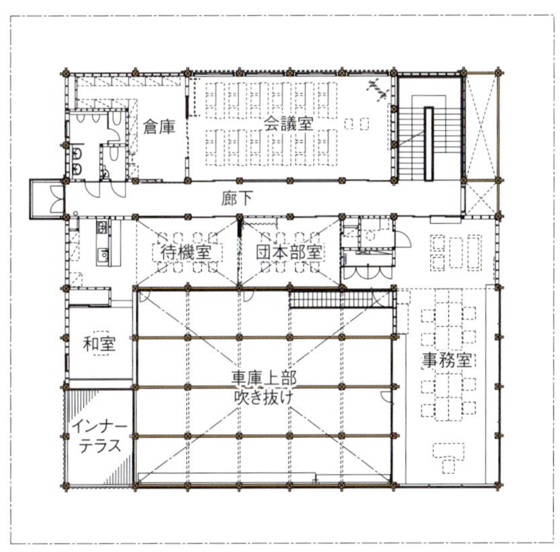

2階平面図

〔写真5〕**木質の公共建築が集まる中心市街地**
右手は2014年竣工の役場庁舎。町産の中断面木材を使った木造。意匠設計に松永安光氏（近代建築研究所）、構造設計に稲山正弘氏（ホルツストラ）が参画

大船渡消防署住田分署

所在地：岩手県住田町世田米字川向80-7　主用途：消防署　地域・地区：都市計画区域外、法22条区域　建蔽率：14.78%（指定なし）　容積率：20.77%（指定なし）　前面道路：南9m　駐車台数：50台　敷地面積：4957.57m²　建築面積：732.82m²　延べ面積：1029.74m²　構造：木造　階数：地上2階　耐火性能：その他建築物　各階面積：1階560.62m²、2階334.21m²、塔屋29.81m²　基礎・杭：ベタ基礎　高さ：最高高さ12.63m、軒高7.66m、階高3.78m、天井高3.78m　主なスパン：5.46×2.73m　発注者：住田町　設計・監理者：SALHAUS　設計協力者：佐藤淳構造設計事務所（構造）、設備計画（設備）、STGK（外構）、ランズ計画研究所（造成）、岡安泉照明設計事務所（照明）、氏デザイン（サイン）、ACE積算（積算）　施工者：佐武建設・住田住宅産業・山崎工業JV　施工協力者：双葉設備アンドサービス（機械設備）、参興電設（電気設備）、藤寿産業（木躯体工事）、パナソニック環境エンジニアリング（サッシ工事）　設計・監理費：6813万720円　総工費：4億8656万円　運営者：大船渡地区消防組合　設計期間：2016年9月～17年3月　施工期間：2017年6月～18年3月　開署日：2018年4月1日

その他　集成材アーチ｜2階建て

由布市ツーリストインフォメーションセンター［大分県由布市］

設計：坂茂建築設計

〔写真1〕木造で交差ボールトのような空間
2次元加工による十字柱が等間隔に並び、連続アーチを形成する。吹き抜けの観光案内所は由布院駅のプラットホームに面する。2階は「旅の図書館」（写真：48ページまで特記以外は平井 広行）

森を思わす“交差ボールト的空間”
2次元加工のみの十字柱で実現

湾曲させた大断面集成材を4本使い、平面が十字になるように組んだ独立柱。上部ではそのアーチ梁と、波打つような曲線を描く2次アーチ梁が交差する。国内の加工技術で製作が可能な2次元曲げ材でつくった。

〔写真2〕**独特な空間体験を得られる内部**
スロープは途中から宙に浮いたように見せるため、片持ち梁を支える鉄骨柱を1階トイレまわりの木造在来壁の中に入れた。2階はダイナミックな架構が間近で、強い空間体験を得られる。デッキからは町のシンボルである由布岳を正面に望める

2018年4月にオープンした「由布市ツーリストインフォメーションセンター」は、JR由布院駅に隣接して立つ。設計は公募型プロポーザルで選ばれた坂茂建築設計（東京都世田谷区）が手掛けた。

坂茂氏は、磯崎新氏が設計した由布院駅舎との対比を意識し、木造で交差ボールトのような空間をつくることを考えた〔写真1〕。駅舎は中央コンコースの上に設けた塔部に木造の交差ボールト屋根が載る。また、山々に囲まれる環境に合わせて、森の中にいるような空間にしたいとも思った。

そして導き出したのが、湾曲した大断面集成材を4本束ねて独立柱とし、それを小スパンで連続させる構造体だ。前提には、日本の加工技術の限界がある。坂氏は海外のプロジェクトで、3次元加工材による複雑な架構を実現したこともあるが、日本の技術では2次元にしか曲げられない。そのため単純化した格好だ。

坂氏は「2次元の加工でも、大断面となると日本で対応できるのは数社だ。そのような日本の技術を踏まえて木造の架構をデザインした」と話す。

柱の立ち姿は2方向のY字形で、平面は十字。見付けは部材1本が150㎜、組んだときに全体で500㎜。これを4500㎜間隔で21本並べ、鉄骨造によるガラスの直方体と組み合わせた〔写真2、3〕。鉄骨造部分は透明に見せるために、方立てを兼ねた細い鉄骨材で構成している。

高さ約6500㎜の十字柱は上部で

〔写真3〕**透明な鉄骨造の箱との組み合わせ**
プラットホームや車窓から町が見え、町からも電車が見えるよう、木造の架構に、ガラスを多用した鉄骨造の直方体を組み合わせている。鉄骨造のブレースは、耐力はあるが剛性のないPC鋼棒を採用した。1階の左手部分にトイレなどがあり、木造在来壁で囲んでいる

分かれてアーチ梁になる。これにカーブの緩い2次アーチ梁を直交させた。1つのパターンの繰り返しで印象的な空間を生み出している。

木造と鉄骨造の均衡に苦心

十字柱の断面寸法は意匠と構造の打ち合わせを通して決まり、構造計算後も変わらなかった。構造設計を担当した星野建築構造設計事務所（東京都港区）の星野修一代表は「いい設定だったと思う」と言う。アーチが連続することで部材同士が押し合って密着し、開くことはない。ただ、片持ちの端部が垂れないよう、幕板に接続した。幕板には屋根防水の立ち上がりが入り、大きく設計されていたので、これを利用する形で意匠と構造を兼ねた〔写真4〕。

この建物は木造と鉄骨造の混構造で、延べ面積が500m²を超えるため、許容応力度等計算が必要だった。星野代表が苦労したのは、上下階で床面積が異なり、トイレなどの諸室が集まる1階の一角に木造在来の壁もあるという点だ。それぞれのバランスを取りながら、鉄骨ブレースの配置や木造壁の壁倍率を調整し、偏心率と剛性率をクリアした。

内部は、1階吹き抜けに観光案内所、スロープで上った2階に「旅の図書館」、その外に展望デッキがある。行き交う電車や由布岳の眺めを楽しむことができ、旅の気分が高まる〔写真5〕。

（長井 美暁＝ライター）

〔写真4〕**象徴的な駅舎の隣にたたずむ**
右手が磯崎氏設計の駅舎。プロポーザルでは、訪日外国人旅行者で混乱する駅周辺の改善策も求められた。坂氏は車両動線を整理したうえで、駅前に歩行者空間を広くとること、さらに駅舎を左右対称にすることを提案し、磯崎氏の了解を得て駅舎の左ウイングを増築した

九州内でつくれる2次元曲げ材で十字柱

十字柱は強度を確保するために米マツを使用。柱脚から頂部まで1本の部材で曲がるようにラミナは12㎜厚とした。1つの建物に見えるが、エレベーターシャフトとスロープ、外部階段、手荷物預かり所は独立構造にした

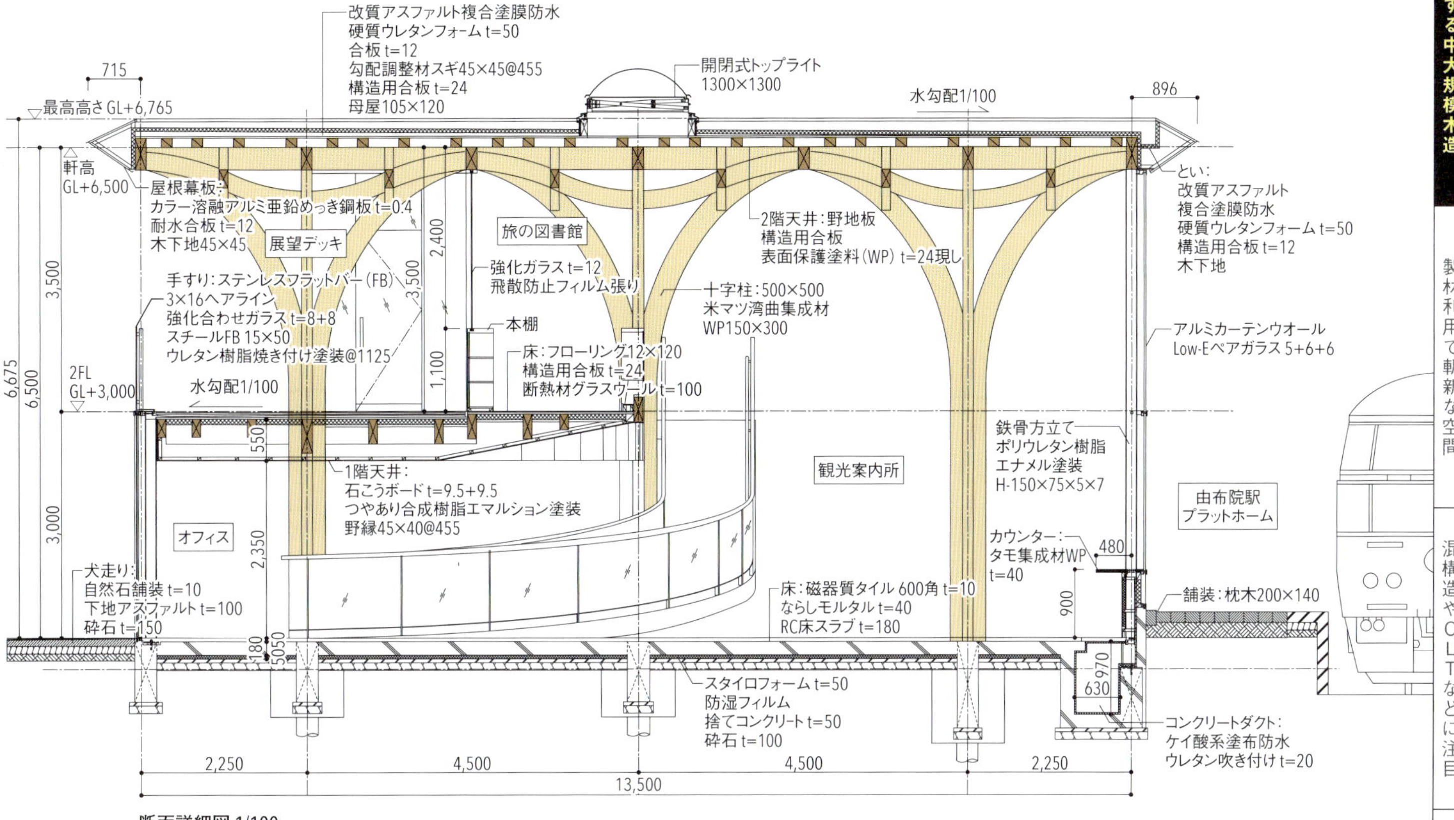

断面詳細図 1/100

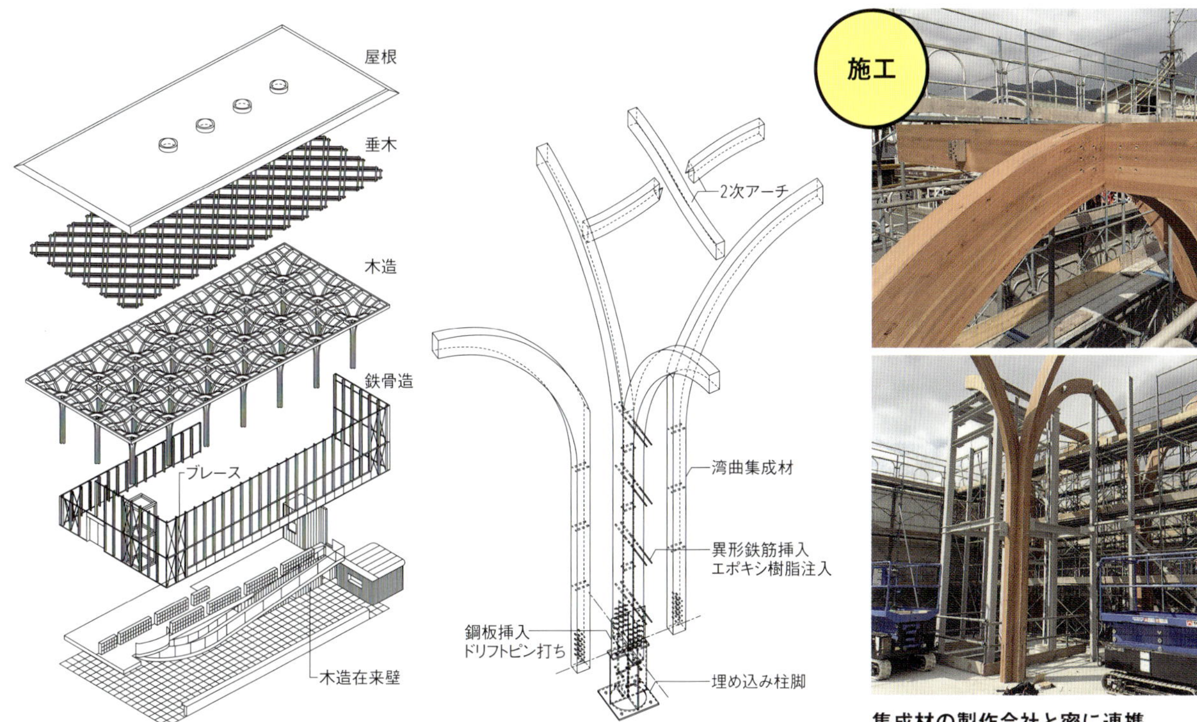

十字柱は現場で組み立て、鉄筋で一体化

構造アイソメ(左)と十字柱の構成図。水平力は、鉄骨とブレース、木造在来壁で受ける。右図のように、十字柱は4分割して現場に搬入。Y軸方向勝ちで鉄筋とエポキシ樹脂の接着剤を注入して一体化した

集成材の製作会社と密に連携

十字柱の製作と建て方は鹿児島県肝付町の山佐木材が行った。アーチ頂部には棟梁を配置。十字柱との接合金物は基本的に特注品。山佐木材は3次元で図面を作成し、金物位置などを事前確認した(写真:坂茂建築設計)

〔写真5〕**旅行者を迎え、送り出す**

駅舎の回廊がこの建物の手前まで延び、旅行者を誘導する。エントランスポーチとプラットホームの間には、オープン記念にJR九州から贈られた枝垂れ桜を植えている

由布市ツーリストインフォメーションセンター

所在地：大分県由布市湯布院町川北8-5　主用途：観光案内所　地域・地区：商業地域、都市計画区域内、由布院盆地景観計画区域内　建蔽率：47.94％（許容80％）　容積率：52.58％（許容360％）　前面道路：北東6m　駐車台数：0台　敷地面積：1025.5m²　建築面積：491.66m²　延べ面積：624.21m²　構造：木造、一部鉄骨造　階数：地上2階　耐火性能：その他建築物　各階面積：1階390.59m²、2階155.96m²　基礎・杭：鋼管杭、一部ベタ基礎　高さ：最高高さ6.75m、軒高6.50m、階高3m、天井高6.48m（観光案内所）　主なスパン：4.5×4.5m　発注者：由布市　設計・監理者：坂茂建築設計　設計協力者：星野建築構造設計事務所（構造）、知久設備計画研究所（設備）、岩井達弥光景デザイン（照明）、コミュニケーションデザイン研究所（コミュケーションデザイン計画・サインデザイン・カーテンデザイン）、二葉積算（積算）、高尾忠志九州大学准教授（駅周辺整備・総合監修）、小野寺康都市設計事務所（駅周辺整備・都市デザイン）、モビリティデザイン工房（駅周辺整備・交通計画）　施工者：森田建設　施工協力者：協栄工業（空調・衛生）、きんでんサービス（電気）　設計・監理費：4224万3000円　総工費：3億5532万円　運営者：一般社団法人由布市まちづくり観光局　設計期間：2015年10月～16年3月　施工期間：2017年2月～18年3月　開館日：2018年4月1日

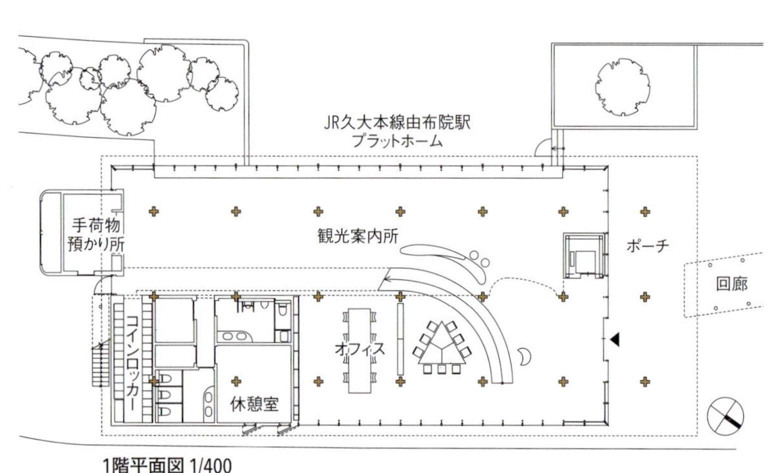

1階平面図 1/400

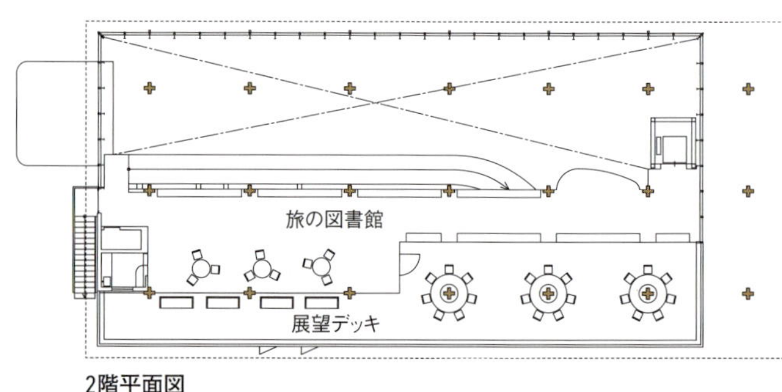

2階平面図

発注者の声 | 建築に見合うよう中身も充実させたい

佐藤孝宣
一般社団法人由布市まちづくり観光局
課長補佐

（写真：長井 美暁）

由布市商工観光課から、この施設の運営法人に出向した。観光客は皆、中に入って驚く。「居心地がいい」「素敵ですね」と話しかけてくれる人がいるのがうれしい。写真を撮ってSNS（交流サイト）に上げる人も多い。住民も喜んでいて、散歩がてら立ち寄ってくれる。小学生が夏休みの自由研究でこの建物を取り上げるからと、つくり方を聞きに来たこともあった。

ここで働くスタッフの意識も変わったように思う。以前の駅構内の観光案内カウンターは小さくて常に混雑し、とにかく「さばく」という状態だった。今は1人ずつの要望を聞き、丁寧に対応している。九州観光のハブとしての機能とともに、この建築に見合うように中身を充実させたい。

当初はBGMを流す予定はなかったが、今はセンター内にクラシック音楽を流している。オープニングイベントでサックス奏者の本多俊之氏の演奏を聴き、この建物の音響がいいことが分かったからだ。

坂氏の提案も踏まえた駅周辺の整備は、駅前広場の工事を2018年秋から翌年度にかけて進める予定だ。　（談）

PART

製材利用で斬新な空間

一般に流通する製材は、各地で手軽に調達でき、地域の施工者も扱い慣れている。
地域の活性化など、建て主の要望を受けて、
製材を活用して魅力的な空間をつくる事例が増えている。

各事例のタイトルで1行目は、左から順番に、「耐火性能」「架構のポイント」「地上階数」を示します。
耐火性能で、「その他」とあるのは、「その他建築物」を表します

その他　製材による大スパン架構 | 1階建て

和水町立三加和小中学校 ［熊本県和水町］

設計：野沢正光建築工房、一宇、UL設計室、東大森裕子時空間設計室

〔写真1〕**5.5mスパンを両側から方杖で支える**
木造校舎のホール。幅が約5.5mの空間を両側から持ち出した方杖の架構で支える。敷地の高低差に合わせて床レベルに段差があるため、方杖の角度も少しずつ変わる（写真：54ページまで特記以外は吉田 誠）

製材による「束ね重ね材」で21mスパンも

地元産のスギ製材だけで構造体を構成した小学校が完成した。教室や体育館のスパンを飛ばすために方杖を応用したり、地元企業が開発した「束ね重ね材」を用いたりと、新たな製材の使い方に挑んだ。

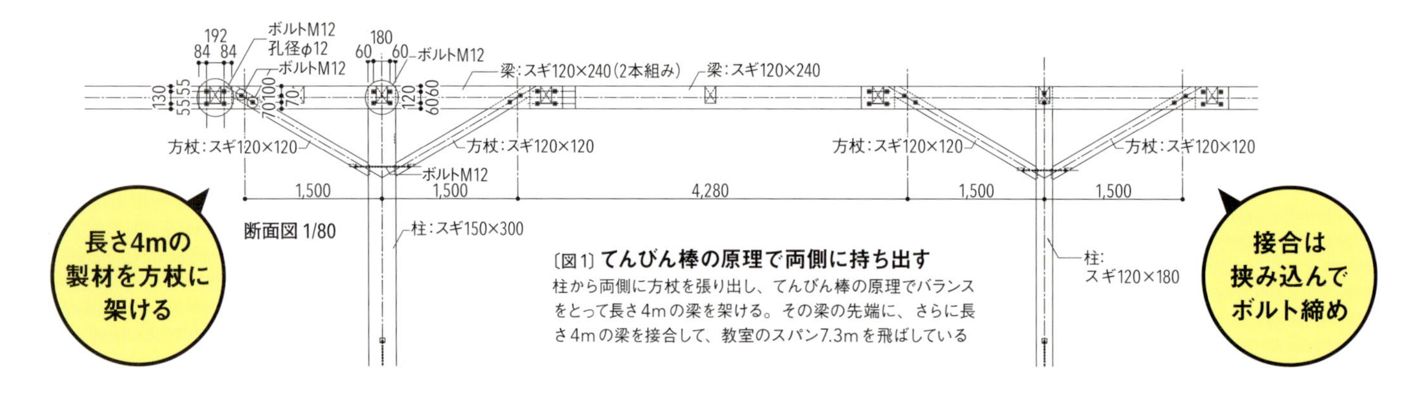

〔図1〕**てんびん棒の原理で両側に持ち出す**
柱から両側に方杖を張り出し、てんびん棒の原理でバランスをとって長さ4mの梁を架ける。その梁の先端に、さらに長さ4mの梁を接合して、教室のスパン7.3mを飛ばしている

〔写真2〕**前後に方杖**
普通教室の架構。黒板の上端から910㎜間隔で方杖を張り出している。方杖が支持する梁は2本組み。その梁の先端で、中央の梁を挟み込んで支える。梁は120×240㎜の製材。壁面は構造用合板による耐力壁

平屋の木造校舎に入ると、広いホールにも教室にも、両側から方杖の張り出す架構が並ぶ〔写真1〕。方杖によって持ち出した梁の先には、さらにもう1本、天井を渡す梁が継ぎ足されている。

「地元で調達できる製材で最大9mのスパンを飛ばせる架構として方杖を応用した」。そう話すのは野沢正光建築工房（東京都世田谷区）の野沢正光代表。熊本県和水（なごみ）町に完成した和水町立三加和（みかわ）小中学校の設計を4社の設計チーム（野沢正光建築工房、一宇、UL設計室、東大森裕子時空間設計室）で担当した。

方杖は基本的な木造の架構形式の1つで、いろいろと応用できる。この学校の場合、長さ4m以下の製材だけで5.5～9mのスパンを飛ばす架構として、次のような方杖とした。

まず、柱の両側に方杖を1.5m張り出し、その上に“てんびん棒”のように長さ4mの梁を載せる。両側に持ち出した梁の先に、長さ4mの梁を接合して天井を渡すと、大スパンの空間ができる〔図1、2、写真2〕。

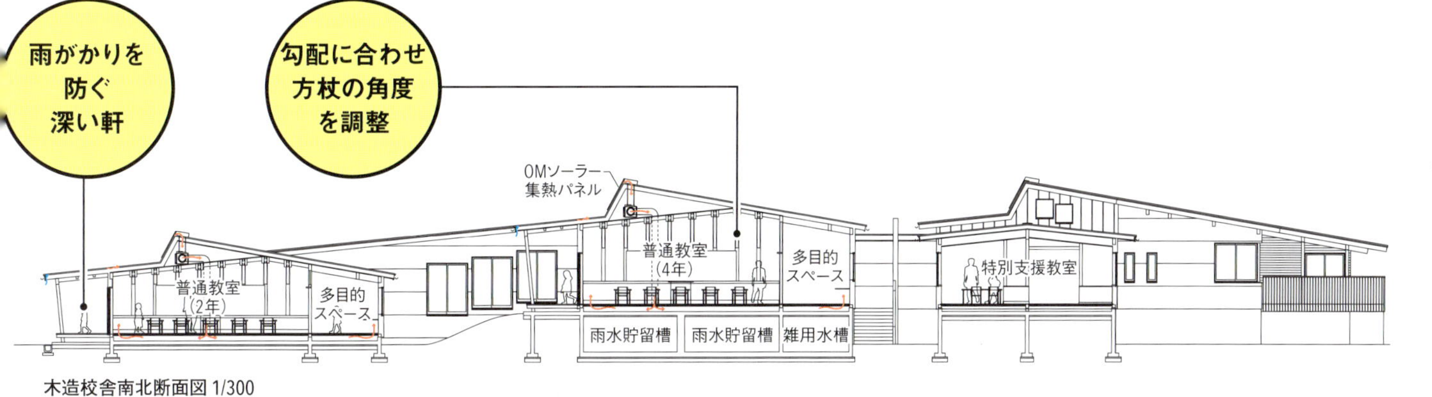

〔図2〕**敷地の傾斜に合わせて高さが変化する架構**
敷地の傾斜などに合わせて校舎にもレベル差がある。屋根の勾配もあるため、方杖の取り付け角度は少しずつ変わっていく

〔写真3〕**山並みのような屋根の木造校舎**
南側からの全景。既存の中学校の敷地内に、小学校の木造の校舎（写真中央）と体育館（同右）を新築した。木材はすべて地元のアヤスギの製材。使用量は約700m³あまり。左端に見えるのは、中学校の鉄筋コンクリート校舎

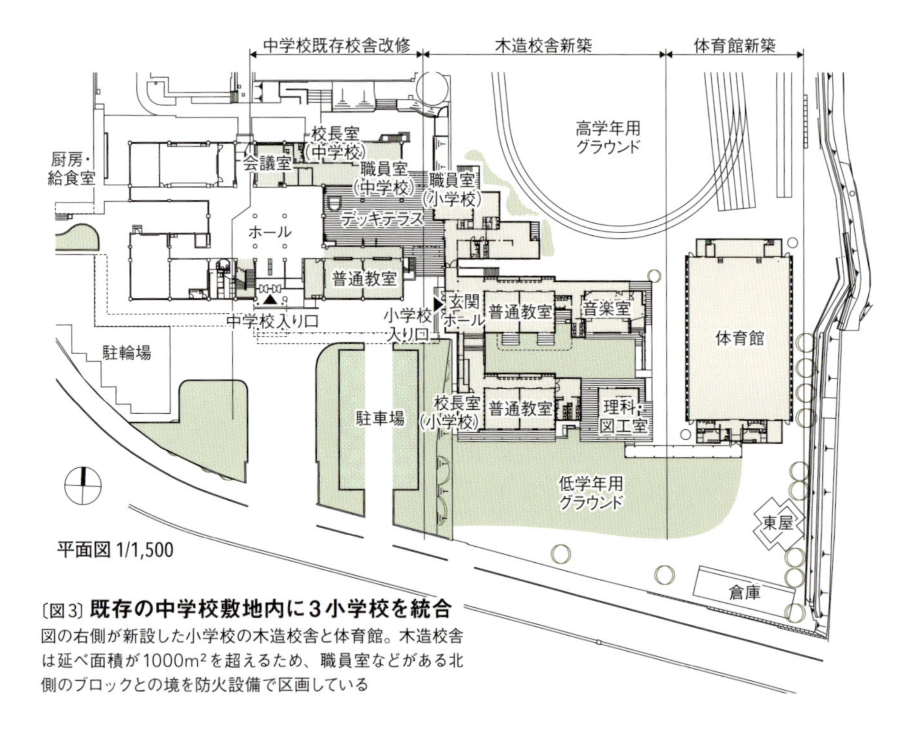

〔図3〕**既存の中学校敷地内に3小学校を統合**
図の右側が新設した小学校の木造校舎と体育館。木造校舎は延べ面積が1000m²を超えるため、職員室などがある北側のブロックとの境を防火設備で区画している

梁と方杖は、すべて地元で採れるアヤスギの製材。スパンを飛ばす梁は、住宅の柱用材として流通量の多い120×240㎜、長さ4mの部材だ。強度が必要な部分では、その部材を3本並べて用いている。一方、柱は少し太めの材を用いた。接合部に複雑な仕口の加工はせず、一般的なボルトを使って部材を横から挟み込む方法を採った。

耐力壁は「束ね重ね材」

2014年4月8日、この学校の開校式があった。3つの町立小学校が統合し、既存の中学校の敷地内に移転。平屋の木造校舎と体育館を新築し、中学校の鉄筋コンクリートの校舎も一部を改修した〔写真3、図3〕。

木造校舎で方杖の架構を使ったのは建物の奥行（南北）方向で、直交する間口（東西）方向には別の手法を用いた。製材をパネル状にした「束ね重ね材」と呼ばれる耐力壁だ〔写真4〕。複数本の製材を接着剤で圧着してつくる〔写真5、6〕。

間口方向は大きな開口部が必要なので、細かい間隔で方杖の架構を設けるわけにはいかない。そこで、この耐力壁を採り入れた。「束ね重ね材と出合ったことで、教室や体育館の構造の可能性が広がった」。構造設計を担当した山辺構造設計事務所（東京都豊島区）の山辺豊彦代表はそう振り返る。

束ね重ね材は、和水町の東隣にある山鹿市の木材メーカー、工芸社・ハヤタが2011年に大臣認定を取得した部材だ。この部材の活用を提案したのは、設計チームの一員で、熊本を拠点とするUL設計室の柴田真秀代表。以前から付き合いのあった工芸社・ハヤタに、束ね重ね材という部材があると知り、設計チームに紹介した。

複数本を圧着するとパネル状になるが、認定対象は軸組み部材。ここでは壁柱として設計した。

体育館は21mスパン

束ね重ね材の性能が最も発揮されたのが、スパン21mの体育館だ。「木造でつくるならば、足元から製材だけで組み上げたい」と考えた野沢代表は、高さ2mの基礎からトラスを組みながら張り出していく架構を、山辺代表と詰めていった。デザイン

と構造的な合理性とが整合する架構を探るなかで、束ね重ね材を活用する案に行き着いた。

最終的に使ったのは、150㎜角の製材2本を圧着した150×300㎜の材と、150×180㎜が2本で150×360㎜とした材の2種類だ〔図4〕。これによって、大空間を支える繊細な架構が実現した。

合わせ梁には、ダボなどでつなぐ方法もある。それに対して、部材を接着材で圧着する束ね重ね材の強度は同じ断面積でも2倍あるという。「木材をラミナにひかないので、集成材よりも製材に近い。地域材の活用の幅を広げる興味深い部材だ」と山辺代表は言う。

設計チームが製材にこだわった理由の1つは、「地元の大工がつくれる木造にしたかった」（野沢代表）からだ。体育館の架構は地元の大工の技を存分に発揮させるものでもある。等間隔に23列ある架構のパターンはすべて同じだが、屋根の勾配に合わせて高さが変わるため、それぞれの梁は数ミリずつ接合部の位置がずれていく。「それを図面から読み取って、正確に刻んだ腕は見事だった〔写真7〕。日本の木造は、大工の技術を生かすものであるべきだ」と野沢代表は語る。　（松浦 隆幸＝ライター）

〔写真4〕**間口方向は「束ね重ね材」**
複数本の製材を圧着したパネル状の「束ね重ね材」に水平力を負担させることで、廊下側と校庭側に大きな開口部を設けられるようにした

〔写真5〕**製材を接着剤で圧着**
施工する前の束ね重ね材。製材を接着剤で圧着する。柱梁材として大臣認定を取得している（写真：右も山辺構造設計事務所）

〔写真6〕**壁柱のように立てて耐力壁に**
普通教室の施工風景。面として立ち上がっているが、構造上は壁柱の扱い

体育館はスパン21mの大空間。高さ2mの鉄筋コンクリートの基礎から木の架構を持ち出して支える。2～4本組みの部材から成る組み梁を張り出していく架構

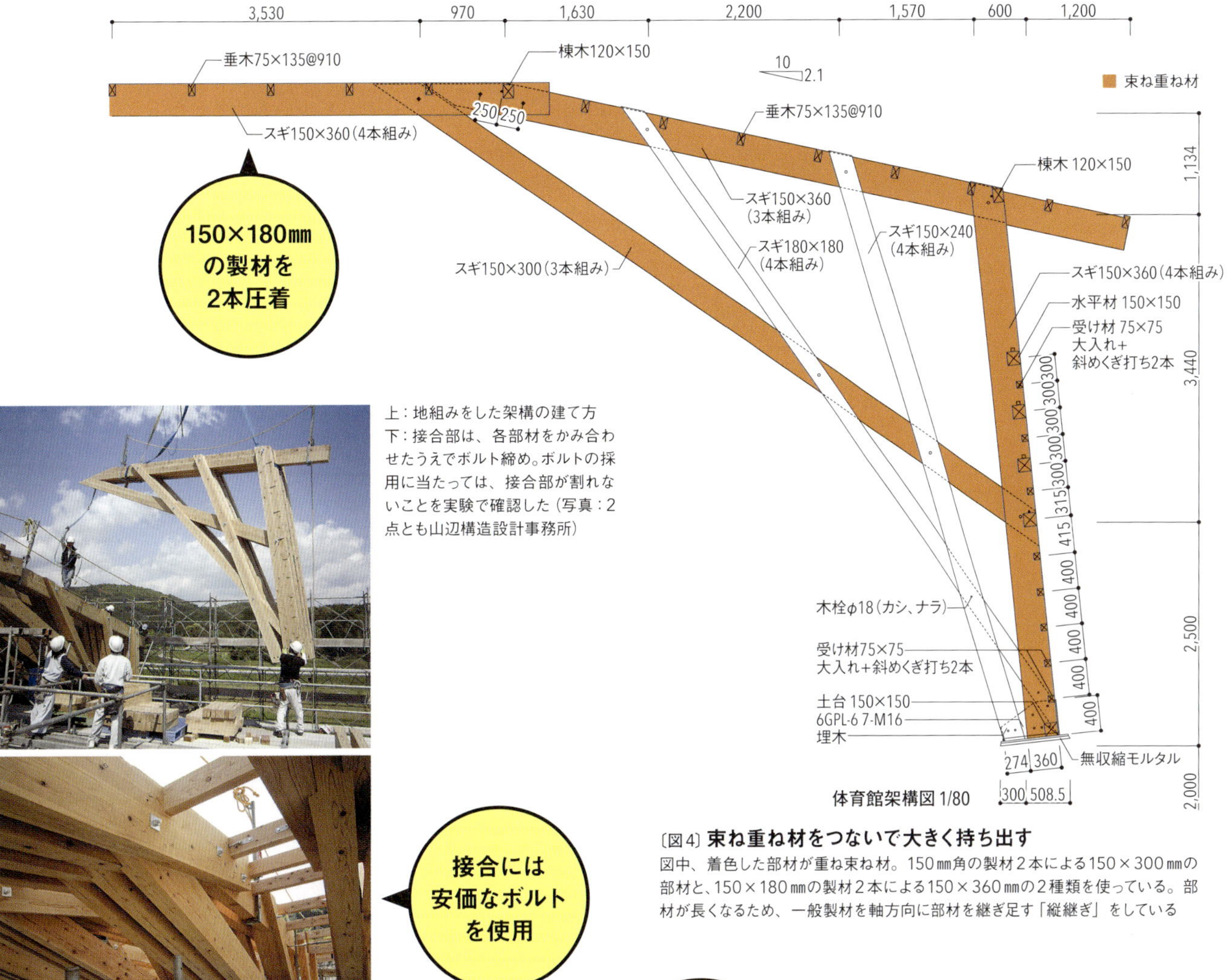

上：地組みをした架構の建て方
下：接合部は、各部材をかみ合わせたうえでボルト締め。ボルトの採用に当たっては、接合部が割れないことを実験で確認した（写真：2点とも山辺構造設計事務所）

〔図4〕**束ね重ね材をつないで大きく持ち出す**

図中、着色した部材が重ね束ね材。150㎜角の製材2本による150×300㎜の部材と、150×180㎜の製材2本による150×360㎜の2種類を使っている。部材が長くなるため、一般製材を軸方向に部材を継ぎ足す「縦継ぎ」をしている

高さの変化にも対応できる架構

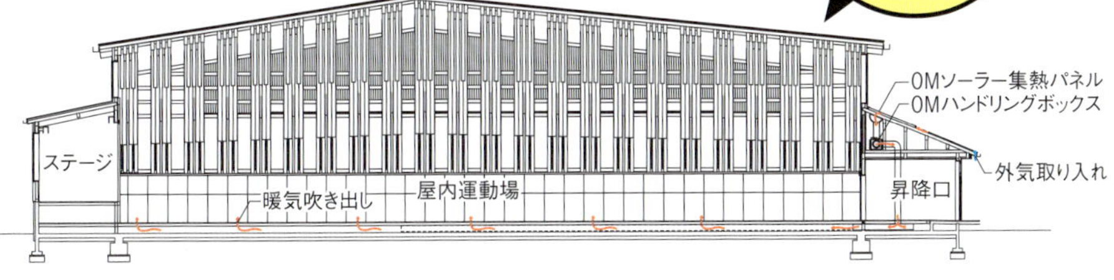

体育館南北断面図 1/400

〔写真7〕**正確に刻んだ地元の大工**

1本ずつ異なる接合部の加工を図面から読み取り、地元の大工は正確に刻んでいった（写真：山辺構造設計事務所）

和水町立三加和小中学校

所在地：熊本県和水町板楠1001　主用途：小学校、中学校　地域・地区：指定なし（都市計画区域外）　建蔽率：16.3%（学校全体）　容積率：22.6%（学校全体）　前面道路：南11.1m、北7.0m　駐車台数：22台　敷地面積：3万8179.50m²（学校全体）　建築面積：2145.80m²（木造校舎+体育館）　延べ面積：1965.17m²（木造校舎+体育館）　構造：木造（木造校舎+体育館）　階数：地上1階　耐火性能：その他建築物　基礎・杭：布基礎　高さ：最高高さ6.488m（木造校舎）・10.12m（体育館）、軒高2.85m（木造校舎）・8.39m（体育館）　主なスパン：7.28×8.19m（普通教室）　発注者：和水町　設計・監理者：野沢正光建築工房、一宇、UL設計室、東大森裕子時空間設計室　設計協力者：山辺構造設計事務所（構造）、小路設備設計事務所（設備）、東京電機大学・吉村彰教授（ワークショップ）、熊本県立大学・北原昭男教授（接合部実験）、白竹建築積算研究室、二葉積算（以上、積算）　施工（建築）：本山建設（木造校舎）、三和建設（体育館）、宇都宮建設（中学校校舎など改修）、大昭建設（プール）　施工（空調・衛生）：日東システムズ（木造校舎+体育館）　施工（機械）：コゥ・テック（中学校校舎など改修）　施工（電気）：正興電気商会（木造校舎+体育館）、有明電設（中学校校舎など改修）　運営者：和水町　設計期間：2011年12月～12年10月　施工期間：2013年1月～7月（木造校舎+体育館）、2013年8月～12月（中学校校舎など改修）　設計・監理費：7602万円　工事費：6億8924万1891円　工事費内訳（建築）：2億6964万円（木造校舎）、2億3415万円（体育館）

その他・一部1時間耐火 製材による架構・樹状柱 | 1階建て

道の駅あいづ 湯川・会津坂下 [福島県湯川村]

設計：アルセッド建築研究所

スギ製材の樹状柱で大空間ににぎわい

福島県の会津盆地に、木造平屋の「道の駅」がオープンした。飲食店や物販店が並ぶ大空間を支えるのは、樹木のような独特の架構だ。部材には、105㎜角や120㎜角の住宅用流通材を多用した。

道の駅の「地域振興施設」に入る農産物マーケット。間口22m、奥行10mの空間を、枝分かれする樹木のようにスギ製材を組み上げた柱で支える。主要構造部には、福島県・会津産のスギを使用（写真：65ページまで特記以外は浅田 美浩）

〔写真1〕**深い軒の切妻屋根**

トイレ・情報発信施設の軒下から、地域振興施設を見る。冬の積雪や強風、周囲の田園風景、さらに耐久性も考慮して、深い軒を出す切妻屋根の落ち着いた外観とした

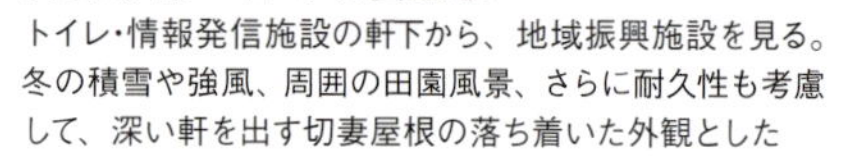

〔図1〕**地域材で架構の異なる3棟**

道の駅には3棟の建物がある。最も規模の大きい地域振興施設を挟んで、交流促進施設（写真右）と、トイレ・情報発信施設（同右下）が建つ。各棟とも、福島県・会津産スギの製材による平屋の木造。西側を流れる阿賀川の河川敷に多目的広場「川の駅」も整備した

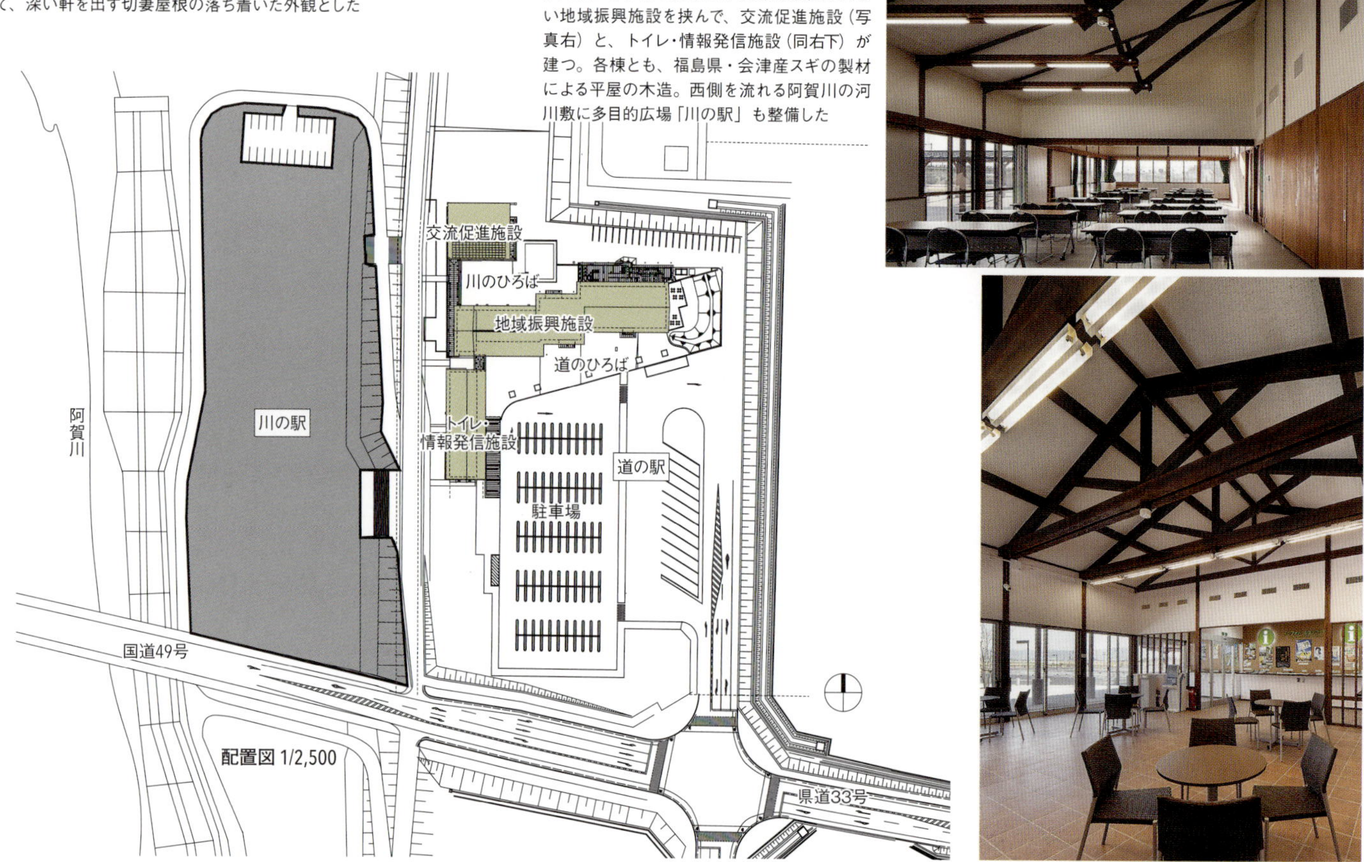

2014年10月2日にオープンした「道の駅あいづ 湯川・会津坂下」(福島県湯川村)が予想を超える人出でにぎわっている。1日平均5000人以上という来客数は、当初予想の3000〜4000人をはるかに上回る。元フレンチのシェフが地元の食材で腕を振るうレストランは、開店前から行列ができる。産直の農産物を売るマーケットは終日、混雑が絶えない。

人気の原動力は、趣向を凝らした運営内容にあるが、「個性的な建物のデザインに興味を示す人もいる」と、運営会社「湯川会津坂下」の代表で道の駅駅長でもある神田武宜氏は話す。そのデザインは、「地域振興施設」と呼ばれる建物に見られる。レストランや物販店などが並ぶ大空間を、枝を広げた樹木のようなフレームで支える。

この道の駅は、会津盆地の真ん中あたりに位置する。地域の動脈、国道49号の交差点にあり、3棟の建物から成る。地元の湯川村と、西隣の会津坂下町とが共同で整備した地域振興施設と交流促進施設、そして国土交通省東北地方整備局郡山国道事務所が整備したトイレ・情報発信施設の3棟だ。いずれも、勾配をそろえた切妻の大屋根が載る木造平屋。主体構造は、福島県・会津産スギの製材で組み上げている〔写真1、図1〕。

〔写真2〕**足元の6本から四方に枝分かれ**

磐梯山を一望するレストラン。樹状の柱は、足元から6本が立ち上がった後、四方に枝分かれして天井を支える。内装制限の規定で天井は耐火被覆を施したが、天井面の10分1までは構造材を露出できることから、接合部を見えるようにした(詳細は62ページ)

樹の足元を「よりどころ」に

3棟を含む道の駅を設計したのは、2012年に実施されたプロポーザルで設計者に選ばれたアルセッド建築研究所(東京都渋谷区)。同社の小口亮主幹は、設計意図をこう説明する。「1.5mの積雪荷重や冬の強風、周囲の田園風景との調和などを考慮して、外観はシンプルな切妻屋根とした。それとは対照的に、建物内は心が浮き立つような柔らかい空間を、木の架構で表現しようと考えた」

その意図がよく表れているのが、多くの人が足を向ける地域振興施設だ。東から西へと雁行してつながる3つの大空間に、スギ製材で組み上げた樹状柱が並ぶ。東西2つの大空間にある樹状柱は、高さ1mほどのコンクリートの独立基礎から斜めに6本の柱が立ち上がり、さらに途中から四方に枝分かれしていく〔写真2〕。

設計当初は、内部を無柱とするトラス案なども検討した。結果として、内部に樹状の柱を並べた理由を、小口主幹はこう話す。「内外の透視性

〔写真3〕**中央には無柱空間も**
地域振興施設の中央にある「人のひろば」は、イベントなどにも使われるため、13.5m四方の無柱空間とした

交流促進施設
倉庫
事務室
会議室
会議室
耐火構造（木造メンブレン工法）
川のひろば
更衣室
厨房
事務室
人のひろば（企画販売・企画展示）
セレクトショップ
レストラン
電気室
農産物マーケット
バックヤード
地域振興施設
耐火構造（木造メンブレン工法）
道のひろば

1階平面図 1/1,000

〔写真4〕**1時間耐火の木造を併用**
地域振興施設の東面。切妻屋根の右側に、「1時間耐火構造」の木造部がつながっている

を高めて、人の流れを円滑にするために、外壁や内部に耐力壁は設けたくなかった。また、商業施設の場合、無柱のがらんどうよりも、ある程度の柱を配置して、人がたまったり、物品を陳列したりしやすい“よりどころ”を用意したほうがいいと思った」

一方、建物の中央にあるもう1つの大空間は、エントランスであることと、イベントなどにも利用することから、無柱にしている。ただし、その構造は、樹状柱を縦に2つ割りにして、外壁沿いに立てた格好で、基本的には同じ仕組みだ〔写真3〕。

一部はメンブレンの耐火構造

飲食店や物販店の入る地域振興施

南東からの夕景。ガラス張りの建物内に並ぶ樹状柱が、田園風景のなかに浮かび上がる。左手の建物はトイレ・情報発信施設

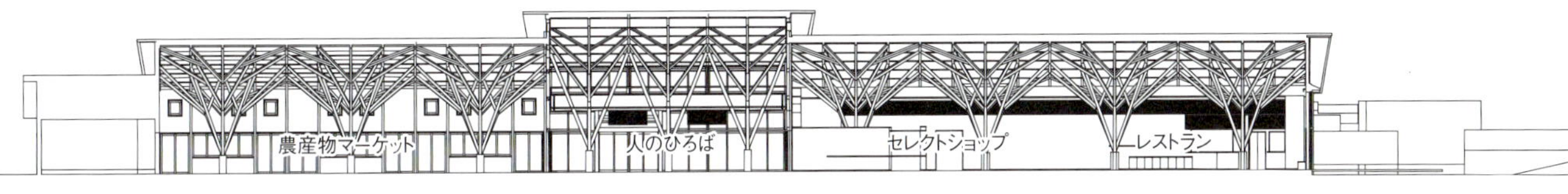

断面図 1/500

道の駅あいづ 湯川・会津坂下

所在地：福島県湯川村大字佐野目字五丁ノ目　主用途：道の駅　地域・地区：用途地域指定なし、法22条区域　建蔽率：11.19％（許容60％）　容積率：9.66％（許容200％）　前面道路：南西25m　駐車台数：111台　敷地面積：1万9597.84m²　建築面積：2194.48m²　延べ面積：1894.57m²　構造：木造　階数：地上1階　耐火性能：その他建築物・一部1時間耐火建築物　各施設床面積：地域振興施設1183.31m²、交流促進施設291.49m²、トイレ・情報発信施設314.67m²、駐車場上屋105.10m²　基礎・杭：先端翼付き鋼管杭、鉄筋コンクリート造ベタ基礎　高さ：最高高さ8.798m、軒高6.281m、天井高6.95～8.35m　主なスパン：7.28×6.25m　発注者：湯川村、会津坂下町、国土交通省東北地方整備局郡山国道事務所　設計者：アルセッド建築研究所　設計協力者：ホルツストラ、坂田涼太郎構造設計事務所（以上、構造）、ピーエーシー（設備）、エキープ・エスパス（外構）　監理者：アルセッド建築研究所（地域振興施設・交流促進施設）、国土交通省東北地方整備局郡山国道事務所（トイレ・情報発信施設）　施工者：入谷建設工業・マルト建設JV（地域振興施設）、鈴木綜合建設（交流促進施設）、秋山ユアビス建設（トイレ・情報発信施設）　施工協力者：アクーズ会津（地域振興施設の空調・衛生）、金野工業（交流促進施設の空調・衛生）、佐藤電設（電気）、八重電業社（非常用電源設備）、マルト建設（外構）　運営者：湯川会津坂下　設計期間：2012年8月～13年3月　施工期間：2013年8月～14年7月　開業日：2014年10月2日　設計・監理費：4337万9000円（地域振興施設・交流促進施設）　工事費：5億7170万7000円（地域振興施設）、1億3954万6000円（交流促進施設）

設は、建築基準法上の特殊建築物だが、平屋で延べ面積が1200m²弱なので、耐火・準耐火建築物とする必要はない。そのため、防火性能上は「その他建築物」として設計。主要構造部を耐火被覆せず、現しのまま使えるので、樹状柱のようなシンボリックな架構が可能になった。

ただし、建物の一部には「1時間耐火建築物」を設置している。これは、その他建築物の場合、1000m²以内ごとに設置が求められる「防火壁」を不要にするための策だ。防火壁を設けるには、樹状柱の連なるダイナミックな大空間を、どこかで遮断しなければならない。

そこで、厨房や倉庫、電気室など、大空間に配置する必要のない諸室を、建物の西側と北東側の2カ所にまとめ、約290m²の耐火構造とした。これによって、その他建築物の床面積を1000m²未満に抑え、大空間に防火壁を設けなくても済むようにしている。

耐火構造としている部分には、日本木造住宅産業協会が大臣認定を取得した軸組みのメンブレン（膜）工法を採用。軸組み構造全体を、2重張りの強化石こうボードなどですっぽりと被覆している。樹状柱の並ぶ大空間とは、建物としても利用上もつながっているが、躯体は縁を切っている〔写真4〕。

地元の湯川村にとって、人でにぎわう場は長年の念願だった。湯川村の大塚節雄村長は、「道の駅のにぎわいで、このエリアに人が集まるポテンシャルがあることは確認できた。次は、若者の定住に向けて取り組みたい」と語る。

MORE FOCUS

平面トラスの組み合わせで樹状に

垂直に立つ部材が1本もない樹状柱。この柱で鉛直荷重だけでなく水平力も負担する。知恵の絞りどころは、いかにコストを抑え、施工しやすい架構にするかだった。

地域振興施設の樹状柱を構成する木材は、すべてが斜めに傾く。3次元の複雑な構造に見えるが、分解していくと意外にシンプルで、合理的であることが分かる。

連なる樹状柱を、部材が傾く角度で切り取ると、必ず1つの平面内に納まるトラスになっている〔図2〕。裏返していえば、傾斜角度の異なる平面トラスの組み合わせが、樹状の列柱の正体だ。

なおかつ、すべての部材は、建物の桁行方向か梁間方向に直交する向きで配置されている〔写真5〕。

「この構造は、鉛直荷重だけでなく、

〔図2〕水平力に耐えるトラスの組み合わせ

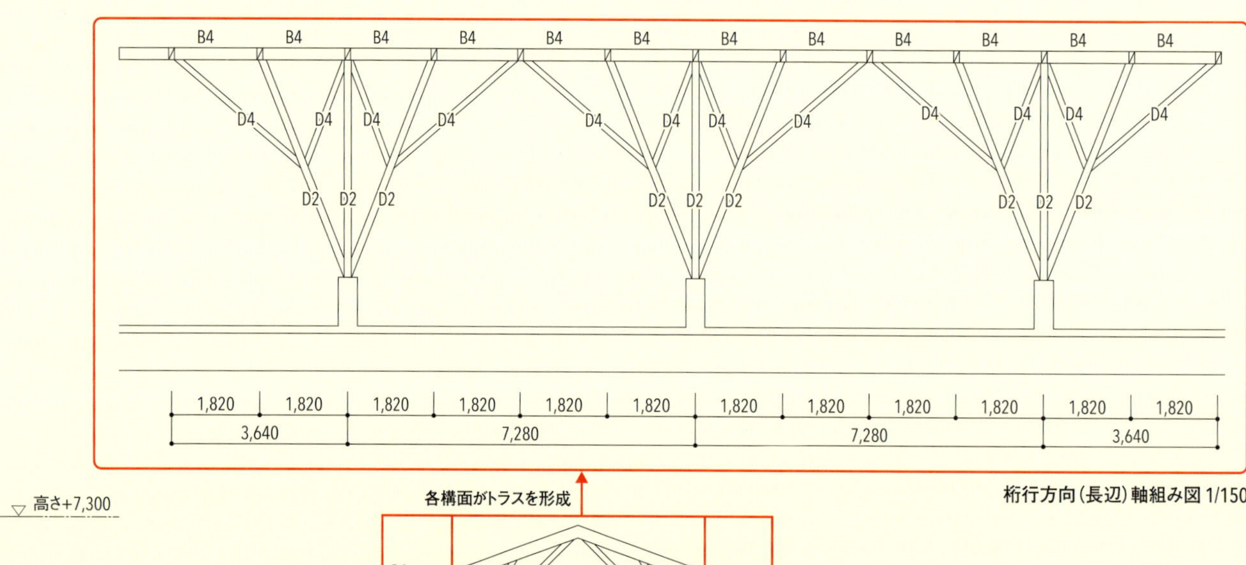

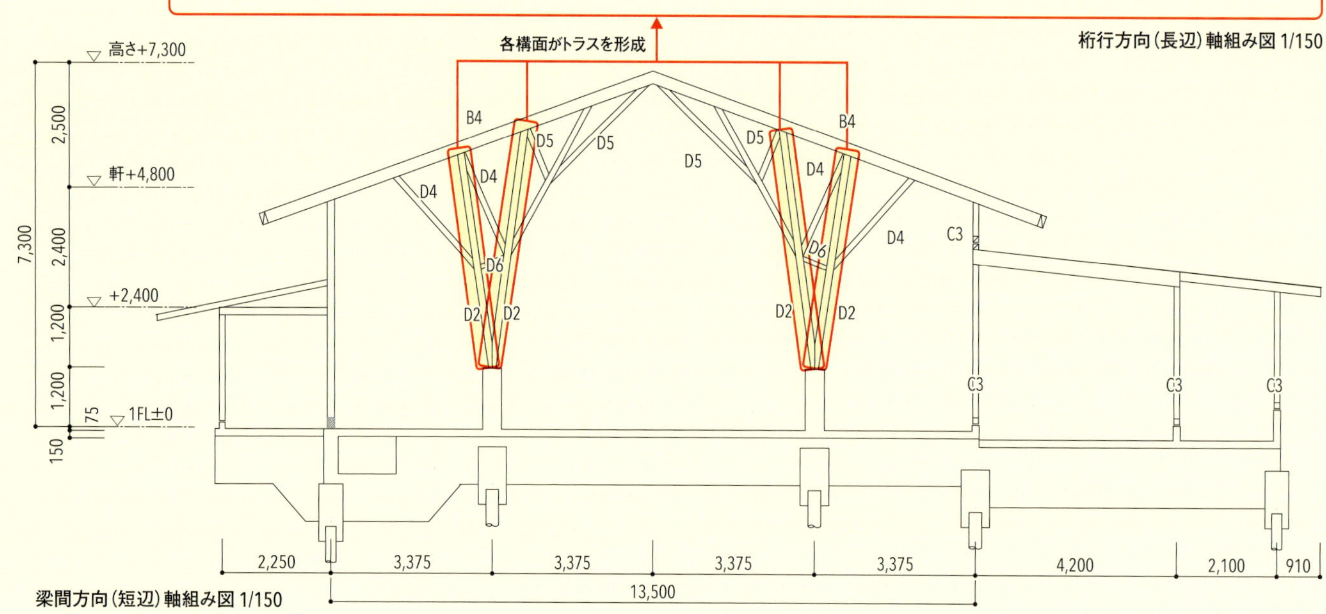

建物の桁行方向と梁間方向の双方の水平力も負担している」。そう説明するのは、構造の実施設計を担当した坂田涼太郎構造設計事務所（東京都文京区）の坂田涼太郎代表だ。

地震に耐える金物選び

設計上の意図から、構造では2つの課題をクリアする必要があった。1つは、地域の製材で、現しの架構をつくること。もう1つは、内外に透視性の高い大空間をつくるため、耐力壁を設けないことだ。耐力壁に代えて、水平力を負担する策を講じなければならない。

その架構として、トラスを組み合わせた樹状柱を提案したのは、ホルツストラ（東京都杉並区）を主宰し、東京大学大学院木質材料学研究室教授でもある稲山正弘氏だ。このプロジェクトでは、各施設の構造の基本設計を担当した。「地域で調達できる製材の量や寸法、加工所などを調べ、この架構がつくれると確認したうえで提案した」と、稲山教授は話す。

稲山教授から設計を引き継いだ坂田代表の工夫のしどころは、接合部だった。「鉛直荷重だけでなく、水平力も負担するので、引き抜きの力に耐える接合部とする必要があった」と振り返る。寸法が限られる製材による大空間の架構は、自ずと部材数が増え、接合部も多くなる。金物の選択を誤れば、表面が金物だらけの架構になってしまう。金物はコストにも大きく影響する。

いかに目立たず、安価に、引き抜き力にも耐える接合部をつくるか。結論は、ほぞパイプや引きボルトなど市販の金物による接合だ。これらの金物は、木材の表面にほとんど露出せず、接合部の仕口の加工も簡素化できる。調達や取り扱いも容易なので、地域の建設会社でも難なく施

〔写真5〕**半割りの部材から架設**
樹状柱の部材を見ると、平面トラスから成ることが分かる（写真：下もアルセッド建築研究所）

〔写真6〕**地元の大工が施工できる**
部材単位が小さく、市販の接合金物を使うので、地元の大工でも施工できる

工できるメリットがある〔写真6〕。

天井は接合部だけ現しに

樹状の架構を構成するスギ製材の大半は、120㎜角、105㎜角といった一般的な製材だ。最大でも150㎜角にとどまる。さらに、大空間を覆う屋根材の母屋や垂木も120㎜角と細めだ。屋根材も細くできたのは、屋根面に格子状に組まれた母屋と垂木の交点すべてに、樹状に広がる部材の1本1本を接合させたためだ。格子の各交点を受け止めることで、屋根材の負担を最小限に抑え、断面寸法を小さくしている。地域振興施設の構造体に使ったスギ製材は約174m³。一般的な木造住宅7～8棟分だ。

天井を見上げると、その交点が現れている。内装制限の規定で、天井を耐火被覆したが、一方でこの規定によれば、天井面の10分1までは構造材を露出してもかまわない。接合部の面積が、その範囲内に納まることから、独特な木構造を伝える1つの象徴として見せている〔写真7〕。

（松浦 隆幸＝ライター）

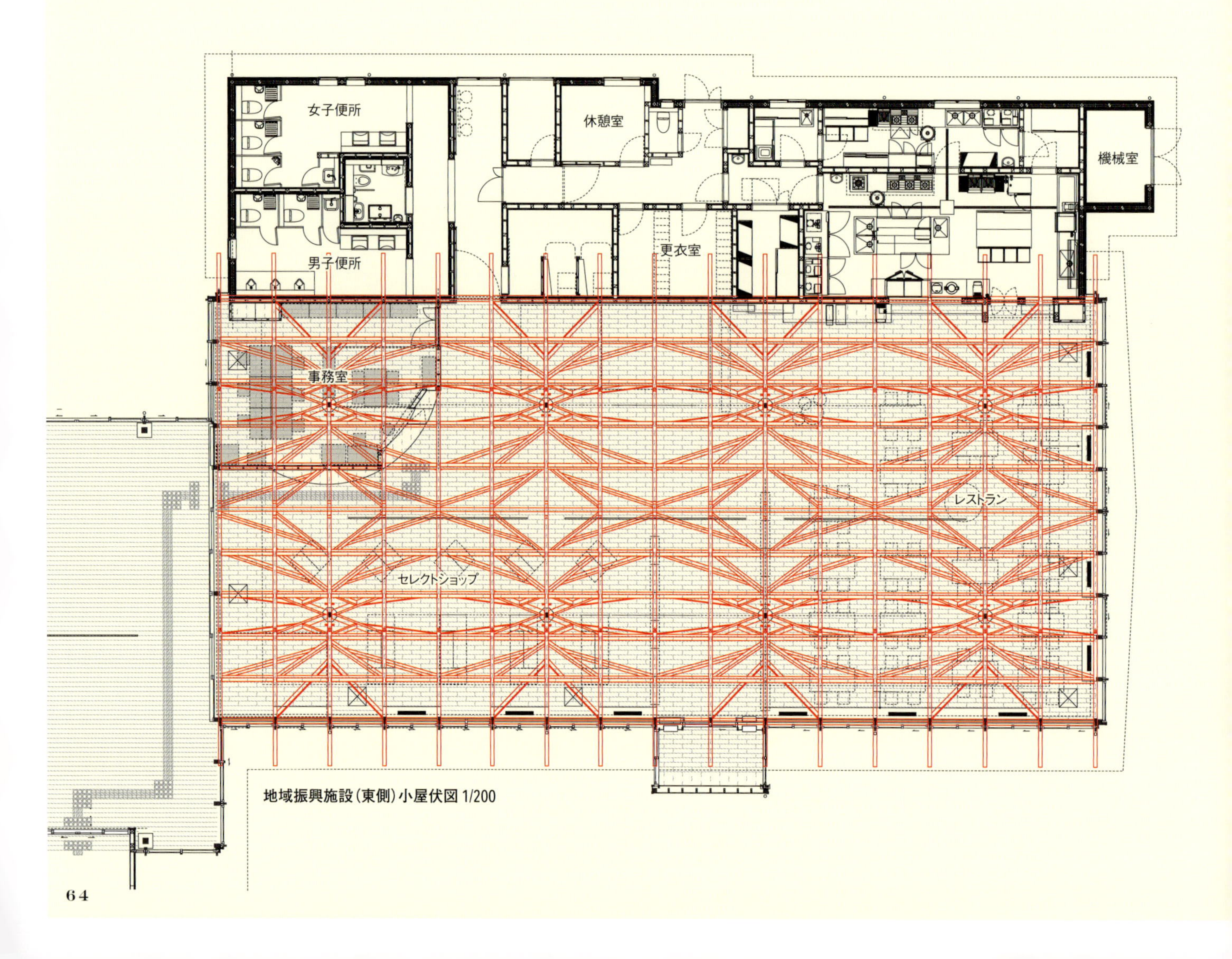

地域振興施設（東側）小屋伏図 1/200

〔写真7〕**天井は接合部だけ現し**
内装制限により、天井を耐火被覆し、接合部周辺だけを現しとした。天井面の10分1まで構造材を現しにできるという規定を、被覆材の施工に手間がかかる接合部まわりで利用したもの

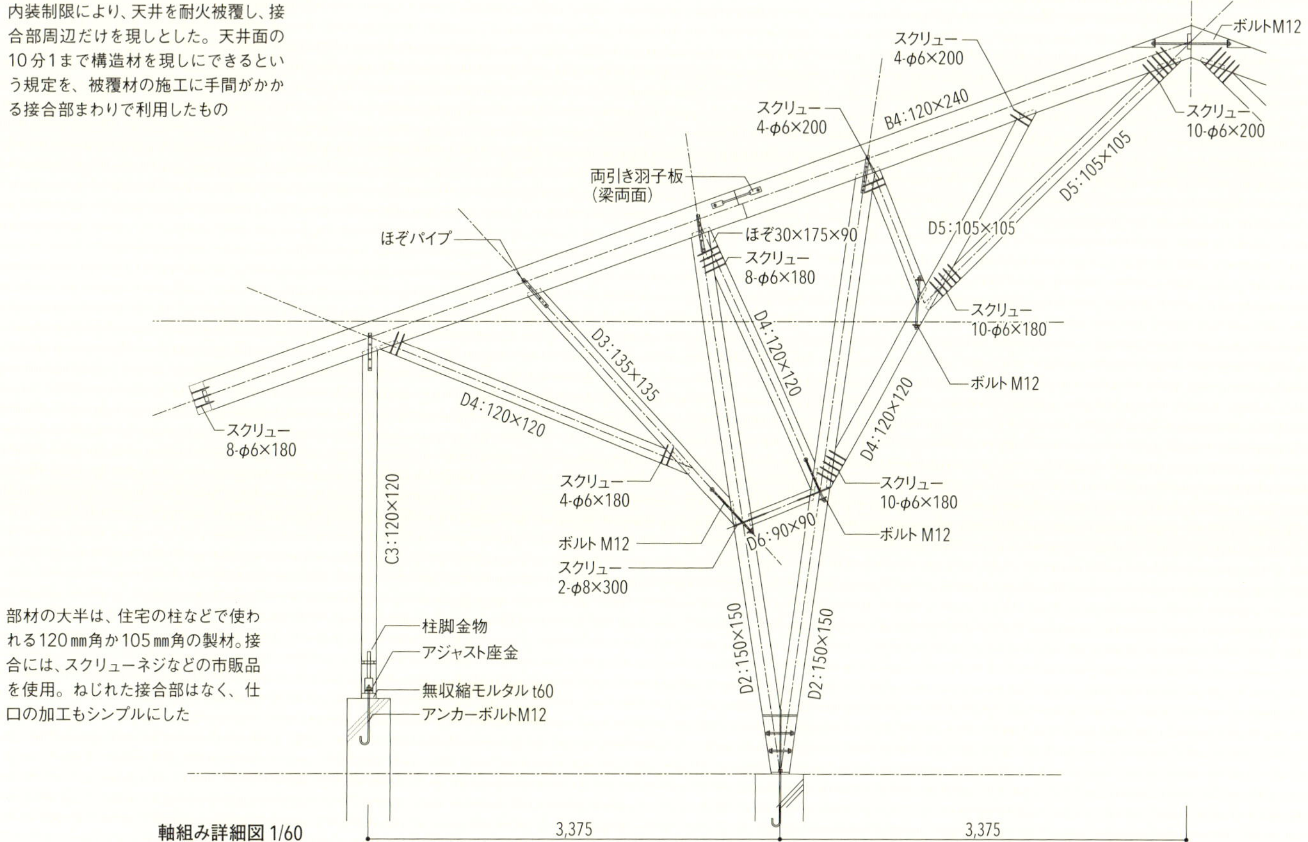

軸組み詳細図 1/60

部材の大半は、住宅の柱などで使われる120㎜角か105㎜角の製材。接合には、スクリューネジなどの市販品を使用。ねじれた接合部はなく、仕口の加工もシンプルにした

その他　製材による大スパン架構｜1階建て

東松島市立宮野森小学校［宮城県東松島市］

設計：盛総合設計＋シーラカンスK&H

中庭を囲んで普通教室棟などの木造校舎が並ぶ。宮野森小学校は、東日本大震災で被災した野蒜小学校と、児童数の減った宮戸小学校が2016年4月に統合して誕生。17年1月にこの校舎に移った（写真：75ページまで吉田 誠）

高台移転の木造小学校 製材だけで調達しやすく

東日本大震災で被災した宮城県東松島市の高台に、新しい小学校が完成した。隣地の自然林を取り込む教育の意図をくみ、森とつながったかのような木造校舎とした。職人不足などを考慮し、調達しやすいプレカットの製材だけで組み上げている。

〔写真1〕**高台の集団移転先に立地**
南東から見た全景。手前は管理棟、左奥に2階建ての特別教室棟や体育館がある。集団移転先として造成された高台に立つ

〔写真2〕**大屋根から張り出す切妻屋根**
普通教室棟は、自然光の入るハイサイドライト（写真右上）が続く大屋根の下から、切妻屋根の各教室が張り出す構成。切妻屋根の軸組みを内部空間にも現している

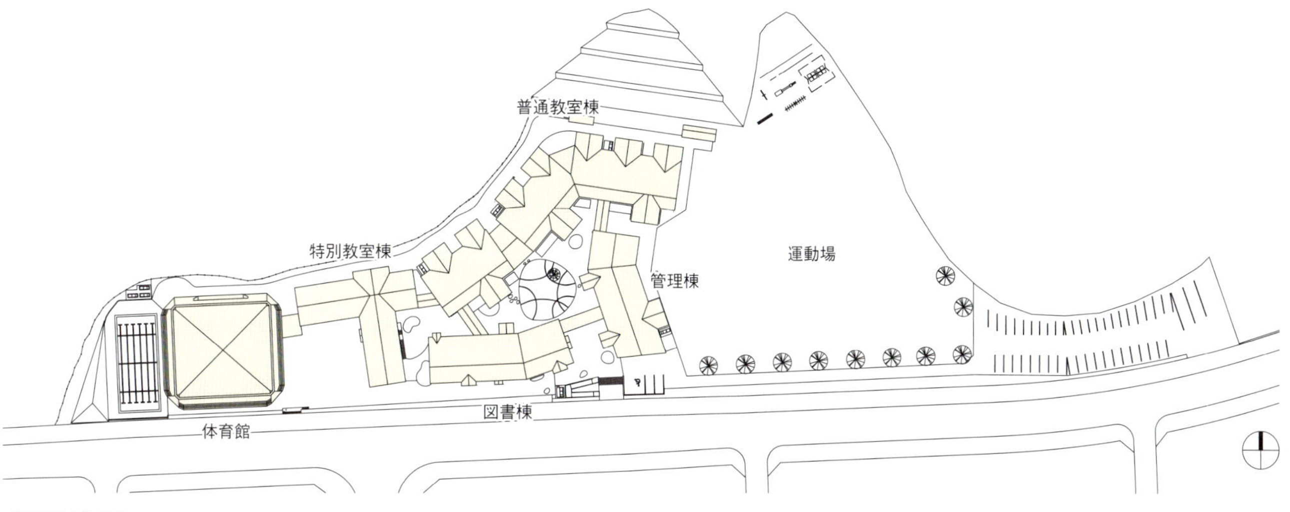

配置図 1/2,000

東日本大震災以降、公共施設の間借りや仮設校舎でしのいできた宮城県の東松島市立宮野森小学校が、2017年1月から新しい校舎に移った。間もなく卒業する6年生にとっては、小学生生活で初めての本設の校舎だ。「せめて卒業式くらいは、新しい校舎で迎えさせてあげたいというのが、地元の願いだった」。相澤日出夫校長は穏やかな表情でそう話す。

約140人の児童が通う新しい校舎は、被災者の集団移転先として、高台の山林を造成した野蒜（のびる）北部丘陵地区にある。被災したJR仙石線も、この高台を走るルートに改めて、15年5月に開通した。今、学校の周辺は、さながら建設ラッシュの様相を呈している〔写真1〕。

延べ面積4000m²弱の校舎は、すべて木造だ。平屋の普通教室棟や図書棟、2階建ての特別教室棟、大空間の体育館といった木造建物が、耐火構造の渡り廊下などで区画を取りながら連なる。この分棟化によって、耐火要件を「その他建築物」に設定。製材による木構造を現しにしている。構造材には、宮城県と福島県のスギを約520m³利用した。

「当初から、裏山の森を学習に生かす『森の学校づくり』というテーマが掲げられていたこともあり、木造校舎で提案をした」。設計を手掛けたシーラカンスK&H（東京都杉並区）の工藤和美代表は、提案の背景をそう説明する。同社は、14年に東松島市が実施したプロポーザルで選ばれた盛総合設計（仙台市）とともに設計を担当した。

多層棟も大空間も純木造

木造の校舎は、自然林の山裾をなぞる敷地境界に沿って角度を振りながら並ぶ。一つひとつの教室は、大屋根の下から山に向けて切妻屋根で突き出し、妻面の全面ガラスいっぱいに森の緑が広がる。それぞれの切妻屋根を構成する軸組みは、開放的な内部空間にも表れている〔写真2〕。

「森を生かす教育との関係性をつくろうと思い、季節ごとに表情を変える森が目の前に見えるように各教室を配置した。北向きになるが、廊下沿いのハイサイドライトから入る自然光で十分に明るい」と、工藤代

〔写真3〕**開放的な内部空間**
内部には、木構造を現しにした空間が続く。一定間隔で並ぶ斜め格子の壁柱と、ハイサイドライトのある欄間部分は、建物の骨格となる構造部材

〔写真4〕**森を見せる全面開口**
各教室の妻面は、間近に森を臨む全面開口になっている。妻面に見える樹状の木材は、妻面の剛性を高める構造部材

〔写真5〕**図書室を通って登下校**
図書棟も、普通教室棟と同じ構造。図書室は、昇降口と各教室とを結ぶ動線上にあり、児童は登下校時に必ずこの空間を通る

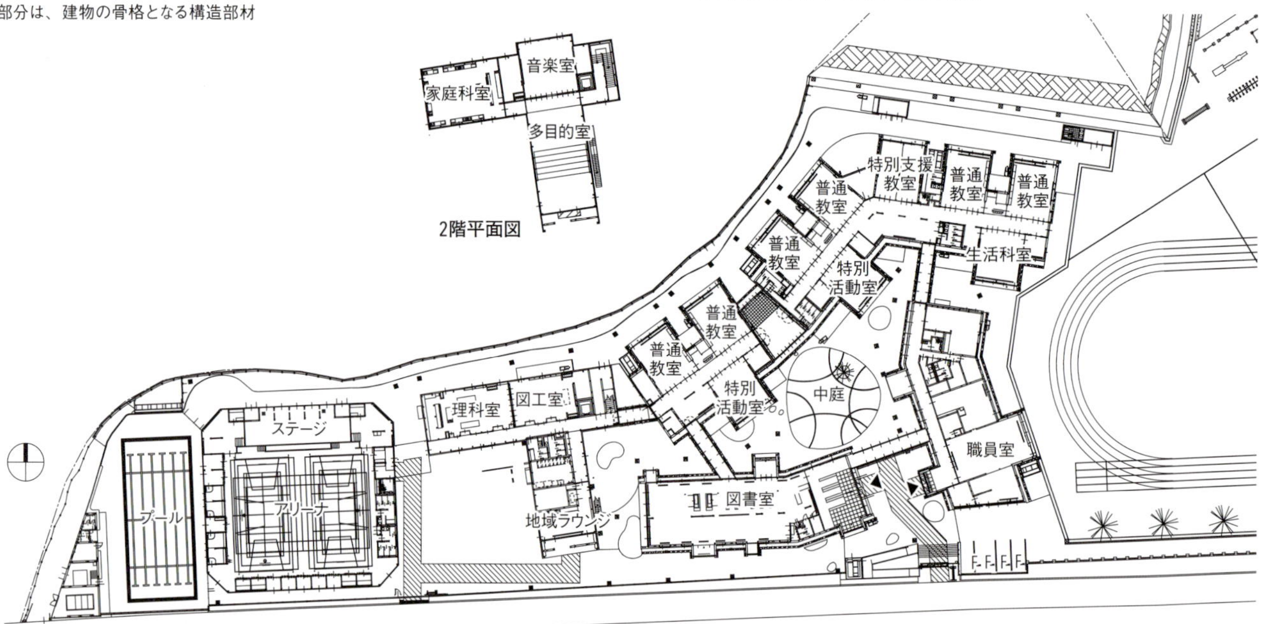

〔写真6〕**3段重ねの製材の梁**
2階建ての特別教室棟1階の理科室（手前）と図工室。いずれも広さは奥行き7.2m、間口10.8m。製材を3段に重ねた高さ720㎜の梁を使用

〔写真7〕**25m四方の木造大空間**
スギの製材をアーチ状に組んだ斜め格子のフレームが2.5m間隔で並ぶ。内法で25m四方、天井高は約10m

体育館を支える架構の見上げ。トラスを構成するスギ製材は、上・下弦材が180㎜角、斜材が120㎜角。斜材は、一辺が約900㎜の正方形に組まれている

東松島市立宮野森小学校

所在地：宮城県東松島市野蒜ケ丘2-1-1　主用途：小学校　地域・地区：市街化調整区域、法22条区域　建蔽率：22.92％（許容70％）　容積率：24.62％（許容200％）　前面道路：南18.0m　駐車台数：45台　敷地面積：1万6250.28m^2　建築面積：3724.44m^2　延べ面積：3999.07m^2　構造：木造、一部鉄筋コンクリート造・鉄骨造　階数：地上1階・一部地上2階　耐火性能：その他建築物、耐火建築物（渡り廊下など）　基礎・杭：ベタ基礎　高さ：最高高さ11.808m（体育館）、軒高6.491m（特別教室棟）、階高3.75m（特別教室棟1階）　主なスパン：7.2×9.0m（普通教室）　発注・運営者：東松島市　設計者：盛総合設計＋シーラカンスK&H　設計協力者：佐藤淳構造設計事務所（構造）、YMO（空調）、仙台総合設備計画（電気）　監理者：盛総合設計＋シーラカンスK&H（建築）、仙台総合設備計画（機械、電気）　施工者：住友林業（建築）、山下設備工業（機械）、ユアテック（電気）　施工協力者：ヤマムラ（木工事）、シェルター、篠原商店、さんぽく、山大、ダイテック（以上、プレカットなど）、山建組（建て方）、不二サッシ（サッシ）、ナショナルエレベーター（エレベーター設備）　設計期間：2014年5月～15年3月　施工期間：2015年9月～16年12月　開校日：2017年1月9日　総工費：16億7006万円

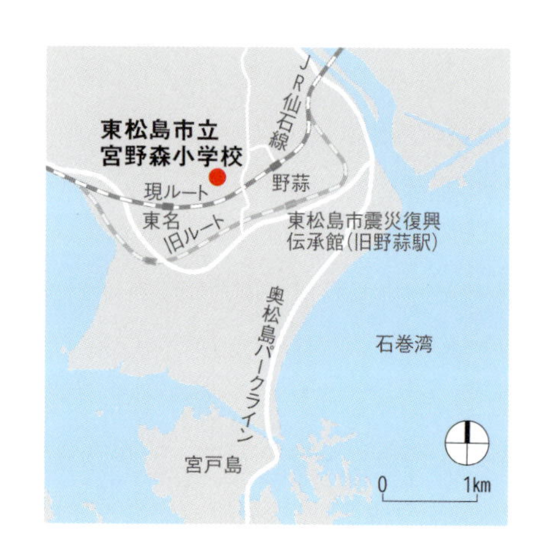

表は説明する〔写真3、4〕。

敷地の北側に寄せた普通教室棟は、渡り廊下によって図書棟や管理棟とつながり、中庭を取り囲む。その動線で特徴的なのは、図書棟の位置付けだ。昇降口は図書棟にあり、児童は登下校時に必ず図書室を通り抜けるようになっている。壁で仕切られた図書室にせず、児童の動線に開放することで、日ごろから書物に親しめる環境をつくっている〔写真5〕。

2階建ての特別教室棟も、木造の建物だ〔写真6〕。上下階の振動や音の課題を解消しにくいため、多層の木造は回避されることが多いが、特別教室は常時、使う部屋ではないことから木造の2階建てとした。さらに、その西側にある体育館も、純木造の大空間だ。内法で25m四方、高さ10mの大空間を、製材による格子の架構で組み上げている〔写真7〕。

震災から6年がたち、ようやく完成した本設の校舎に、子どもたちはとても喜んでいると、相澤校長は言う。「自由に遊び回る一方で、木の校舎だから大切にしなければいけないという意識で接しているのが、見ていて分かる」（相澤校長）

新たな宅地造成地に立つ宮野森小学校は、地域交流も1つのテーマに掲げる。特別教室棟の1階に設けた地域ラウンジは、住民ボランティアなどが常駐することも想定した部屋だ。「これから住民が増えていくなかで、『おらほ（私たち）の学校』と言ってもらえるような交流を目指していきたい」。相澤校長は、地元の言葉を交えてそう語る。

MORE FOCUS

製材による斜め格子の骨格を共通化

平屋だがプランが複雑な普通教室棟、2階建ての特別教室棟、大空間の体育館──。それらをすべて製材で、限られた期間で建てるために、共通して使える単純な斜め格子などの構造システムを考案した。

「東北の被災地は、大工を集めにくい状況になっていたので、使う木材はプレカット材と決めて設計に入った」。設計を手掛けた工藤代表はそう振り返る。調達しやすいプレカットの製材となると、断面寸法にも長さにも上限がある。教室や特別教室、体育館といったスパンの大きい空間が多い学校を、プレカット材だけでつくるのは簡単ではない。

構造設計は、佐藤淳構造設計事務所を主宰する東京大学大学院准教授の佐藤淳氏が担当した。2013年に完成した熊本県の山鹿(やまが)市立山鹿小学校でも、工藤代表とチームを組んで製材による木造校舎を手掛けている。ただし、山鹿小学校が、2階建ての1階や、体育館の立ち上がりなどを鉄筋コンクリート（RC）造にしたのに対して、今回は純木造だった。

「教室から体育館まで、スパンがまちまちの多くの部屋を分棟のように配置すると、構造は複雑になる。プレカットの製材だけで成立させるためには、いかに構造システムを統一するかが課題だった」と佐藤氏は振り返る。

3種類の構造システムで構成

今回、考案したのは3つの構造システムだ。1つは、製材を斜め格子に組む梁と柱。校舎全体の骨格になっ

〔写真8〕**骨格は製材の斜め格子**
建物の骨格となる斜め格子の柱。鉛直材は180㎜角、斜材は120㎜角のスギ製材。上部には、同様の斜め格子の欄間梁がある

ている。普通教室棟や図書棟の随所に立ち上がる斜め格子の壁柱が、それに当たる〔写真8〕。

その上部には、同じ斜め格子の欄間梁が接合され、背骨のように建物の棟に沿って続き、壁柱と一体でラーメンフレームを形成している。使ったスギ製材は、斜材が120㎜角で共通。柱は180㎜角、梁は上弦材が150×180㎜、下弦材が150×210㎜だ。また、大空間の体育館にも同じ仕組みの斜め格子を用いて、木造だけで構造を成立させた。

「部材数は非常に多いが、架構はシンプル。正方形の格子は、単純な合欠きで組むもので、接合部も同じパターンの繰り返しになっている」と、佐藤氏は説明する。

2つ目の構造システムは、製材を樹状に組むフレームだ。建物から直角に突き出す切妻屋根の妻面に取り付けられている。

全面開口になる切妻屋根の先端には、妻面を変形させる力が働き、地震時も揺れやすい。そこで、変形を抑えるのと同時に耐震要素にもなる仕組みとして、樹状フレームを取り入れた。意匠も兼ねるこのフレームは、山鹿小学校で「南京玉すだれ」の原理で製材を継ぎ足してアーチ状にした架構の応用だ。

3つ目の構造システムは、木構造の補強材として使ったスチールの張弦梁だ。普通教室の廊下側、切妻屋根の付け根に近い箇所を補強する目的で取り入れた〔写真9〕。音楽室など大きめの部屋がある特別教室棟の2階の屋根架構でも使っている。

（松浦 隆幸＝ライター）

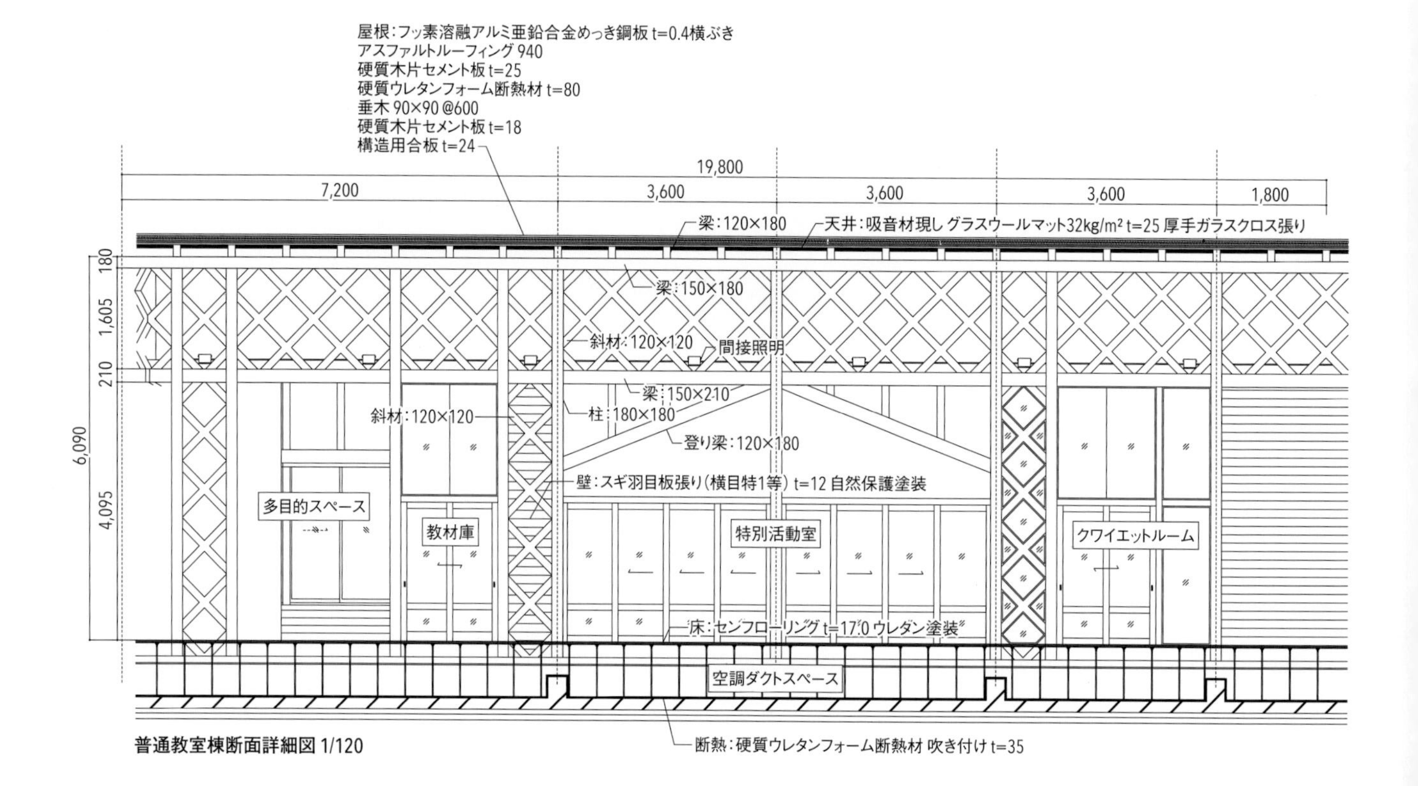

普通教室棟断面詳細図 1/120

〔写真9〕**切妻の両側を補強**
切妻屋根の教室は、間口7.2m、奥行き9m。切妻の登り梁は120×180㎜の製材。全面開口の妻面は樹状フレームで、廊下側はスチールの張弦梁で補強

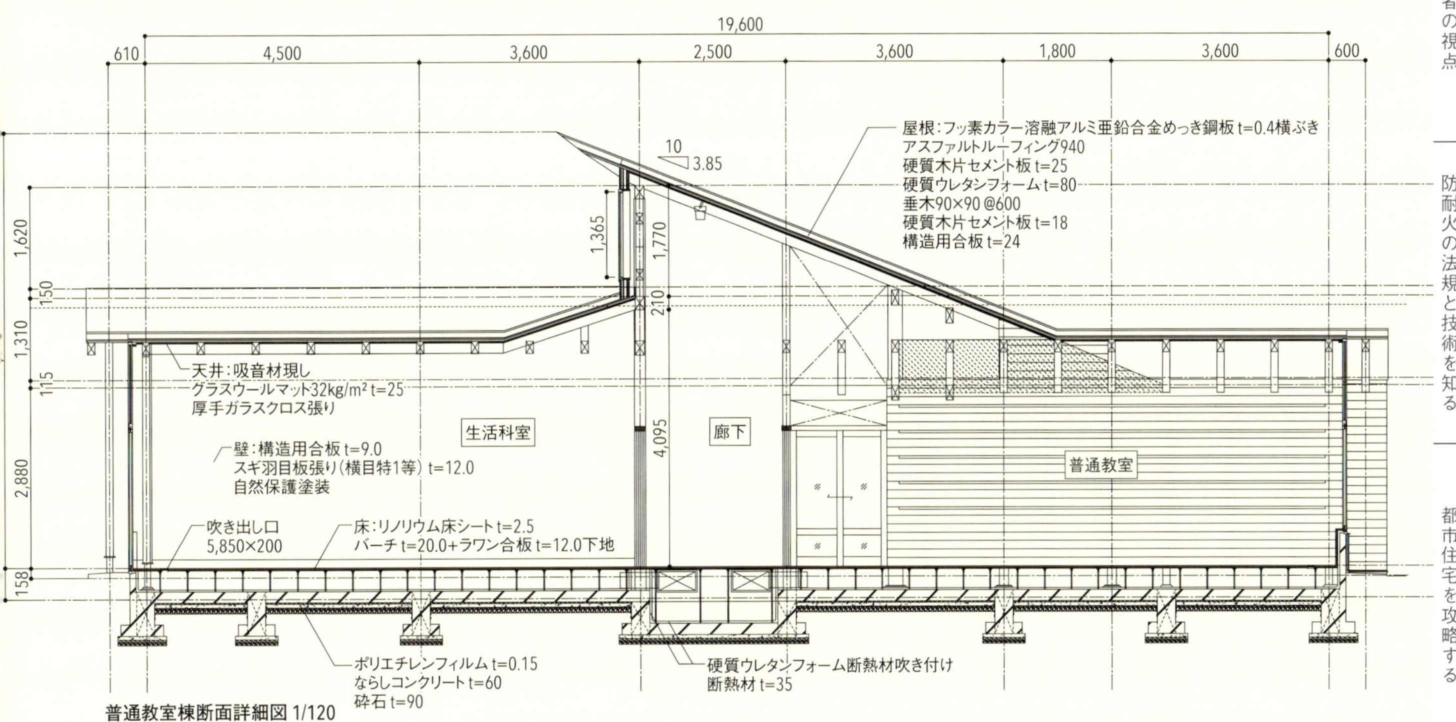

普通教室棟断面詳細図 1/120

その他　製材による大スパントラス ｜ 1階建て

熊本県総合防災航空センター ［熊本県菊陽町］

設計：アトリエ・シムサ＋ライト設計JV

［写真1］**20m超スパンの木造トラス**
防災消防航空センターの屋根架構の見上げ。20.93mスパンの木造トラスが、間口26.39m
にわたって910㎜間隔で連続する（写真：81
ページまで特記以外はイクマ サトシ）

大スパントラスの束や斜材は住宅流通材

地場材を使いたいという発注者の要望は多いが、特殊な架構は地元で木材を加工できない場合が多い。防災拠点の建設に当たり設計者は、流通材による大架構で「自分たちもできる」と地元をその気にさせる設計を狙った。

ヘリコプターを格納する屋根架構は、約20mスパンの木造トラスだ。910㎜ピッチでトラスが並ぶ様は、鳥の巣のようでもある〔写真1〕。2017年11月に阿蘇熊本空港の隣で供用を開始した「熊本県総合防災航空センター」は、防災消防航空センターと警察航空隊基地の2施設を合築したもの。ヘリコプターを1機ずつ収め、九州の広域防災拠点となる〔写真2〕。

「平時は機能を分けてセキュリティーにも配慮しているが、緊急時は防災関係者が連携できるように、両施設間にブリーフィングルームを配置している」と、県総務部消防保安課の阿南秀二課長補佐は説明する。

くまもとアートポリスの参加事業として15年に設計プローザルを実施。最優秀に選ばれたアトリエ・シムサ（東京都目黒区）案の最大の特徴は、主に住宅用として流通している120㎜角の製材をメーンに使って屋根架構を構成していることだ〔写真3〕。プロポーザル後は、ライト設計（熊本市）とJV（共同企業体）を組んだ。

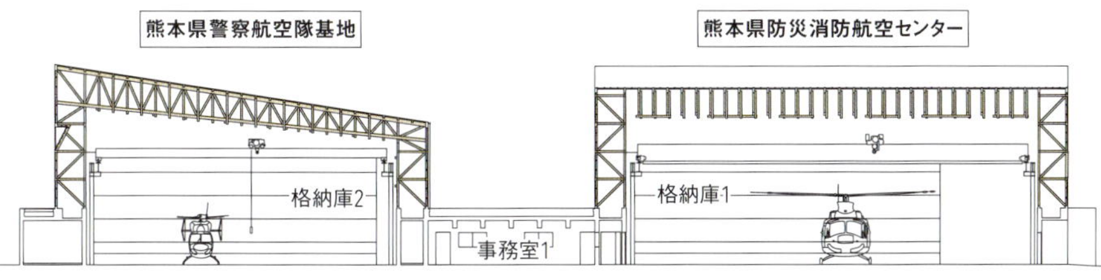

断面図 1/600

高さ抑えて耐火要件を避ける

アトリエ・シムサを主宰する小川

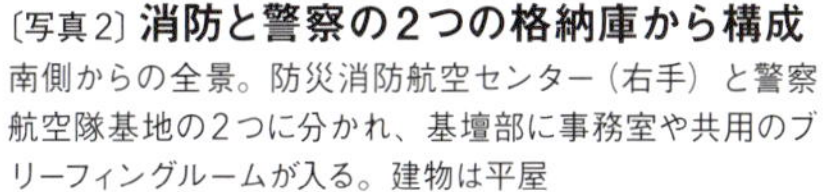
〔写真2〕**消防と警察の2つの格納庫から構成**
南側からの全景。防災消防航空センター（右手）と警察航空隊基地の2つに分かれ、基壇部に事務室や共用のブリーフィングルームが入る。建物は平屋

〔写真3〕**住宅用の流通材を極力用いる**
防災消防航空センターの内部。中型ヘリコプター「ひばり」を格納する。トラスの束材と斜材には120㎜角の住宅用流通材を使用。下弦材を3スパン以上つなぐ形で連結材を配置

高さ制限やクレーンを避け架構形状を決定

耐火要件を避けるため、軒高9m、最高高さ13mに抑えた。一方、格納庫内に高さ7m超のメンテナンス用ホイストクレーンが求められたので、両者を満たす形で、上弦材と下弦材の勾配が違うトラスを設計した。2つの格納庫の屋根勾配は同じにした

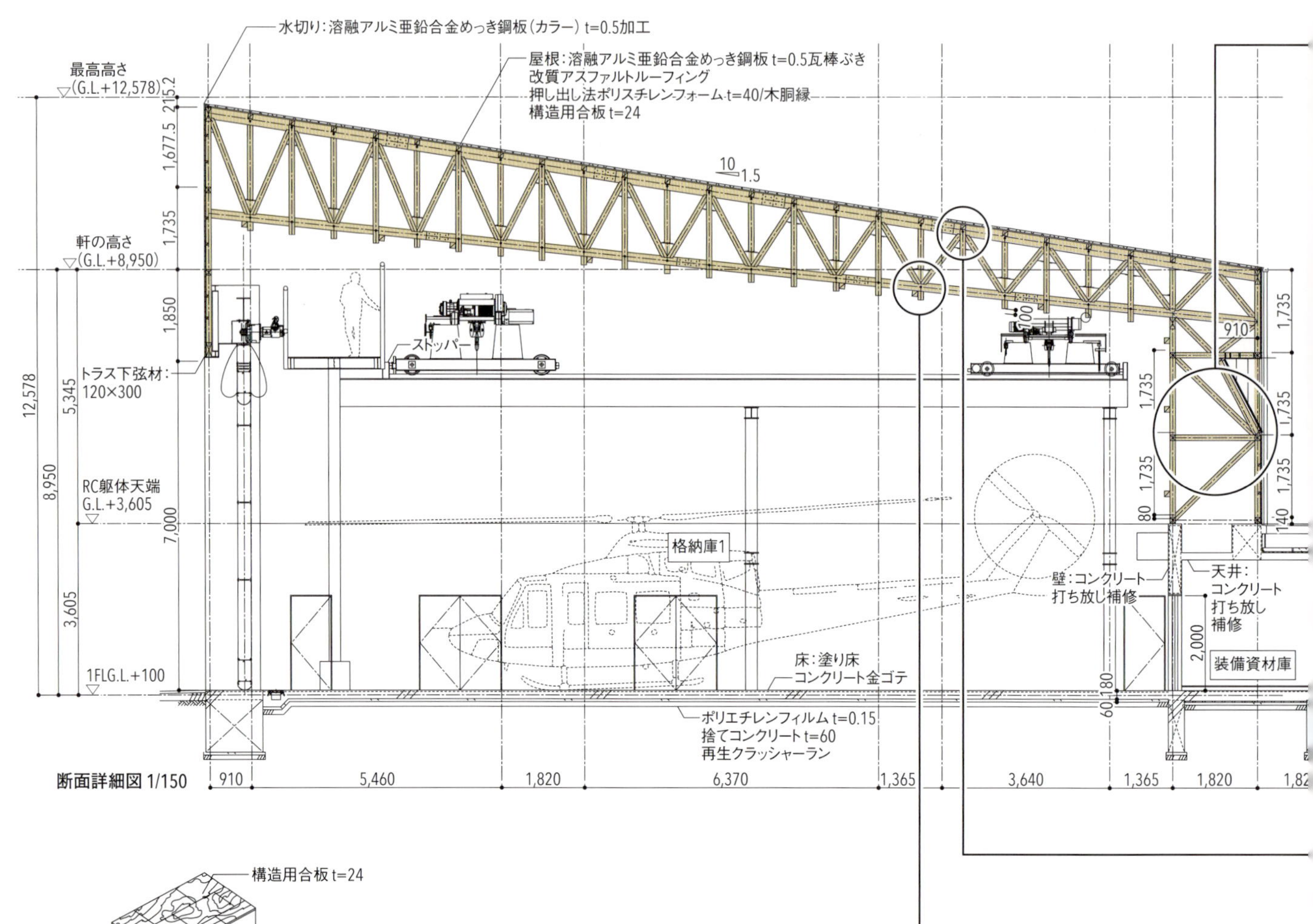

断面詳細図 1/150

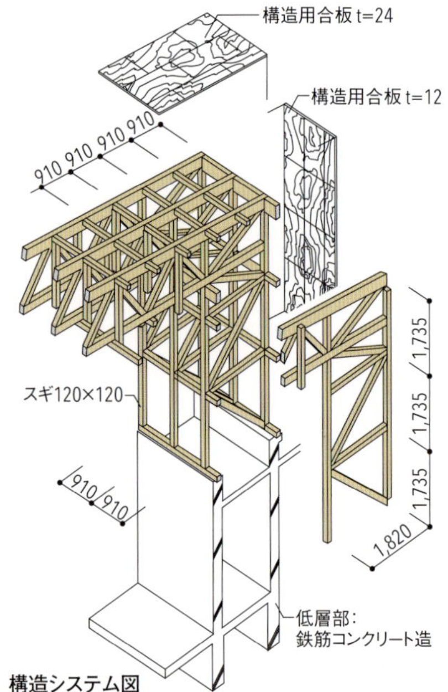

構造システム図

構造用合板に合わせトラス間隔を決定

RC造の低層部上に木造の耐力壁を立ち上げ、スパン20m超のトラスを架けた。トラスの910㎜ピッチは、上部に張る構造用合板の割り付けも考慮した（資料：79ページまでアトリエ・シムサ）

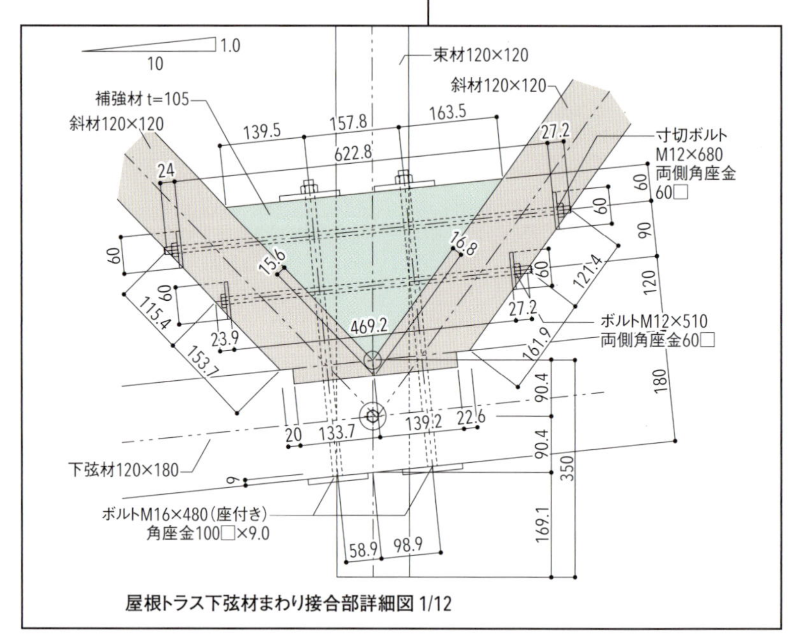

屋根トラス下弦材まわり接合部詳細図 1/12

束材は弦材の左右側面に千鳥配置

束材は、弦材の側面に910㎜間隔で左右交互に配置してボルトで留めている。斜材と弦材の接合は、M12サイズのボルトと木材同士の支圧によって力を伝達している

木造耐震壁には標準金物を利用

木造耐震壁には3種類ある。120㎜角の片筋交いを用いたものは壁量算定壁倍率が3.0。羽子板ボルトをはじめ、住宅用の標準金物を用いている

地組みで複数のトラスを束ねて設置

警察航空隊基地の屋根架構の施工風景。木造トラスのスパンは20.02m。地組みで複数のトラスを束ねたうえ屋根面に設置した。プレカットと建て方は熊本市内のウッディファームが担当

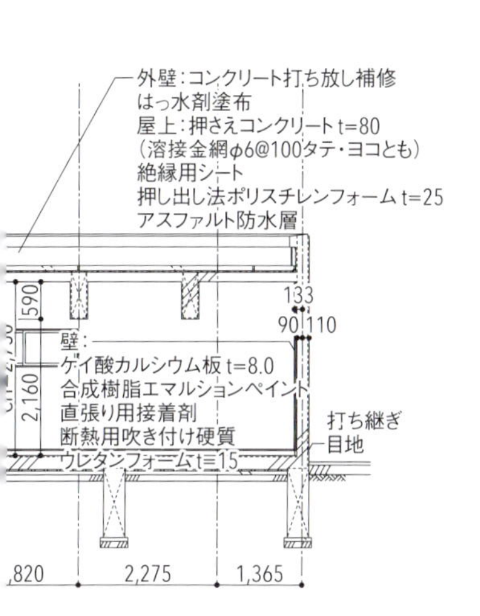

屋外に設置し変形の状況まで確認

屋外にトラス1スパン分を組み立てて、意匠上の見えがかりや加工方法を確認。1カ月ほど放置することで変形を確認し、施工にフィードバックした（写真：上もアトリエ・シムサ）

トラス架構の整然さを連結材で緩和

トラスの束材の間隔に加え、トラス同士の間隔も910㎜としている。天井面が整然としすぎるのを避けるため、トラスの振れ止めを兼ねた連結材を下弦材に配置し、意匠化している

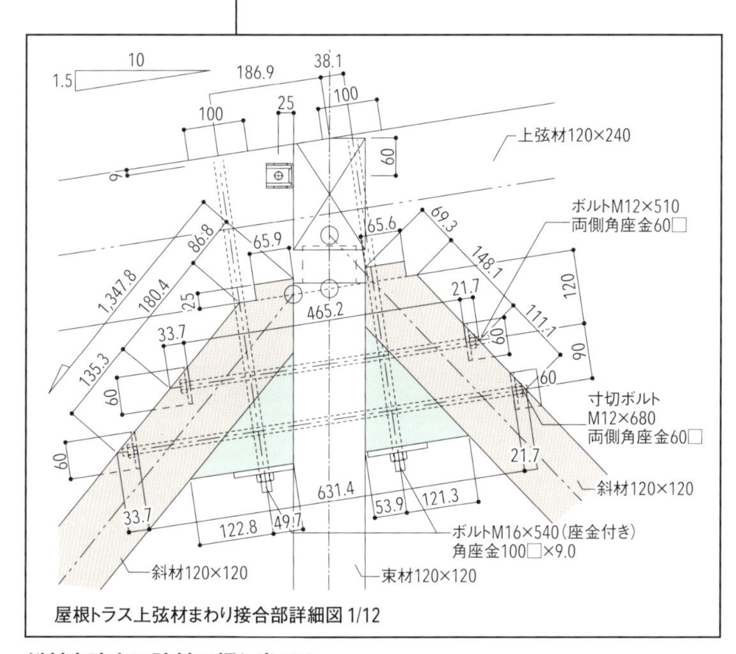

屋根トラス上弦材まわり接合部詳細図 1/12

斜材を確実に弦材に押し当てる

弦材と斜材の接合部では、横方向の2本のボルトは斜材の開き止め。三角形の補強材を介してボルトを鉛直に引っ張り、斜材を押し広げる形で、上弦材に力が伝わるようにした

〔写真4〕**片流れ屋根を90度振って2つの顔**
先行して整備した防災駐機場から見た全景。左手が防災消防航空センターで、右手が警察航空隊基地。それぞれ機能が違うことから、片流れ屋根の方向を90度振って外観の印象を変えた

〔写真5〕**ひと回りコンパクトな警察航空隊基地**
小型ヘリコプターを格納する警察航空隊基地の内部。木造トラスのスパンは20.02mで、防災消防航空センター（上写真の手前）に向かって屋根が下っていく。奥行きも20.02mと、同センターより規模が小さい

次郎氏は、こう振り返る。「熊本県は林業が盛んで、木材関係者も多い。特殊な技術を使わず、一般流通材で大架構をつくれば、『自分たちもできそうだ』と思ってもらえる。身近な技術で、地域貢献ができる」

流通材で大架構を築くにはまず、耐火要件を避けたい。そのため、建物を「軒高9m、最高高さ13m」に収めることが必要だった。一方で、高さ7m超のメンテナンス用のホイストクレーンが求められ、考え付いたのが左右両端で高さが違うトラスだ。直上が片流れの屋根になる。

格納庫では、ヘリコプターの掃除などで水や油を頻繁に使う。「足元はハードな使用に耐える仕様がいいだろうと考え、鉄筋コンクリート（RC）造で基壇部をつくったその上に、2つの格納庫とブリーフィングルームとなる大小3つの木の箱をひっくり返して載せたイメージだ」と小川氏。

910㎜モジュールで統一

2つの格納庫の屋根トラスはいずれも、束材や斜材は120㎜角の流通材だ。上弦材は断面が120×240㎜、下弦材は120×180㎜のスギ材を用いた。双方の勾配は同じだが、防災消防航空センターのほうが、1スパン分トラスが長い。

トラスの各接合部は、特注で金物を製作すると施工費が上がるため、木材の支圧とボルトの引っ張りやせん断力で支持する設計とした。その際、接合部の負担を軽減するため、屋根合板の割り付けに合わせてトラスを910㎜スパンとした。

「しかし、あまり整然とした架構では、長時間にわたり整備をする人たちに息苦しさを与えかねない。そこで、トラス下に振れ止めの連結材を設けて変化をつけた」（小川氏）

2つの屋根は、架構の方向を90度振っている。同じ向きだと大小の関係が出てしまう。向きを変え、違う機能があることを示している〔写真4、5〕。

（森 清、松浦 隆幸＝ライター）

構造設計者の声 | 地元で再度使ってもらえる架構に

長谷川 大輔
長谷川大輔
構造計画代表

（写真：日経アーキテクチュア）

設計者の小川次郎さんは、設計プロポーザルのとき、屋根架構を「ヘリコプターの巣」と表現していた。県が主導するプロジェクトで、木材をたくさん使う構造設計は決して悪いことではないと考えた。スギ材をあまらせずに使ってまた供給するというサイクルにつなげていくことができる。

その際のポイントは、住宅用に流通している断面サイズをなるべくたくさん使い、特殊な使い方、特殊な材料を入れないようにすること。そうすれば民間で流通している単価で入手できると考えたからだ。

プロポーザルの際、地元の製材メーカーにヒアリングし、熊本では日本農林規格（JAS）でE70のヤング係数のスギ材にはバラツキがあり、下限がE50だと聞いたので、確認申請時はE50で構造計算を行った。

現状の中大規模木造の構造は特殊すぎると思う。ここで用いたトラス架構は、10mぐらいまでスパンが短くなれば、格段に簡単につくれるようになる。地元でも同様な架構に取り組んでほしいと考え、接合部も全て市販の接合金物とした。（談）

南側から見る（左）。木造部分はポリスチレンフォームを裏打ちした長尺金属板で仕上げた。RC造の基壇部の中央（写真右奥）にブリーフィングルームを配している。同ルーム（上）は通常、可動間仕切りで分割して使用している

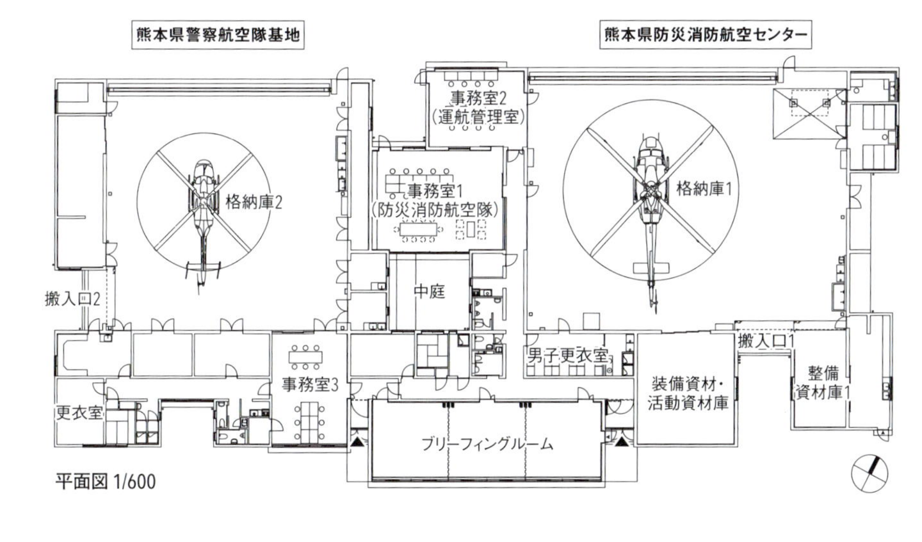

平面図 1/600

熊本県総合防災航空センター
所在地：熊本県菊陽町大字戸次1698　主用途：倉庫業を営まない倉庫（ヘリコプター格納庫）　地域・地区：市街化調整区域、指定なし　建蔽率：18.76％（許容70％）　容積率：18.46％（許容200％）　駐車台数：23台　敷地面積：1万347.07m²　建築面積：1940.22m²　延べ面積：1909.55m²　構造：鉄筋コンクリート造、木造　階数：地上1階　耐火性能：その他建築物　基礎・杭：PC杭　高さ：最高高さ12.578m、軒高8.95m、階高3m、天井高2.75m　主なスパン：20.93×26.39m　発注者：熊本県　設計・監理者：アトリエ・シムサ＋ライト設計JV　設計協力者：長谷川大輔構造計画（構造）、環境エンジニアリング（設備）、本田設計コンサルタント（設備）　施工者：岩下建設・熊野組JV（建築）、宮本電気工事（電気）　施工協力者：坂田雅孝（木造設計アドバイザー）、ミナミ冷設（機械）　運営者：熊本県防災消防航空隊、熊本県警察航空隊　設計期間：2015年10月～16年3月　施工期間：2016年10月～17年10月　開所日：2017年11月23日　設計・監理費：4752万円　総工費：7億5643万5422円

その他（東館）　製材による大スパン張弦梁＋耐力壁 ｜ 3階建て（東館）

小林市新庁舎 ［宮崎県小林市］

設計：梓設計

製材で3階建て木造庁舎 伐採から施工まで地域完結

宮崎県の南西部に位置する小林市。新しい市役所は、“地域完結型”の木造・木質庁舎だ。市有林を利用し、地域内で製材・プレカット。施工も市内の建設会社が担当した。一連の生産プロセスを可能にしたのは、シンプルさを追求した構造設計だ。

左が本館（行政棟）、右が東館（議会棟）。本館は、鉄骨鉄筋コンクリート造と鉄骨造の混構造。東館は在来木造。2棟とも組子細工のような木組みでファサードを統一しているが、本館は建具、東館は構造体。デザインや部材寸法が違う（写真：89ページまで特記以外はイクマ サトシ）

〔写真1〕**カーテンウオールに木製建具**

本館の足元まわりは市民が憩える空間。近くで見ると、ガラスのカーテンウオールの内側に並ぶ木製建具が、東館の構造壁と違うことが分かる

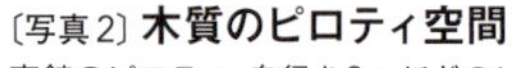

〔写真2〕**木質のピロティ空間**

東館のピロティ。奥行き3mほどのピロティが、渡り廊下を介して本館まで続く。道路側に並ぶ柱は、150㎜角のヒノキの製材。写真右手、ガラスの内側に見えるのが製材の耐力壁

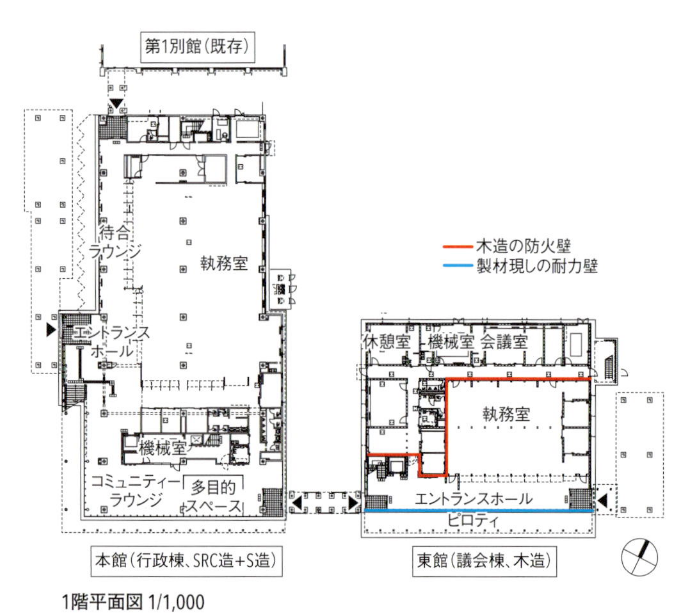

1階平面図 1/1,000

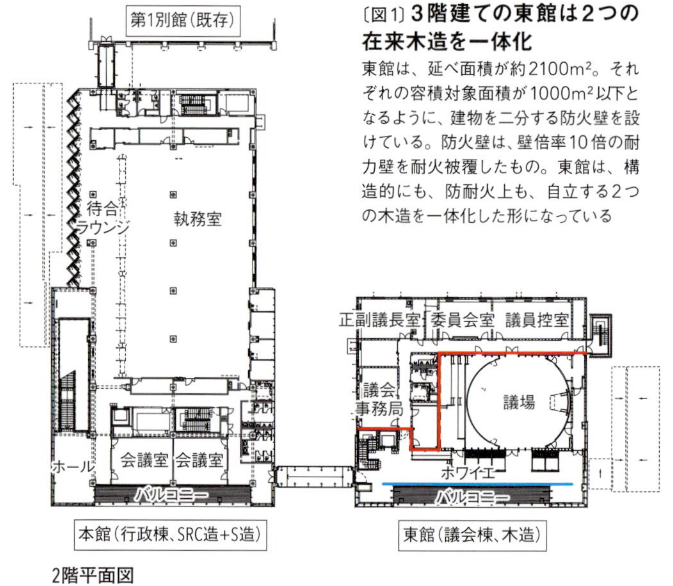

2階平面図

〔図1〕**3階建ての東館は2つの在来木造を一体化**

東館は、延べ面積が約2100m²。それぞれの容積対象面積が1000m²以下となるように、建物を二分する防火壁を設けている。防火壁は、壁倍率10倍の耐力壁を耐火被覆したもの。東館は、構造的にも、防耐火上も、自立する2つの木造を一体化した形になっている

〔写真3〕**雁行する壁で日射制御と採光**
本館の南西側の外観。2階と3階の外壁は、日差しを遮る西向きの木製ルーバーと、採光と通風を確保する南向きのガラス面が雁行して並ぶ

国道221号
JR吉都線
小林市新庁舎
小林
小林IC
宮崎自動車道
霧島SA
至都城
0 1km

組子細工のように細かく木材を組んだパターンが、渡り廊下を挟んで長さ60mにわたり建物のファサードを飾っている。8000本を超える地元の木材を使って建てられた宮崎県小林市の新しい市役所だ。2017年夏の完成後、旧庁舎の解体と外構の整備を経て、18年3月にグランドオープンを迎えた。

建物は、地上4階建ての本館（行政棟）と、地上3階建ての東館（議会棟）から成る。本館は、柱が鉄骨鉄筋コンクリート造、梁が鉄骨造の建物を木質空間に仕上げたもの。東館は、延べ面積2100m²弱の建物を在来工法の木造でつくった。

2棟の内外には、木を身近に感じられるような空間が広がる。東側の道路に面した2棟の1階部分には、木質のピロティ空間が続く〔写真1、2〕。そのピロティが一部にまわり込む本館南西側の外壁は、採光・通気用のガラス面と、西日よけの木製ルーバーが交互に雁行して並ぶ〔写真3〕。

製材で3階建て2100m²

霧島連山の北東麓に広がる人口4万5000人弱の小林市は、かつて林業で栄えた。往時の面影はないが、市域の多くは今も森林に覆われている。「林業の再生につながる仕掛けとして、地元の木材を活用する庁舎を目指した」。庁舎の建て替えを担当した同市管財課建築住宅グループの舘下昌幸主幹はそう話す。

建設に当たり、小林市は2つの目標を設定した。1つは、できるだけ多くの地元の木材を、地元で加工し

〔写真5〕**本館は非木造の混構造**
本館2階の待合ラウンジ。4階建ての本館は、柱が鉄骨鉄筋コンクリート造、梁が鉄骨造

〔写真4〕**内装制限対象外の建具や照明器具で木質化**
本館1階のエントランスまわり。内装制限の対象にならない建具や照明器具に木材を多用した。開口部沿いの木組みは建具

て使うこと。もう1つは、地元の建設会社が施工できる木造とすることだ。この目標を達成するには、木材は一般の製材を使い、在来工法でつくれる木造庁舎を設計する必要がある。

「東館は、小林市から発信できる独自性の高い木造を追求し、製材による在来工法で成立させた。一方、より規模が大きい本館は耐火構造が求められ、製材による在来木造は困難なので、非木造として木質化した」〔写真4～6〕。そう説明するのは、梓設計アーキテクト部門九州支社設計部の葉村幹樹副主幹だ。14年に小林市が実施した公募型プロポーザルで設計者に選ばれた。

東館の2階にある議場の大空間では、製材を用いた張弦梁で12.74mのスパンを飛ばしている。建物の外観に現れた組子のような木組みの壁も、製材による構造壁だ〔写真7、8〕。「従来、この規模の木造には大断面集成材を使ってきた。製材で成立させた前例はないのではないか」。構造設計を監修したホルツストラの稲山正弘氏はそう話す。

自立する在来木造を合体

東館は3階建ての事務所建築なので、「準耐火建築物」とするのが一般的だ。その場合、燃えしろ設計や、主要構造部の耐火被覆が求められる。そうすると、「地元の製材を使った在来工法」というこの建物の特徴を十分に出すことができない。建設費を試算すると、在来工法よりも2000万円～3000万円高くなったという。

そこで、2つの条件を満たすことで、耐火要件の緩い「その他建築物」とした。条件の1つは、1000m²以内ごとに防火壁で区画すること（建築基準法第26条）。もう1つは、最高高さ13m以下、かつ軒高9m以下の建物とすることだ。

平面図を見ると、防火壁は東館のプランを折れ曲がりながら横断している〔図1〕。これは、防火壁で二分する双方の容積対象面積が1000m²以下となるラインを探った結果だ。さらに、この防火壁は、壁倍率10倍の耐力壁でもある。東館は1つの建物だが、構造上も防耐火上も、自立する2つの3階建て在来木造を一体化した「その他建築物」だ。

新庁舎で使った木材の量は、構造材が365m³、内装材が320m³。工事発注前に小林市が分離発注で市有林から調達。プレカットは隣の宮崎市で行ったが、建築工事も製材も市内の会社による地域完結型のプロジェクトだ。

小林市新庁舎

所在地：宮崎県小林市細野300　主用途：庁舎　地域・地区：第二種住居地域、法22条区域　建蔽率：26.93%（60%）　容積率：68.77%（200%）　前面道路：東9.83m　駐車台数：190台　敷地面積：1万931.43m²　建築面積：2607.98m²　延べ面積：7153.70m²（本館5071.38m²、議会棟2082.32m²、うち容積不算入部分221.47m²）　構造：鉄骨造、鉄骨鉄筋コンクリート造（本館）、木造（東館）　階数：地上4階（本館）、地上3階（東館）　耐火性能：耐火建築物（本館）、その他建築物（東館）　基礎・杭：杭基礎　高さ：最高高さ16.63m、軒高16.125m、階高3.9m、天井高2.7m（以上、本館）、最高高さ10.945m、軒高8.95m、階高3.1m、天井高2.61m（以上、東館）　主なスパン：6.37×10.92m（本館）、0.91×5.43m（東館）　発注・運営者：小林市　設計・監理者：梓設計　設計協力者：ホルツストラ（構造設計監修）　施工者：坂下組・緒方組　JV（本館建築）、坂口建設・丸山工務店JV（東館建築）、九南・九州電通JV（電気）、九電工・中尾設備JV（空調）、九電工（衛生）、大幸建設、緒方組（以上、外構）　設計期間：2014年4月～16年3月　施工期間：2016年4月～18年3月　開庁日：2018年3月26日　設計・監理費：1億2841万2000円　木材調達費（分離発注）：7753万6000円　総工費：29億5652万5000円（本館建築13億4923万9000円、東館建築5億1852万6000円、電気4億3778万2000円、空調4億1187万9000円、衛生1億1642万4000円、外構・キャノピー1億2267万5000円）

〔写真7〕**光の差し込む耐力壁**
東館1階、ピロティ沿いのガラスの内側に木組みの耐力壁が並ぶ。吹き抜けの上部は議場のホワイエ

〔写真8〕**120㎜角の製材で約13mの大スパン**
張弦梁の工法を用いて12.74mのスパンを飛ばした議場。下弦材は120㎜角のヒノキ製材。左側の白い壁は、建物を2つに区画する防火壁。壁倍率10倍の耐力壁を兼ねている

〔写真6〕**市民活動の場も用意**
本館1階のピロティ沿いには、市民が利用できる多目的スペースやコミュニティーラウンジがある

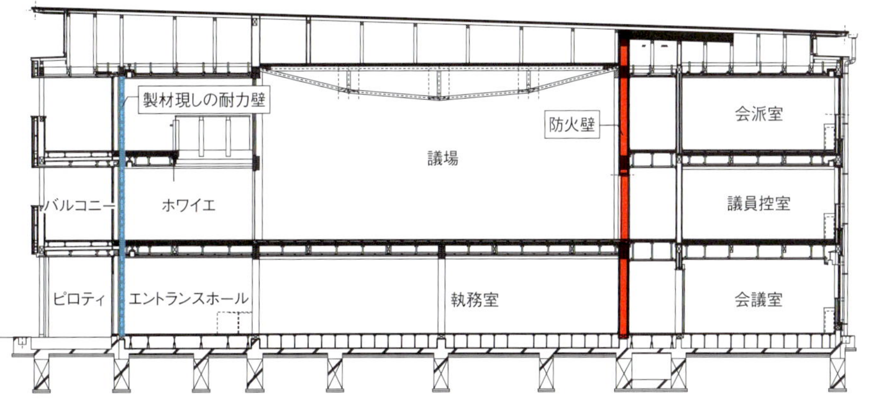

東館(議会棟)断面図 1/250

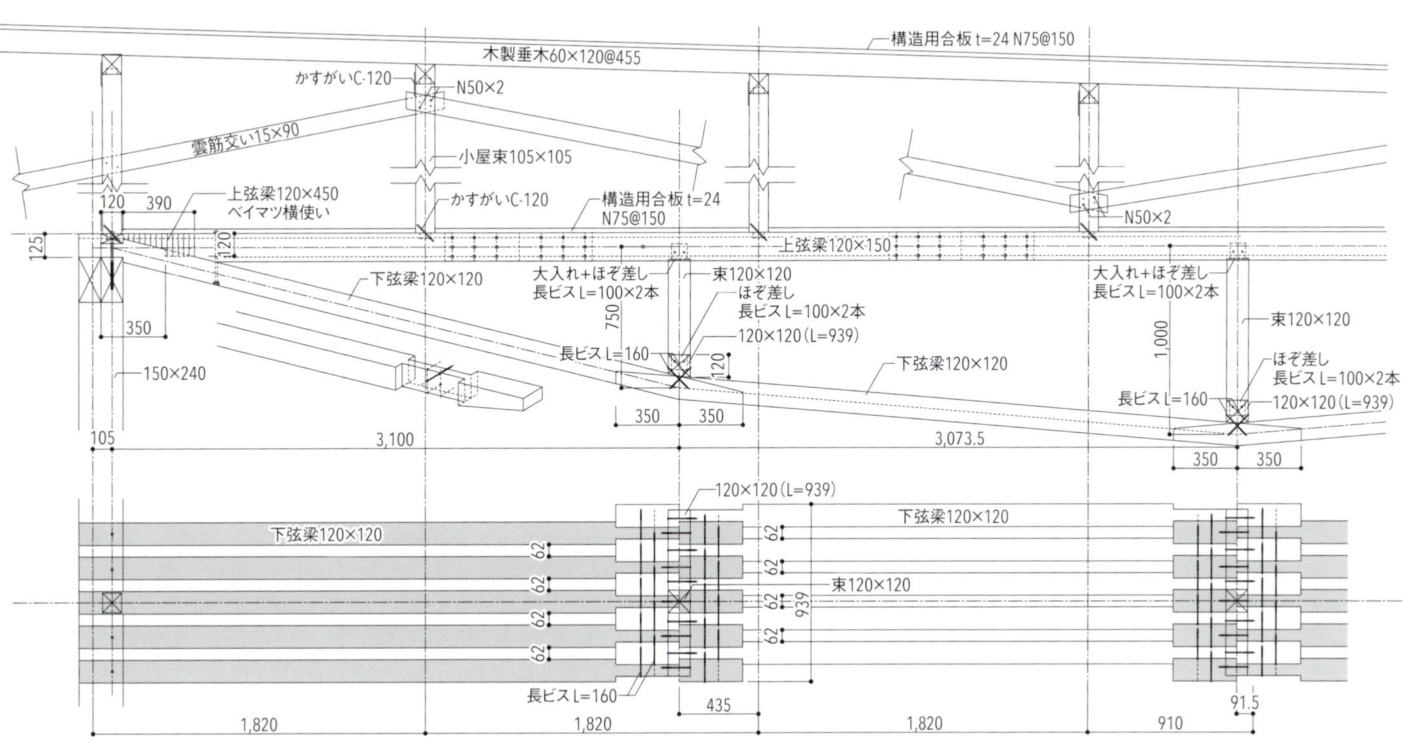

議場張弦梁詳細図 1/40

意匠になる壁倍率5.5倍の耐力壁

木造3階建ての東館では、そのまま意匠になる耐力壁を開発した。
空間の開放感や外観を損ねずに壁量を確保できる耐力壁として広く普及することを目指す。

「東館の設計手法は、木造のプロトタイプになると思う」。そう手応えを口にするのは、構造設計を監修した稲山氏だ。それを象徴するのが、今回、開発した製材の耐力壁だ。

外観に見える木組みは軸力だけを受け持つものだが、そのワンスパン内側に、全く同じ木組みの耐力壁が並んでいる〔写真9、10〕。

耐力壁は、幅0.9m、高さ2.7mが1つのユニット。柱と梁でつくる四角形の内側に、X字形の筋交いが3段重なり、途中に2段の貫を通している。一般的な住宅の耐力壁と基本サイズは同等だが、筋交いを3段にしたところがポイントだ。「対角線状に筋交いを入れるだけの一般的な耐力壁と比べて、柱の座屈長さが3分の1になるので非常に強度が上がる。普通の合い欠きとビス留めの接合部でも、十分に座屈を防げる」と、稲山氏は説明する。

3段にすると、途中2段の水平材は基本的に引っ張り材になる。柱を貫通する貫もビス留めでよくなり、各接合部の納まりがシンプルになった。筋交いの端部は凹形に加工し、貫をまたぐようにかませた。「90㎜角のX字形筋交いを3段入れるとごつくなるかと心配したが、建物が大きいこともあり、組子を思わせる繊細な意匠になった」（稲山氏）

耐力壁方式で開放的な木造

この耐力壁は、3回の強度試験で約7倍の壁倍率を確認〔写真11〕。設計では壁倍率5.5倍の耐力壁として用いた。建物は公共施設なので、通常の1.25倍の壁量を確保している。「空

〔写真9〕**製材の耐力壁を意匠化**
東館の東側立面。ファサードに現れた製材の木組みは、軸力だけを受け持つ。全く同じつくりの耐力壁が、ピロティやバルコニーの内側にある

〔写真10〕**部材接合は一般の金物**
2階の議場ホワイエ沿いには耐力壁が連続する。耐力壁を含め、各部材は長ビスとホールダウン金物で接合している。ごく一部に集成材とベイマツを用いたほかは、地元の製材だけで躯体を組んでいる

間の開放感を損なわず、それ自体が意匠にもなる耐力壁は、壁量の確保にとても有効だった。建物の裏側だけでは壁量を取り切れなかった」。そう話すのは、構造設計を担当した梓設計エンジニアリング部門構造部の宮本裕也主任だ。

小林市の英語表記を基に、この耐力壁は「KB-WALL」と名付けられた。汎用性が高いことから、稲山氏が代表理事を務める一般社団法人中大規模木造プレカット技術協会のホームページで、KB-WALLの試験成績書を近く公開し、普及を図る。

（松浦 隆幸＝ライター）

〔写真11〕**2ユニットでは耐力も2倍に**
耐力壁の試験は3回実施した。写真は2ユニットの試験で耐力も2倍になることを確認した（写真：梓設計）

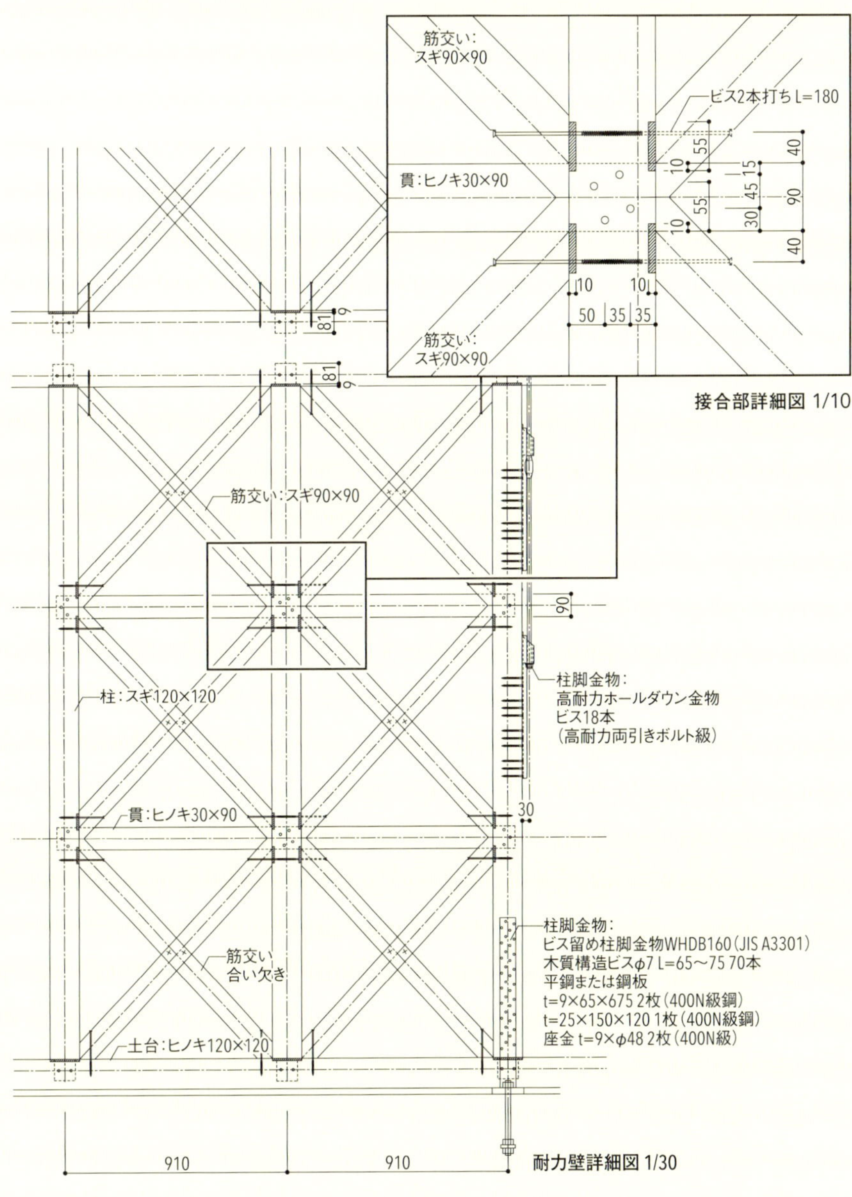

耐火要件を避けた木造3階建てで現しの空間

東館（議会棟）では、それぞれが1000m²以下になるように議場わきの防火壁で二分し、最高高さを13m以下、軒高を9m以下に抑えている。これによって地場産の製材を現しで用いることができた。さらに、3段たすき掛け筋交い耐力壁「KB-WALL」に水平力を負担させ、議場ではヒノキ張弦梁で約13mスパンを実現した

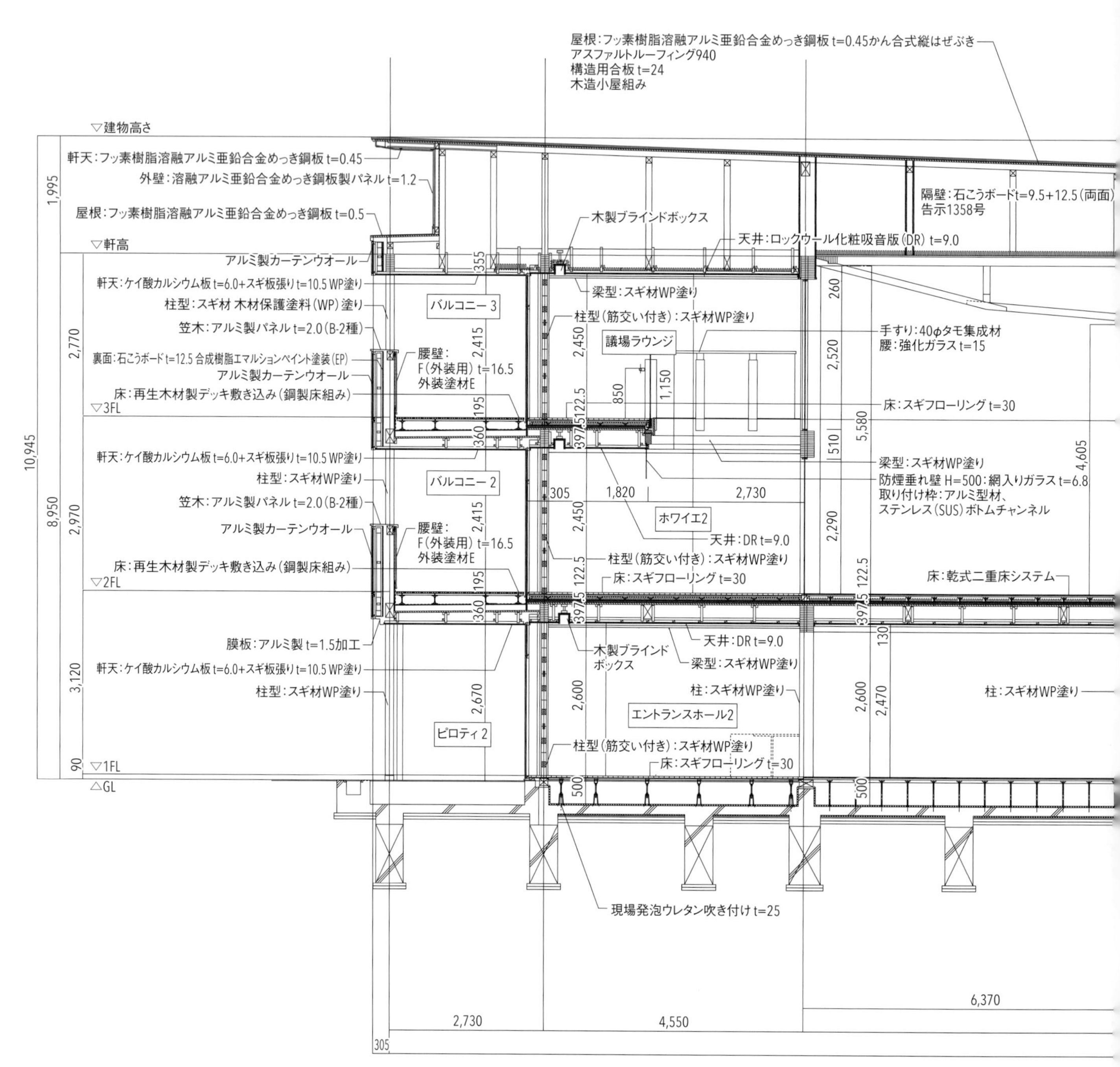

東館（議会棟）断面詳細図 1/100

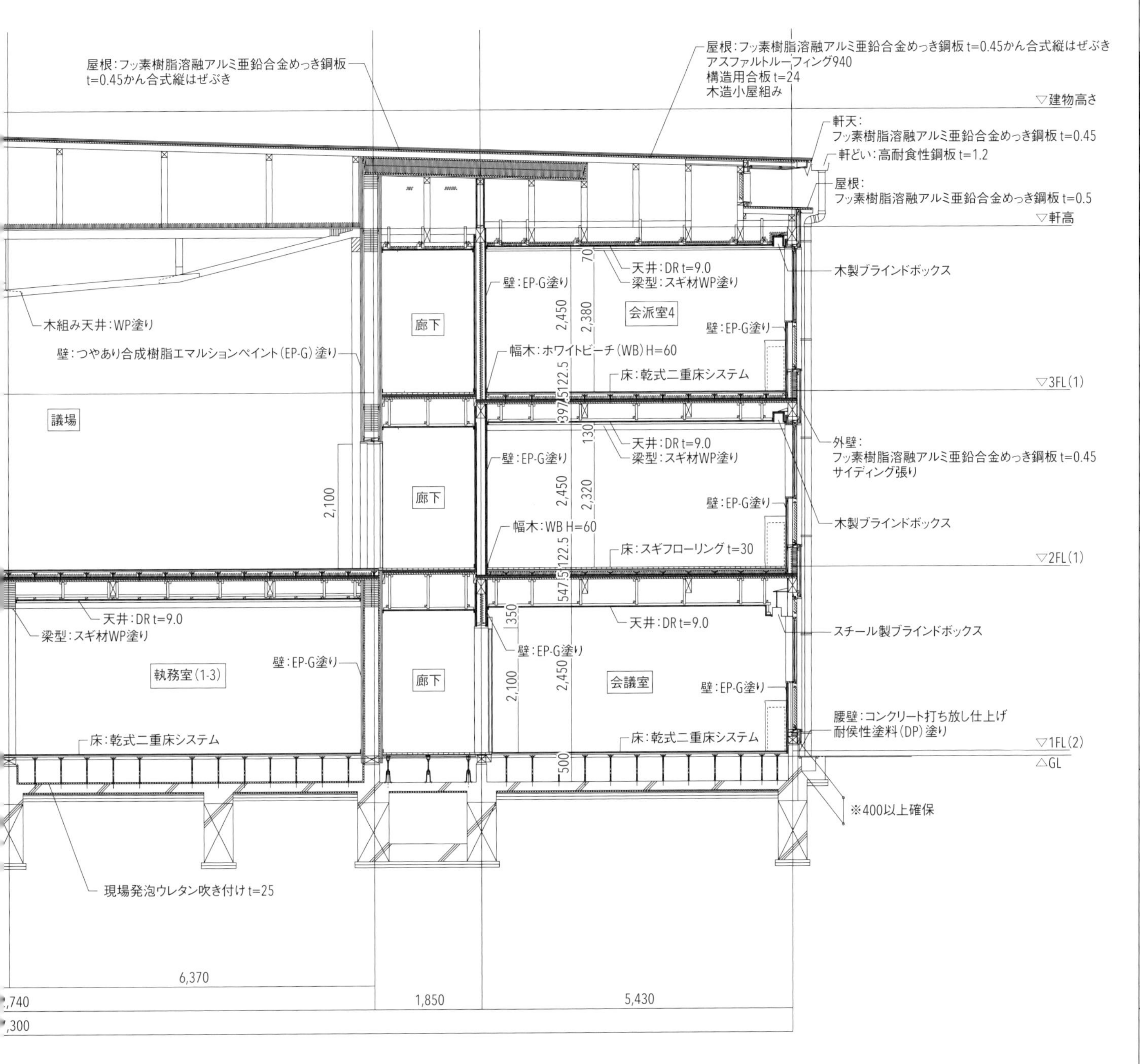
屋根：フッ素樹脂溶融アルミ亜鉛合金めっき鋼板
t=0.45かん合式縦はぜぶき
屋根：フッ素樹脂溶融アルミ亜鉛合金めっき鋼板 t=0.45かん合式縦はぜぶき
アスファルトルーフィング940
構造用合板 t=24
木造小屋組み
▽建物高さ
軒天：
フッ素樹脂溶融アルミ亜鉛合金めっき鋼板 t=0.45
軒どい：高耐食性鋼板 t=1.2
屋根：
フッ素樹脂溶融アルミ亜鉛合金めっき鋼板 t=0.5
▽軒高
天井：DR t=9.0
梁型：スギ材WP塗り
木製ブラインドボックス
木組み天井：WP塗り
壁：EP-G塗り
廊下
会派室4
壁：つやあり合成樹脂エマルションペイント（EP-G）塗り
幅木：ホワイトビーチ（WB）H=60
床：乾式二重床システム
▽3FL(1)
議場
外壁：
フッ素樹脂溶融アルミ亜鉛合金めっき鋼板 t=0.45
サイディング張り
幅木：WB H=60
床：スギフローリング t=30
▽2FL(1)
天井：DR t=9.0
梁型：スギ材WP塗り
スチール製ブラインドボックス
執務室(1-3)
会議室
腰壁：コンクリート打ち放し仕上げ
耐候性塗料（DP）塗り
床：乾式二重床システム
▽1FL(2)
△GL
※400以上確保
現場発泡ウレタン吹き付け t=25
70
2,450
2,380
397.5
122.5
130
2,320
2,100
547.5
350
500
6,370
1,850
5,430

ざらざらな製材を束ねて柱と梁に

東京都内に建設中の商業ビルでは、束ねた製材で柱や梁をつくり、意匠に生かす。「ラフ材」と呼ばれる、表面を平滑に仕上げる前の材を使って、あえて荒々しい表情を見せる。そのため、耐火試験で「燃えしろ」を実証した。

一見、大断面集成材で柱と梁を組んでいるようだが、実はラフ材と呼ぶ、かんながけをしていない製材を束ねて柱と梁を構成している。ざらざらとした質感が特徴だ〔写真1、2〕。

2018年12月開業を目指して施工が進む「柳小路南角」は3階建てで、1～2階に飲食店が入る〔図1〕。かつて東京・二子玉川の路地裏には料亭、置屋が数多くあった。その風情を再現した「柳小路」の一角に立つ。

最初から街になじんでいるけれど、現代的に。デザインはするが、それが表に出ないように。街区全体の統一感はほしいが、ファサードはデザ

〔写真1〕**柱と梁を貫構造に見せる**
躯体工事が終わった18年8月半ば時点の2階飲食テナント階。短手方向の梁は、製材を束ねた柱で受ける形で、両端の柱を貫いている（写真：96ページまで特記以外は浅田 美浩）

〔写真2〕**柱・梁のラフな仕上げを見せる**
2階まで躯体工事が終わった段階の外観。ざらざらとした質感のラフな仕上げの柱・梁は、ファサードを覆うガラスを通して外部からも見える。3階は鉄骨造の躯体とする

〔図1〕**3階オフィスは木のシングル張り**
完成予想パース。1～2階は飲食店で、3階は事務所になる。3階の外装は木のシングル張り。「柳小路」には2004年の「西角」を皮切りに6つの店舗が既に開業している（資料：次ページも三井嶺建築設計事務所）

インしないでほしい――。「発注者の要望をつなぎ合わせていくと、木造しかないと思った」と、設計者の三井嶺建築設計事務所（東京都渋谷区）の三井嶺代表は振り返る。

「集成材だとピカピカな感じになる。

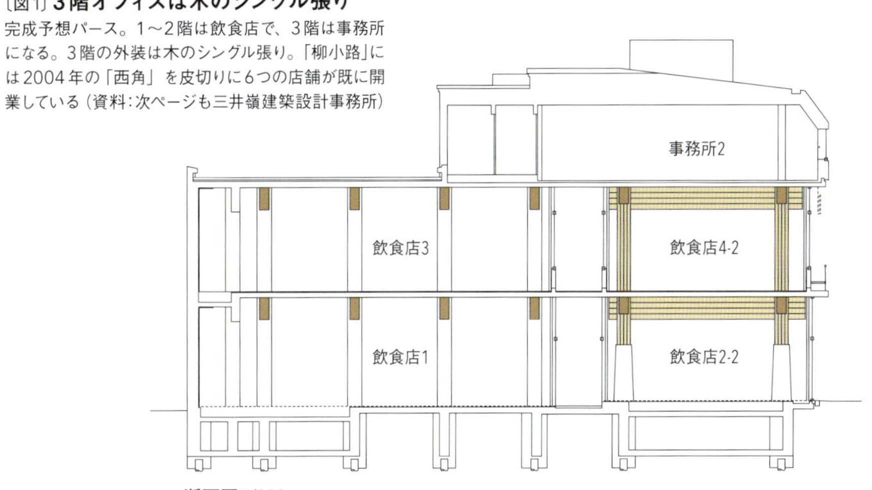

断面図 1/250

木造は鉛直力だけを負担

1～2階は木造と鉄筋コンクリート（RC）造のハイブリッド構造で、木造は鉛直力だけを負担する。重ね梁の上に型枠を組んでRCスラブを打ち込んだ。製材には日本農林規格（JAS）のスギE70材以上を使用するものとした

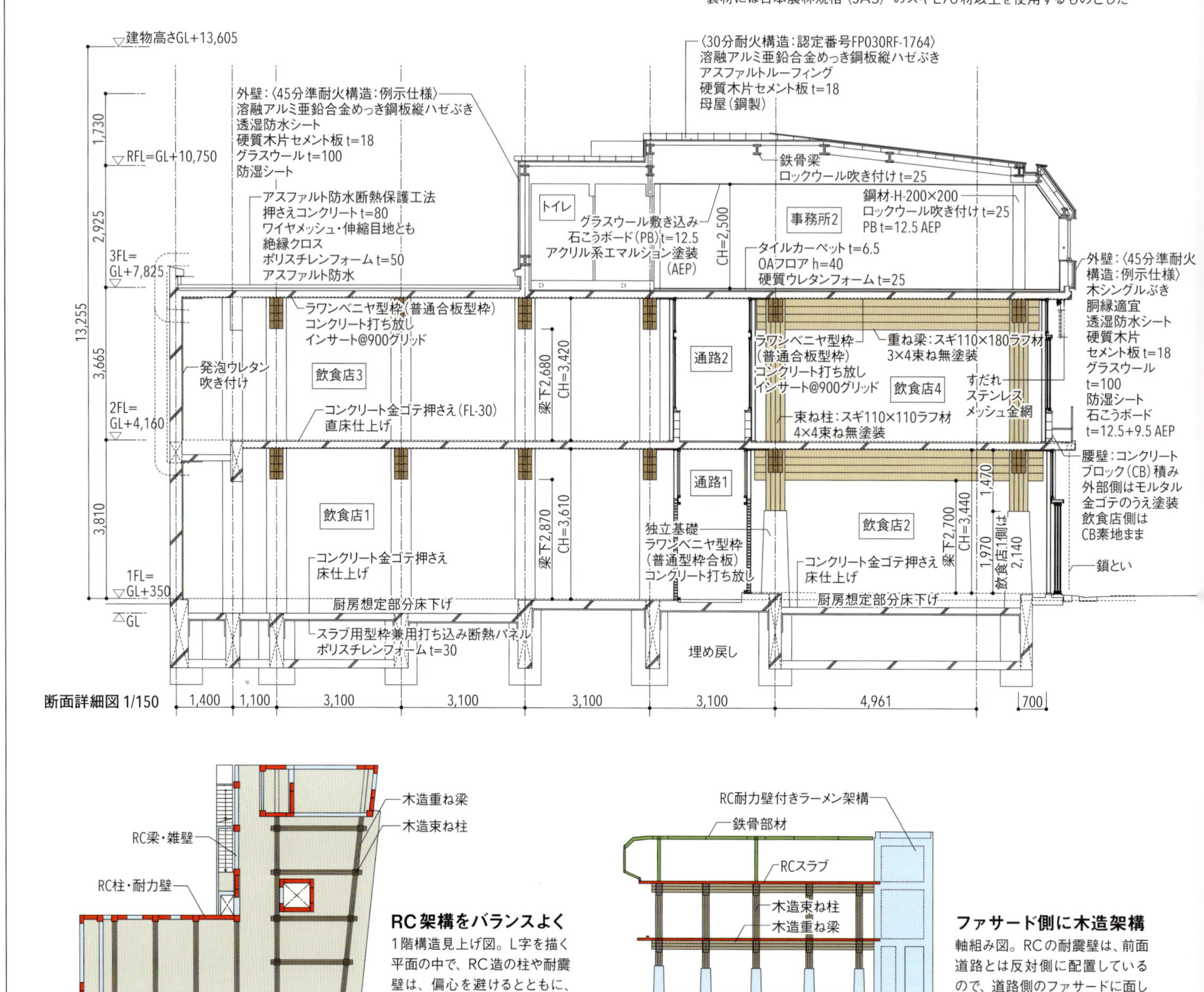

RC架構をバランスよく
1階構造見上げ図。L字を描く平面の中で、RC造の柱や耐震壁は、偏心を避けるとともに、平面の両端や、前面道路とは反対側の奥に配置している

ファサード側に木造架構
軸組み図。RCの耐震壁は、前面道路とは反対側に配置しているので、道路側のファサードに面して、木造の束ね柱や重ね梁の架構が連なる

製材、しかもラフ材を束ねて力強い構造にしたいと思った」と三井代表。ファサードをガラス面で覆い、構造体を外に見せることで、発注者の要望を満たせると考えた。

坂田涼太郎構造設計事務所（同文京区）の坂田涼太郎代表は、「重ね梁や合わせ柱など、製材だけで大断面をつくることが頭に浮かんだ」と話す。方向性は固まったものの、実現するには複数の課題があった。

燃えしろ設計で重ね梁

三井代表にとって、木造の力強さを表現するには、梁が柱を貫通する「貫」のイメージがぴったりだった。しかし、飲食店が入居し、厨房が必要になることから、1階と2階の床は鉄筋コンクリート（RC）造のスラブが求められ、重量が大きくなる。

坂田代表は、柱に同じ高さの2方

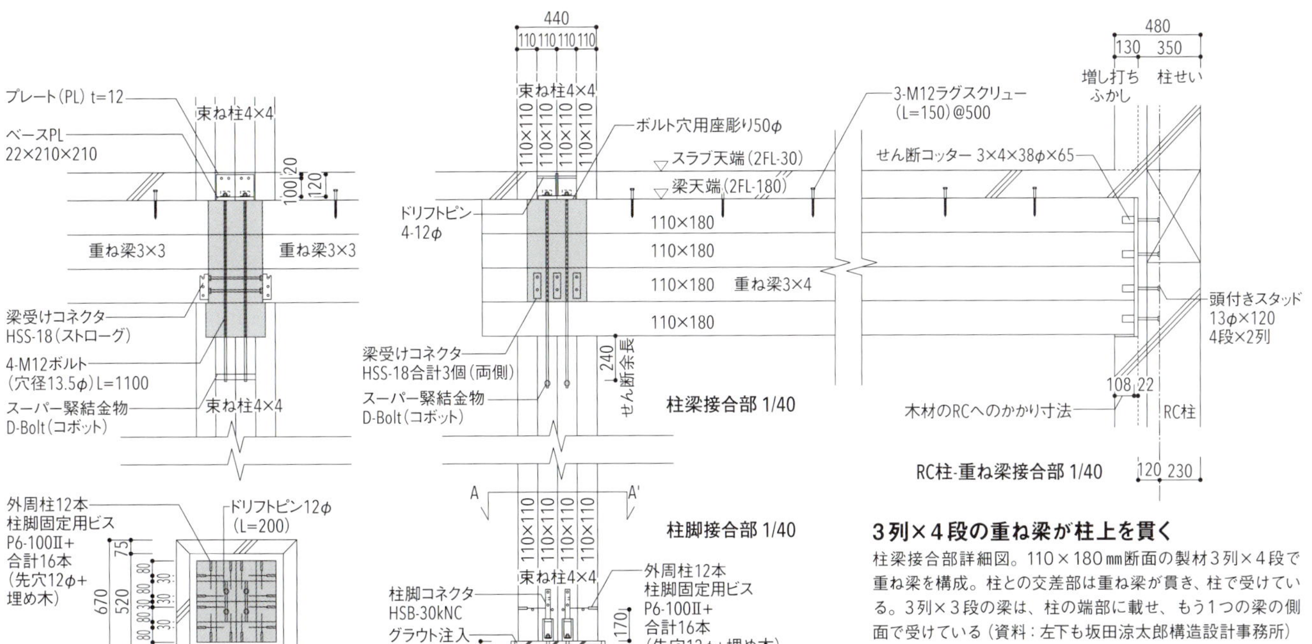

3列×4段の重ね梁が柱上を貫く

柱梁接合部詳細図。110×180㎜断面の製材3列×4段で重ね梁を構成。柱との交差部は重ね梁が貫き、柱で受けている。3列×3段の梁は、柱の端部に載せ、もう1つの梁の側面で受けている（資料：左下も坂田涼太郎構造設計事務所）

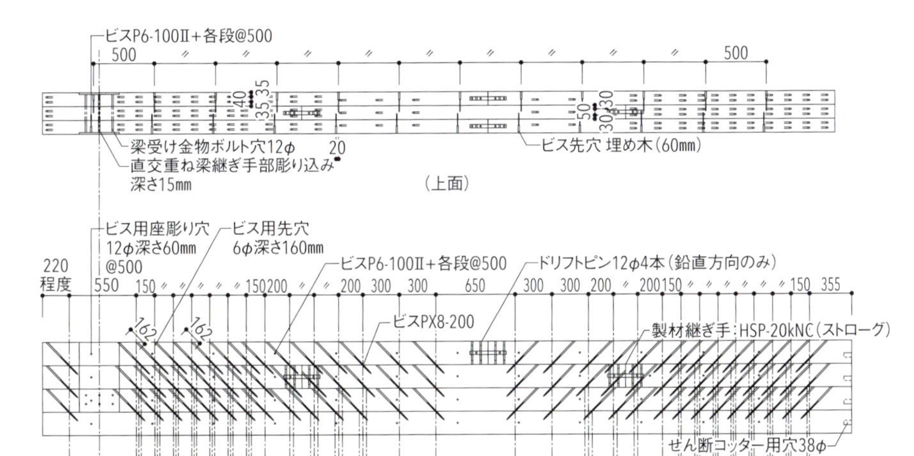

400～500本のビスで重ね梁を製作

製材を3列×4段で組んだ重ね梁は、先穴を開けたうえ、長ビスを斜めに打ち込んで上下を接合した。ビスの数は、梁1本当たり400～500本に上る

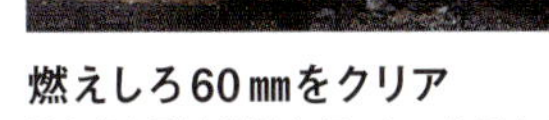

燃えしろ60㎜をクリア

柱も梁も耐火試験を行った。荷重をかけながら燃焼させ、隙間から少し火は入るが燃えしろは60㎜に達しないことを確認（写真：Nanako Ono）

〔写真3〕**高基礎の上に貫構造のような柱・梁**

かつてこの場所は川沿いで高床の置屋があったことから、力強い高基礎を立てた。「ラフ材を束ねて使うときは、いつ組んで、いつ加工するのか、つくる手順をどうするかが難しい」と三井代表

向から梁が貫通する場合、木造で水平力を負担するのは無理だと判断。水平力はRC造の耐震壁に委ねることにした。「こうすれば、木造はラーメン構造ではなくなるので、柱は梁のように複合的に挙動しない。鉛直荷重だけ支えればいいので、製材が

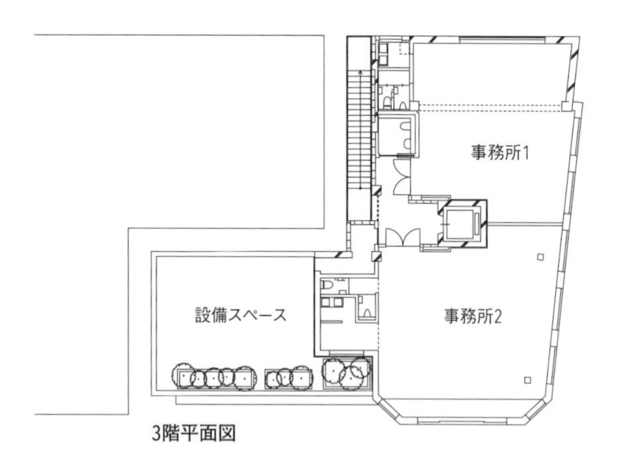

3階平面図

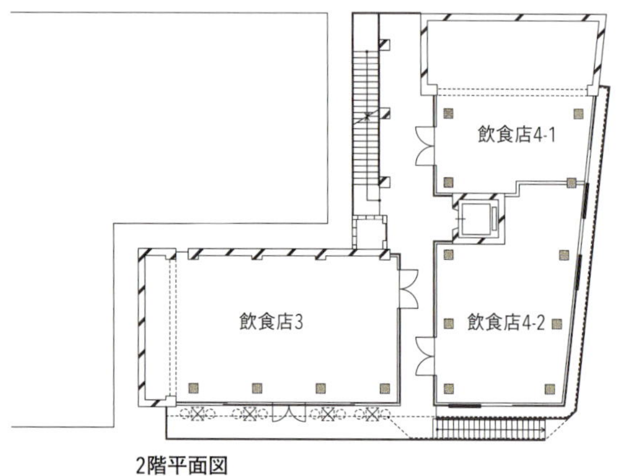

2階平面図

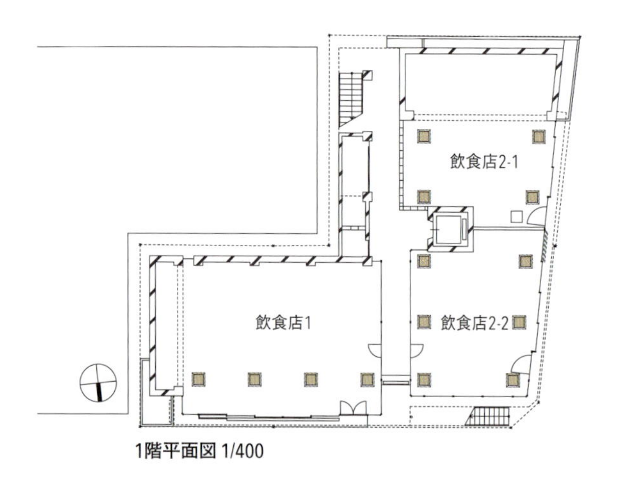

1階平面図 1/400

〔写真4〕**重ね梁は製材同士の接触面を接着**
建物の東側から木造の架構を見る。上の写真が2階で、左の写真が1階。柱と梁の製作、建て方は福島県郡山市のオノツカが担当した。重ね梁は安全を見込んで製材同士の接触面を接着した

柳小路南角
所在地：東京都世田谷区玉川3-13-7　主用途：店舗（飲食店）、事務所　地域・地区：近隣商業地域、準防火地域　建蔽率：83.54％（許容90％）　容積率：202.48％（許容300％）　前面道路：西6.0m、北4.0m　駐車台数：0台　敷地面積：360.67m²　建築面積：301.3m²　延べ面積：756.47m²（うち容積率不算入部分26.22m²）　構造：木造、一部鉄筋コンクリート造・鉄骨造　階数：地上3階　耐火性能：イ1準耐火建築物　各階面積：1階292.76m²、2階247.13m²、3階216.58m²　基礎・杭：杭基礎（鋼管杭）　高さ：最高高さ13.25m、軒高12.04m、階高3.66m、天井高3.44m　主なスパン：3.1×6.3m　発注・運営者：東神開発　設計・監理者：三井嶺建築設計事務所　設計協力者：坂田涼太郎構造設計事務所（構造）、知久設備計画研究所（設備）　施工者：渡辺富工務店　施工協力者：丸仁（電気）、C.H.C.システム（機械、空調・衛生）　設計期間：2016年6月～17年12月　施工期間：2018年2月～11月（予定）　開業日：2018年12月（予定）

バラバラに集まっているイメージで構造を解ける」と坂田代表。

一方、梁は複数の製材をビスで接合した「重ね梁」として解いている。「場合によっては、一本ものの梁材より、耐力も剛性も2～3割落ちる。そこで、長ビスを数多く斜めに打って製材同士を接合した」（坂田代表）。前例がないことから、確認申請時には構造評定を取得した〔写真3〕。

もう1つのハードルは、準耐火構造とするための燃えしろ設計だ。柱については、外周の製材が焼失しても、内側の4本だけで短期許容応力度を満たす設計にした。重ね梁は、ビスで接合しており、隙間もないので、外周のビスがなくなっても持つという説明で、建築確認を得た。

その後、「サステナブル建築物等先導事業」の審査時に、燃えしろの考え方が不明確との指摘があったため、柱も梁も耐火試験を行い、燃えしろが60㎜に達しないことを確認した。「重ね梁を使うという考えは最近増えているが、燃えしろ設計でできるなら活用の幅は広がるだろう」と坂田代表は話す〔写真4〕。　（森 清）

PART

混構造やCLTなどに注目

鉄筋コンクリート造などと木造との混構造は、木材活用の幅を広げる手法の1つだ。
また、CLTやLVLなど新しい木質建材で
魅力的な建築をつくる提案も、様々な形でなされている。

各事例のタイトルで1行目は、左から順番に、「耐火性能」「架構のポイント」「地上階数」を示します。
耐火性能で、「その他」とあるのは、「その他建築物」を表します

1時間耐火　RCリング+集成材による架構｜2階建て

静岡県草薙総合運動場体育館 ［静岡市］

設計：内藤廣建築設計事務所

バスケットボールのコート4面分の広さがあるメーンフロア。静岡県の天竜スギによる256本の集成材が、楕円状に並んで上屋根を支える。天井ルーバーの上に、総重量2350トンの鉄骨トラスの上屋根がある（写真：105ページまで吉田 誠）

前例のない構造で地域材の木造大空間

地域の木材を活用した巨大な木造空間が誕生した。それを支えるのは大臣認定を必要とする前例のない混構造だが、アイデアの源は意外にもヨーグルトの容器にあった。

楕円状に立ち並ぶ256本の集成材の架構が、バスケットボールのコート4面分のアリーナと、2700席の観客席をすっぽりと包む。その広さは、楕円状平面の足元で、長手方向が105m、短手方向が75m。静岡県産の天竜スギでつくった集成材は、1本の長さが14.5m、断面寸法は360×600㎜、重さは1トン近くある。

2015年4月2日、静岡市駿河区で建設が進んでいた静岡県草薙総合運動場体育館が竣工式を迎えた。築50年の老朽化した旧体育館の隣に、静岡県が新たに敷地を購入して建てた。大小2つのアリーナがある施設内には、黒い金属板に覆われた外観からは予想もつかない木質空間が広がる〔写真1〜3〕。

なかでも訪れる人の目を引くのが、集成材の並ぶメーンフロアだ。空間の構造は、鉄筋コンクリート（RC）造と木造、鉄骨（S）造が上下に重なる混構造で成り立っている。観客席の外周に、幅9m、厚さ50㎝の楕円状のRC造のリングがあり、その上に木造の「下屋根」と、鉄骨トラスの「上屋根」が載る構成だ。40

〔写真1〕**チタン亜鉛合金板の黒い外観**
北東から見た全景。右手にメーンフロア、左の小さな建物にサブフロアが入る。外装はチタン亜鉛合金板の折り板ぶきと縦ハゼぶき。もともと各種の運動施設があった静岡県草薙総合運動場の隣接地を新たに購入して建てた

〔写真2〕**サブフロアは鉄骨造**
バスケットコート1面の広さのサブフロアは鉄骨造の内装を天竜材で仕上げた。富士山の形に似ているという市民もいる

〔写真3〕**エントランスも木質化**
施設の南側、利用者の入り口となるロビー。壁面に静岡県の天竜材を張っている。右手の階段を上がると、メーンフロアの観客席がある2階通路に出る

～70度の角度で内側に傾けて立つ集成材の列が、総重量2350トンの鉄骨トラスを受けている〔写真4〕。

内外の仕上げ材に隠れて見えないが、木造部分の外側には鋼製ブレースを巡らせ、剛性を高めている。集成材は鉄骨トラスの荷重だけを受け、水平力は鋼製ブレースが負担する仕組みだ。

着想はヨーグルトのフタ

「僕にしては珍しく、直感的にこの形を考えた」。そう話すのは、設計を手掛けた内藤廣建築設計事務所（東京都千代田区）の内藤廣代表だ。

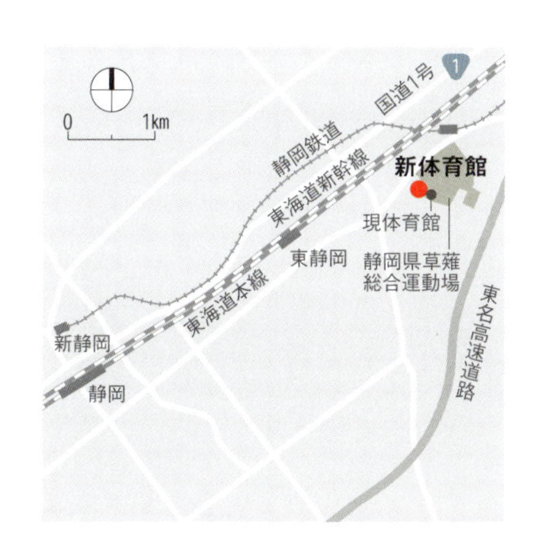

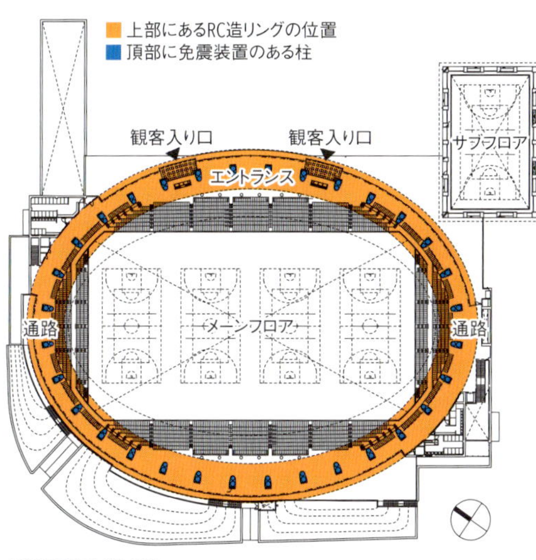

2階平面図 1/2,000

〔写真4〕**同寸法の集成材を異なる角度で並べる**
集成材はすべて長さ14.5m、断面360×600㎜の同寸法とし、製作上の精度管理を軽減して効率を高めた。1本ずつが40～70度の異なる角度で傾いて立つ

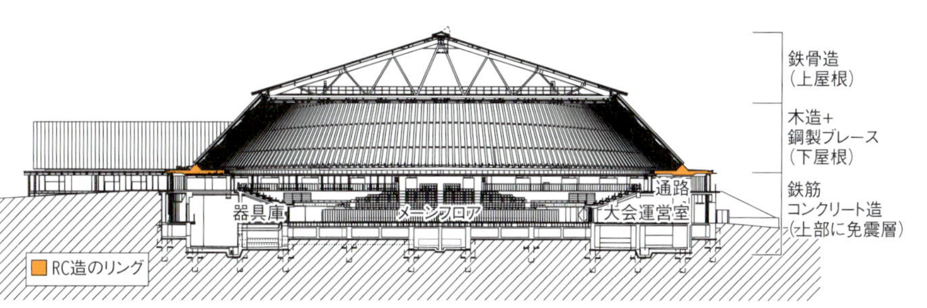

東西断面図 1/1,200

〔写真5〕
鉄骨トラスの荷重を分散
木造部の下屋根と、鉄骨トラスの上屋根との取り合い。鉄骨トラスの荷重が分散して木造部に伝わるようになっている。天井のルーバーは、集成材を製作した際に余った木材を活用。構造体の集成材、天井ルーバーとも、不燃処理はしていない

静岡県草薙総合運動場体育館
所在地：静岡市駿河区栗原19-1　主用途：観覧場　地域・地区：市街化区域、法22条区域、第二種高度地区　建蔽率：18.40％（許容52.08％）　容積率：28.06％（許容110.40％）　前面道路：西20m　敷地面積：20万5812.61m²　建築面積：9701.44m²　延べ面積：1万3509.33m²　構造：鉄筋コンクリート造、木造、鉄骨造　階数：地下1階・地上2階　耐火性能：1時間耐火建築物　各階面積：地下1階749.06m²、1階8783.96m²、2階3976.32m²　基礎・杭：鋼管杭　高さ：最高高さ28m、軒高7.9m、階高4.75m、天井高2.45m　主なスパン：103×76m　発注者：静岡県　設計・監理者：内藤廣建築設計事務所　設計協力者：KAP（構造）、森村設計（設備）、明野設備研究所（防災）、唐澤誠建築音響設計事務所（音響）　施工者：鹿島・木内建設・鈴与建設JV（建築）、大成温調・大和工機製作所JV（機械）、サンワコムシスエンジニアリング（電気）　運営者：静岡県体育協会　設計期間：2011年3月～12年7月　施工期間：2012年12月～15年3月　開館時期：2015年4月　設計・監理費：1億9528万3800円（設計1億3965万円、監理5563万3800円）　総工費：57億2000万円（建築44億5000万円、機械8億7000万円、電気4億円）

東からの全景。敷地に盛り土をしてアプローチをつくり、観客は2階から入る。左端は、今年3月で利用を終えた旧体育館

〔写真6〕
集成材の端部は加工せず
集成材の足元は、RC造のリングに定着している。木材の端部は加工せず、鋼製ボックスに落とし込むだけとした

静岡県が実施した設計プロポーザルで、2011年2月に設計者に選ばれた。普段、プロポーザルに臨む内藤代表は、敷地や気候といった様々な条件を整理しながら、理詰めで案を組み立てていくというが、このプロジェクトは違った。

プロポーザルの提出期限が迫ったある日のこと。カップのヨーグルトを食べようとして、めくり取ったアルミ箔の丸いフタに、内藤代表の目は留まった。放射状に寄った細かなヒダに、「これを木材と考えたらどうか？」と思った。さらに、フタの真ん中を丸く切り抜いて楕円状に形を整え、切り抜いた部分を2つ折りにして笠のように載せてみると、「面白い形になった」（内藤代表）

小さな模型を眺めながら力の流れを検討し、構造の仕組みも考えた。リング状のRC造の基盤に、木造の下屋根と鉄骨トラスの上屋根を載せるという構成は、この段階で決めたものだ〔写真5、6〕。

一般に、木造の大空間は、軽い木造を鉄骨造などで受ける構造が多い。それを逆転させた理由を、内藤代表

南北断面図 1/1,200

はこう説明する。「完全には解析できず、精度管理も難しい木材で、これほどの大スパンを飛ばすべきではない。構造設計も施工も高い精度が求められる頂部は鉄骨のほうがよい」。ただし、特殊な構造であるだけに、その実現には、性能を検証する構造評定が必要だった。最終的には、リング状のRC造から上の構造体を免震層に載せて成立させている。

東京五輪の合宿地にも

構造を担う集成材のほか、天井や壁のルーバーなどに使った木材は約1000m^{3}に上る。すべて静岡県の天竜材だ。「多くの木材が必要だったが、早い時期から県内の林業関係者に協力してもらい、問題なく調達できた。この体育館は、スポーツをはじめとする様々な活用にピーアールできる」と、静岡県交通基盤部都市局公園緑地課の松浦賢実課長は話す。多様な活用の一環として、2020年の東京オリンピックに向けた各国・地域の合宿も誘致している。すでに、台湾のバドミントンなど手を挙げるところもあるという。

耐火と構造のカギはRC造リング

RC造と木造、S造の混構造でつくる大空間は、3つの大臣認定によって実現した。厳しい構造評定と耐火性能評価をクリアしたカギは、外周に巡らせたRC造のリングにあった。

この体育館は、構造と耐火、避難安全の3つの国土交通大臣認定を取得している。いずれも、建築基準法の告示などによらず、個別に高度な性能の検証が求められる。特に、構造と耐火は、意匠とも大きく関わるだけに試行錯誤が繰り返された。

それらの性能を満たすカギとなった部位がある。アリーナを囲む楕円状のRC造のリングだ。幅は9m、厚さは50cm。256本の集成材はすべて、このリングに足を下ろしている。

木造の耐火設計では、大臣認定が必要な耐火性能検証法「ルートC」を用いた。その要件をクリアする方法は2つある。1つは、木材に着火させない方法。もう1つは、着火しても自然鎮火し、主要構造部が倒壊しないようにする方法だ。

ここでは前者の方法を用いた。そのとき重要になるのが、想定される火源から木材までの鉛直方向の距離だ。建築基準法の告示によれば、7mほどの距離があれば木材への着火は避けられる。個別に性能を検証するルートCは、告示に従う必要はないが、その考え方は参考にした。

「このプロジェクトの難しさは、木材が空間の内側に傾いている点にあった」。防災設計を担当した明野設備研究所（東京都中野区）企画部の土屋伸一取締役シニアエンジニアは、そう話す。火源になり得る2階廊下や観客席の頭上に傾いて立つ集成材までの距離を、どのように確保するかが課題だった。

この問題を解決したのが、集成材が載るRC造のリングだ。木材の足元から内側に向けて2mほど張り出している〔写真7〕。この部分が火を遮る「火炎返し」となり、直下で火災が発生しても、直接、木材には届かない。2mという張り出しの幅は、火源と集成材との直接の距離が7m

〔写真7〕**RC造のリングで「火炎返し」**
RC造のリングは、空間の内側に向けて2mほど庇のように張り出す。この部分は、火災が発生しても、木材に直接、火が届かないようにするための「火炎返し」の役目を持つ

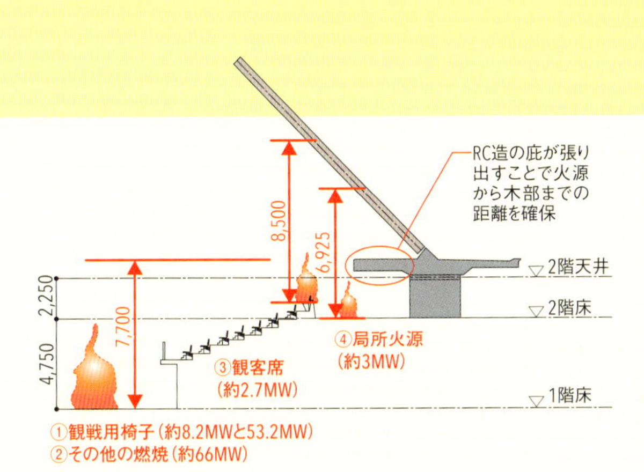

〔図1〕**火源と木材を7m離す**
耐火設計には、耐火性能検証法のルートCを用いた。局所火源に対して、木材のどの部位も、鉛直距離で7m程度は離れるように設計している（資料:明野設備研究所の資料をもとに日経アーキテクチュアが作成）

〔写真8〕**巨大な屋根を免震層に載せる**
2階の廊下に並ぶ32本のRC柱の頂部には2基ずつ免震装置が設置されている。その上に屋根を支えるRC造のリングが載る

程度は確保できるよう定めた〔図1〕。

実は、RC造のリングは、内藤代表が提案した構造システムの一部だったが、当初はもっと幅が狭かった。耐火設計によって幅9mに広がったが、そのことが結果として構造設計上も有利に働いた。

木造大空間で中間層免震

「屋根がぐらぐら揺れてしまい、収拾がつかなかった」。構造設計を担ったKAP（東京都渋谷区）の岡村仁代表は、途中で行き詰まった構造設計をそう振り返る。要求水準の高い耐震強度が難題だった。静岡県は、耐震設計に用いる地震地域係数が1.2と、全国で最も高い。公共施設の体育館の場合、その数値に重要度係数1.25が掛けられるので、通常の建物の1.5倍の耐震強度が求められる。

それだけの地震力をかけると、柔らかい木造部から上が大きく揺れてしまう。上屋根の鉄骨トラスで力を分散したり、集成材の強度を部分的に上げたりしたが、それでも足りなかった。「強度を上げるほど、木造部を補剛する鋼製ブレースや接合金物が大きくなっていった。鋼製ブレースに木を添えるようになってしまい、完全に行き詰まった」（岡村代表）

打開策として、内藤代表が提案したのが、木造部が載るRC造のリングの免震化だ。そのためにはRC造のリングに一定の幅が必要になるが、耐火設計で9mに広げたことが役立った。この幅があれば免震化できることが分かり、大幅な設計変更をせずに済んだ。

免震装置は、2階の廊下に立つ32本のRC柱の頂部に2基ずつ設置した〔写真8〕。木造の大空間で中間層免震は前例のない試みだったが、その決断が突破口となって構造計算が前進し、構造評定をクリアするめどが付いたという。

（松浦 隆幸＝ライター）

利用者の入り口がある南側から見る。左手のメーンフロアの屋根には、避難性能検証法のルートCにより必要とされた排煙口を設けている

鉄骨トラスを256本の大断面集成材で支える

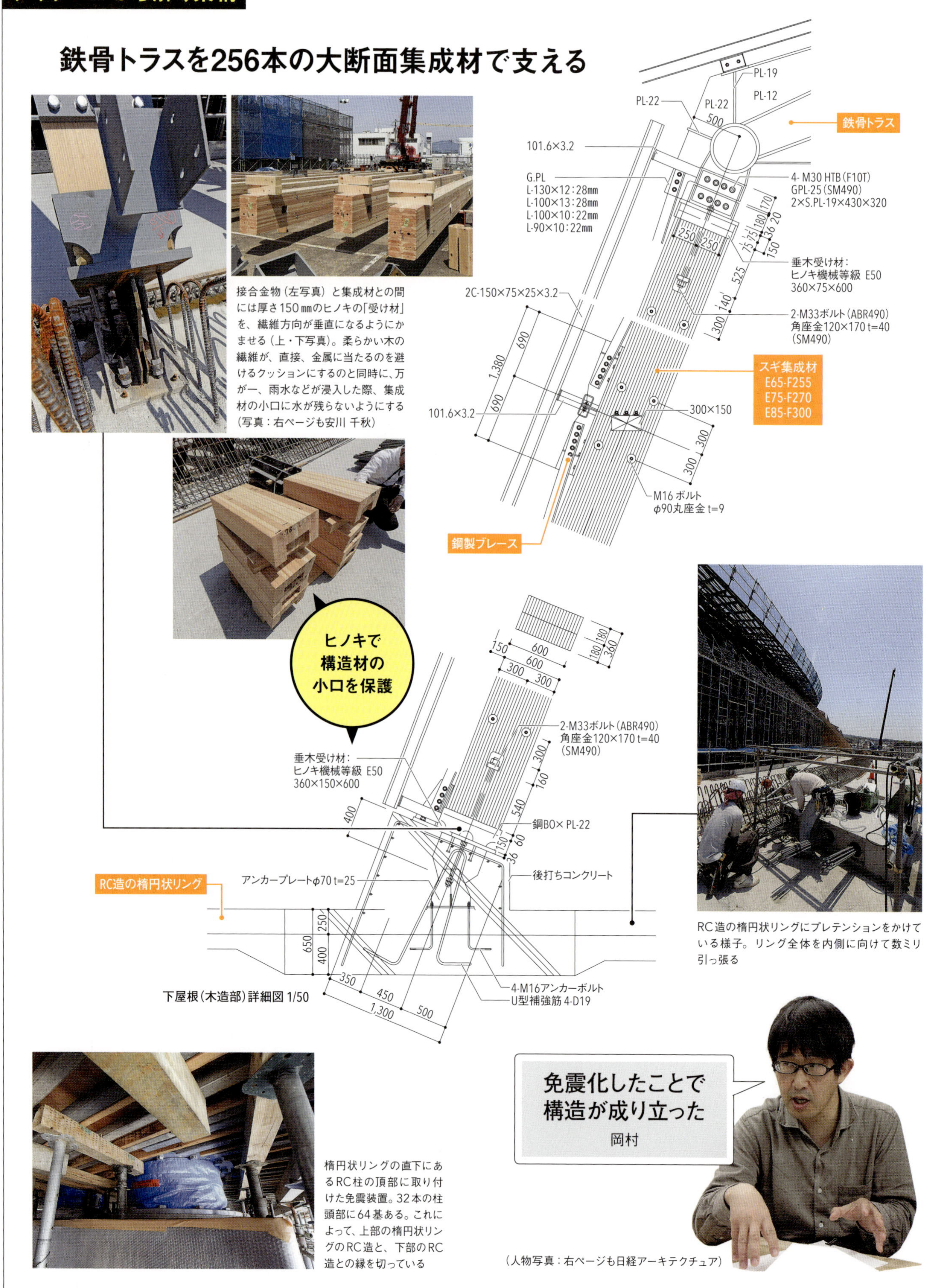

接合金物（左写真）と集成材との間には厚さ150㎜のヒノキの「受け材」を、繊維方向が垂直になるようにかませる（上・下写真）。柔らかい木の繊維が、直接、金属に当たるのを避けるクッションにするのと同時に、万が一、雨水などが浸入した際、集成材の小口に水が残らないようにする（写真：右ページも安川 千秋）

RC造の楕円状リングにプレテンションをかけている様子。リング全体を内側に向けて数ミリ引っ張る

楕円状リングの直下にあるRC柱の頂部に取り付けた免震装置。32本の柱頭部に64基ある。これによって、上部の楕円状リングのRC造と、下部のRC造との縁を切っている

免震化したことで
構造が成り立った
岡村

（人物写真：右ページも日経アーキテクチュア）

RC造のリングの上に大屋根

木造部が載る楕円状リングのRC造部分から見た建物の南側。上層の鉄骨屋根をジャッキアップして浮かせて、木造部の建て方を進める。「現場では常に定点で観測して、精度管理を徹底している」と鹿島JVの箕浦達也所長は話す

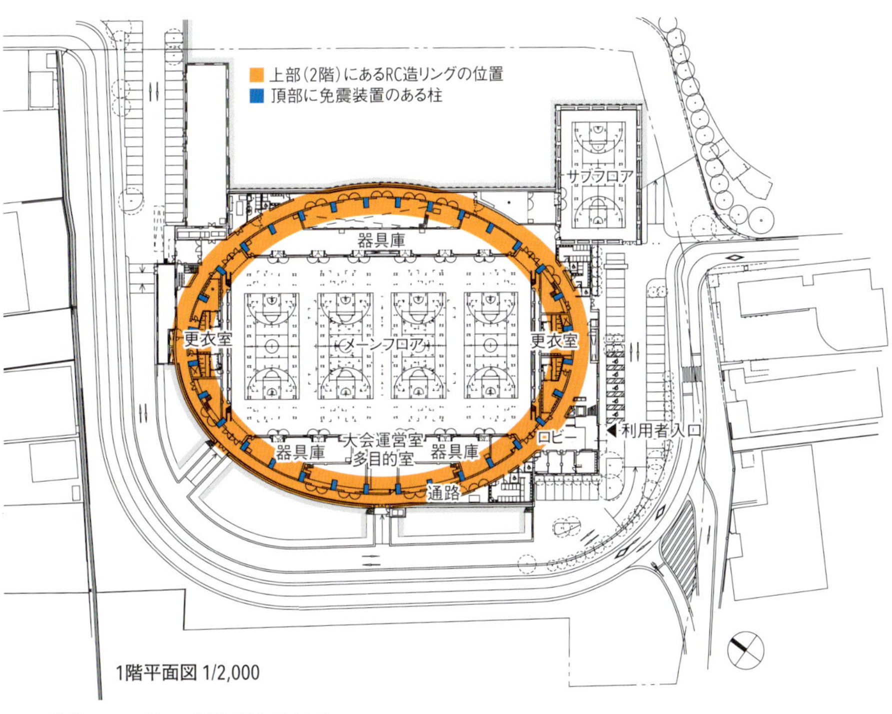

リング状のRC造で木造部を受ける

平面形は、複数の円弧を組み合せた楕円状。外周にあるRC造のリング部分に木造部が載る

木造であっても木に無理はさせない

内藤

1時間耐火　耐火集成材による天井架構 | 4階建て

ATグループ本社 北館 ［名古屋市］

設計：竹中工務店

耐火現しの梁を鉄骨柱で支持

ショールームに耐火集成材の梁を現しで架け渡し、鉄骨柱で受けた。苦労したのが接合部。耐火性確保のため、鉄骨の上端に鉄筋コンクリート（RC）を被せた。耐火木造にとっての燃え止まり層の重要性がよく分かる事例だ。

幹線道路の交差点をなぞるように、長さ80mの自動車ショールームが弓状に続く。最大14台が並ぶガラス張りのショールームを引き立てるのが、波のようにうねる屋根を支える41本の木質の梁だ〔写真1、2〕。

「無機質になりがちな自動車のショールームに、有機的な木を採り入れたことで魅力的な空間が生まれた」。建築主であるATグループの廣山翔吾顧問は満足げにそう話す。同社は、愛知県を基盤とする自動車販売会社など14社を傘下に納める持株会社。2015年に創業80周年を迎えるのに当たり、名古屋市昭和区の本社ビルを順次、建て替えている。

そのうちのATグループ本社北館が、15年2月に完成した。敷地南西側に鉄骨（S）造4階建ての建物があり、その足元に約1000m²のショールームが広がる。建物全体が1時間耐火建築物だ〔図1〕。

「車のショールームであるのと同時に、宣伝効果のあるショーケースとして設計した。車とは対照的な素材である木を使い、関心を引くような空間を提案した」。設計を手掛けた竹中工務店名古屋支店設計部設計6グループの長谷川寛グループ長は、木材に着目した理由をそう話す。

RCの帽子を被せて接合

ショールームの梁に使ったのは、竹中工務店などが開発した耐火集成材「燃エンウッド」。現しで使える1時間耐火の軸組み部材として大臣

〔写真1〕**木質空間の自動車ショールーム**
透明感の高いガラス張りのショールーム。扇状に並ぶ木製の梁を、耐火塗料を施した鉄骨柱で受けている（写真：110ページまで特記以外は車田 保）

〔写真2〕**交差点に向けて扇状に広げる**
終日、車の絶えない2本の幹線道路の交差点に面して建つ。自動車からの視認性を高めるために、波打つようなシンボリックな屋根を架けた。建物内部から外縁に向けて高くなるよう屋根に勾配が付けてあるので、木質の梁が目立つ

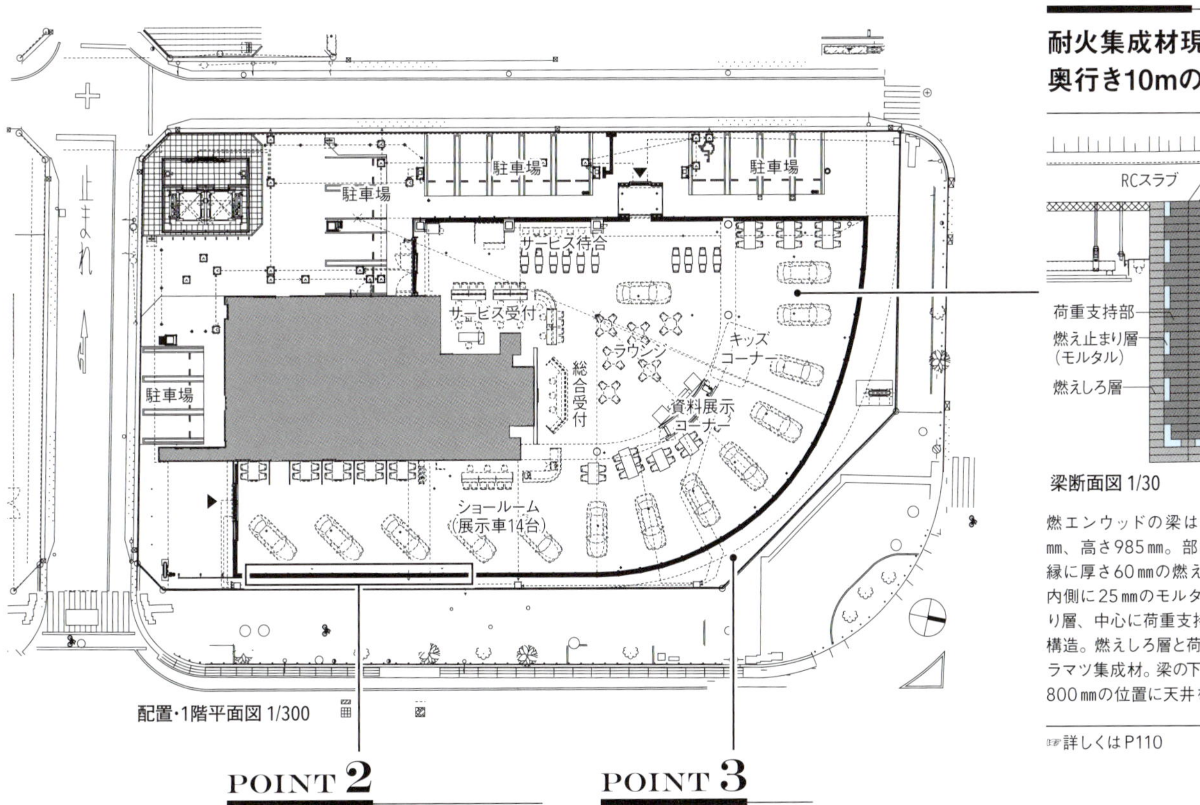

配置・1階平面図 1/300

POINT 1
耐火集成材現しの梁で奥行き10mの大スパン

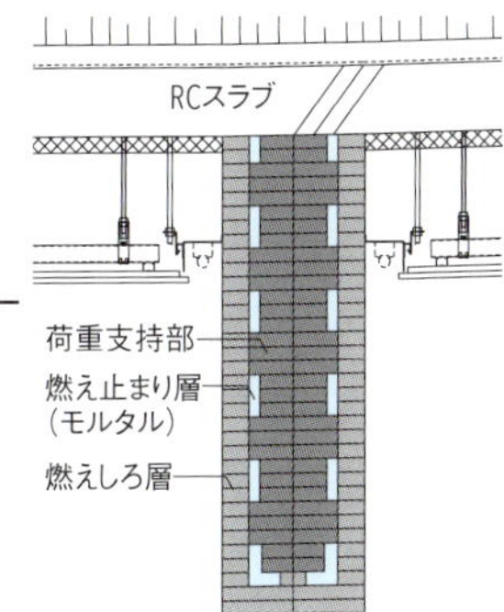

梁断面図 1/30

燃エンウッドの梁はすべて幅320㎜、高さ985㎜。部材断面は、外縁に厚さ60㎜の燃えしろ層、その内側に25㎜のモルタルの燃え止まり層、中心に荷重支持部という3層構造。燃えしろ層と荷重支持部はカラマツ集成材。梁の下端から600～800㎜の位置に天井を張っている

☞詳しくはP110

POINT 2
耐火塗料を施した鉄骨柱で耐火集成材の梁を受ける

☞詳しくはP111

POINT 3
軒先にも擬似的な木製梁を延ばす

☞詳しくはP111

〔図1〕**道路沿いに車の並ぶカーモール**
交差点の角をなぞるように80mにわたって広さ1000m²のショールームを設けた。建物は鉄骨造4階建て。道路を挟んで南側の敷地に南館を建設中。建築主の要望により図中の一部を省略した

POINT 1 奥行き10mの大スパン

〔写真3〕**燃エンウッドを鉄骨柱で受ける**
開口部まわり。屋根が水平に近くなる建物の南寄りほど軒の出は短く、屋根の傾斜がきつくなる北側に向けて軒の出が深くなる（写真：松浦 隆幸）

〔写真4〕**ガラスと鉄骨柱で透明感**
燃エンウッドが支えるショールームの奥行きは約10m。梁のスパンは、鉄骨柱との接合部で1.82m。柱も燃エンウッドにするとショールームの視認性が低下するため、無垢の鋼材をH形断面に組んだ細い鉄骨柱とした。外寸は120×200㎜。41本ある梁のうち、燃エンウッドは38本。残る3本は建物南端の外部にあり、鉄骨に板材を張った

〔図2〕**建物本体の鉄骨梁から張り出す**
ショールームは、鉄骨造の建物本体から張り出す。燃エンウッドの梁の建物側も、SRC部を介して鉄骨部材に接合している

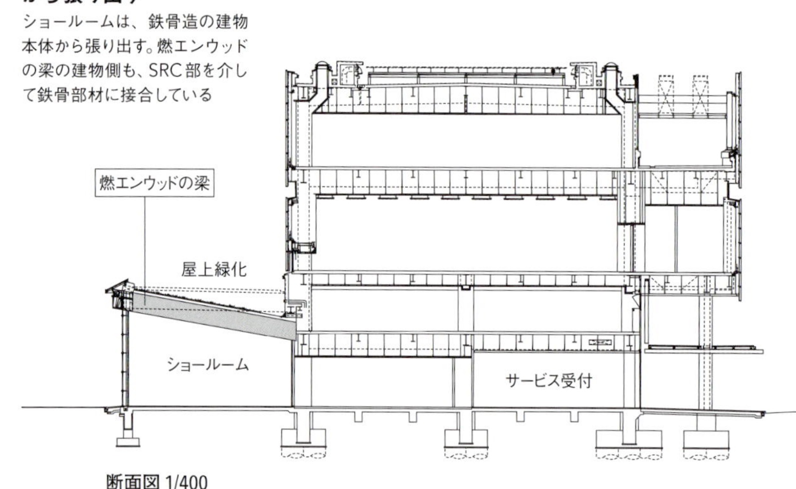

断面図 1/400

認定を取得している。燃エンウッドは、カラマツ集成材の中に燃え止まり層として、厚さ25㎜のモルタルの板を不連続に挟み込んだもの。外周の燃えしろ層が炭化した後、モルタルが熱を吸収して燃え止まり、内側の荷重支持部に熱を伝えない仕組みだ。

燃エンウッドによる最初の耐火建築物となったのは、大阪市の事務所ビル「大阪木材仲買会館」だ。以来、採用実績は複数あるが、今回は2つの点で前例のない使い方に挑んだ。

1つは接合部が直角でないこと。燃エンウッドの梁を斜めにしたうえ、1本ずつ角度を変えた〔写真3、4、図2〕。もう1つは、燃エンウッドの梁を鉄骨部材で受けたことだ。

特に工夫が求められたのは後者だ。これまでは燃エンウッド同士の接合か、RC造か鉄骨鉄筋コンクリート（SRC）造との接合だった。鉄骨躯体との接合は初めてだ。1時間耐火の被覆が施された鉄骨であっても、火災時には450℃程度まで温度が上昇する。それに対して、木材の発火温度は260℃。双方を直接、接合すると木材が発火温度を超える恐れがある。そのため、開発時から燃エンウッドと鉄骨躯体を接合する場合は、RC造などを挟んで「絶縁」する想定をしていた。

今回、その実現に当たっては、鉄

POINT 2 鉄骨柱にRCを被せて接合

〔写真5〕**鋼製プレートに梁を接合**
鉄骨柱の頂部にRCを打設したボックス(SRC造)から鋼製プレートが張り出す。そのプレートに燃エンウッドの梁を取り付けている様子(写真:竹中工務店)

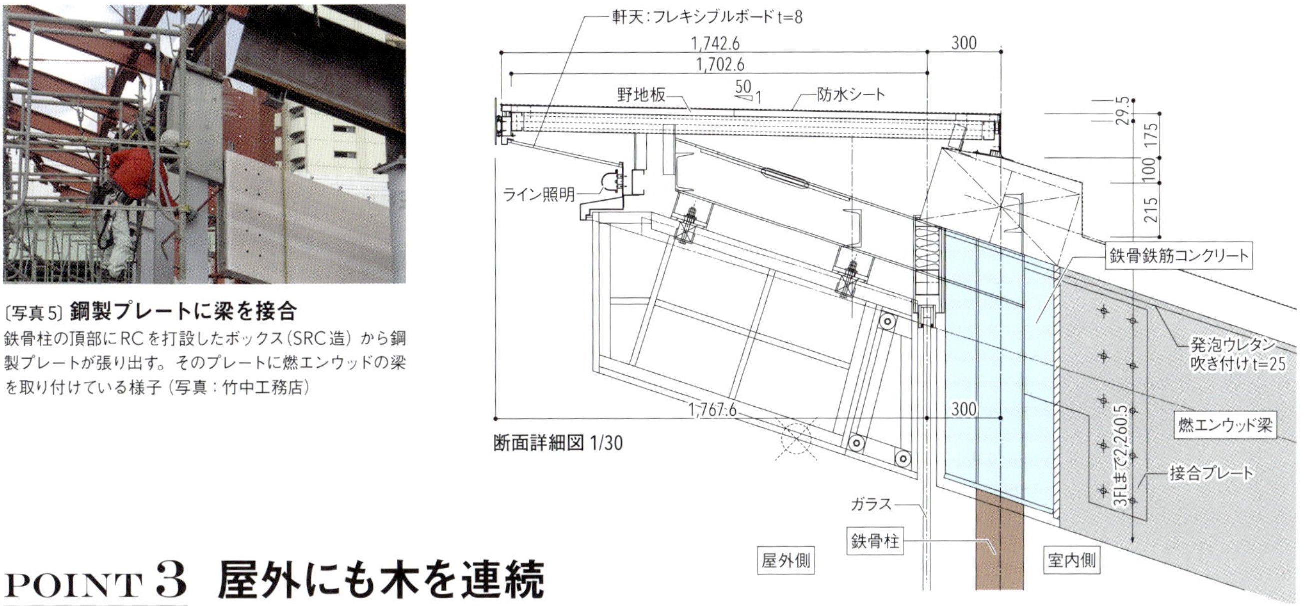

〔図3〕**ガラス、鉄、RC、木が組み合わさる**
ガラスと鉄骨柱、燃エンウッド、吸熱材としてのRCが集まる複雑な納まり。屋根の傾斜が変わるため、接合部の角度や鋼製プレートの形なども1つずつ違う

POINT 3 屋外にも木を連続

〔写真6〕**軒先まで木の梁形をつなげる**
ガラスに梁を貫通させるのは困難なので、燃エンウッドの梁はその手前で止まっている。梁が広がる意匠の連続性を重視して、軒先には鋼材の骨組みの外側に、同寸法でカラマツの板材を張った(写真:松浦 隆幸)

骨から木材に伝わる温度が260℃以下となるように納まりを検討した。その結果、鉄骨柱の上端に、帽子を被せるようにして吸熱材としてのRC造を打設し、そこから張り出す鋼製プレートに燃エンウッドを接合している〔写真5、6、図3〕。

2時間耐火の南館にも木を

現在、この建物の南側では、同じ竹中工務店の設計・施工で、南館の建設が始まっている。1階部分は北館とデザインが連続するショールームとなる。より規模の大きい南館は2時間耐火建築物となり、現段階では1時間耐火の認定しか取っていない燃エンウッドは使えない。だが、「南館でも木を使い、北館との統一感がある空間を何らかの方法で実現したい」と、長谷川グループ長は策を練っている。

(松浦 隆幸＝ライター)

ATグループ本社 北館
所在地:名古屋市昭和区高辻町6-8　主用途:展示場、事務所　地域・地区:商業地域・防火地域、一部準防火地域　建蔽率:90.23%(許容100%)　容積率:173.77%(許容400%)　敷地面積:2150.84m²　建築面積:1940.70m²　延べ面積:4321.31m²(うち容積不算入部分583.74m²)　構造:鉄骨造・一部木造　階数:地上4階　耐火性能:1時間耐火建築物　基礎・杭:直接基礎(独立)、地盤改良　高さ:最高高さ17.9m、軒高17.3m、階高2.8m、天井高2.6m　主なスパン:7.2×9.0m　発注者:ATグループ　設計・監理・施工者:竹中工務店　運営者:愛知トヨタ高辻営業所　設計期間:2013年1月～14年1月　施工期間:2014年2月～15年2月　総工費:非公表

1時間耐火（地上）　木質ハイブリッド集成材（柱）＋製材（筋交い）｜4階建て

大分県立美術館［大分市］

設計：坂茂建築設計

可動展示スペースで内外を一体利用

伝統的な作品から現代アートまで幅広い分野を扱う美術館だ。設計者の坂茂氏は外部とつながる大規模な可変空間を1階に設け、県民が気軽に立ち寄れる施設づくりを目指した。

スギの斜材で覆われた箱形空間の下に、大きなガラス開口が連なる。国道197号に面したファサードは、風除室を除く一面が開閉式になっている。ガラスの水平折れ戸を開くと、内外の連続する空間が生まれる。

1階に無柱空間を実現

2015年4月24日、大分市の中心部に大分県立美術館が開館した。設計を手掛けたのは、公募型プロポーザルで選ばれた坂茂建築設計。坂茂代表は、「堅苦しく敷居の高い従来の美術館とは一線を画し、県民が気軽に立ち寄れるような開かれた施設を目指した」と話す。

最大の特徴は、多様な展示方式を可能とするフレキシブルな1階の空間構成にある〔写真1、2〕。

建物は、収蔵庫や事務室などのバックスペースを北側の棟にまとめ、来館者用のスペースを南側の棟に集約した。南棟は、1階に企画展示室（展示室A）と吹き抜けのアトリウム、2階に研修室や情報コーナーなど、3階にコレクション展示室と企画展示室（展示室B）を配した〔写真3~6〕。

2014年11月に実施したプレオープンイベント時の外観。右手のペデストリアンデッキは対面の複合施設「OASISひろば21」と連結する（写真：121ページまで平井 広行）

このうち南棟の1階のほぼすべてをフリースペースに設定。43枚の可動壁によって、多様な展示に対応できるようにした。可動壁を多数用いて閉鎖的な展示室もできるし、カフェやミュージアムショップが並ぶアトリウムと一体化したオープンな展示空間もつくれる。

1階の可動壁を取り払ったときに無柱空間を生み出すため、2階は3階からの吊り構造を採用した。外周の柱は垂直力だけ負担するようにして広いガラス面を確保した。こうした構造を成り立たせるため、地下駐車場の柱頭レベルに免震層を設置したほか、収蔵庫側の構造をブレースやラーメンで固めて水平力を負担させている。

〔写真1〕**可動壁を閉じた1階展示室まわり**
1階アトリウムまわり。可動壁を閉じた展示室内で開館記念展を開催している。天井から下がった黄色い垂れ幕の左に展示室の入り口が見える。エスカレーターの先に続く2階は、上階から吊っている

〔写真2〕**アートを展示した吹き抜け空間**
企画展示室（展示室A）の外に配した吹き抜けのアトリウムには、カフェやインフォメーション、ミュージアムショップを配置している。天井に吊られた作品など、現代アートも展示している

展示室や収蔵庫を増強

大分県立美術館は、77年に開設した大分県立芸術会館に代わる施設として計画された。芸術会館は建物や設備が老朽化し、収集してきた約5000点のコレクションを展示する常設スペースがなかった。県民の文化活動を発表できる広い会場を求める声も強かった。これらの要請を背景に、「新しい時代にふさわしい身近な美術館」（加藤康彦・大分県立美術館副館長）の建設を進めた。

新しい美術館は、芸術会館と比べて展示室を3.1倍の3883m²に、収蔵庫を3.4倍の2330m²にそれぞれ増やした。県民の要望に応え、コレクション展と企画展では伝統的な美術から現代アートまで総合的に扱う。

開館直後の15年のゴールデンウイークには4万9000人が来館した。県は7月20日まで開催した開館記念展に県内の小学生全員を招くなど、将来のリピーター育成にも積極的に取り組んでいる。

ガラス戸を折り上げた状態の南側ファサード。道路に面した外部空間と内部が一体化する。ガラス面には日除けの水平フィンを並べている

〔写真3〕**木格子で覆った3階ホワイエ**
コレクション展示室や企画展示室（展示室B）をつなぐホワイエ。緩やかな曲面を描く屋根は、フラットバーを結露防止のスギでくるんだ格子の構造体を三重の膜で覆った

〔写真4〕**開放的な情報コーナー**
吊り床の2階部分には、研修室や体験学習室、アトリエなど来館者用の学習スペースが並ぶ。関連書籍などを並べた情報コーナーでは、椅子などの家具にもアートが展示されている

〔写真5〕**落ち着いた雰囲気のコレクション展示室**
3階のコレクション展示室は、合成デッキスラブと下地合板の上に厚さ20㎜のオークフローリングを敷いた。空調は天井側から吹き出す

〔写真6〕**紙管什器を用いたカフェ**
アトリウムに面した2階のカフェ。テーブルや椅子、間仕切り壁には坂代表が得意とする紙管を用いている。カフェの外側には、床面を吊っている白い柱が並ぶ

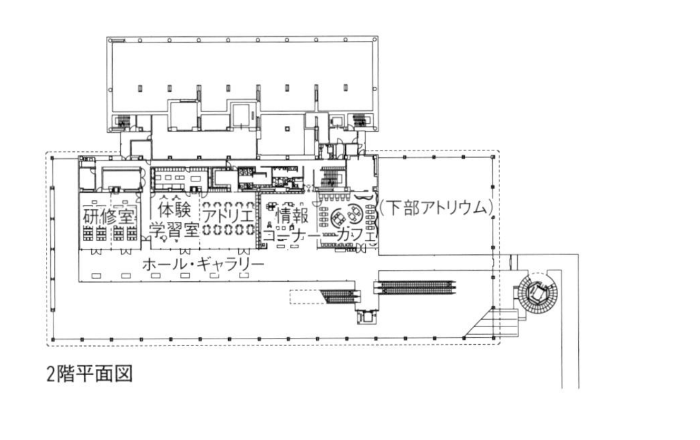

2階平面図

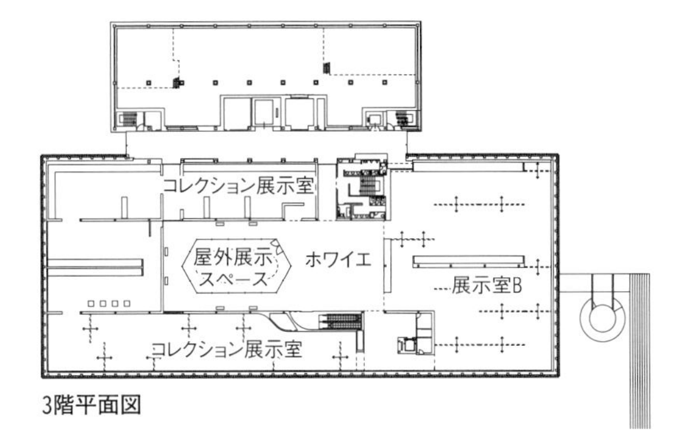

3階平面図

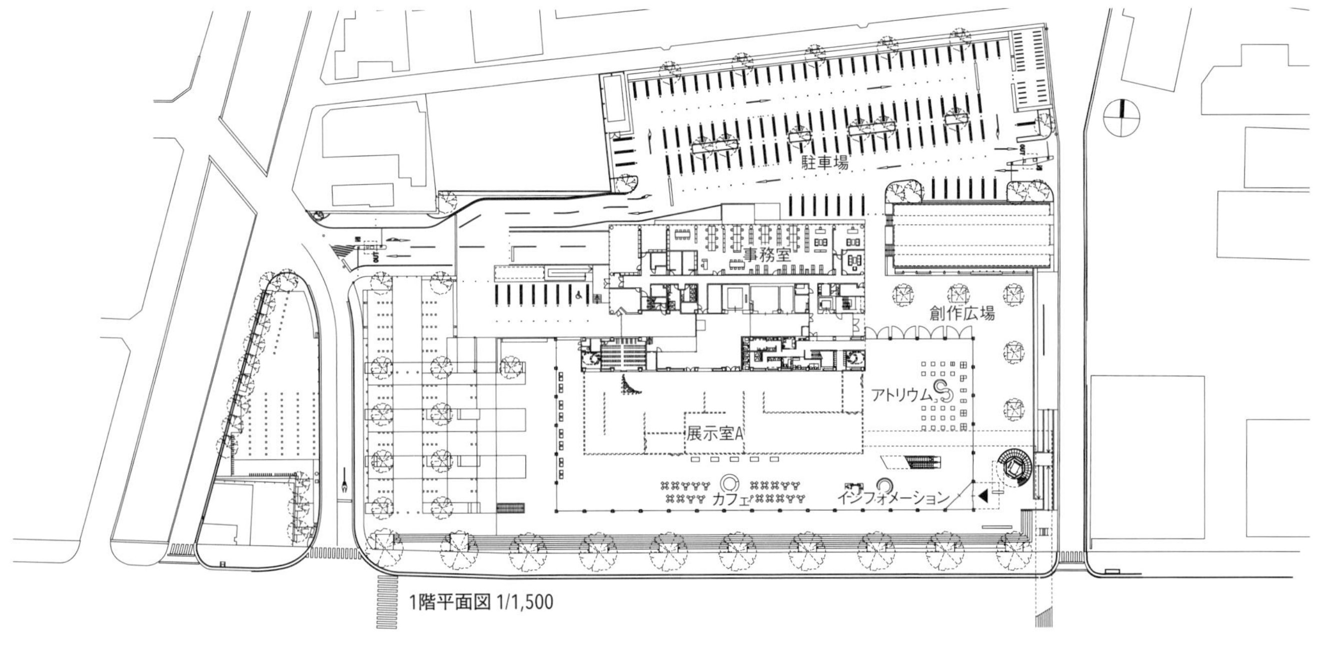

1階平面図 1/1,500

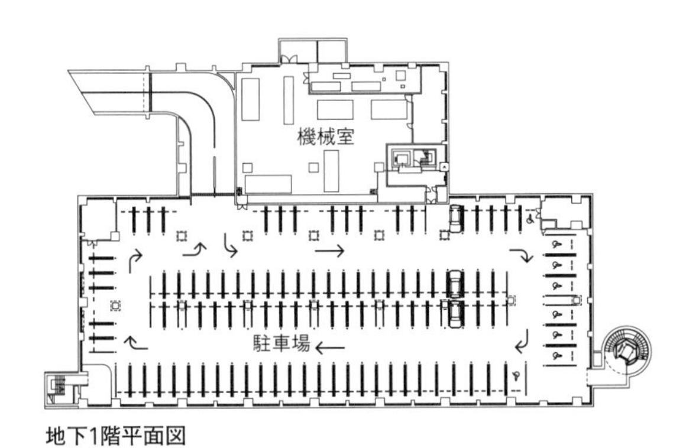

地下1階平面図

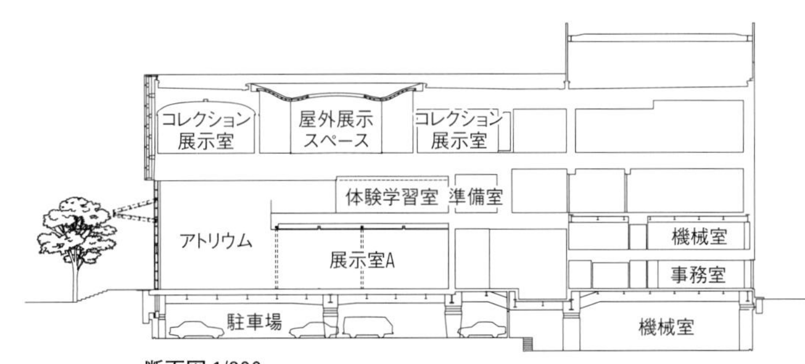

断面図 1/800

大分県立美術館 (OPAM)

所在地：大分市寿町2-1　主用途：美術館、ペデストリアンデッキ　地域・地区：商業地域、準防火地域　建蔽率：37.26% (許容90%)　容積率：105.15% (許容455.37%)　前面道路：南30m　駐車台数：250台　敷地面積：1万3517.74m^2　建築面積：4806.18m^2　延べ面積：1万7213.37m^2 (うち容積率不算入部分3649.8m^2)　構造：鉄骨造、一部鉄筋コンクリート造・木造 (柱頭免震構造)　階数：地下1階・地上4階　耐火性能：耐火建築物 (地上1時間、地下2時間) 各階面積：地下1階4332.86m^2、1階4368.60m^2、中2階1053.74m^2、2階2711.32m^2、3階4228.78m^2、塔屋階518.07m^2　基礎・杭：直接基礎 (美術館)、鋼管杭 (ペデストリアンデッキ)　高さ：最高高さ24.763m、軒高23.705m、階高5.5m (地下1階)、7.0m (1階)、5.5m (2階)、5.5m (3階)、天井高10m (アトリウム)、5.5m (展示室A)、4.5m (展示室B)、4.0m (コレクション展示室)　主なスパン：5.7m×5.7m　発注者：大分県　設計・監理者：坂茂建築設計 (家具含む)　設計協力者：アラップ (構造、設備)、オンサイト計画設計事務所 (ランドスケープ)、ライティング・プランナーズ・アソシエーツ (照明)、明野設備研究所 (防災)、コミュニケーションデザイン研究所 (サイン)、二葉積算 (積算)　施工者：鹿島・梅林建設JV (建築)、須賀工業・西産工業JV (空調)、協和工業 (衛生)、九電工・鬼塚電気工事JV (電気)、梅林建設 (外構)、豊樹園 (造園)　運営者：大分県芸術文化スポーツ振興財団　設計期間：2011年12月～13年3月　施工期間：2013年4月～14年10月 (本体)、2014年5月～15年3月 (外構・造園)　開館日：2015年4月24日　設計・監理費：3億8804万6400円　総工費：80億7820万9000円 (建築：53億429万7000円、空調：10億4755万7000円)

MORE FOCUS 1

「可変」を支える環境の制御

高い性能を持つ可動壁やグリッドごとの空調システム。展示する美術品を守るため、可動壁で構成する1階展示室では室内環境のコントロールに力を入れた。

「1階は、水平折れ戸を開ければ外と一体化する吹き抜けアトリウムの奥に、間仕切り壁で自在に仕切れる企画展示室を配置。3階には、落ち着いた環境を備えた展示室を設けた。開放的な空間から閉じた空間までヒエラルキーをつけた環境を用意して、多様な展示に対応できるようにした」と坂代表は話す〔写真7〕。

床下空調で多彩な展示に対応

可変性の高い1階の展示室でも、展示する美術品を守るためには、耐火性能はもちろん、温度や湿度など適切な室内環境を保つ必要がある。そこで設計に際しては、いくつかの仕掛けを盛り込んだ。

展示空間を構成する高さ5.5mの可動壁は198㎜の厚さとし、充填した厚さ100㎜のロックウールで耐火性や断熱性を確保した。壁を設置する際は上下左右を強固に圧着し、気密性を保つ。可動壁には自動ドアを備えたタイプもつくり、風除室を設けられるようにした。展示室の外周には水平移動する防火シャッターを回して防火区画している〔図1〕。

1階の展示室とアトリウムまわりの空調は、床下から吹き出す方式を採用した。可動壁の幅に合わせたグリッドで空調を制御し、どのように間仕切りしても適切に温湿度を調整できるようにした。閉じた展示空間とした場合には、一般的な美術館の展示室と同等の室内環境を実現できるという。

開放型の展示は慎重に対応

もう1つ、フレキシブルな展示を実現するために準備したのが、アトリウムに置く可動什器だ。ミュージアムショップには「S」、インフォメーションには「？」、カフェには「C」の形を持つ什器をデザインし、空間の使い方に応じて自由に配置できるようにした〔写真8〕。

このように、多様な展示空間を展開できる仕掛けを建物側で整えた。もっとも、これまで外壁のガラス面を開いたのは2014年11月のプレオープン時のみ。ほかの美術館から作品を借りる際に、展示環境の徹底管理を求められるからだ。開館記念展の「モダン百花繚乱『大分世界美術館』」でも、外壁のガラス面を閉じ、可動壁で覆った展示空間に内外の絵画や工芸品などを展示している。

「ガラス壁や可動壁を開くと展示環境がどのような影響を受けるのか。これから少しずつデータを蓄積して、建物の活用法を考えていきたい」(加藤副館長)と、県は慎重に対応していく考えだ。

〔写真7〕**フレキシブルな展示スペース**
ガラスの水平折れ戸を開き、可動壁の多くを取り払った状態の1階まわり。無柱の大空間と上階から吊った2階という構成がよく分かる

〔写真8〕**可動什器を並べたショップ**

アトリウムのミュージアムショップ。そのときどきの展示スペースのつくりによって、自由に配置できる

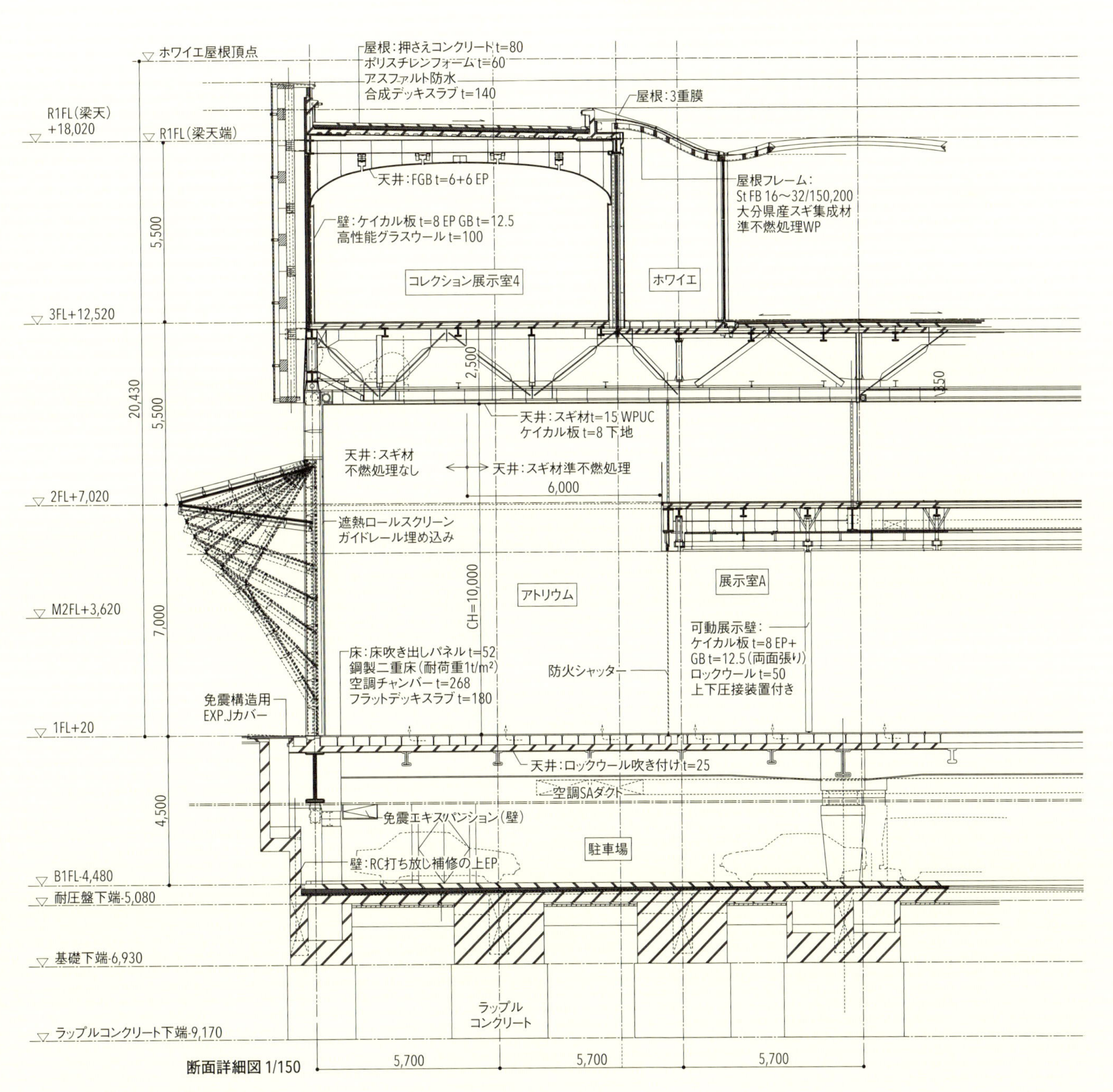

〔図1〕**建物に仕込んだ可動システム**

折れ戸式のガラス外壁や可動の展示壁を設置。床の吹き出し口からグリッドごとに調整する空調を施している

MORE FOCUS 2

鉄骨内蔵柱と斜材を現しに

巨大なかごのような木格子は、内部に鉄骨を埋め込んだ集成材の柱と、無垢の県産スギの斜材で構成される。柱も斜材も木材を現しとした。3階のみでの使用だが、多層建築で木を効果的に見せるヒントになるだろう。

無垢の県産スギを用いたブレース（斜材）と、鉄骨をカラマツ集成材でくるんだ柱の列が3階の外周を覆う〔写真9〕。大分県立美術館は、3階部分に張り出した木架構のボックスが内外を印象付ける。

県産材の活用は大分県からの要望でもあった。坂代表は「単なる仕上げ材でなく、できるだけ構造として木を使いたい。ブレースと柱の木に異なる役割を与えて、木の箱を構成した」と話す。

ブレースのスギは、水平力を負担する構造材として機能する。一般に流通している断面120mm×240mmの無垢の県産スギを2本組み合わせて使用した。水平力のみを担うブレースは建築基準法上の主要構造部に当たらないため、無垢材を耐火被覆せずに使えるという条件を利用した。

柱には、H形鋼の周囲をカラマツでくるんだ木質ハイブリッド集成材を用いた。1時間耐火の大臣認定を得ている製品だ。ここでカラマツ集成材は耐火被覆の役割を果たし、H形鋼に燃焼が及ぶ前に燃え止まる。

木のフレームを構成する3階の柱は、1、2階の柱芯から650mm外に張り出している。これによって生じる構造上の偏心の影響を抑えるため、梁と3階の柱は梁勝ちの状態で接合した〔図2〕。ブレースも、柱ではなく梁に固定している。そうすることで鉄骨内蔵柱の耐火被覆であるカラマツ集成材を傷つけずに済んだ。

屋上階と3階の梁で上下両端を固定されたブレースは、途中2カ所で柱と交差する。その接点では、ブレース側のスギを欠き込み、耐火被覆のカラマツ集成材の厚みはそのまま確保した〔写真10〕。240mm×240mmというブレースの断面は、交差部の欠損を考慮したうえで構造耐力を得られる寸法として設定したものだ。

（守山 久子＝ライター）

〔写真9〕**木格子をガラスで挟んだダブルスキン**
3階展示室から見た木の架構。ダブルスキン内には、メンテナンス用に人が通れる空きを確保した

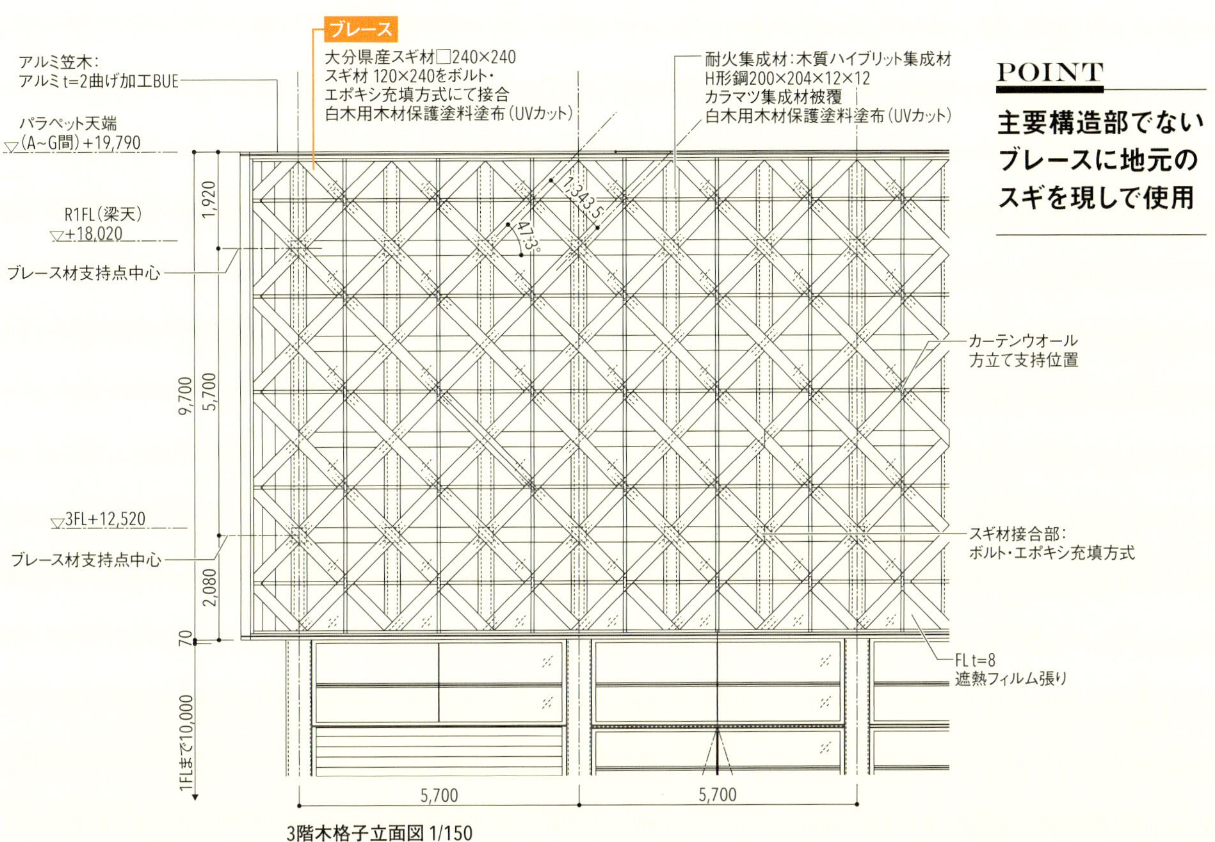

3階木格子立面図 1/150

POINT
主要構造部でない ブレースに地元の スギを現しで使用

〔図2〕**ブレースと柱は構造上分離**

1時間耐火の大臣認定を得ている耐火集成材の柱は、材種がカラマツとベイマツに限定されるので、地元のスギは使えない。そこで主要構造部に当たらず耐火被覆の必要のないブレースに、地元のスギを現しで用いた。構造上の要請から、張り出した梁の間に柱を固定。同じく梁に取り付けたブレースと柱は構造上分離している（資料：坂茂建築設計、アラップ）

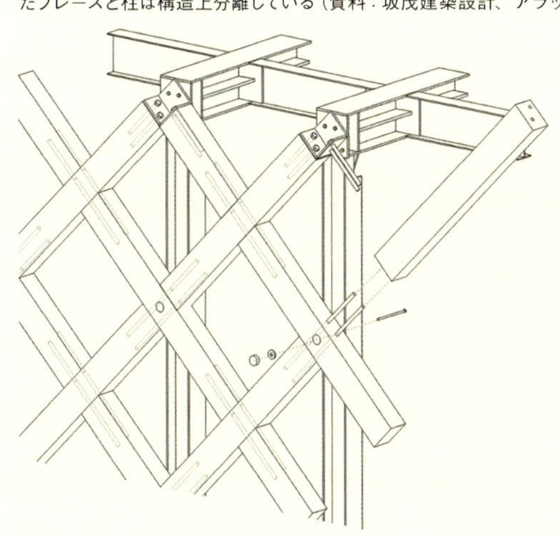

〔写真10〕
接点ではブレースのスギを欠き込む

木格子の施工中の様子。ブレースと柱の接点では、ブレースのスギを欠き込み、柱はそのままとして、耐火性能を確保した

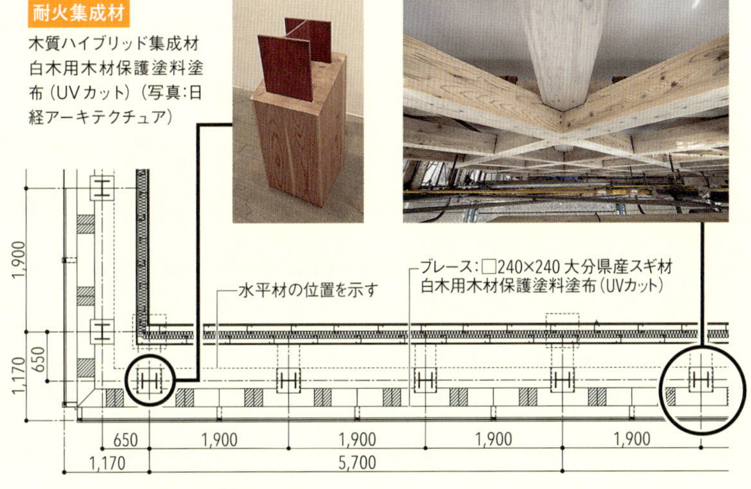

3階コーナー部平面詳細図 1/100

ロ1準耐火　集成材による大スパン架構 | 1階建て

道の駅ましこ ［栃木県益子町］

設計：マウントフジアーキテクツスタジオ

地元の木と土で山並み模した一室空間

建物の形から使う材料まで、まわりの風景にある素材を生かした道の駅が開業した。集成材の屋根架構も、足元まわりの土壁も、地元の木や土を利用したものだ。運営面でも、まちづくりに向けた様々な地域活動との連携を目指す。

3列に分かれて並ぶ大断面集成材の架構に覆われた大空間。農産物や加工品の直売所、地元工芸家の作品展示、観光や移住希望者向けの窓口など各用途が同居する（写真：129ページまで特記以外は吉田 誠）

〔写真1〕**穏やかな山並みに囲まれた田園地帯に立つ**
南側の山腹から見る。周辺は穏やかな山並みに囲まれた田園地帯で、水田やいちご畑が広がる

〔写真2〕**山並みを映したり透かしたり**
南向きの正面外観。妻面はスチールサッシに全面ガラス張り。手前の山並みが映り込んだり、向こうの山並みが透けて見えたりする。屋根の最高高さは10m弱。スパンは14.4〜31.6mの5種類ある

2016年10月15日、焼き物で知られる栃木県益子町に「道の駅ましこ」がオープンした。県内24番目だが、益子町では初めての道の駅だ。山形の屋根を連ねた平屋の建物が、水田地帯の真ん中に立つ〔写真1〕。

「町で初の道の駅でもあり、益子らしさが設計のテーマだった。まわりの風景の中にある形や材料を使い、地面から生じたような建築にしようと考えた」。設計を手掛けたマウントフジアーキテクツスタジオ（東京都港区）の原田真宏代表はそう話す。同事務所は、益子町が実施した設計プロポーザルで設計者に選ばれた。

勾配の緩い屋根の形は、水田地帯を取り巻く穏やかな山並みを勾配もそのまま模したものだ。全面ガラス張りの建物の前に立つと、角度や時間によって、周囲の山並みがガラスに映り込んだり、ガラスを透かして向こうの稜線が見えたりする〔写真2〕。

その屋根は、大小8枚の山形から成る。横方向に2〜3枚連ねたものを3列に重ね、自然の山並みのような奥行き感を持たせた。山形屋根を構成する梁は、地元のスギを用いた集成材だ。スパンは14.4〜31.6mの5種類。異なるスパンでも、同じ断面の集成材で架構を組む。スパンの大小で異なる架構の強度は、集成材のピッチを変えることで確保した〔図1〕。

壁の向こうで何かと出会う

「道の駅は分棟タイプが多いが、この建物は一室空間で運営しやすい」。道の駅の運営に向けて町が立ち上げた第三セクター、ましこカンパニーの神田智規支配人が、そう言うのには理由がある。従来の道の駅のようなテナントは入れず、第三セクターによる直営だからだ。「直売所やレストラン、観光情報といった様々な要素を互いに関連付けて発信し、益子全体のまちづくりにも波及させるために直営とした。一体の空間だと、回遊する利用者にそうした情報を届けやすい」（神田支配人）

間仕切りのない空間は、設計の早い段階から意識していた。「用途が複合化されると分かっていたので一室空間とした。歩いていくと、新しい何かと出会うような構成にした」と、原田真宏代表は説明する。

その内部空間は、随所に立ち上がる高さ2.5mの壁で大まかにゾーン分けされている。一つひとつの壁は、屋根を足元で支えるコンクリート壁体だ。地元の土を使った左官で表面

を仕上げている。壁に誘われるように回遊していく利用者は、向こう側に抜けるたびに、レストランや企画展示などの異なる場面に出会う〔写真3〕。

利用度の高いトイレを1つの建物の中に収めたことも、この建物の特徴だ。通常、道の駅は複数の補助金を得て建てられ、各補助事業を担当する行政の部署が異なるため、トイレが分棟になるのが一般的だ。

今回は当初からトイレの一体化を提案した。「使う側からすれば、内部から直接トイレに行けるほうがい

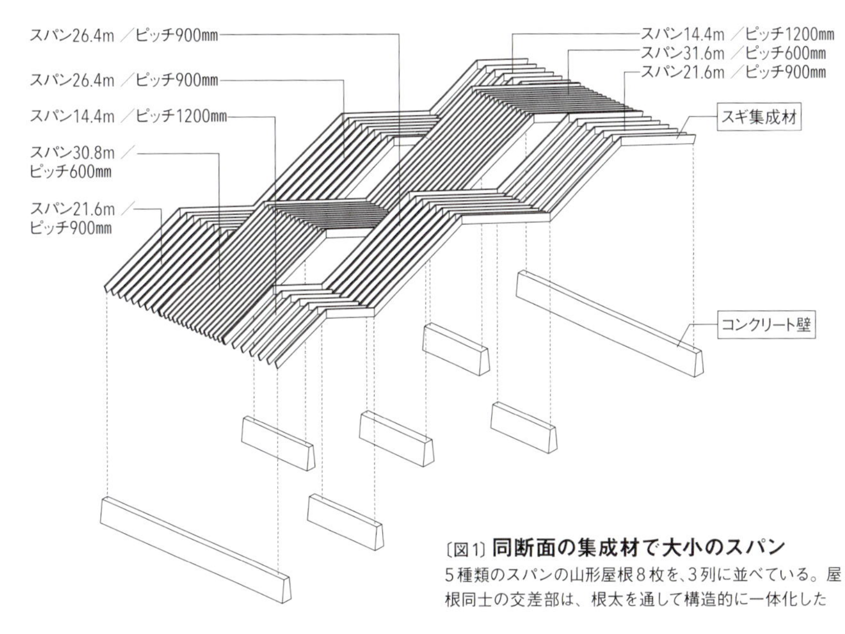

〔図1〕**同断面の集成材で大小のスパン**
5種類のスパンの山形屋根8枚を、3列に並べている。屋根同士の交差部は、根太を通して構造的に一体化した

〔写真3〕**コンクリート壁体で緩やかに仕切る**
山形屋根を支える高さ2.5mのコンクリート壁体が、緩やかに空間を仕切る。天井が高いため、居住域空調やペリメーター空調を採用

い。従来型の分棟案も示しながら栃木県や益子町と議論を重ねた結果、1つの建物にトイレを収めることができた」。マウントフジアーキテクツスタジオの原田麻魚代表はそう説明する。

まちづくりに踏み込む

ガラス張りの大空間であるうえ、天井は最高で9.3m超あるので、ランニングコストや居住性には当初から配慮して設計を進めた。空調はコンクリート壁体の上から吹く居住域空調とし、ガラス窓の随所で換気できるようにしている。さらに、開口

〔写真4〕**山並みにつながる奥行き感**
北側からの夕景。向こうの山並みのような緩やかな屋根を重ねて奥行き感を持たせている

部まわりでは、年間を通して温度の安定した地下ピットに空気をまわして利用する床吹き出し式のペリメーター空調を取り入れている〔写真4〕。

開業後の出足は上々だ。初年度に掲げた目標は、来館者35万人、売り上げ3億円。開業後1カ月弱で10万人が訪れており、早くも目標の達成は射程圏内に入った。今、神田支配人が策を巡らすのは、まちづくりにつながる運営だ。「イベントを打つにしても、点ではなく線や面的に広がるものにしたい。単なる観光拠点ではなく、町全体の営みにも踏み込んでいきたい」と抱負を語る。

道の駅ましこ
所在地：栃木県益子町長堤2271　主用途：道の駅　地域・地区：都市計画区域外　建蔽率：8.86%（許容60%）　容積率：7.37%（許容200%）　前面道路：南9.1m　駐車台数：150台　敷地面積：1万8011.88m²　建築面積：1595.26m²　延べ面積：1328.84m²　構造：鉄筋コンクリート造　階数：地上1階　耐火性能：ロ1準耐火構造（外壁耐火構造）　基礎・杭：布基礎、独立基礎　高さ：最高高さ9.953m、軒高2.588m、天井高3.394～9.319m　主なスパン：31.6（最大）×8.58m　発注者：益子町　設計・監理者：マウントフジアーキテクツスタジオ　設計協力者：アラップ（構造）、テーテンス事務所（設備）　施工者：熊谷組　施工協力者：岩原産業（機械）、九電工（電気）、ジャパン建材（木工事）、大幸建設、川田サッシ工業（以上、鋼製建具・ガラス工事）、久住有生左官（左官工事）、エム・デザイン・エンタープライズ（金属・内装工事）、景月（塗装工事）、タニコー（厨房機器）、栃木県集成材協業組合（集成材製造）、益子焼協同組合（土材料）、竹村鋼材（鋼製建具計画協力）　運営者：ましこカンパニー　設計期間：2013年8月～15年8月　施工期間：2015年9月～16年9月　開業日：2016年10月15日　総工費：8億1562万6800円

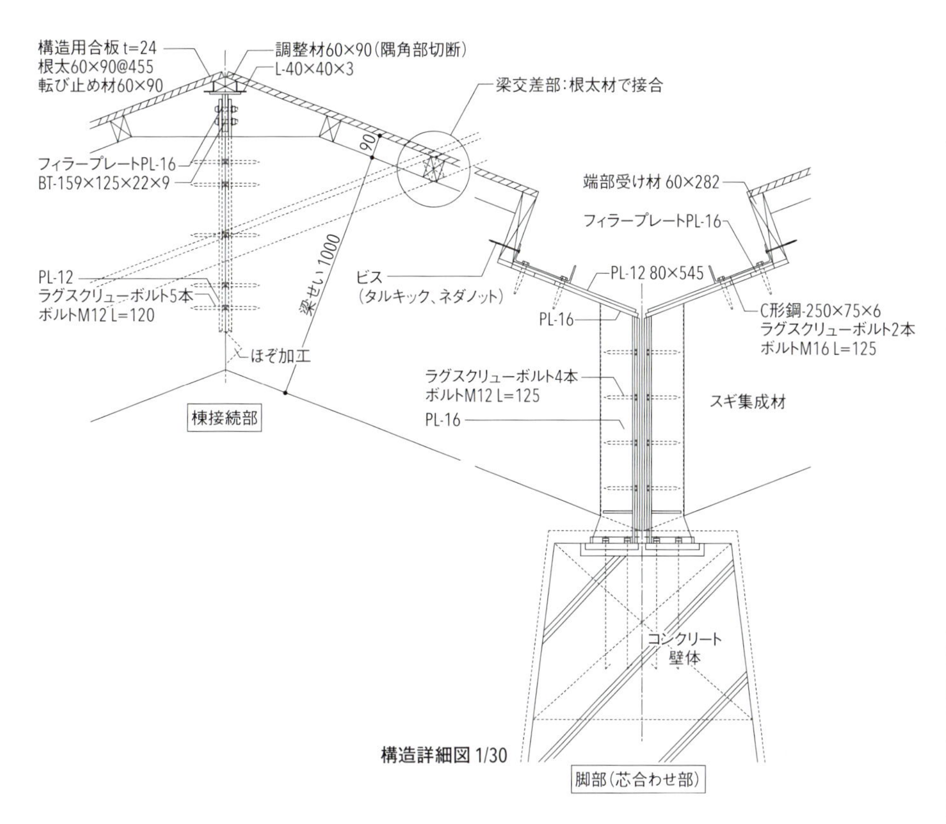

構造詳細図 1/30

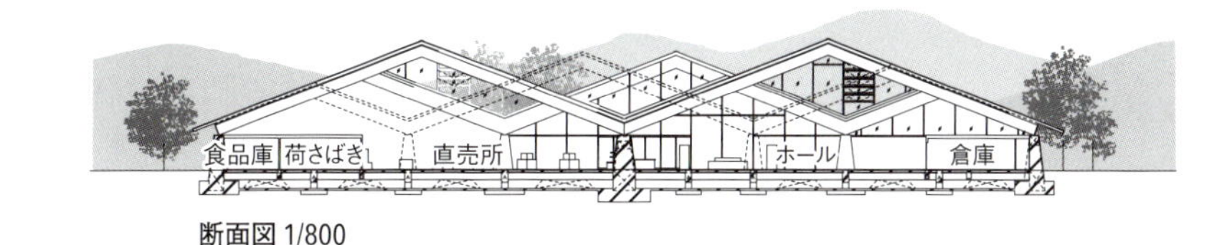

断面図 1/800

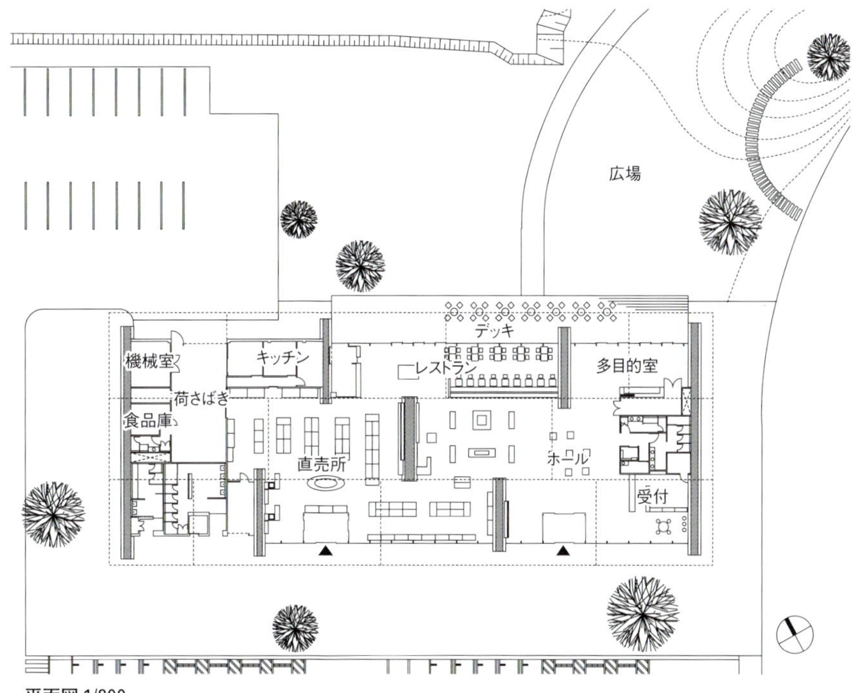

平面図 1/800

木材は先行発注、陶土を左官に

山形の屋根を構成するのは地元の木材。その屋根を支えるコンクリート壁体は、地元の土で仕上げた。木材は伐採から製作まで先行発注、左官に使う土は益子焼協同組合を通して陶土を入手した。

山並みのような屋根は、その形だけでなく、材料も周囲の山から調達している。架構を構成する大断面集成材は、八溝（やみぞ）スギからつくったものだ。八溝スギは、栃木県北部から福島県にかけて見られ、古くから良質な建築用材として知られる。

今回は、益子町の町有林を基本に、不足分を近隣で調達。県内に大断面集成材をつくれる設備があったため、地元で取った木材を県外に出すことなく使うことができた。大断面集成材の断面寸法は、高さ1000㎜、幅135㎜だ〔写真5〕。

地域材を利用した大型建築が増えてきた近年、工事発注に先駆けて木材を調達するケースが、公共建築を中心に増えている。木材の調達は時間がかかるからだ。単年度発注が基本の公共建築では、工事発注後の手配では間に合わない。

道の駅ましこでも、工事発注の前年度に、益子町が木材を分離発注。伐採から集成材製作までの工程を先行させた。施工者へは材料支給になるので、工事発注後の手戻りや品質の問題が生じないように、設計段階で入念に部材を検討している。「工事発注後に部材の寸法や材量を変更することがなくて済むレベルまで実施設計で検証して、木材を発注した」と、原田真宏代表は振り返る。

8枚ある山形屋根のスパンは14.4～31.6mと幅があるが、同じ断面の集成材によるシンプルな架構とし、接合方法も共通化したことが、工事発注後の手戻りやトラブルの回避にもつながっている。

陶芸用の土を建築左官に

益子焼きで知られる通り、益子では焼き物に向いた陶土が取れる。土

〔写真5〕**地域材で大断面集成材**
スパンの大きさに応じて、架構のピッチは600㎜、900㎜、1200㎜の3種類（右写真）。製作した大断面集成材は地元の八溝スギでつくった（写真：2点ともマウントフジアーキテクツスタジオ）

〔写真6〕**土が支える木**
地面に木が立つように、土を塗ったコンクリート壁体から集成材の架構が立ち上がる

は、益子の町を象徴する素材の1つで、2009年からは隔年で「土祭（ひじさい）」と呼ぶイベントも開かれている。

地域の材料を生かす設計を目指した道の駅ましこでも、そんな益子の土を使った。コンクリート壁体の左官仕上げだ〔写真6〕。担当したのは、兵庫県の淡路島を拠点に、全国で活動する左官職人、久住有生氏だ。

原田真宏代表や久住氏は、益子の土を見てまわり、左官に使えそうな色や強度などを持つ陶土を探した〔写真7〕。陶土は、建築の左官で使われる土とは違って柔らかく、施工が難しいという。また、正式な陶土は地元で管理されているため、通常、建築材料としては入手できない。そこで、益子焼協同組合の協力を得て、特別に卸してもらう形で入手した。

施工は、地元の左官職人にも加わってもらい、久住氏らと共同作業で取り組んだ〔写真8〕。その狙いの1つについて、「土を配合する段階から地元の人たちに入ってもらうことで、将来、手入れが必要になったときに対応できるようにした」と、原田真宏代表は説明する。

運営を担う神田支配人も、「地元の木と土を使った温かみのある手づくり感は、この施設ならでは特徴といえる。地元でも喜ばれている」と話している。　（松浦 隆幸＝ライター）

〔写真7〕**陶芸用の土を転用**
左官職人の久住氏らが、建築左官に使えそうな益子の陶土を探して歩いた（写真：下もマウントフジアーキテクツスタジオ）

〔写真8〕**地元の左官職人と塗る**
将来のメンテナンスにも対応できるように、地元の左官職人が土の配合から参加した

1時間耐火(4～7階) 木質ハイブリッド集成材(柱・梁) | 7階建て

国分寺フレーバーライフ社本社ビル [東京都国分寺市]

設計：スタジオ・クハラ・ヤギ

北側から見た全景。1～3階は一般的な鉄骨造。4～7階は木質ハイブリッド集成材による鉄骨造(写真：135ページまで特記以外は安川 千秋)

駅前の密集地で木質ハイブリッドの普及版

駅前の密集市街地に、木質感に溢れる7階建ての本社ビルが完成した。1時間耐火構造の上層階で採用した「木質ハイブリッド集成材」については、今後の普及を見据えて、施工しやすい納まりを考案した。

東京都西部の国分寺駅を出て1分ほど。2017年8月29日に営業を開始した「国分寺フレーバーライフ社本社ビル」は、人と自転車と車が行き交う密集市街地に立つ。アロマテラピー関連商品の販売などを手掛けるフレーバーライフ社の新社屋だ。7階建ての建物に、ショップやアロマスクール、本社機能などが入る。

通りから上階を見上げると、ガラスのカーテンウオールを透かして、太い木の柱や梁が見える〔写真1〕。これは木材ではなく、「木質ハイブリッド集成材」と呼ばれるもの。構造材のH鋼を、カラマツの集成材で耐火被覆した部材だ。日本集成材工業協同組合が柱と梁で1時間耐火部材の大臣認定を取得している。

敷地は防火地域にあるので、7階建ての建物は、上4層に1時間、下3層に2時間の耐火性能が求められる。この建物は、耐火性能の区分に合わせる形で、1階から3階までを一般的な鉄骨（S）造と耐火被覆材で2時間耐火を確保。4階から7階までの4層を、木質ハイブリッド集成材によるS造にしている。

〔写真1〕**駅前のオフィスビル**
1日に20万人以上が利用する国分寺駅北口の道路沿いに立つ。建物は鉄骨造7階建て。2時間耐火の1～3階は、東京・多摩産スギのルーバーで覆っている。木質ハイブリッド集成材による1時間耐火の4階以上は、ガラスのカーテンウオールに包まれている

普及型目指し3点を改良

「クライアントの要望や、都市的な敷地条件などから、一般的なS造と、木質ハイブリッド集成材によるS造を組み合わせる方法が、最も合理的だと考えた」。設計を手掛けたスタジオ・クハラ・ヤギ（東京都千代田区）の八木敦司代表はそう説明する。

フレーバーライフ社は当初、天然由来のエッセンシャルオイルなどを扱う企業イメージにふさわしい木造ビルを希望していたという。しかし、2時間耐火が必要な7階建てを、木造でつくるハードルは高い。そこで提案したのが、上4層に木質ハイブリッド集成材を用いる設計だった。構造はS造になるが、部材を包む集成材を現しで使えるので、木造と変わらない空間をつくれる〔写真2、3〕。

「設計に当たっては、従来の木質ハイブリッド集成材の使い方に3つの改良を加えて、都市的な立地でも使いやすい普及タイプを目指した」。そう話すのは、スタジオ・クハラ・ヤギの久原裕代表だ。この言葉の裏には、木質ハイブリッド集成材の“苦戦”がある。木質ハイブリッド集成材は、1時間耐火部材として2004年に大臣認定を受けたが、採用件数はひと桁にとどまる。

その要因として、久原、八木の両代表が挙げたのが、製作や施工性の

〔写真2〕**都市木造のような空間**

7階のイベントスペース。1時間耐火部材の大臣認定を受けた木質ハイブリッド集成材を現しで使っている。構造材であるH形鋼のまわりを、カラマツの集成材で耐火被覆している

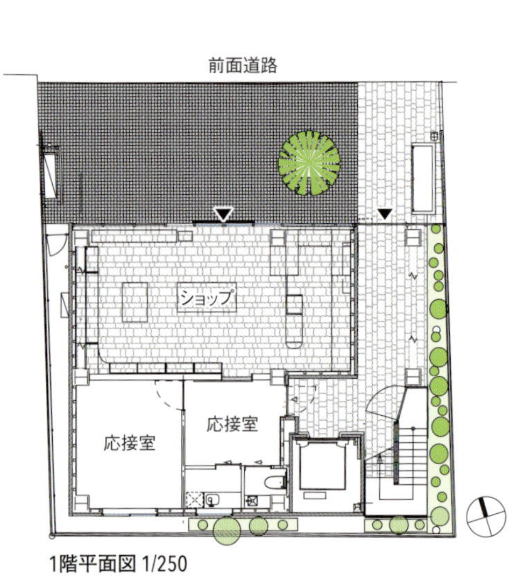

1階平面図 1/250

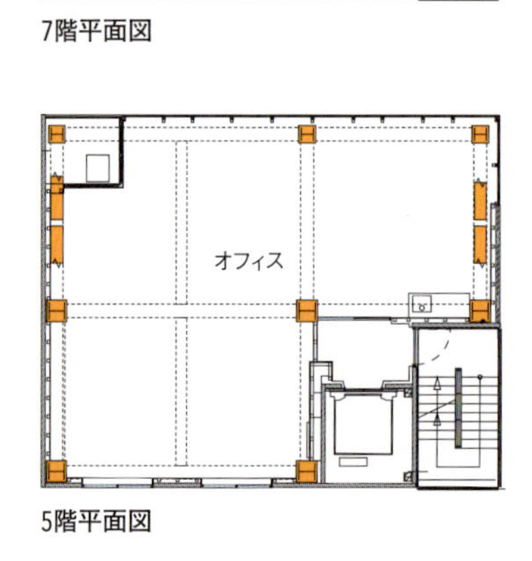

7階平面図

5階平面図

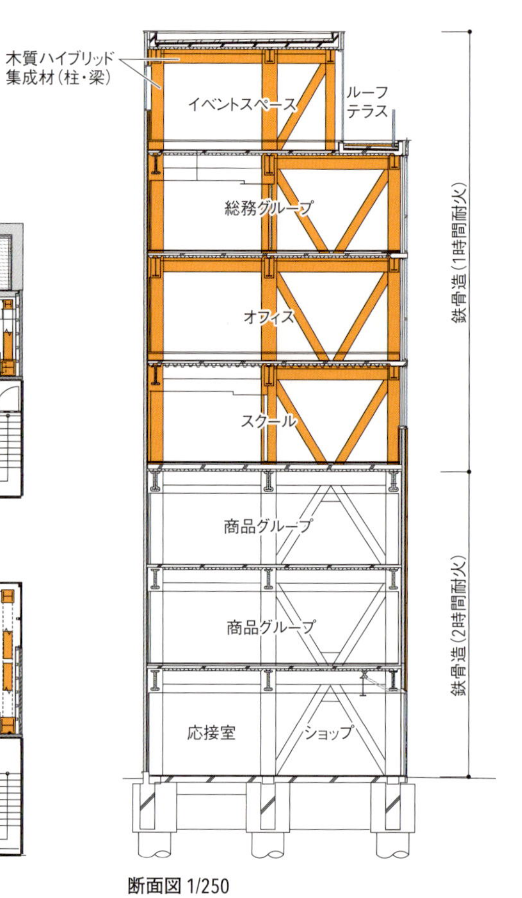

断面図 1/250

〔写真3〕**無柱の木質空間をオフィスに**

5階のオフィス空間。ガラスのカーテンウオール沿いの間口は約11m、奥行きは8.9m。執務空間の中に柱はない。写真左手、避難用バルコニーで現しにした木質ハイブリッド集成材には、木材保護塗料を塗っている

〔写真4〕**S造同士の混構造**

写真右奥、木質化が不要な部分は木質化せず、一般的な鉄骨躯体とした

（写真：下と左下もスタジオ・クハラ・ヤギ）

〔写真5〕**接合部はシート状被覆材**

一般的なS造と、木質ハイブリッド集成材の接合部は、シート状の被覆材で巻いた

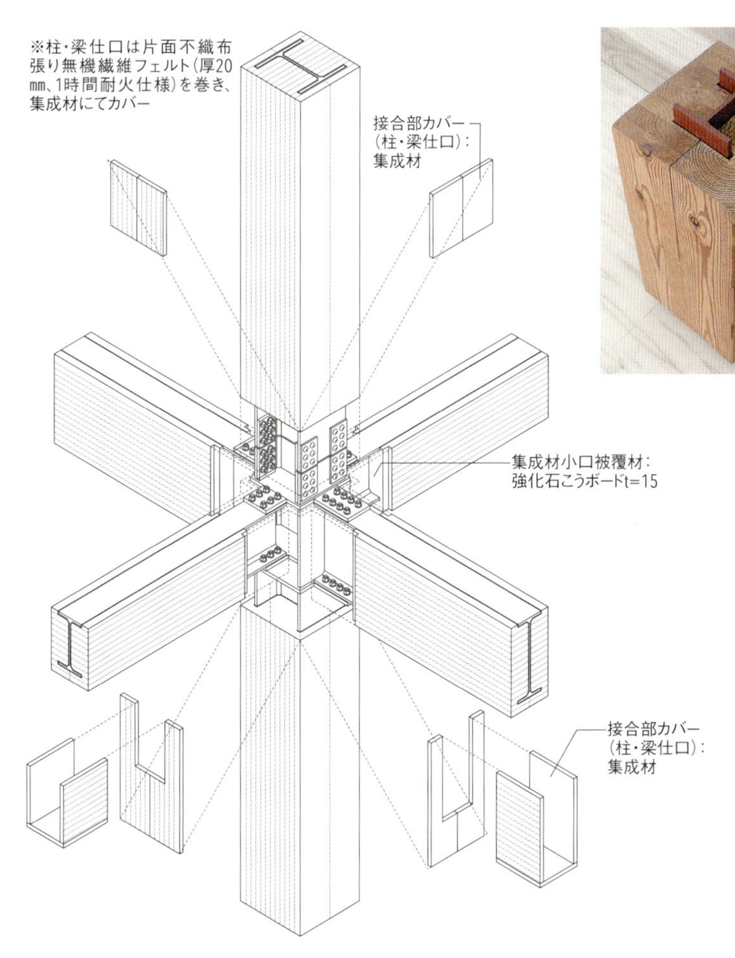

〔図1〕**「ノンブラケット工法」で施工性を向上**

梁接合のために、柱から四方に張り出すブラケットをなくした「ノンブラケット工法」を考案。製作効率や施工性を向上させた

〔写真6〕**接合部を木材でカバー**

他の部位と同じカラマツ集成材でカバーしている。そのため、この接合部を覆う集成材は、耐火被覆材ではない

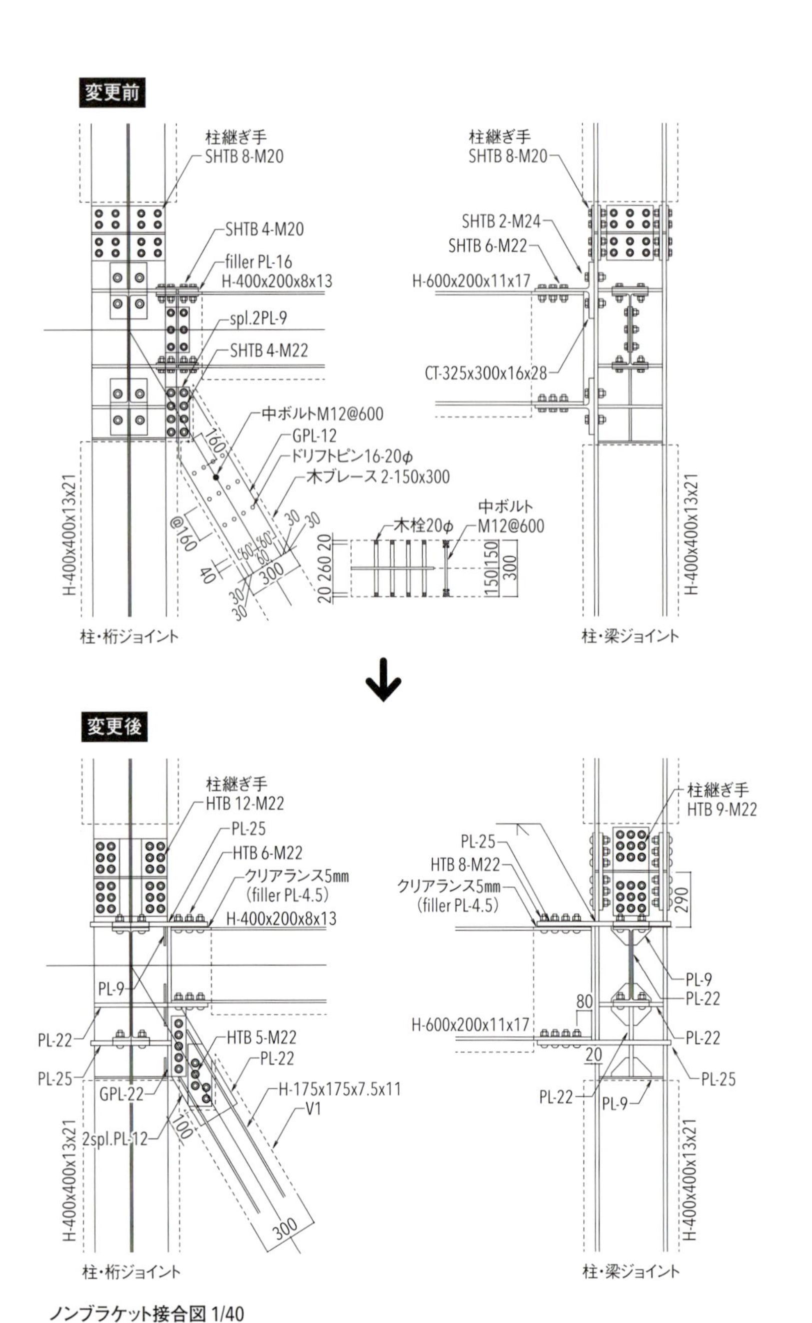

ノンブラケット接合図 1/40

施工

2点の写真とも、S造を3層組んだ後、4～5階の柱となる木質ハイブリッド集成材を建て込んでいるところ。木質化した部分は養生シートで巻いている（写真：スタジオ・クハラ・ヤギ）

難点と、それによるコスト高だ。従来の工法は、柱梁の接合部が複雑だったため、そこに耐火被覆材として被せる集成材の製作が難しかった。また、柱の四方に、梁接合のブラケットが張り出していたため、トラックの積載効率が悪かったり、現場で扱いにくかったりした。

そこで考案したのが、「ノンブラケット工法」だ。構造設計を担当したKAPの桐野康則代表の提案で、ブラケットのないシンプルな接合部にした〔図1〕。ブラケットの突出がない真っすぐな柱になったので、電線をまたぐ吊り込みなど、制約の多い都市的な現場でも扱いやすくなった。

アロマ関連商品などを扱う1階のショップ。1階から3階までは、一般的な鉄骨造と耐火被覆によって2時間耐火性能を確保した

1時間耐火部材の木質ハイブリッド集成材で構成された7階のイベントスペース。左右2本の柱のスパンは約6.3m、部屋の奥行きは約6.4m。ルーフテラス越しの屋外には、典型的な密集市街地の風景が広がる

コストアップを許容範囲に

残る2つの改良は、新しい納まりの考案といったほうがいいかもしれない。1つは、1時間耐火と2時間耐火が接することになる4階の床まわり。火災時、2時間耐火の鉄骨躯体が高温になった場合、真上にある1時間耐火の柱を被覆した集成材に影響が出ないようにしなければならない。

そこで、4階の床については耐火性能を高めた。ほかのフロアの床は、デッキプレート上のコンクリート厚は80㎜だが、4階の床は150㎜に厚さを増している。さらに3階の鉄骨躯体に施す耐火被覆を、3時間耐火の仕様とした。「少し安全率の高い仕様として、安全性を試験で確認した」(久原代表)

もう1つは、同じフロアでのS造同士の"混構造"だ。木質ハイブリッド集成材を用いたフロアでも、階段室や倉庫など木質化は不要な空間はある。それらを従来型のS造にすればコストダウンを図れる。ただし、前例がないので、耐火性能を確保できる接合部の納まりを開発し、試験で安全性を検証した〔写真4〜6〕。

これら3つの改良の成果を、八木代表は次のよう語る。「従来のS造に10〜15%を足せば木質ハイブリッド集成材の建物をつくれるようになった。今回のように木質化に価値を見いだせるクライアントならば許容範囲のコストアップではないか」

(松浦 隆幸＝ライター)

国分寺フレーバーライフ社本社ビル

所在地:東京都国分寺市本町4-1-12　主用途:事務所　地域・地区:商業地域、防火地域　建蔽率:57.26%(許容80%)　容積率:313.68%(許容333%)　前面道路:北5.55m　敷地面積:180.80m²　建築面積:103.52m²　延べ面積:605.70m²(うち容積不算入部分38.57m²)　構造:鉄骨造　階数:地上7階　耐火性能:耐火建築物(1〜3階:2時間耐火、4〜7階:1時間耐火)　基礎・杭:現場打ちコンクリート杭　高さ:最高高さ24.725m、軒高24.125m、階高3.6〜3.7m、天井高2.3〜3.0m　主なスパン:6.295×4.277m　発注・運営者:フレーバーライフ社　設計・監理者:スタジオ・クハラ・ヤギ　設計協力者:KAP(構造)、安藤ハザマ(設備)、team Timberize(木構法、工法)、桜設計集団(防耐火)　施工者:住友林業　施工協力者:西部技研(空調・衛生)、藤井電気(電気)、中東(集成材)　設計期間:2015年10月〜16年8月　施工期間:2016年10月〜17年7月　開業日:2017年8月29日

イ2準耐火　在来軸組み+LVL ｜ 3階建て

みやむら動物病院［東京都江戸川区］

設計：アトリエOPA+ビルディングランドスケープ

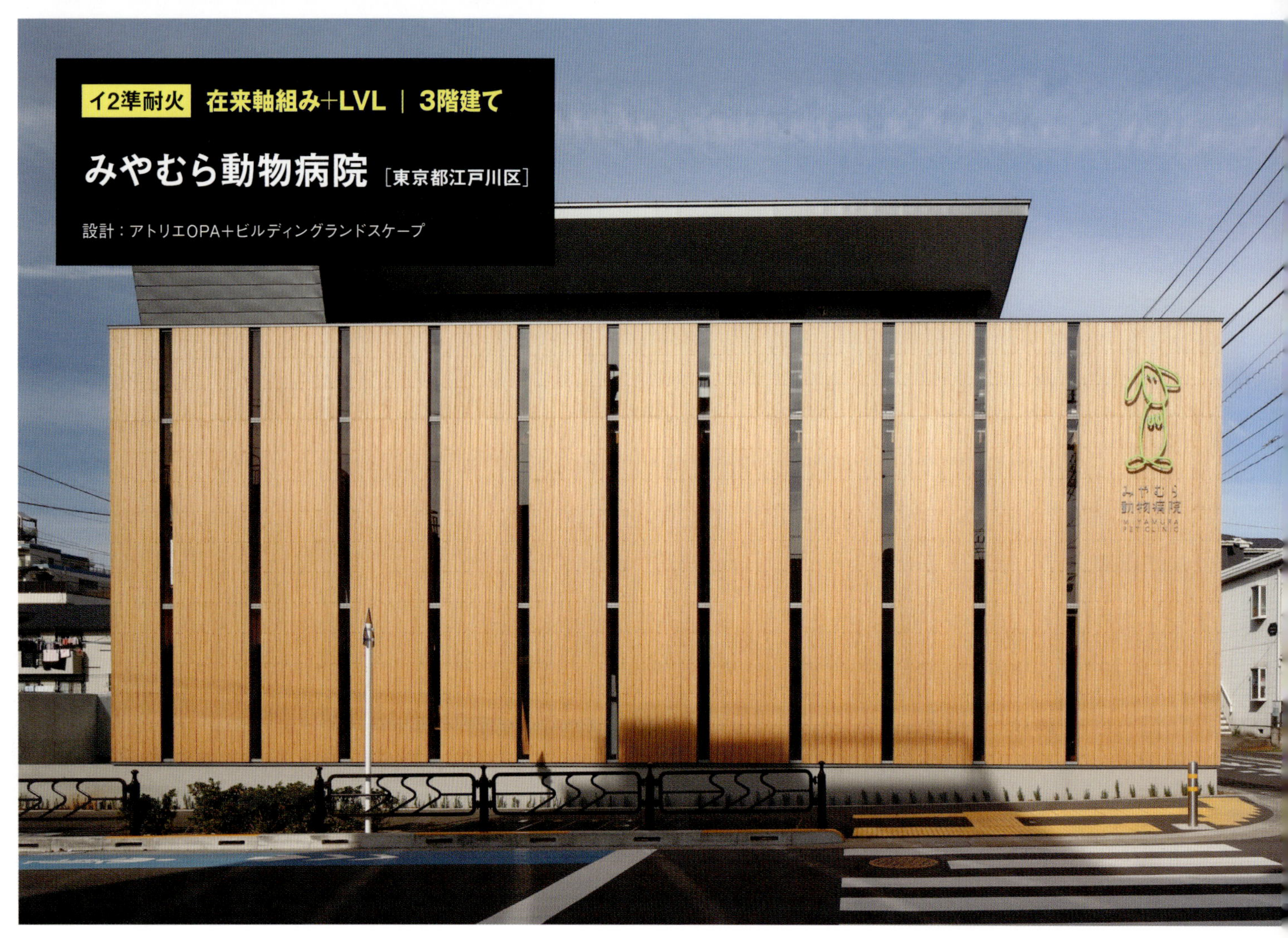

〔写真1〕**高さ6.5m、幅17mのLVLの壁面**
南側の全景。スリット状の開口部を挟んで、12枚の構造用LVLの壁が並ぶ。幅16.8m、高さ6.47m
（写真：齋藤 さだむ）

積層を見せる“LVL打ち放し”

構造用LVL（単板積層材）と、在来工法とを併用した木造3階建ての準耐火建築物が完成した。室内の一部では、構造用LVLを現しで使う。薄い挽き板が積層する独特の素材感を意匠のポイントとする“LVL打ち放し”だ。

2015年10月に竣工した東京都江戸川区の「みやむら動物病院」。近づくと、道路沿いに立ち並ぶ木質パネルの壁面が目に飛び込んでくる。壁の高さは6.5m。開口部となるスリットを挟んで12枚が約17mにわたって並ぶ。厚さ150㎜の構造用LVLを使った耐力壁だ〔写真1、図1〕。木造3階建ての建物の延べ面積は250m²弱。準防火地域の3階建てなので、準耐火建築物だ。

設計を手掛けたビルディングランドスケープ（東京都豊島区）の西澤高男共同主宰は、「早い段階で、構造用LVLパネルを使うのに適した建物だと思った」と言う。理由は大きく3つ。1つは、不規則なプランだ。建て主の要望に沿って機能的に大小の各室を配置すると、上下階の壁の位置が合わず、在来工法は合理的でなかった。

2つ目の理由は、細長い建物の形状だ。限られた敷地のため、東西の長手方向が16.8mある一方、南北の短手方向は6.4mしかとれなかった。短手方向には十分な耐力壁を確保しにくい。在来工法では難しい高強度の耐力壁が部分的に必要だった。3つ目の理由は、限られた面積のなかで、少しでも有効な内部空間を確保

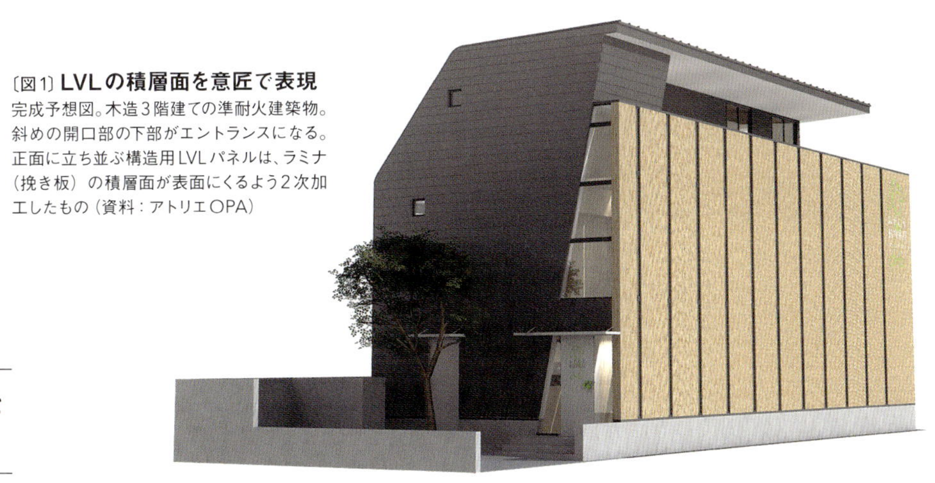

〔図1〕**LVLの積層面を意匠で表現**
完成予想図。木造3階建ての準耐火建築物。斜めの開口部の下部がエントランスになる。正面に立ち並ぶ構造用LVLパネルは、ラミナ（挽き板）の積層面が表面にくるよう2次加工したもの（資料：アトリエOPA）

POINT 1
構造用LVLパネルと在来工法を適材適所で併用

☞詳しくはP138

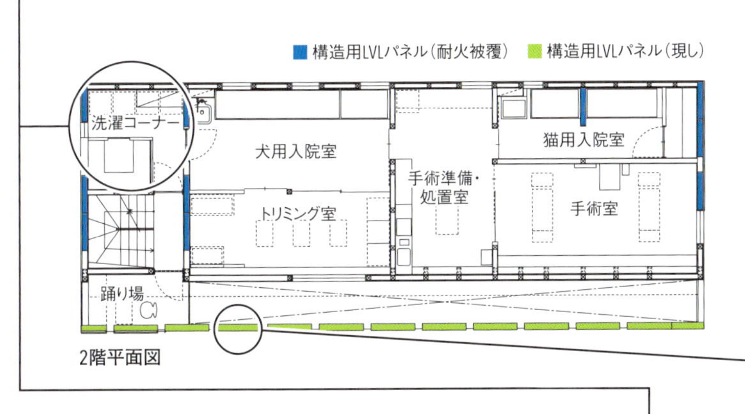

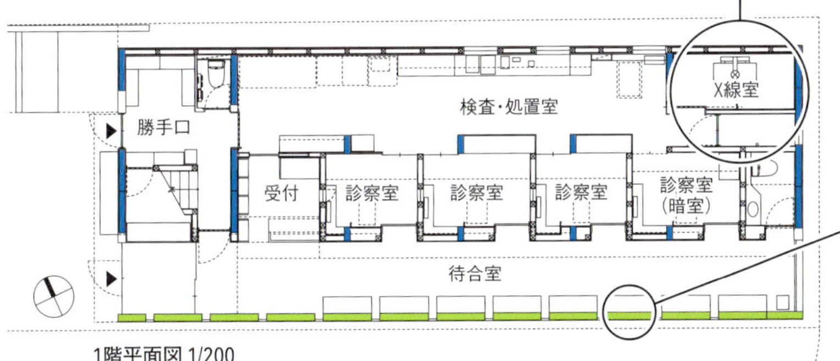

〔図2〕**上下階の壁のずれを構造用LVLパネルで解決**
1階と2階の壁の位置がずれるため、構造用LVLパネルと在来工法を併用した。構造用LVLパネルは、南側の長手方向のほか、建物両側のコア部分など、高強度の耐力壁が必要な箇所で使った。3階には医局やサロン、バルコニーなどがある

POINT 3
通気とサッシの納まりのため屋外側に仕上げ用LVLを張る

☞詳しくはP139

POINT 2
厚さ3mmのラミナの積層面を“打ち放し”のように見せる

☞詳しくはP139

するためだ。

そうした課題を解決したのが、厚さ150mmの構造用LVLパネルだった。木材メーカーであるキーテックの製品「木層ウォール」を採用した。構造は、木層ウォールと在来工法とを組み合わせた「木造の混構造」。高い強度が必要な耐力壁は木層ウォールを使い、その他の躯体を在来工法で組んだ。

“打ち放し”の準耐火木造

木層ウォールは、パネル表面の表情が違う2種類を使い分けた〔図2〕。1つは、厚さ3mmのラミナ（挽き板）の積層面が小口に現れる一般的なもの。短手方向の耐力壁に使った。在来工法の梁などと箱形金物で接合し、耐火被覆を施している〔写真2、図3〕。

もう1つは、ラミナの積層面が表面に並ぶもの。積層面が小口にあるLVLを複数枚重ねた後、垂直方向にカットしてつくる。この木層ウォールは長手方向、ひと目に付く道路沿いの耐力壁に使った〔図4、写真3〕。その理由について、ビルディングランドスケープと共同で設計を手掛けた工学院大学建築学科の鈴木敏彦教授（アトリエOPA）は、「独特の表情がある積層面を現しにして、意匠に生かそうと思った」と語る。

POINT 1 木造同士の混構造

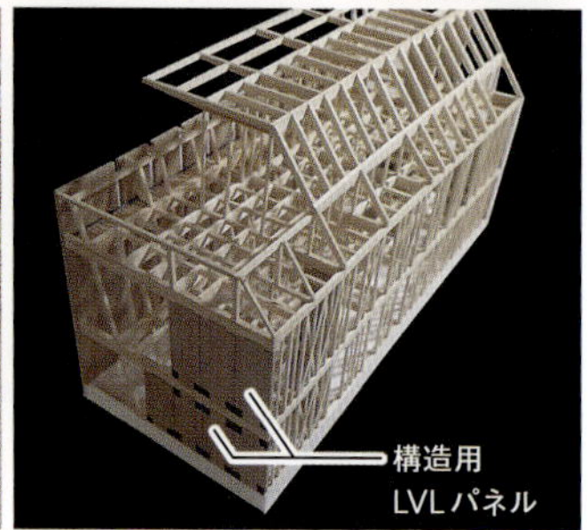

〔写真2〕**短手方向はコア部分に構造用LVLパネル**
建物の中央は在来工法が中心。高強度の構造用LVLパネルは、建物両端のコア部分などで使った。短手方向の構造用LVLパネルは耐火被覆するので、ラミナの積層面が小口にある通常のものを使った。以下の写真は施工中に撮影（写真：上は齋藤 さだむ、左下は松浦 隆幸、模型はビルディングランドスケープ）

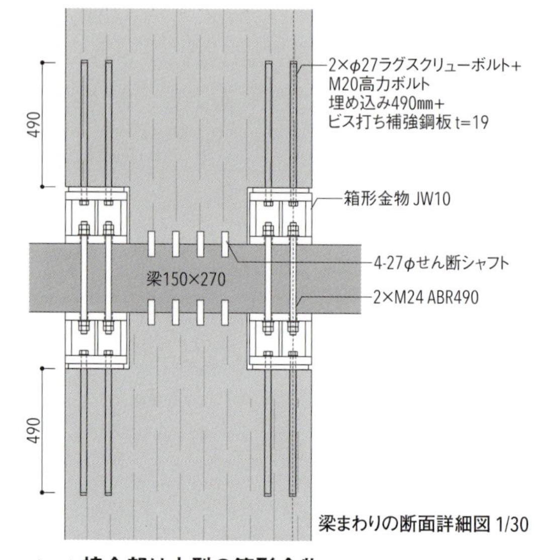

〔図3〕**接合部は大型の箱形金物**
建物の短手方向に使った構造用LVLパネルも厚さは150mm。軸組みの梁とは、大型の箱形金物を介してラグスクリューボルトで接合。LVLとこの金物との組み合わせは、準耐火の認定を取っていないので、接合後に耐火被覆を施す

厚さ150mmの木層ウォールは、ホームコネクターなど特定の接合金物を使う工法として1時間準耐火耐力壁の大臣認定を取得している。道路沿いの壁は、積層面を意匠として見せるために、この工法を用いた。

待合室となる室内側は現しとする一方、屋外側は同じ表情を持つ仕上げ用のLVLパネルを張った〔図5、写真4〕。屋外側を現しにしない理由が2つある。1つは、雨などの水の問題だ。「実験レベルでは耐久性は確認されているが、今回は木層ウォールを構造材として使った初めてのケースなので、念のために外装材を張ることにした」と、ビルディングランドスケープの山代悟共同主宰は説明する。

もう1つの理由は、通気層の確保とサッシの納まりを同時に解決できること。サッシの縦枠を目立たないよう納めるためには、LVLパネルの小口を加工する必要があり、コストがかかる。通気工法とすれば、そのすき間にサッシ枠をかませて納めることができる。

待合室と外壁は、ミルフィーユ(パイ生地を積層した洋菓子）のような独特の質感に包まれた空間を生み出している。

（松浦 隆幸＝ライター）

みやむら動物病院
所在地：東京都江戸川区中央　主用途：畜舎（入院施設付き動物病院）　地域・地区：準工業地域、特別工業地区、第二種高度地区、準防火地域　建蔽率：64.16％（許容70％）　容積率：144.50％（許容200％）　敷地面積：170.30m²　建築面積：109.28m²　延べ面積：246.09m²　構造：木造　階数：地上3階　耐火性能：イ-2準耐火建築物　基礎・杭：砕石パイル地盤改良（スクリュープレス工法）、地中梁基礎　高さ：最高高さ8.883m、軒高8.613m、階高2.8m、天井高2.3m（待合室6.8m）　主なスパン：4.3×2.8m　発注・運営者：みやむら動物病院　設計・監理者：アトリエOPA＋ビルディングランドスケープ　設計協力者：桜設計集団（構造）、ピロティ（設備）、岡安泉照明設計事務所（照明）　施工者：大和工務店　設計期間：2013年12月～15年2月　施工期間：2015年3月～10月　総工費：1億500万円（建築8451万円、空調590万円、衛生657万円、電気551万円、ガス40万円、照明97万円、医療用酸素114万円）

POINT 2 積層面を見せる

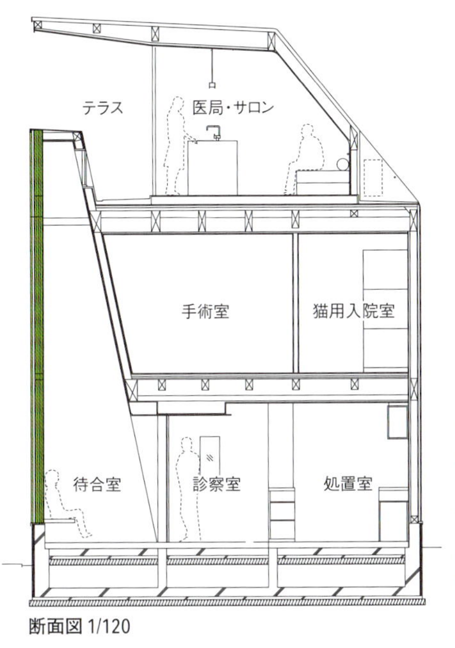

〔図4〕**斜めの空間で広さを確保**

1階の待合室を広く開放的にするのと同時に、2階の各室を広げるために、斜めの吹き抜け空間を設けた。左側のLVLの壁と右側の躯体とは、上部の梁で連結する

〔写真3〕**LVLの積層面に包まれる待合室**

1階のエントランス付近から見る待合室。右手は、準耐火構造の構造用LVLパネルを、現しで使用。耐火被覆を施す左手の躯体も、積層面が表面にくるLVLの仕上げ材を耐火被覆の上に張る(写真：下も松浦 隆幸)

POINT 3 屋外側には仕上げ用LVL

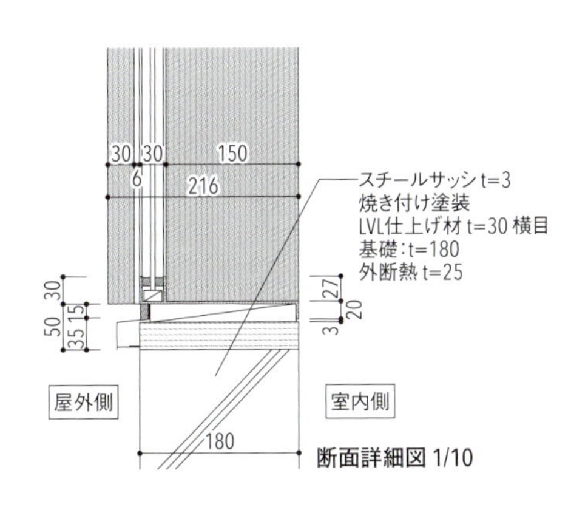

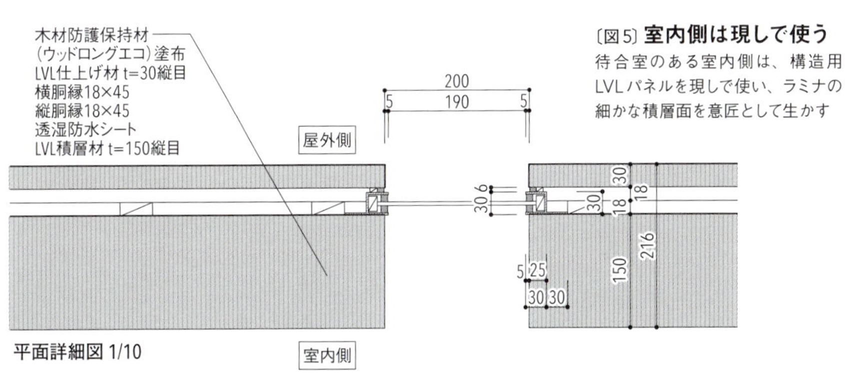

〔図5〕**室内側は現しで使う**

待合室のある室内側は、構造用LVLパネルを現しで使い、ラミナの細かな積層面を意匠として生かす

〔写真4〕**屋外側は同じ表情の外装材**

上の写真は外装仕上げ前の構造体のパネル。右はサッシ枠まわりの模型。屋外側は、水に対する躯体の保護や、サッシ枠の納まりを考慮して、通気工法を採用。積層面が表面になる仕上げ材を張る。ここで使用した構造用LVLパネル「木層ウォール」は、特定の接合金物を使う工法として、1時間準耐火耐力壁の大臣認定を2012年に取得している

イ1準耐火　在来軸組み+CLT｜2階建て

高知県森連会館 ［高知県南国市］

設計：ふつう合班（鈴江章宏建築設計事務所、界設計室、〇ケンチクジムショ）

［写真1］**耐力壁、防火被覆、仕上げを兼ねるCLT**
吹き抜けのエントランスホール。厚さ90㎜のCLTの壁は、耐力壁と防火被覆、仕上げを兼ねる。2階床や開口部まわりに、ラミナを積層した断面も見える。中央に見える柱は、燃えしろ設計による現し（写真：143ページまでふつう合班）

軸組みの柱をCLTで挟む

柱梁で組む軸組み木造に、CLTの壁や床を組み合わせた準耐火建築物だ。CLTの新しい使い方として、柱の防火被覆と耐力壁、さらに仕上げを兼ねる方法を提案。防火の区画や内装制限の緩和規定も活用している。

〔写真2〕**キャノピーに長さ10mのCLT**
北側の外観。エントランスにあるキャノピーは長さ約10mのCLT製で架けている。この建物で使った木材はすべて高知産材。構造製材160m³、集成材59m³、CLT316m³など、計547m³を使った

エントランスホールに入ると、吹き抜けの壁一面に高知県産スギによるCLT(直交集成板)が張ってある。〔写真1〕。2016年3月、高知県南国市に完成した「高知県森連会館」だ。発注者の高知県森林組合連合会など、木材関連の事務所が入る〔写真2〕。

建物は、木造2階建ての準耐火建築物。高知市内でオフィスをシェアする3社による設計チーム「ふつう合班」が設計した。「CLTという新しい部材を使うので、これまでにない設計を提案したかった」。設計チームの◯ケンチクジムショの山﨑円代表はそう振り返る。

設計の条件は、CLTを活用した木造建築であること。ただし、CLTを使う一般的な設計法などの告示が公布されたのは2016年春なので、設計当時はCLTを主体構造に使うのは困難だった。設計の内容が、大臣認定の必要な時刻歴応答解析を用いないものであることも求められていた。「そこで、柱梁の軸組みを主構造とし、CLTは耐力壁と防火被覆、仕上げの3つの役目を兼

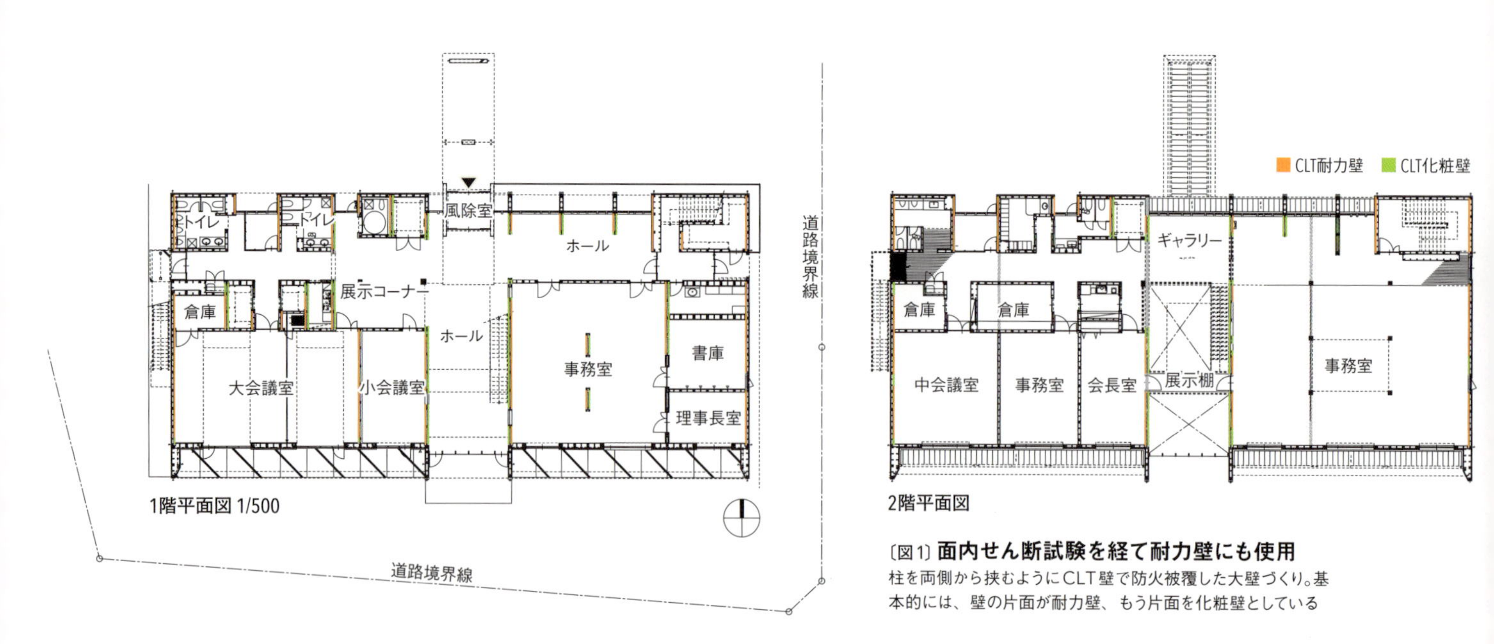

〔図1〕**面内せん断試験を経て耐力壁にも使用**
柱を両側から挟むようにCLT壁で防火被覆した大壁づくり。基本的には、壁の片面が耐力壁、もう片面を化粧壁としている

〔写真3〕**内装制限の緩和で全面にCLT**
吹き抜けの両側に事務所や会議室などが並ぶ。この空間を避難経路とせずに居室として扱い、さらに天井に準不燃材料を使うことで内装制限を緩和。壁全面にCLTを張ることを可能にした

〔写真4〕**一部の柱は燃えしろ設計の現し**
2階にある大空間の事務室。空間内部に立つ6本の柱は被覆せず、燃えしろ設計による現しとした。梁は、壁内部や天井裏に納めている。建物内の柱と梁は、太さによって製材と集成材を使い分けた

ねる使い方で提案した」と、設計チームの界設計室の岩松正剛代表は説明する〔写真3、図1〕。

壁倍率は最大7倍に設定

軸組みの柱を防火被覆したCLTは、厚さ30mmのスギのラミナを、3層積層させた90mm厚の部材だ。実は、構造用合板とCLTを使い分けており、CLTは壁量の多い建物の南北方向で使った。開口部の多い間口の東西方向は構造用合板を使っている。なお、大空間となる2階事務室など一部の柱は被覆せず、燃えしろ設計による現しとした〔写真4〕。

設計当時、CLTには建築部材としての基準がなかったため、2つの実験で性能を確認して採用している。1つは、耐力壁として使うための強度試験だ。通称、グレー本と呼ばれる「木造軸組み工法住宅の許容応力度設計（2008年版）」の評価方法と試験方法を用いて耐力を求め、CLTの壁倍率を最大7倍に設定。それを満たす仕様で面内せん断試験を実施した。

もう1つは、軸組み部材の被覆に使うための防火性能の試験だ。この試験を受けて、厚さ90mmのCLTを仕上げ兼被覆材として採用した。

また、床と屋根は、全面的にCLTを使った。床はラミナ5層の150mm厚、屋根は5層ラミナにさらに1枚を加えた180mm厚だ。剛性の高さを生かして、軒や庇、キャノピーを大きく張り出している〔写真5〕。

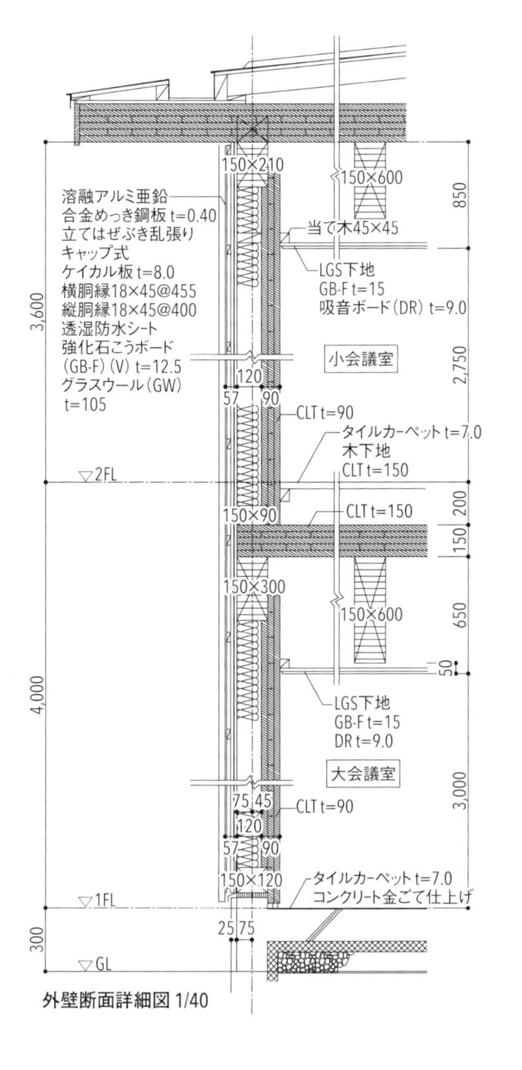

外壁断面詳細図 1/40

〔写真5〕**面剛性を生かして軒を持ち出す**

南東からの全景。屋根と床もすべてCLTを用いている。CLTの剛性の高さを生かして、軒や庇を大きく持ち出し、夏の日射や雨がかりを避けている

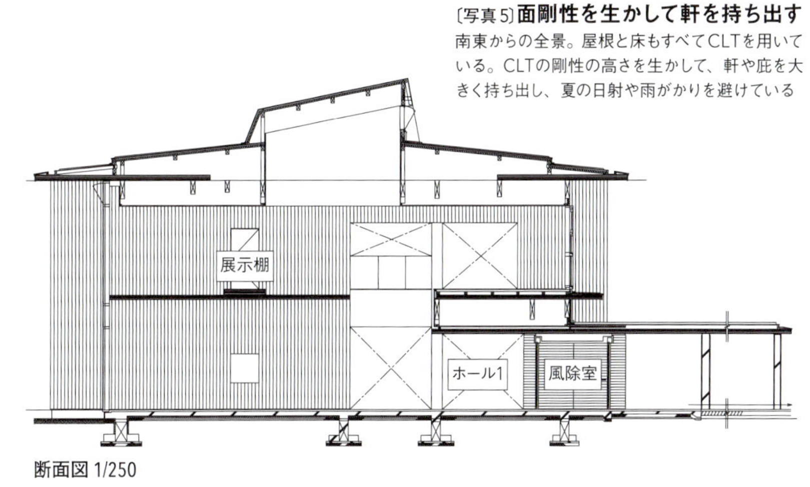

断面図 1/250

防火壁で区画せず準耐火に

この建物の規模からすると、必ずしも準耐火建築物にする必要はない。延べ面積が1000m²を超える木造建築でも、1000m²以内ごとに防火壁で区画すれば、耐火要件の低い「その他の建築物」で建てられる。一方、準耐火建築物にすれば防火壁は不要だ。「防火壁を設けると、建物の真ん中に鉄筋コンクリート造の壁が立つことになる。新しい提案を目指した今回のプロジェクトにそぐわない」。設計チームの鈴江章宏建築設計事務所の鈴江章宏代表は、準耐火とした背景をそう説明する。

この計画は高知県のCLT建築推進協議会が旗振り役となって進められた。同協会は、県内の設計事務所などを対象に、CLTに関する勉強会を開催。その過程で、このプロジェクトの計画が立ち上がったことから、勉強会に参加した設計事務所などを対象にプロポーザルを実施して設計者を選定した。プロポーザルでは、案を練る段階から専門家などのアドバイスを受け、提出までにそれぞれの設計案に磨きをかけた。CLT普及に向けて、木材業界が先導して地域の設計者の育成を図った。

完成直後の16年春、CLTの一般的な設計法や燃えしろ設計などの告示が公布され、CLTを使いやすくなった。「仮に、これからプロジェクトが始まるとしたら、違う設計になるだろう」と、鈴江代表は話す。

(松浦 隆幸＝ライター)

高知県森連会館

所在地：高知県南国市双葉台7-1　主用途：事務所　地域・地区：工業専用地域　建蔽率：18.54%(許容60%)　容積率：29.05%(許容200%)　前面道路：南10.03m　駐車台数：83台　敷地面積：4195.98m²　建築面積：777.54m²　延べ面積：1227.73m²(うち容積不算入部分9.0m²)　構造：木造　階数：地上2階　耐火性能：イ1(45分)準耐火建築物　各階面積：1階631.86m²、2階577.87m²　杭・基礎：ベタ基礎　高さ：最高高さ11.24m、軒高7.75m、階高4.0m、天井高2.75m　主なスパン：5.46×3.6m　発注・運営者：高知県森林組合連合会　設計・監理者：ふつう合班(鈴江章宏建築設計事務所、界設計室、○ケンチクジムショ)　設計協力者：HF設計(構造)、シグマ設備設計室(設備)　施工者：岸之上工務店　施工協力者：東和設備(空調・衛生)、栗原工業(電気)　設計期間：2014年6月～15年3月　施工期間：2015年7月～16年3月　総工費：4億1040万円

1時間耐火（木造）　集成材の柱・梁+CLT耐力壁 | 6階建て

高知県自治会館［高知市］

設計：細木建築研究所

混構造による都市木造 津波踏まえ中間免震も

高知市のオフィス街に、鉄筋コンクリート（RC）造との混構造による都市木造が完成した。巨大地震による津波浸水時も機能を維持できるように中間免震を採用。RC造と木造を積んだ重箱型のオフィスビルは、都市木造の手本になりそうだ。

木造で建てられた5階の事務室。現しの製材を、開口部沿いと、間仕切りを兼ねた筋交いに使っている。5階には、この建物を建設し、運営する高知県市町村総合事務組合の事務所が入る（写真：153ページまで生田 将人）

正面に高知城の天守を望む5階の事務室は、開放的な木造空間だ。窓沿いや間仕切りに見られる木製の筋交いが、空間を緩やかに仕切っている。「オープンな空間で使いやすい。この建物に引っ越して以来、木の空間は落ち着くという声が、職員から聞こえてくる」。2016年10月22日に落成式を迎えた高知県自治会館を建設した高知県市町村総合事務組合の山下英治次長は、そう話す。

建物は、官庁などが集まる高知市のオフィス街に立つ〔写真1、2〕。地上6階建てで、延べ面積は3650m²。1～3階が鉄筋コンクリート（RC）造、4～6階が木造の混構造だ。1階の柱頭部に中間免震構造も取り入れている。延べ面積3000m²超の事務所ビルなので、耐火建築物だ。事務所のほか、県下の市町村などが利用する会議室や研修室が入る。

〔写真1〕**市街地の都市木造**
北側の高知城から見下ろす。官庁などが集まるオフィス街に立つ。敷地には防火地域と商業地域の指定がかかる

〔写真2〕**箱形のオフィスビル**
外形は、隣の建物とほぼ同じ箱形の典型的なオフィスビル。下3層がRC造、上3層が木造の6階建て。1階上部に中間免震層を持つ

RC造の上に木造を重ねる

設計は、2013年の公募型プロポーザルで選定された細木建築研究所（高知市）が手掛けた。同社の細木茂代表は、RC造と木造の上下混構造を提案した理由を、こう説明する。「木材利用が条件だったので、多くを消費できる木構造を、最大限に取り入れる設計を目指した」

要求事項を盛り込むと、ほぼ敷地いっぱいに建てても建物は6層になった。無柱の大空間が必要な駐車場や大会議室はRC造に収めて下層に配置。そして、間仕切り壁を設けることのできる事務室などを3層の木造に収めて、RC造の上に載せる構成とした。「各種の条件を満たすように組んでいくと、自然とこの構成になった」（細木代表）という〔写真3、4、図1〕。

下層をRC造にした理由は、もう1つある。周辺エリアが、巨大地震による津波発生時の浸水範囲にあることだ。災害発生時、自治体の庁舎機能を支援する拠点として使うことも想定したため、免震構造を採用して現行基準の1.5倍の耐震性能とした。限られた敷地で最大限の建築面積を確保し、免震装置が津波の浸水被害

〔写真3〕**筋交いを分節して軽やかに**
開口部に並ぶ筋交いは150㎜角のスギ製材で組んだ。2本ひと組みにして部材断面を小さくすることで、軽やかなデザインと、調達のしやすさを狙った。柱のスパンは4.2m

談話室　ラウンジ　ホール　中会議室
6FL
事務室　ホール　ホール　町村会会長室
5FL
木造軸組み工法
事務室　貸し事務室
4FL
RC造・一部S造
大会議室
3FL
研修室
2FL
免震ピット
駐車場
1FL
南北断面図 1/400

〔図1〕**上下混構造の木造**
大会議室などの大空間をRC造として下層に配置。上3層の木造は軸組み工法で建てている。最上階の中会議室は、木製トラスを架けてスパンを飛ばしている

〔写真4〕**大空間はRC造で**
平面形が16m×22mの3階大会議室。2階にある研修室も同じ広さ。天井や収納扉は木材で仕上げている

〔写真5〕**CLTの間仕切りも**

6階の談話室。柱は、210㎜角のスギ集成材を石こうボードで耐火被覆した上に木製化粧材を張った。写真奥の間仕切りはCLT(直交集成板)の非耐力壁

〔写真6〕**筋交いの間仕切りで開放感**

室内には、ヒノキ製材による間仕切り耐力壁が2列並ぶ。適度に視界が抜け、光が通るので、空間全体が明るく、開放感がある

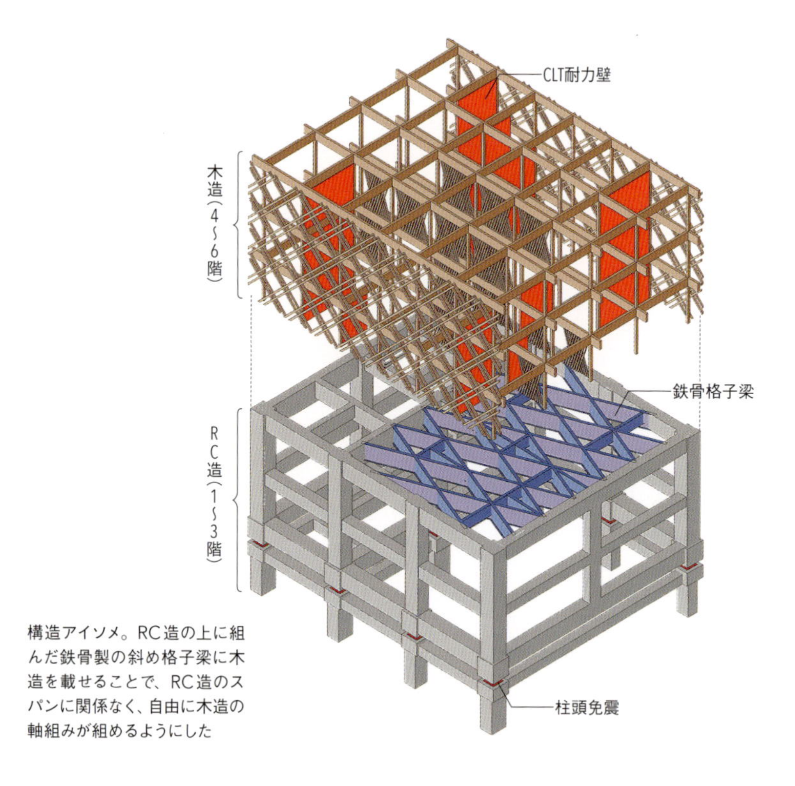

構造アイソメ。RC造の上に組んだ鉄骨製の斜め格子梁に木造を載せることで、RC造のスパンに関係なく、自由に木造の軸組みが組めるようにした

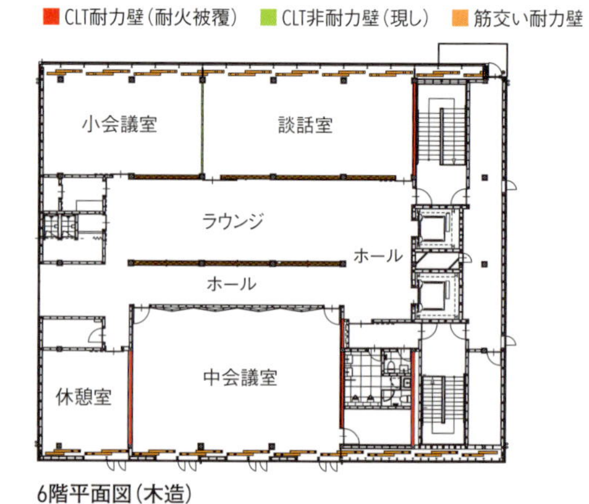

6階平面図(木造)

事務局長室
事務室
給湯室
更衣室
更衣室
作業室
ホール
ホール
ホール
通路
倉庫
町村議会議長会会長室
町村会会長室
応接室
倉庫

5階平面図(木造)

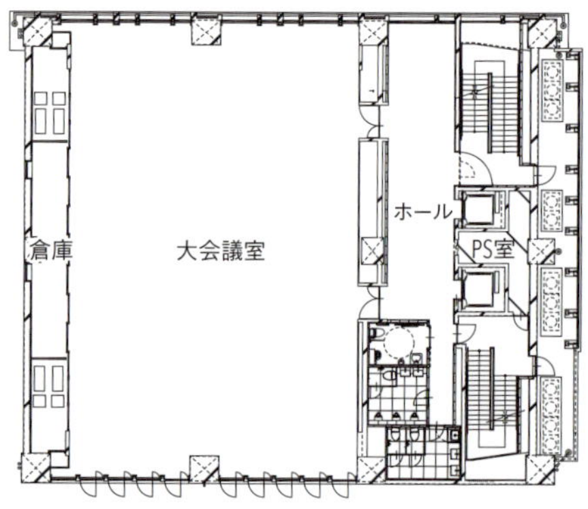

3階平面図(RC造)

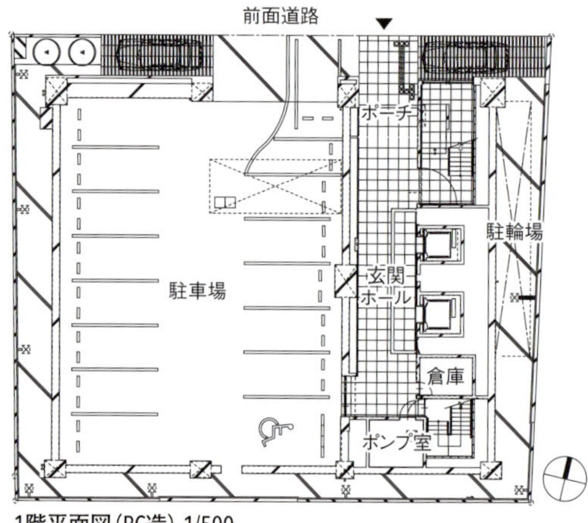

1階平面図(RC造) 1/500

〔写真7〕**柱と筋交いのスパンをずらす**
柱2スパンに、3スパンの筋交いが入る。意匠を考慮して、双方のスパンをずらした

を受けないように中間免震を用いた。

製材の筋交いで開放的な空間

木造部分は、集成材の柱梁による軸組みで主要構造部を構成。1時間の耐火性能の確保には、強化石こうボードで耐火被覆するメンブレン工法を用いた。構造材の柱梁は隠れるが、代わりに木材の化粧材を張って軸組みを感じさせる意匠とした。

一方、東西方向に設けた製材の筋交いは、水平力のみを負担するので耐火被覆せず、現しとした。南北面の開口部に沿って設けた筋交いは、2本ひと組みに分節することで部材の断面寸法を抑え、開口部に軽快感を与えている。使ったのは150㎜角のスギ製材だ〔写真5、7〕。また、室内にある2列の筋交いは、90㎜角のヒノキ製材で細かいピッチに組んだ〔写真6〕。「適度な透視性があり、光もまわるので、空間全体が明るく開放的になった」と、細木代表は話す。

使った木材量は約474m³。一部の梁にベイマツ集成材を使った以外は、すべて高知県産のスギとヒノキだ。都市部の中高層ビルで、木材活用の可能性を示す事例といえる。

高知県自治会館
所在地：高知市本町4-1-35　主用途：事務所　地域・地区：商業地域、防火地域　建蔽率：80.96%（許容100%）　容積率：396.42%（許容500%）　前面道路：北11m　駐車台数：18台　敷地面積：798.73m²　建築面積：646.06m²　延べ面積：3648.59m²（うち容積不算入部分390.97m²）　構造：鉄筋コンクリート造・一部鉄骨造（地上1～3階）、木造（地上4～6階）　階数：地上6階　耐火性能：2時間耐火構造（1～3階）、1時間耐火構造（4～6階）　基礎・杭：全回転オールケーシング場所打ちコンクリート杭　高さ：最高高さ30.995m、軒高30.1m、階高4.2m、天井高2.8m　主なスパン：4.2m×5.6m　発注・運営者：高知県市町村総合事務組合　設計・監理者：細木建築研究所　設計協力者：桜設計集団（構造・防耐火技術）、樅建築事務所（構造）、アルティ設備設計室（設備）　施工者：竹中工務店　施工協力者：サカワ（木構造）、ダイダン（空調・衛生）、日産電気（電気）　設計期間：2013年7月～14年3月　施工期間：2015年6月～16年9月　開業日：2016年10月1日　総工費：14億2977万960円　補助金：1億8000万円（2013年度・2014年度木造建築技術先導事業、2015年度サステナブル建築物等先導事業）、1億円（高知県自治会館新庁舎建設事業費補助金）ほか

CLTも利用し都市木造の原型に

木造とRC造を上下に重ね、中間免震も設けたオフィスビルは、都市木造のプロトタイプになり得る。普及の期待が高まるCLTを、間仕切りの耐力壁として使った点もポイントだ。

〔写真8〕**構造の違いを意匠化**
下層のRC造はグリッド状の意匠、木造部は筋交いを見せるガラスのカーテンウオール。構造やスパンの違いをそのまま外観で表現している

「耐火木造の設計は、今回が初めてだった」。そう話す細木氏が、防耐火と木構造で設計協力を得たのが、桜設計集団（東京都渋谷区）の安井昇代表と佐藤孝浩氏だ。佐藤氏は、「用いたのは既存技術で、新しい要素はない。ただ、各技術の組み合わせ方は新しい」と話す。RC造に木造を載せたり、鉛直力を負担しない筋交いを現しにしたりする前例は、「下馬の集合住宅」（222ページ参照）など複数ある。しかし、RC造に木造を載せ、中間免震を組み合わせたのは、今回が初めてだ。

既存技術を応用して高い耐震性能を確保したこの建物は、普及が期待される都市木造のプロトタイプになり得る。中間免震を用いたため、構造は大臣認定を取得したが、防耐火は通常の建築確認で済む設計法だ。「そもそも防耐火は仕様で決まるので誰でも設計できる。この建物は特別ではない」と、安井代表は話す。

そんな新しい組み合わせを、細木代表は内外の意匠表現に生かし、構造やスパンの違いをそのまま意匠に取り込んだ〔写真8〕。ガラスのカーテンウオールで覆った木造の開口部まわりは、意匠にこだわった点の1つだ。柱梁による軸組みの面外に筋交いを出し、上層にある木構造を軽やかに表現した〔図2、写真9〕。

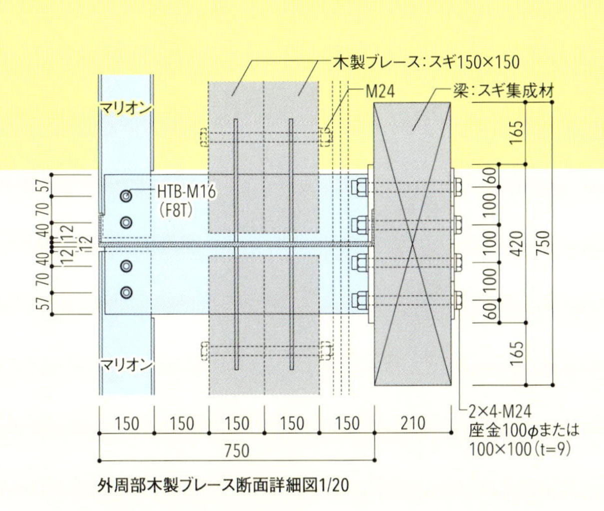

外周部木製ブレース断面詳細図1/20

〔図2〕**筋交いは持ち出しで支持**
カーテンウオールを支持する鉄骨部材に、製材の筋交いも取り付けている

〔写真9〕**軸組みの面外に筋交い**
開口部まわりの見上げ。軸組みの面外に持ち出す鉄骨が目立たないように納めている

耐火構造のCLT耐力壁も

新しい組み合わせは、もう1つある。CLT(直交集成板)の使い方だ。木造部の間仕切り耐力壁として用いている。当初、木造部の1時間耐火は、軸組みが対象の日本木造住宅産業協会の認定工法で確保する計画だった。CLTは一部の非耐力壁の間仕切りに限っていた。

しかし、プラン変更の結果、耐力壁が不足したため、高い強度を持つCLTを耐力壁に"格上げ"した〔図3〕。それを可能にしたのは、2014年8月に施行された国土交通省告示861号だ。間仕切り壁などの耐火構造について定めたもので、CLTでも実験で強度を確認し、強化石こうボードで防火被覆を施せば1時間耐火の間仕切り耐力壁として使えるようになった。間仕切りの少ない開放的な執務空間の実現には、CLTの間仕切り耐力壁もひと役買っている。

(松浦 隆幸=ライター)

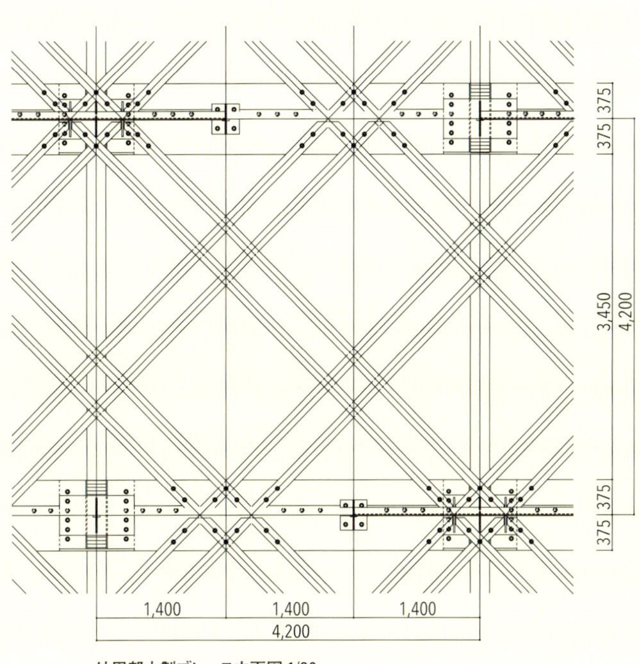

外周部木製ブレース立面図 1/80

木製ブレースのスパンは、サッシの割り付けと合わせる一方、柱とは半スパンずらして、ファサードにリズム感を与えている

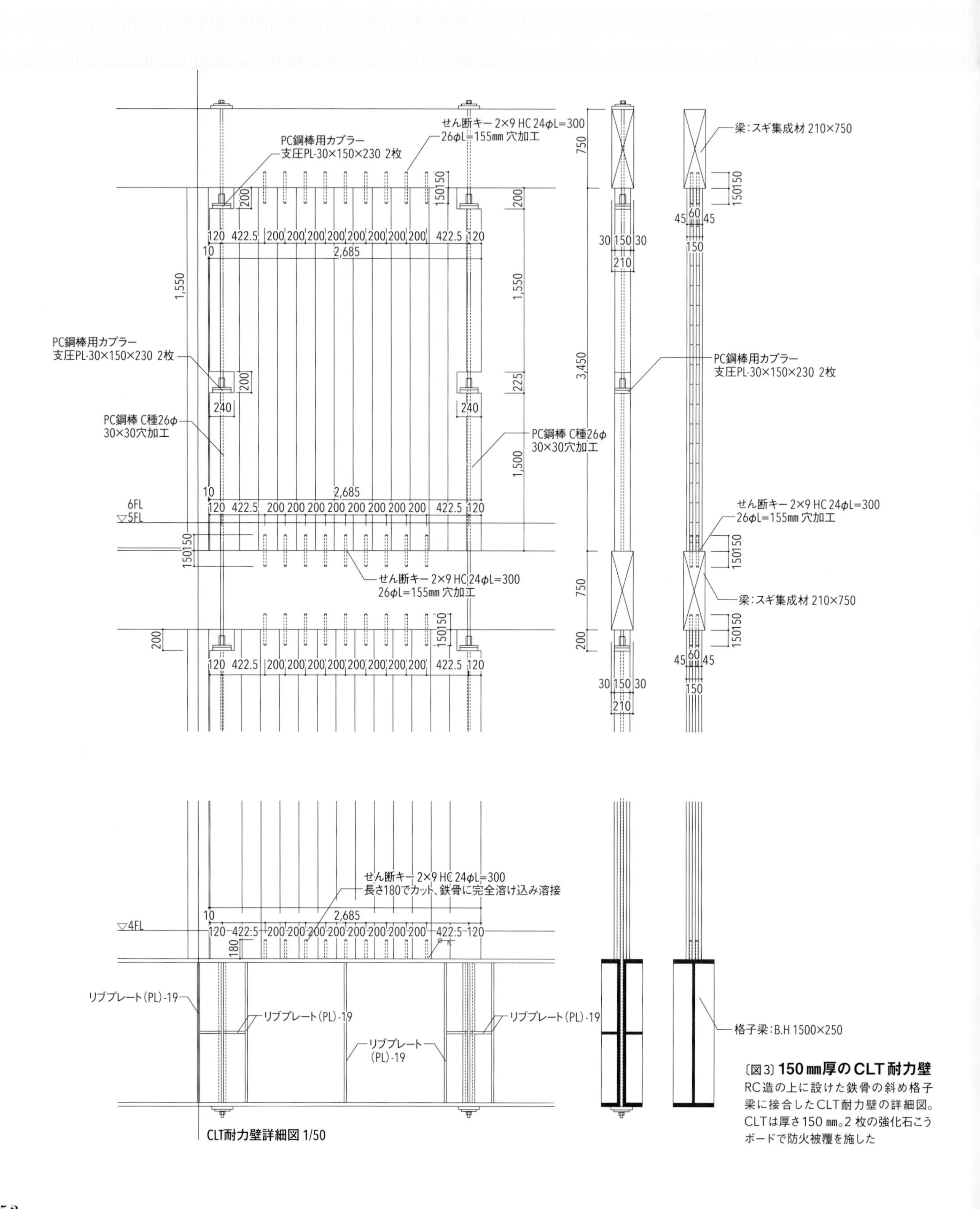

〔図3〕**150㎜厚のCLT耐力壁**

RC造の上に設けた鉄骨の斜め格子梁に接合したCLT耐力壁の詳細図。CLTは厚さ150㎜。2枚の強化石こうボードで防火被覆を施した

左の写真は、上層の木造階にある、間仕切りを兼ねた木製筋交い。水平力だけを負担するので法的には必要ないが、表面を透明ガラスやスモークガラスで覆っている。右の写真は、北側正面の夜景

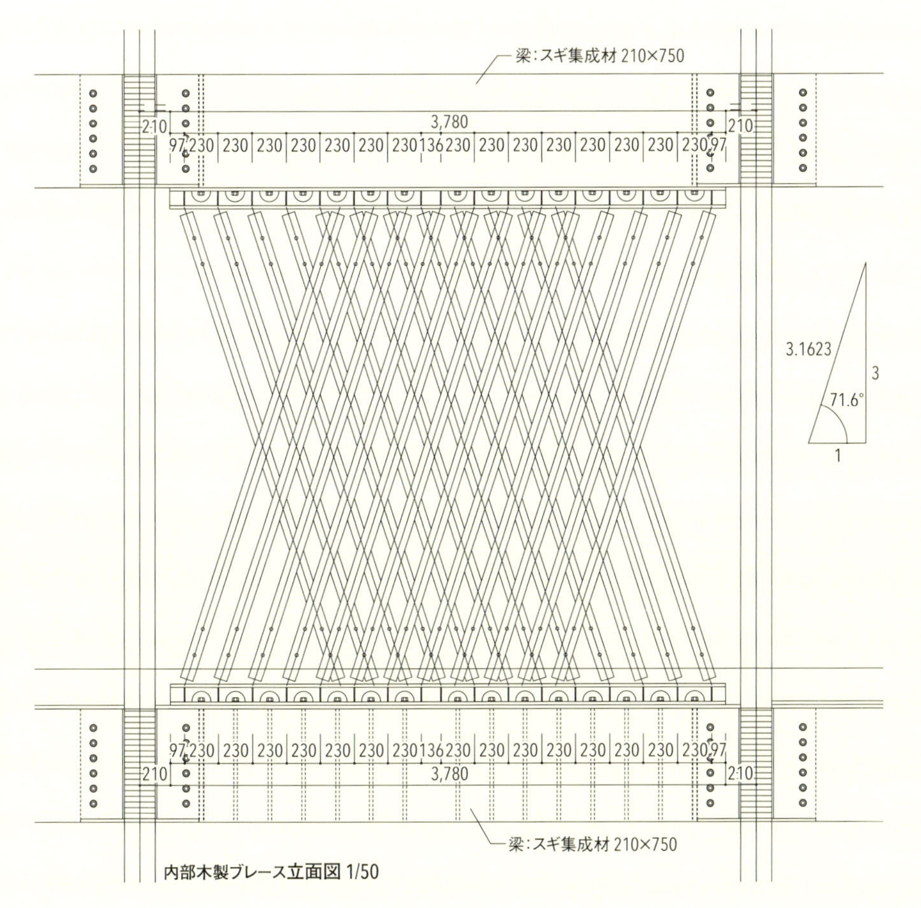

内部木製ブレース立面図 1/50

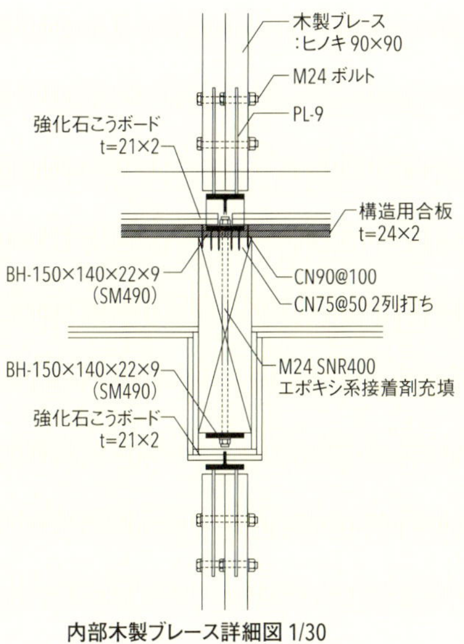

内部木製ブレース詳細図 1/30

イ1準耐火　**CLT+在来軸組み**｜**3階建て**

ティンバード・テラス ［石川県小松市］

設計：SALHAUS

〔写真1〕**奥行き1.6mのテラスをCLTで**
CLTを床と壁に使った木造3階建ての賃貸住宅。2階と3階の各住戸に、奥行き1.6mのテラスが張り出す。室内の床のCLTをそのままテラスに持ち出し、防水や仕上げを施している（写真：157ページまで特記以外は矢野 紀行）

最も多い使われ方は「CLT+軸組み」

構造材としてCLTを使ったプロジェクトを見渡してみると、現状では軸組み工法と組み合わせる方法が多い。CLTの使用部位を限定することでその特性を引き出し、設計の自由度を高めた事例を見てみよう。

〔写真2〕**軸組みの室内側にCLT**
壁のCLTは、厚さ90mm。柱・梁の軸組みの室内側にCLTを取り付けている。30mm厚のラミナ3層から成り、室内側の1層は燃えしろ層（写真：SALHAUS）

2018年3月から入居が始まった石川県小松市の賃貸集合住宅「ティンバード・テラス（Timbered Terrace）」は、木造3階建ての各部屋に、広いテラスがある〔写真1〕。厚さ150mmのCLTを、片持ちで1.6m張り出したテラスだ。「跳ね出しスラブをつくれる強度特性などを生かしつつ、CLTでどこまで自由に設計できるかに挑戦した」。設計を担当したSALHAUS（サルハウス）（東京都渋谷区）の日野雅司共同代表はそう話す。

ティンバード・テラスは、地元の住宅会社、梶谷建設が手掛ける戸建て住宅開発「グリーンヴィレッジ若杉」の交流スペースとなる先行プロジェクトだ。3階建ての木造なので、構造計算に基づいて設計され、準耐火建築物として建てられている。

構造は、柱・梁による軸組みに、CLTの壁と床を組み合わせた。CLTの壁は水平力だけを負担する。軸組み部材に室内側から充てるようにCLTを接合し、燃えしろ設計を用いて、室内側は現しとした〔写真2～5〕。

プランを外に広げやすい

厚さ150mmの床のCLTは、室内の床からそのまま屋外に張り出し、奥行き1.6mのテラスになっている。「積雪地でなければ、もう少し張り出せる」と日野共同代表は言う。居室を外側に張り出した箇所もある。「この部屋をもう少し広くしたいというとき、CLTは外に手を伸ばしやすく、プランの融通が利く」と栃澤麻利共同代表は話す〔写真6〕。

使用したCLTは幅1200mmで統一した。実は、この寸法は前例に倣ったもの。CLTは壁倍率が定められていないので、一般的な壁量計算ができない。実験で壁に使用するCLT

〔写真3〕**CLTの室内側は現し**
CLTの壁は室内側を現しにして塗装を施した。CLTを用いた壁は、水まわりや開口部のない外壁と、共用部との界壁。その他の壁は在来工法

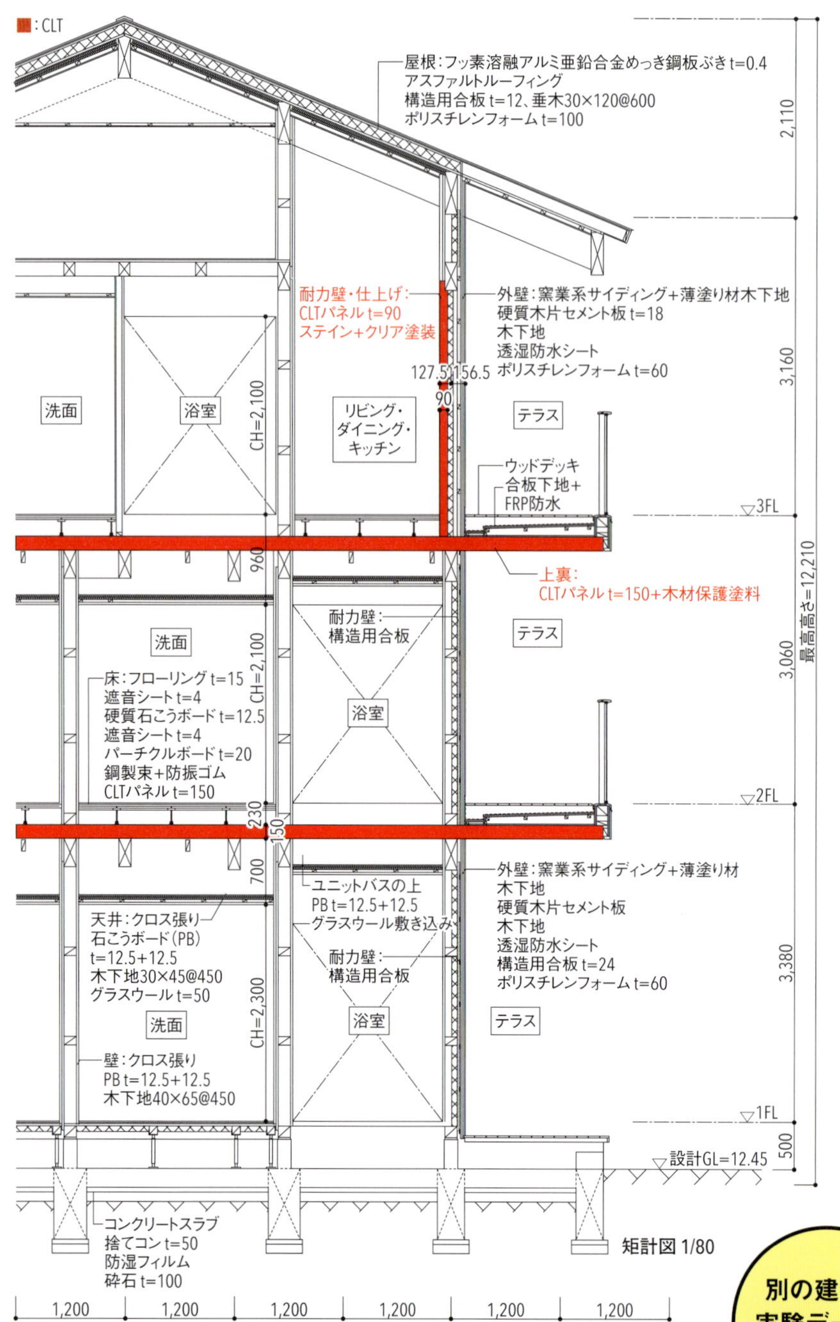

の耐力を確認したうえで構造計算が必要だが、コストも時間もかかる。今回は設計期間も限られていた。

そこで、2016年に高知県で建てられた「田井高齢者福祉施設」（設計：鈴江章宏建築設計事務所）の設計で使われた実験データを流用することにした。補助金を得た同施設の実験データは公表されている。軸組みとCLTの組み合わせという構造の仕組みも同じだ。そのデータを根拠としたため、ティンバード・テラスもCLTの壁の厚さや幅、階高などを同じ寸法で設計することになった。一方、床はCLTの告示仕様としている。

構造設計を担当した桜設計集団の佐藤孝浩氏は、「軸組みとの組み合わせは、比較的、容易にCLTを使う方法として有効だろう。ただし、構造用合板の代わりというイメージなので、CLTならではの特徴を引き出す設計の工夫が必要だろう」と話す。　（松浦 隆幸＝ライター）

〔写真4〕**二重床と天井で遮音**
床のCLTは見えない。遮音二重床とし、天井も張って住戸間の遮音性を確保

別の建物の実験データを流用

〔写真5〕**CLTには「壁倍率」がない**
CLTは壁倍率が定められていないので、一般的な壁量計算ができない。そこで、接合金物も含め、壁に用いたCLTは、実験によって耐力を確認した別の建物のデータを流用（写真：SALHAUS）

写真6)持ち出し幅に積雪地の影響も
2階と3階の寝室部分も、CLTの床で持ち出している。持ち出し寸法は1.6mだが、積雪地でなければ2m程度まで持ち出せるという

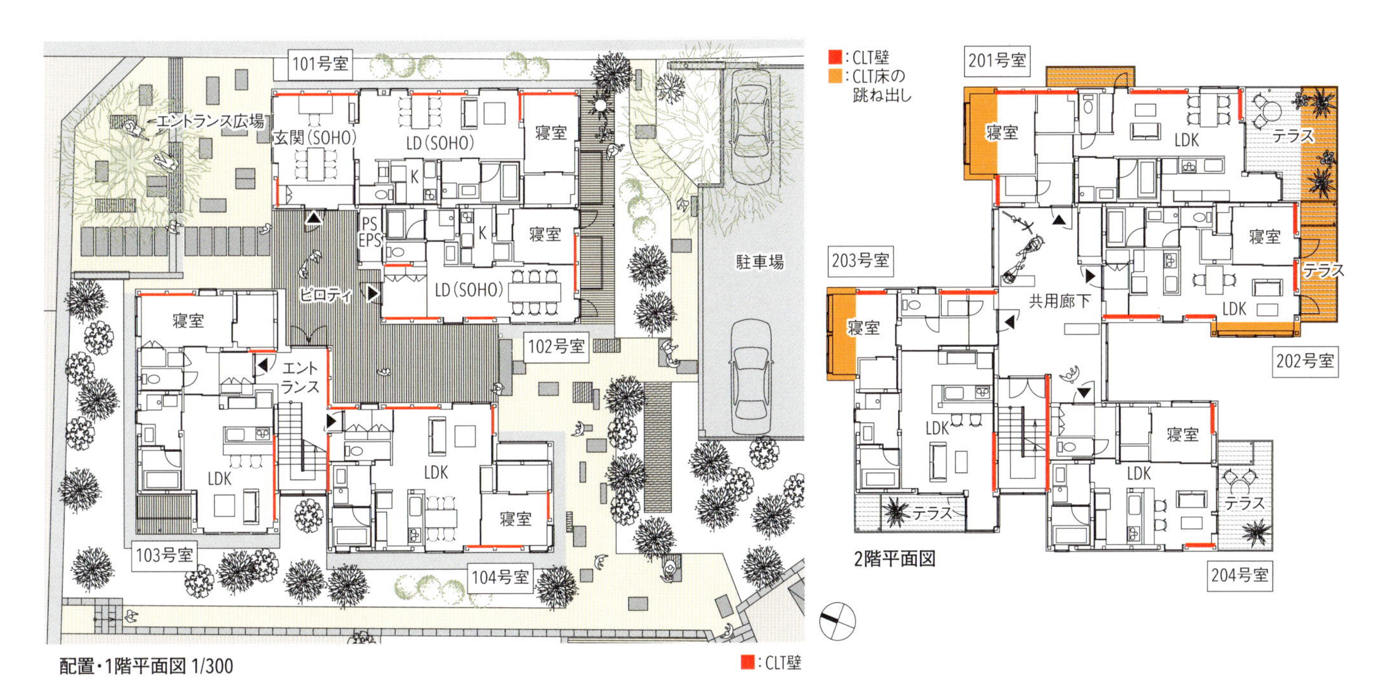

配置・1階平面図 1/300

ティンバード・テラス

所在地:石川県小松市若杉町レ3-1　主用途:共同住宅　地域・地区:準工業地域　建蔽率:30.94%(許容70%)　容積率:67.14%(許容200%)　敷地面積:968.53m²　建築面積:299.66m²　延べ面積:779.22m²(うち容積不算入部分129.00m²)　構造:木造　階数:地上3階　耐火性能:イ1準耐火建築物　基礎・杭:ベタ基礎　高さ:最高高さ12.21m、軒高10.1m　主なスパン:1.2m　発注・施工・運営者:梶谷建設　設計・監理者:SALHAUS　設計協力者:桜設計集団(構造、防耐火コンサルタント)、設備計画(設備)、STGK(外構)、氏デザイン(サイン)、イエコロ(総合アドバイザー)、志乃丘商事、北陸綜合計画(以上、土木)　施工協力者:嶋名設備(機械)、タボタ電機(電気)、中東(CLT・構造用集成材製作・施工)　設計期間:2016年5月〜12月　施工期間:2016年12月〜17年10月　総戸数:12戸(賃貸)　住戸面積:40.32〜63.36m²

〔写真1〕**竣工後にCLTは見えず**
2018年9月11日に開催されたメディア向け現場見学会の様子。梁と柱（一部を除く）は鉄骨造。写真では天井や壁のCLTが見えているが、この後、いずれも石こうボードで被覆され、見えなくなる（写真：日経アーキテクチュア）

耐火建築物 CLTの床スラブ+CLTの耐震壁ほか | 10階建て

仙台市泉区高森2丁目プロジェクト ［仙台市］

設計：竹中工務店

CLTをスラブと耐震壁に使う高層住宅

“木造超高層”の要の技術として注目される「CLT（直交集成板）」。国内では低層の建物が多かったが、いよいよCLTを構造材に使った高層ビルが現れた。鉄骨造との組み合わせで地上10階建てを実現する。

欧州生まれのCLTだが、日本でも2013年末に日本農林規格（JAS）が制定され、構造体にCLTを使った建物が続々と誕生している。その流れに乗り、いよいよ「高層」の実例が現れた。仙台市で建設が進む「泉区高森2丁目プロジェクト」（仮称）だ。

CLTを床スラブと耐震壁に用いた2時間耐火構造の10階建て賃貸マンション。柱・梁は鉄骨造で、4～10階の床スラブと、1～5階の耐震壁にCLTを使う。総戸数は39戸。

事業主は三菱地所。設計・施工は竹中工務店だ。着工から約半年が経過した2018年9月11日、メディア向けの現場見学会が開催された〔写真1〕。

工期短縮成功するもコストは…

CLTの床スラブは、2時間耐火構造とするために大臣認定を取得した〔図1〕。ベースとなるCLTパネルは九州産のスギで製作したもので、厚さ210㎜。CLTの下面は、厚さ15㎜の強化石こうボード3枚と、厚さ15㎜のケイ酸カルシウム板で被覆。上面は厚さ80㎜の現場打ちコンクリートとSLプラスター（石こう系セルフレベリング材）で被覆する。

耐震壁のCLTも床と同じく九州産スギ製で、厚さは150㎜と床より薄い〔図2〕。鉛直力を負担しない耐震壁に耐火性能は求められないが、ここでは鉄骨部に熱が伝わらないようにするため、両側を石こうボードで覆う。

竣工後も構造体の木材が見えるのが柱。2～10階の各階2カ所の柱に、竹中工務店が開発した耐火集成材「燃エンウッド」を使用している。

竣工予定は19年2月〔図3〕。工期は11カ月で、同規模の鉄筋コンクリート造マンションに比べ、3カ月程度短縮できる見込みだ。ただし、材料代や施工手間などで全体コストは3割程度高くなったという。今回は林野庁や国土交通省から補助金を得て実証事業として進めているが、普及レベルに達するまでにはまだ試行錯誤が続きそうだ。 （宮沢洋）

CLTの上にコンクリートを打設

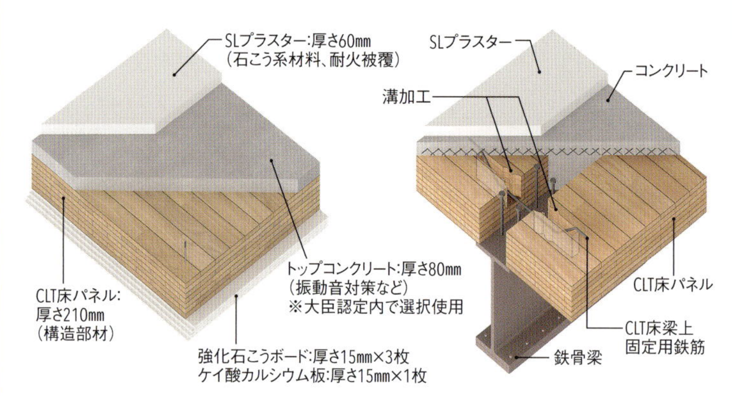

〔図1〕**CLT床スラブ**
床は厚さ210㎜のCLTパネルをベースとし、CLTの下面には厚さ15㎜の強化石こうボード3枚と、厚さ15㎜のケイ酸カルシウム板を張って被覆。上面には、振動音対策とCLTの剛性補完のために厚さ80㎜のコンクリートを打ち、その上をSLプラスターで被覆する。鉄骨梁の上ではCLT同士を鉄筋でつなぎ、現場打ちコンクリートで一体化する（資料：右ページも特記以外は竹中工務店）

竣工後も木が見える

燃エンウッドの柱

各階2カ所の柱に、竹中工務店が開発した耐火集成材「燃エンウッド」を使った。この柱は竣工後も木が見える。2～6階は国産カラマツを用いた2時間耐火仕様、7～10階は国産スギの1時間耐火仕様

鉄骨梁に熱を伝えない

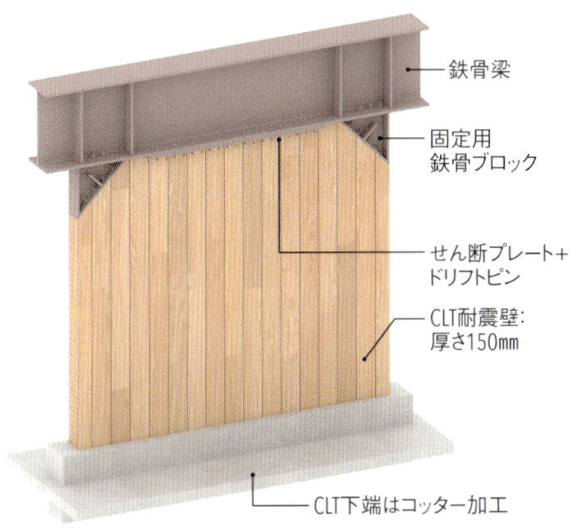

〔図2〕**CLT耐震壁**

耐震壁のCLTは厚さは150mm。両端の三角ブロックなどを介して上部の鉄骨梁と固定。下部はコッター（ギザギザ状）加工を施し、現場打ちコンクリートで固定する。耐震壁には耐火性能は求められないが、ここではCLTが燃えて鉄骨梁に熱が伝わるのを避けるため、CLTの両側を石こうボードで覆う

仙台市泉区高森2丁目プロジェクト（仮称）

所在地：仙台市泉区高森2-1　敷地面積：3550.78m²　延べ面積：3604.79m²　建物用途：賃貸住宅　構造：木造（CLT床、CLT耐震壁、燃エンウッド柱）＋鉄骨造　CLT利用箇所：床約1000m²（床全体の約30％）、耐震壁約110m²　階数：地上10階　総戸数：39戸　住戸専有面積：51.44m²～89.43m²（間取り：2LDK・3LDK）　賃料：未定　発注者：三菱地所　設計・施工者：竹中工務店　施工期間：2018年3月～19年2月（予定）　工事費：非公表

〔図3〕**CLT高層ビル時代を切り開くか？**

北東から見た完成予想図。建設地は「仙台泉プレミアム・アウトレット」のほど近く（資料：三菱地所）

構造設計者の視点 | 01

専門家ネットワークで難題を解決

供給者も交え製材で70mスパンを実現

構造設計者として大分県で地元の製材を用いた70mスパンの屋根架構に挑む。発注者や建築設計者の下、木材などの専門家を巻き込み、確実に実現に導くのが山田憲明氏の姿勢だ。製材を活用する際の要点を聞いた。

構造設計の基本スタンス

「技術者1人では背負えない」

私がいまメーンで手掛けている構造設計は、公共の木造建築です。だからプロポーザル時に地域材の活用がテーマとなる場合が多い。「架構を見せたい」という要望が強いので、コストを上げず、つくりやすく、美しく見せるということをとても意識しています。

木造には、非常に多くの要素技術や考え方があり、大スパン架構でも、ちょっと工夫すれば、解決方法がいろいろと見つかる。例えば、力に強い「かたち」を採用する、鋼材などの異種素材と組み合わせる、といった方法です。

また、最近は、豊富な地域材を大量に使って構造設計できるような、恵まれた供給条件の場合もあります。ただ、木材をたくさん使うことだけに主眼を置いてしまうと、デザインが無骨になったり、木材費以外の工事費が増大したりすることもあります。常に木の理想的な使い方を考えて構造設計をすることが大切だと捉えています。

木造の多様な技術、考え方を生かし、材料にもいろいろと気を使わないといけない。それらを1人の構造設計者が背負っていくのは無理です。そのため、各分野の専門技術者のネットワークが大切だと考えています。

例えば、耐火のことが分からなかったら安井昇さん（桜設計集団代表）に相談する、地域の木材事情を知りたければ、都道府県の林業研究所に問い合わせるといった具合です。熊本県では池田元吉さん（熊本県林業研究指導所）がよく知られています。一方、民間では原田浩司さん（木構造振興）のように木材や木造全般に通じたコンサルタントもいる。

山田憲明氏
山田憲明構造設計事務所代表

やまだ・のりあき
1973年東京都生まれ。97年に京都大学工学部建築学科を卒業、増田建築構造事務所入所。2012年山田憲明構造設計事務所設立。05年にものづくり日本大賞、11年にJSCA賞作品賞、12年に日本構造デザイン賞を受賞（写真：日経アーキテクチュア）

大分県でのチャレンジ

合理性を追求したアーチ架構

「大分県立武道スポーツセンター」（2019年竣工予定、設計：石本建築事務所）の屋根架構は、非常に大きなチャレンジです。約70mスパンを製材で構成しています。斬新な取り組みに見えますが、実は構造的には基本に立ち返り、合理性を追求しています。例えば、全て約3mの定尺材を小口合わせでつないでいってアーチ状のトラスにします［図1］。

アーチは、圧縮力を伝える形式なので、小口同士を密着させていくと無駄がない。上弦材と下弦材との間に放射状の束と丸鋼のブレースを入れている。ブレースは材が長くなる

〔図1〕**70×100mの無柱空間をスギ製材のトラスで**
上はメーンアプローチから見た外観イメージ。隣接する大分銀行ドームから里山の緑地に向かって多目的競技場、武道場とスケールダウンしていく。下は多目的競技場内部の完成予想パース。約70×100mの無柱空間を大分県産のスギ製材でつくるためにアーチトラスを採用した（資料：石本建築事務所）

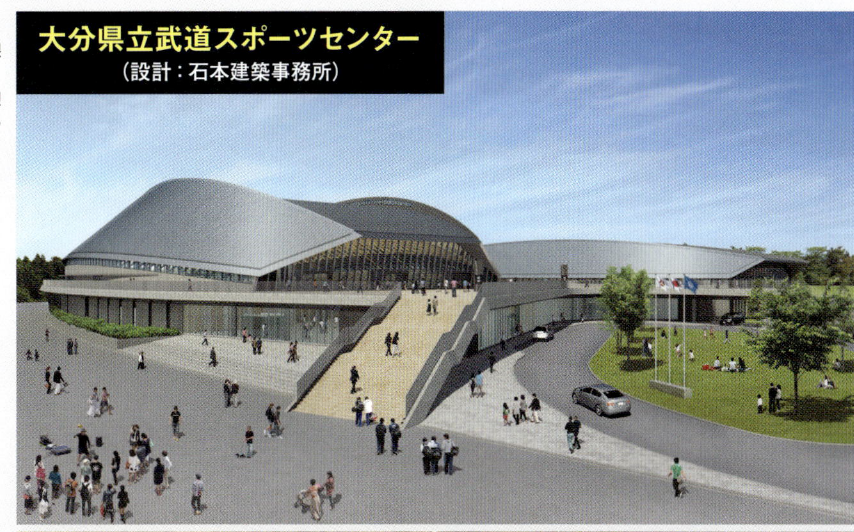

ことが多いので、無理に木材を使うと断面や材長が過大になるので、引っ張り材として細い丸鋼などを使うのが有効です。

アーチ構造は、アーチの形がすごく大事です。等分布荷重に対して二次曲線を用いると曲げモーメントが理論上は生じなくなって有利なのですが、全て曲率が変わり、接合部の形状が皆、違ってしまうので、円弧を採用しています。

施工時には、接合部の部分模型を施工者につくってもらって、例えばボルトの穴径は、クリアランスをどの程度取るか、どうすると木材同士が密着できるのか、などをやり取りして、最終的なディテールが確定しました。その後、現場でモックアップをつくって、事前に施工の手順を確認しています。実際の施工では、架構全体を7工区に分けて、中ほどの工区からスタート。70mスパンのアーチトラスを4つのユニットに分けて地組みしたうえで、それぞれ吊り上げて支保工上で一体に組み立てていきます〔写真1〕。

大分県でのコラボレーション

供給サイドの思いも皆で実現

2015年の公募型プロポーザルで石本建築事務所の能勢修治さんが選ばれた際は、多目的競技場の屋根架構は鉄骨造で、母屋だけに県産材を用いて木質空間をつくる提案をしました。基本設計時に大分県と設計者との間で、その架構を大分県産の製材を用いたアーチトラス構造に変更する形で設計が進みました。

プロポーザルの直後に木構造新興の原田さんに相談し、木材の供給側である大分県木材協同組合連合会（県木連）を紹介してもらって相談に行ったり、県の建設担当者と設計者チームで、大分県農林水産研究指導センターなどに打ち合わせに行ったりして、実際に設計が成り立つか、また製材を供給してもらえるかを検証して、いけそうだという手応えを得たためです。

実施設計に入ってすぐの2016年夏には、「県産木材供給に係る検討委員会」が立ち上がりました。大分県のスギ材の特性を踏まえた設計基

〔写真1〕**7工区に分けて屋根トラスを施工**

上は2018年9月上旬時点の建て方の様子。多目的競技場は全体を7工区に分け、順次ジャッキダウンしていく。右はアーチトラス接合部。全ての箇所の接合部の切断角度を統一し、面タッチによってボルト本数を大幅に減らしている（写真：山田憲明構造設計事務所）

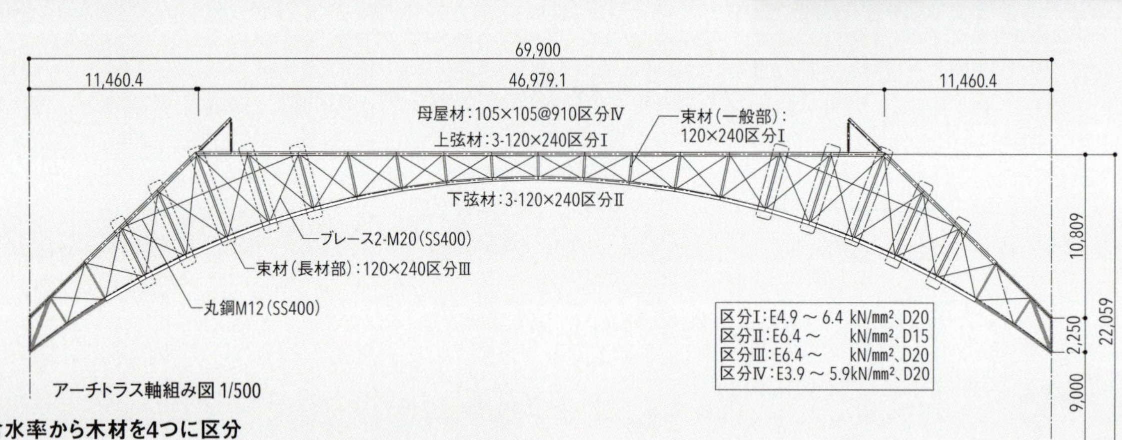

〔図2〕**ヤング係数と含水率から木材を4つに区分**

木材をヤング係数と含水率から4つに区分し、設計で使い分けた。材料の基準強度は、大分大学や県農林水産研究指導センターなどの材料試験や過去データから設定（資料：山田憲明構造設計事務所）

準強度を定めたり、木材の分離発注の仕様を明確にしたりしたほか、JAS（日本農林規格）の製品検査と同等の品質管理のための検査内容をまとめました。この際、委員長で当時大分大学教授だった井上正文先生や元秋田県立農業短期大学木材高度加工研究所所長の飯島泰男先生をはじめ、専門家をコーディネートしたのも原田さんです。

こうした検討から、大分県のスギ材の特性を踏まえてヤング係数と含水率の違いによって4つの区分に分けたスギ材を適材適所で用いることにしました〔図2〕。「大分県の持つ資産を余すことなく有効に使ってほしい」という供給側の強い思いを実現したものです。

製材のもう1つの方向性

小規模建築に高度な加工技術

この5～10年で木造の裾野が広がっていると感じます。木造を採用する母集団が増えるなか、より先端の技術に取り組む設計者も増えている。それも、都市部で耐火や多層の中大規模建築を手掛ける設計者がいる一方、逆に小規模で手軽な建築に、高精度な加工技術を採用しようという動きがあります。

例えば、NAP建築設計事務所の中村拓志さんが設計した「エレテギア キッチン&ダイニング」(2015年)。「ベラビスタ スパ&リゾート 尾道」というリゾートホテル内のレストラ

〔写真2〕**45㎜厚とその半割りの木材でトラス構成**
リゾートホテルのレストランで、尾道市の瀬戸内海の島々を見渡せる高台に建つ。東西3.6m×南北32.4mの平面を持ち、海岸に対して平行に配置した。下は、内部の屋根トラス。下部構造とのスケールバランス、接合部の簡素化、構造空間の均質化を目指して寸法体系を統一し、45㎜厚とその半割りのアカマツ材で組み立てた（写真：ナカサアンドパートナーズ）

ンです。周囲の景色を取り込むため、建物の周囲はガラスで囲っています。眺望を妨げないよう、44㎜角の角鋼2本によるフィーレンディール（はしご状）の柱を採用しています。同じサイズの角鋼によるフィーレンディール桁でつないだうえ、45×45㎜やその半分の断面のアカマツ材を3層構成で組み立てた屋根のトラス架構をつくっています〔写真2〕。

木造の接合部は、引き算の考え方でつくっていくんです。鉄骨造だったら溶接すれば簡単にできますが、木造の場合は部材が細くなると、すごく接合部がつくりにくい。それを解決するために、トラスを3層構成で計画し、家具用のプレカット機で木材を高精度に切削加工して、ビス留めしています。5㎜だけ削ってはめ合わせて力を伝えるようなディテールを考え、家具の町である広島県府中市で加工してもらいました〔写真3〕。

構造設計は適材適所が基本です。それを追求していくと必然的に異種素材を組み合わせたハイブリッド構造になる。そのせいか、屋根だけ軽い木造にすることで下部構造の負担を減らし、開放的な木質空間を目指すプロジェクトが多いように思います。最近は、大規模建築の一部だけを木造でデザインしてほしいといった仕事の依頼も増えています。（談）

〔写真3〕**家具用のプレカット機で加工**
地組みの様子。極小断面の木材によるトラス架構を実現するため、アカマツ材を合欠きやほぞ加工で接合している。家具で有名な広島県府中市の家具用NCプレカット機で加工した（写真：NAP建築設計事務所）

構造設計者の視点 | 02

大スパンの標準化で木造拡大へ

製材にこだわらず大断面集成材も要所に

研究者であり、実務者でもあり、1990年代後半から、流通製材を公共建築に生かす構造設計に注力してきた稲山正弘氏に、中大規模木造の流れを総括してもらうとともに、木造建築が拡大していくための方策を聞いた。

集成材と製材利用の流れ

木造加工にグレード分けを

1986年に構造用大断面集成材のJAS（日本農林規格）が制定、87年の建築基準法改正を受け、「出雲ドーム」（1992年、設計：鹿島、斎藤公男、HOK）をはじめ、各地で大断面集成材を利用した大型の公共木造建築が建設され始めました。なかには、地場のスギやカラマツ材を、その地域の工場で大断面集成材に加工して大規模建築を建設するという例も見られた。代表例が「やまびこドーム」（93年、設計：斎藤木材工業、鹿島）や「大館樹海ドーム」（97年、設計：伊東豊雄建築設計事務所、竹中工務店）です。

その頃から、軸組み構造による中大規模木造の流れがずっと続いています〔図1〕。大断面集成材による架構は、これまでにある意味やり尽くした感もあります。最近は地方の1000m²以下の中規模公共建築で、デザインに優れたものが数多く見受けられます。

しかし、こうした特別な物件になると、部材の加工は地元のプレカット工場では対応できない場合が多い。鉄骨のファブリケーターのように企業のグレード分けの仕組みをつくって、建築設計者に情報提供することも、さらなる普及に向けて必要になっていると感じています。地域ごとに加工者を養成し、高いグレードだと加工費も通常の住宅より高く取れるようになる。各社がグレードアップを目指すことで全体のレベルアップにつなげることもできます。

3階建て木造でプロトタイプ

バブル経済崩壊後の90年代後半からは、地方の公共建築で、住宅向けの流通製材を使いたいという要望が増えました。3階建て以下の中規模の非住宅がメーンです。そうしたなかで私は、製材を使って10m以上のスパンの架構を建築設計者とともに実現してきました。

2000年以前の割と初期から、こうしたテーマに取り組んできた構造設計者は、私や山辺豊彦さんなどです。私が最初に携わったのが、野沢正光さん設計の「いわむらかずお絵本の丘美術館」（1998年）です。その後、北川原温さん設計の「岐阜県立森林文化アカデミー」（2001年）では、オール製材で架構をつくっています。

基本は、防火壁を用いて1000m²以内に区画し、耐火要件を緩くすることで、製材を現しで見せています。水平力については、面格子で耐震壁をつくり、負担しています。中村勉

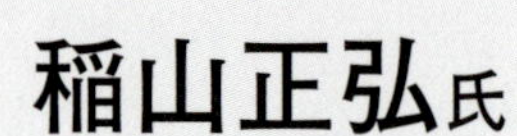

稲山正弘氏

東京大学大学院農学生命科学研究科教授、ホルツストラ主宰

いなやま・まさひろ

1958年愛知県生まれ。82年東京大学工学部建築学科卒業。82～86年ミサワホーム勤務。90年稲山建築設計事務所（現ホルツストラ）設立。92年同大学大学院博士課程修了。2005年から同大学大学院農学生命科学研究科准教授、12年から同教授（写真：日経アーキテクチュア）

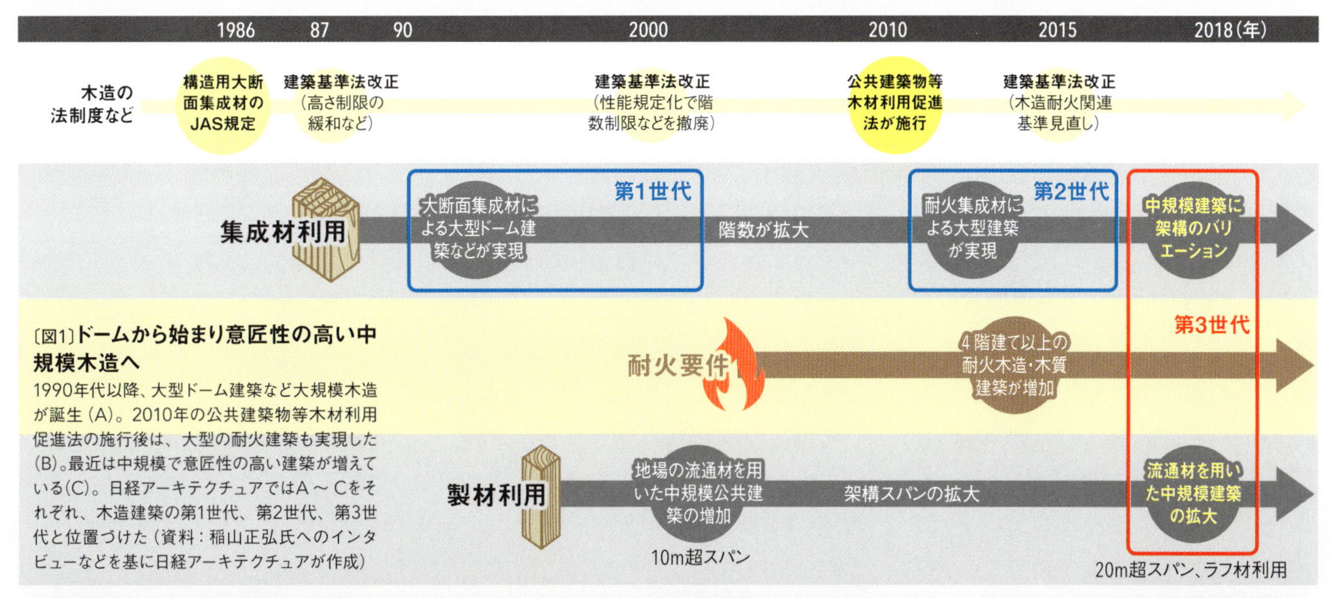

〔図1〕**ドームから始まり意匠性の高い中規模木造へ**

1990年代以降、大型ドーム建築など大規模木造が誕生（A）。2010年の公共建築物等木材利用促進法の施行後は、大型の耐火建築も実現した（B）。最近は中規模で意匠性の高い建築が増えている（C）。日経アーキテクチュアではA～Cをそれぞれ、木造建築の第1世代、第2世代、第3世代と位置づけた（資料：稲山正弘氏へのインタビューなどを基に日経アーキテクチュアが作成）

〔写真1〕**3段たすき掛け筋交い耐力壁とヒノキ張弦梁**

宮崎県の「小林市新庁舎」（2018年）。左が東館にある議場の内部。張弦梁の工法を用いて12.74mのスパンを飛ばした。上は、東館2階の開口沿いに並ぶ耐力壁。この3段たすき掛け筋交い耐力壁「KB-WALL」に水平力を負担させ、議場の張弦梁の大スパン化を実現した（写真：イクマ サトシ）

さん設計の「長崎県諫早市森山町保健センター」（04年）では、県産スギ製材の105㎜角材で12mスパンのトラス架構を構成しており、ほかには18mスパンの例もあります。20m以下のスパンの架構であれば、私に限らず、けっこう実例が増えています。

私が構造設計を監修した「小林市新庁舎」（18年、梓設計、82ページ参照）の東館の設計手法は、製材による3階建て木造のプロトタイプになると思います。1棟を防火壁で二分し、それぞれが1000m²以下になるように区画するとともに、最高高さを13m以下、軒高を9m以下に抑えています。これによって地場産の製材を現しで用いることができ、3段たすき掛け筋交い耐力壁「KB-WALL」に水平力を負担させ、議場ではヒノキ張弦梁で約13mスパンを実現しています〔写真1〕。

製材を用いた例では、ここにきて70mという巨大スパンの例が出てきています。山田憲明さんが構造を担当している「大分県立武道スポーツセンター」（2019年竣工予定、160ページ参照）です。こうした大規模な事例では、普通に山からひきだしてくる木材の断面、長さには限りがあるので、設計時には供給サイドとの調整は欠かせません。

CLT活用の方向性

床より壁で利点を生かせる

2010年に公共建築物等木材利用

促進法が施行後、技術基準の整備や規制緩和が進み、ここ4～5年は中高層の木造建築が増えています。これは構造架構というよりも、耐火構造部材の開発という側面が大きい。柱や梁として耐火構造部材の大臣認定をどこが早く取得するか。2時間耐火をシェルターが取得し、竹中工務店も「燃エンウッド」で2時間耐火を取りました。シェルターはその後、3時間耐火も取得しています。1時間耐火だと4階建てまでしかできないのが、2時間耐火を取ることで、14階建てまで対応できるようになります。

今年の建築学会全国大会では、大手建設会社から、中高層向けの木質構造部材の開発に関する発表が相次ぎました。増えているのは鉄骨（S）造や鉄筋コンクリート（RC）造とCLT（直交集成板）とを組み合わせたハイブリッド構造です。柱や梁など主要な耐火部材はS造やRC造として、床や壁にCLTを用いる方法です。三菱地所の発注で、竹中工務店が現在施工中の仙台の10階建てマンションも主要な構造部材はS造（一部柱に耐火集成材）で、床スラブと耐震壁にCLTを使っています。

中高層に限らずCLTの用い方には、いろいろなパターンが出てきています。しかし、いまだに特殊解ばかり。普及に向けてコストを抑えた魅力的な標準工法を見いだす時期にきています。最近は、床だけにCLTを使う例も増えていますが、むしろ耐震壁にCLTを使うほうが、構造上は無理なく使える。というのは、CLTは直交層が入っているので、面外剛性が低い。床は曲げ剛性が求められるのに、CLTでは材積が大きい割に経済効率が悪い。これに対し面内せん断に割と強く、接合部が割裂しにくいというCLTの利点を生かすには、耐震壁的な使い方で現しにするのが有効だと考えています。

木造のさらなる普及に向けて

8～10mスパンの標準工法を

林野庁は特にA材（製材）を普及させようとしています。基本は3階以下の低層建築にどう用いていくかだと思います。中高層になると木材は、内装木質化の仕上げ材としてどう利用するかが主眼になりますから。低層でも最近はZEH（ゼッチ）をはじめ、環境や省エネ面に目が行きがちですが、構造架構に工夫した面白い例が増えています。

公共建築物等木材利用促進法が施行以降、低層の非住宅においても木造の注目度は、それ以前より大きく高まっています。最近は子ども園や高齢者施設では木造が当たり前になってきています。さらに、事務所や店舗、倉庫などの用途でも木造が増えると製材の普及はより進んでいくと思います。

こうした用途で木造が増えるには、一定以上のスパンに対応できる架構が必要です。今でも木造住宅では、6mぐらいまでのスパンだったら事務所建築でも使える安価な小中断面集成材による金物工法が一般化しています。しかし、それを超えるスパンが、安いコストで実現できる工法がないと中大規模木造への普及は難しい。8～10mのスパンまで拡大できれば、通常の鉄骨軸組み工法と張り合うこともできるようになるでしょう。

屋根はJIS A3301（木造校舎の構造設計標準2015）で標準化された製材トラスを使えばコストを抑えることができます。ただ、2階建て以上の事務所や店舗では、床の振動や遮音の問題が出てくるので、床工法についても性能を確保できる安価な標準工法が必要になります。例えば、2階や3階の床には、長さ9m、梁せい600㎜くらいまでの大断面集成材の標準化と端部の接合金物の標準化を図れば、振動や遮音の性能にも対応しながら、かなり安く施工することができます。

全て製材で構成することにこだわるのではなく、臨機応変に考えることが木造のさらなる普及に向けて、大切になってくると思います。（談）

PART

防耐火の法規と技術を知る

防耐火を専門とする安井昇氏（桜設計集団代表）が13回にわたり、
日経アーキテクチュアに連載した「防耐火設計のポイント」を再編集。
併せて、2018年の建築基準法改正のポイントを書き下ろしで掲載する。

著者である安井昇氏の略歴は247ページをご覧ください

防耐火設計のポイント

01

Key Word ▶ 耐火建築物、延焼抑制、町家、民家

防耐火の第一歩は延焼対策から

都市木造に取り組もうとすると、防耐火に関する法令や技術に難しさを感じるだろう。
都市木造の構造・防火設計で実績の多い桜設計集団の安井昇代表が、
法令を踏まえた視点から防耐火の設計手法を解説する。

「都市木造」という言葉は、近年、生まれた新しい言葉のように感じるかもしれない。

しかし、よく考えてみると、江戸時代の東京や歴史の長い京都、金沢などの大都市に立つ建物はみな木造でつくられていた。住宅や商店、役所など、すべての建物が木造であった。それが、1950年の建築基準法制定のころから、法令などによる規制もあり中大規模木造がつくられなくなった。

今の都市木造に連なる新しい流れは、2010年に「公共建築物における木材の利用の促進に関する法律」が施行されたことで始まった。これにより、木造の設計自由度を向上させるための技術開発や法令化が進み、「木造だからつくれない」ものはほぼなくなった〔図1〕。

すなわち、今では都市の木造にふさわしい防耐火性能などを有する木造の仕様が明確に法令に位置付けられ、鉄筋コンクリート（RC）造や鉄骨（S）造と横並びで木造がつくれるようになったといえる。

民家は避難経路が短い

都市の木造に必要な防耐火性能を考えてみると、恐らく最も重要なのは、市街地火災の抑制性能だといえるだろう。つまり、建物間の延焼を抑制する性能だ。

1棟が火災になり、そのたびに街全体が燃えるような大きな火災に発展するのでは困る。どれだけ消防隊が優秀であっても消火できる能力には限界があるので、建物は一気に大きな面積に燃え広がらないようにしておきたい。

延焼対策といった観点から、まずは昔の木造住宅を見てみる。**写真1**と**写真2**は、伝統的な民家と町家である。これらは長い間、同じ形態で使い続けられてきた建物だ。火災に対しても何らかの工夫があるはずだと考えられる。

写真1の郊外型の民家は茅(かや)ぶき屋根、板張り外壁で、ひとたび火災が発生すると、一気に燃え広がりそうに見える。

ただ、よく見ると室内は1階が居住スペース、2階が養蚕スペースと分かれており、人が普段いるのは1階のみだ。そのため火災が起こっても避難動線が短いので、避難時間は

〔図1〕昔から「都市木造」はあった

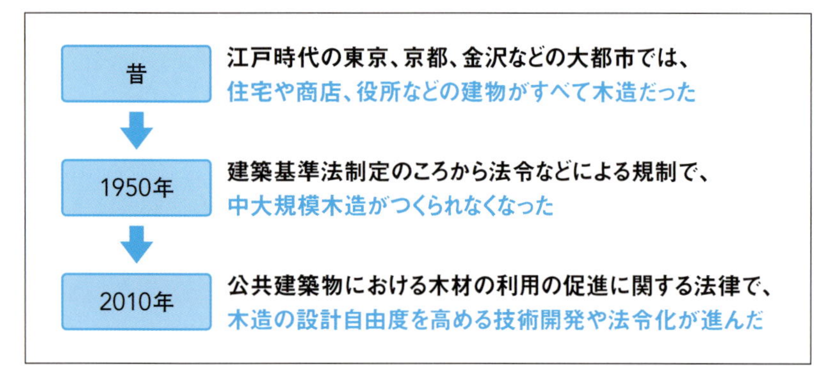

短くて済む。

また、建物が点在しているため、隣家との距離が十分に開いているので、なかなか隣家へ延焼しない。

すなわち、民家自体は燃えるかもしれないが、建基法が第1条でうたっている「人命と財産の保護」を、居住者や隣家に対して、しっかりと確保できている建物だといえる。

町家には延焼防ぐ工夫

写真2の都市型の町家は、土地が狭いため、2階建てで隣家とも接して建物がつくられている。町家自体からの火災は用心すれば防げるかもしれないが、隣家からもらい火する恐れはある。

そこで、屋根に土を焼いた瓦を載せ、外壁や軒裏に土を厚く塗り、隣家の火災からの類焼を防ぐ工夫をしている。特に土蔵は大事なものを保管しておく場所なので、より塗る土が厚くなる。

写真1の民家も**写真2**の町家も、建物を構成している主たる素材は木と土(土を焼いた瓦も含む)である。これらの使い方や塗る厚さで延焼対策を施している。

一方、現代の建基法では、市街地に立つ2階建てや3階建ての住宅について、隣家の火災からのもらい火を防ぎ、市街地火災を抑制するため、外壁や軒裏に防火構造や準耐火構造などの延焼抑制性能を要求している〔図2〕。

木造建築における延焼は、外壁開口部から室内へと、軒裏から小屋裏

〔写真1〕**避難経路短く、隣家と離す**
伝統的な民家。茅ぶき屋根、板張り外壁なので火災が発生すると一気に燃え広がるようにみえるが、避難経路が短いうえに、建物が点在して隣家との距離を確保しているので延焼しにくい(写真:下も安井 昇)

〔写真2〕**外周部材が延焼を防止する**
都市型の町家。2階建てで隣家と接している。屋根に焼いた瓦を載せ、外壁や軒裏に土を厚く塗り、隣家火災からの類焼を防ぐ。特に右側のような土蔵は大切なものを保管するので、より土を厚くしている

〔図2〕**市街地火災の抑制には外壁・軒裏の燃え抜け防止性能が重要**

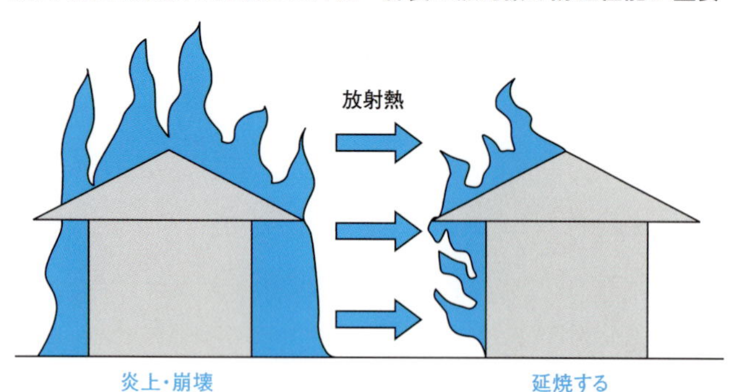

市街地火災のイメージ。1棟が火災になると、そのもらい火で隣家が延焼する恐れがある。建築基準法では、市街地に立つ2階建てや3階建ての住宅に延焼抑制性能を求めている

〔図3〕**軒裏が燃え抜けないようにする**

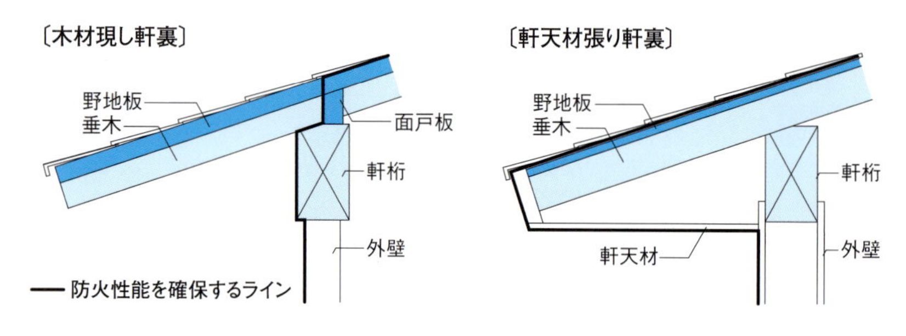

軒裏の防耐火性能（防火構造・準耐火構造）を確保するには、野地板・面戸板を厚くして木材現しとする方法と、軒天井に不燃性の防火被覆を張る方法の2通りがある

〔図4〕**木造の可燃物は3種類**

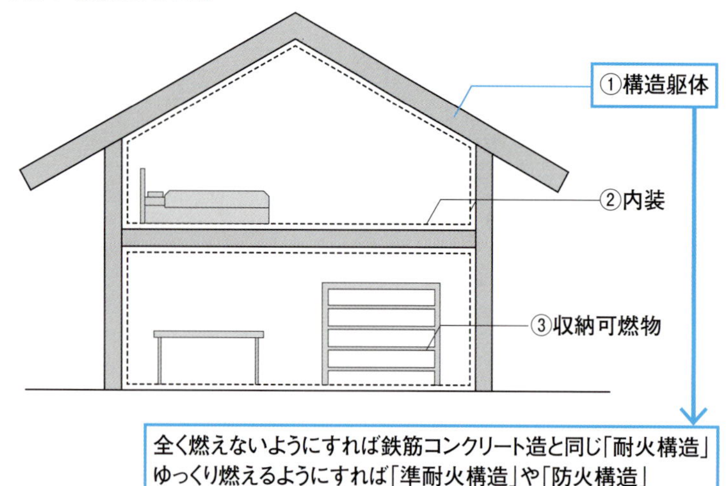

木造の可燃物のイメージ。構造躯体と内装、収納可燃物の3種類ある。「火事に強い」といわれるRC造が異なる点は構造躯体が全く燃えないこと

への2通りの経路で生じることが多い。そのうち、軒裏からの延焼を防ぐために防耐火性能（防火構造・準耐火構造）を確保するには、次のような方法がある。

1つは野地板・面戸板を厚くして木材現しとする方法、もう1つは軒天材に不燃性の防火被覆を張る方法だ。いずれの方法も燃え抜けないことを目標にしている〔図3〕。

つまり、昔は土でやっていたことを、今は施工期間の短い、窯業系サイディングや軽量セメントモルタルに置き換えているわけである。

RC造とは何が違うか

ところで、都市建築の代表格といえるRC造と木造とでは、そもそも何が違うのだろうか。

図4は、木造の可燃物を示したものだ。「構造躯体」「内装」「収納可燃物」の3種類に分けられる。この中でRC造にないのは構造躯体のみで、内装と収納可燃物はRC造にも同じように可燃物として存在する。

RC造も内装や収納可燃物が燃えて火災になることが少なくないはずなのに、それでも、「RC造は火事に強い」といわれる。これは、構造躯体が全く燃えないためだろう。そもそもの可燃物の量が少ないことに加えて、壁や床が燃え抜けないので、一気に大きな面積が燃える火災になりにくいのだ。

そうであれば、木造もRC造のように構造躯体の燃え方を制御できれば、「木造でも火事に負けない建物」

〔図5〕**木造は何も対応しなければ「その他建築物」**

	RC造	S造	木造	
耐火建築物	RC	鉄＋耐火被覆	[ルートA]仕様基準	被覆型
				燃え止まり型
				木ー鉄ハイブリッド型
			[ルートB／C]性能設計	耐火性能検証
準耐火建築物	[ロ準耐火建築物1号] RC(外壁のみRCも可)	[ロ準耐火建築物2号] 鉄(無被覆)	[イ準耐火建築物]	1時間準耐火建築物 (燃えしろ設計など)
				45分準耐火建築物 (燃えしろ設計など)
			[ロ準耐火建築物1号]	外壁耐火構造
その他建築物(耐火・準耐火建築物以外)	RC	鉄(無被覆)	外壁・軒裏防火構造(面積に応じて防火壁、小屋裏隔壁など区画措置)	
構造種別ごとの特徴	耐火・準耐火・その他建築物のいずれの場合も躯体(RC部)は基本的に変わらない	鉄骨躯体に耐火被覆すれば耐火建築物にできる	耐火・準耐火建築物とする方法が様々あり、それぞれ躯体が燃えしろ設計で太くなったり、耐火構造で多素材とハイブリッドになったりと複雑になる。また、その他建築物の場合は面積に応じて防耐火性能の高い防火壁や小屋裏隔壁などで区画措置が必要となる	

構造種別で見た構造躯体の防耐火対応の一例。RC造、鉄骨造もルートB、Cを使った性能設計が可能であるが木造のように躯体仕様が大きく変わることは少ない。木造は、耐火建築物や準耐火建築物、その他建築物といった防耐火性能に応じて、多様な防耐火対応がある

ができると考えられる。

火災時に、木造の構造躯体が全く燃えないようにすればRC造と同じ「耐火構造」になるし、ゆっくり燃えるようにすれば「準耐火構造」や「防火構造」になる。

木造の防耐火は難しいのか

木造の構造躯体を防火的に処理して、燃え方を制御する技術は多様である。

よく、「木造の防耐火に関する法令は難しい」という声を耳にする。恐らくそれは、木造ではさまざまな防耐火技術を組み合わせて建物をつくる手法が、法令に位置付けられているからであろう。

図5は、RC造、S造、木造といった構造種別ごとに、求められる防耐火性能に応じた構造躯体（法令では主要構造部と呼ぶ）の防耐火対応をまとめたものである。

RC造は、そのままで耐火建築物になる。S造も、そのままで準耐火建築物に、耐火被覆すれば耐火建築物になる。RC造、S造とも、特に構造躯体の仕様や寸法などが耐火性能によって変わることはない。

木造は設計自由度が高い

一方、木造の場合は、そのままではその他建築物（防火壁、小屋裏隔壁などを部分的に強化する必要あり）だ。防火被覆や燃えしろ設計をしたり、外壁を耐火構造にしたりすれば準耐火建築物に、耐火被覆をしっかりすれば耐火建築物になる。

つまり、耐火建築物や準耐火建築物、その他建築物といった防耐火性能によって、それぞれ異なる対応が必要となる。さらに、同じ防耐火性能にする場合でも、多様な防耐火技術を使い分けられるのだ。

そのため、木造の防耐火に関する法令の全体像が頭に入っていないと何度、法令を読み直しても理解が進まず、さまざまな数値や仕様に合わせることだけに終始してしまいがちだ。逆に木造の防耐火技術を理解できれば、これほど設計自由度の高い構造躯体はないと考えられる。

そういう意味でも、まずは木造の防耐火に関する法令の概要を理解することで、法令は何を目標性能にし、何を守ろうとしているのかを知ることが大切だ。そうすれば、多様な木造の設計に自由に取り組んでいけるだろう。

本記事がそのお役に立てるよう書き進めていきたい。

防耐火設計のポイント

02

Key Word ▶ 構造制限、内装制限、防火区画、避難安全措置

守るべきもの踏まえ規制を使いこなす

建築基準法には様々な防耐火の規制がある。
規制の背景にあるのは人命や財産を守るためといった目的だ。
そうした守るべきものを踏まえたうえで防耐火の仕組みを理解し、都市木造の設計に取り組みたい。

建築基準法では、出火建物内の人が安全に避難することと、周辺建物に燃え広がって延焼しないことを目標として、様々な規制が設けられている。「(1) 構造制限」「(2) 内装制限（または初期消火措置)」「(3) 防火区画」「(4) 避難安全措置」などだ。

(1) は主要構造部（壁、柱、床、梁、屋根、階段）の防耐火性能を、(2) は壁と天井の内装仕上げの不燃性能をそれぞれ確保する規制。(3) は火災を局所にとどめるための規制、(4) は使用者が安全に逃げるための措置を施す規制だ。戸建て住宅ならば主に (1) と (2) に、少し規模の大きい非住宅ならば (1)〜(4) のすべてに配慮しながら設計する。

これらの規制を何となく頭で理解しているつもりでも、火災はほとんどの人が未経験なので状況を想像しにくい。設計時に「何を守るための防火法令かよくわからないが、とりあえず建築確認に通ればよい」となりがちだ。そうならぬよう、法令の趣旨を整理してみたい。

人命や財産を守るのが目標

法令で何を守るのか、つまり都市の建物に必要な防耐火性能を、火災の時間軸に沿って整理すると、「(A) 出火防止性能」「(B) 避難安全性能」「(C) 構造耐火性能」「(D) 消防活動支援性能」「(E) 都市火災抑制性能（延焼抑制性能）」となる〔図1〕。

(A) は、延焼経路となりやすい壁や天井を不燃化するか、スプリンクラーなどの初期消火装置を設けるかして、火災が局所にとどまるようにする性能。先の建基法の規制に照らすと、(2) の内装制限で達成する。

(B) は、排煙による煙制御、防火区画、2方向避難・避難路の幅・敷地内通路の確保など、建物使用者の避難の時間と経路を確保する性能。規制の (2) 内装制限、(3) 防火区画、(4) 避難安全措置で達成する。

(A) と (B) の性能は主として建物使用者の安全を目的とする。つまり、それらを達成するための (2) 内装制限、(3) 防火区画、(4) 避難安全措置は人命を守る規制だといえる。

一方、(C) (D) (E) はそれぞれ、建物が容易に崩壊しないようにする性能、円滑に消防活動できるようにする性能、隣棟への延焼を起こりにくくする性能だ。主として建物という財産の保全が目的だといえる。それらを達成するのが、(1) 構造制限

〔図1〕**建築基準法の規定は必要な防耐火性能を達成するため**

都市木造に必要な防耐火性能	建築基準法による規定
(A) 出火防止性能	(1) 構造制限（主要構造部の燃えにくさ)
(B) 避難安全性能	(2) 内装制限（内装仕上げの燃えにくさ)
(C) 構造耐火性能	(3) 防火区画（火災を局所にとどめる措置)
(D) 消防活動支援性能	(4) 避難安全措置（安全に逃げるための措置)
(E) 都市火災抑制性能	

都市木造に必要な防耐火性能を達成するために建築基準法の様々な規制が設けられている。
ただし、建基法は最低限の基準であり、「人命と財産」が必ず守れるわけではない

〔図2〕**地域によって求められる防耐火性能が異なる**

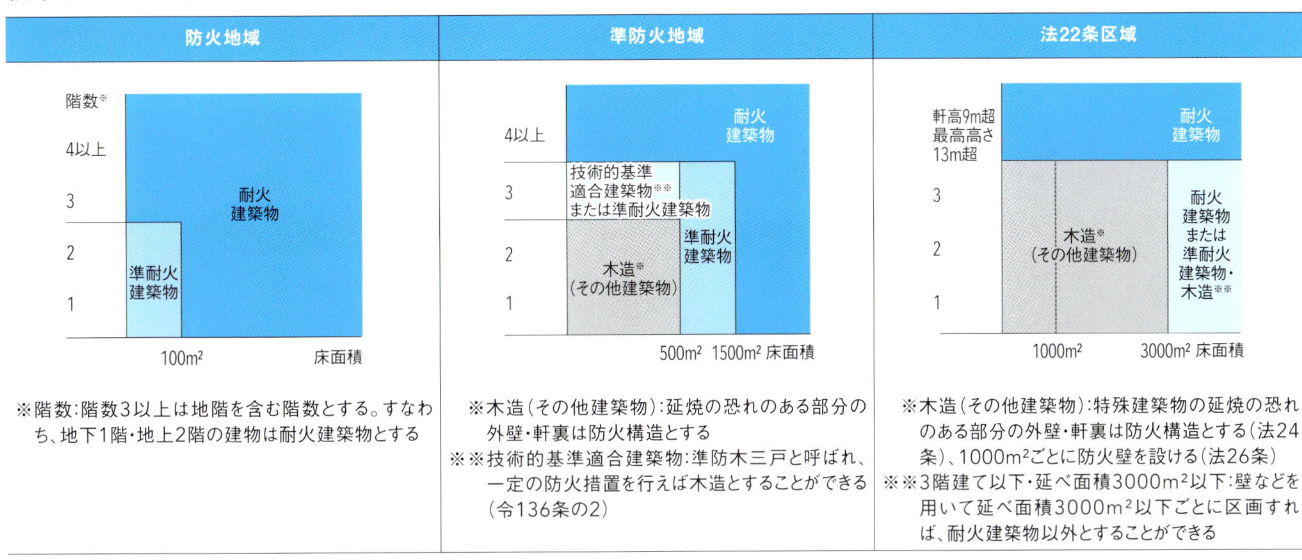

※階数：階数3以上は地階を含む階数とする。すなわち、地下1階・地上2階の建物は耐火建築物とする

※木造（その他建築物）：延焼の恐れのある部分の外壁・軒裏は防火構造とする
※※技術的基準適合建築物：準防木三戸と呼ばれ、一定の防火措置を行えば木造とすることができる（令136条の2）

※木造（その他建築物）：特殊建築物の延焼の恐れのある部分の外壁・軒裏は防火構造とする（法24条）、1000m^2ごとに防火壁を設ける（法26条）
※※3階建て以下・延べ面積3000m^2以下：壁などを用いて延べ面積3000m^2以下ごとに区画すれば、耐火建築物以外とすることができる

〔図3〕**用途や規模によっても求められる防耐火性能が異なる**

	用途	主要構造部に必要とされる性能およびその外壁の開口部での防火設備で、大臣認定が定めた構造方法、または認定を受けたものを設けなければならない		耐火建築物としなければならない	耐火建築物または準耐火建築物としなければならない
		用途に供する階	用途に供する部分の床面積の合計	用途に供する部分の床面積の合計（階）	用途に供する部分の床面積の合計（数量）
❶	劇場、映画館、演芸場	3階以上の階※1 主階が1階にないもの※1	客席部分≧200m^2※1（屋外観覧席≧1000m^2※1）	—	—
	観覧場、公会堂、集会場	3階以上の階※1			
❷	病院、診療所（患者の収容施設があるもの）、ホテル、旅館、下宿、共同住宅、寄宿舎、児童福祉施設など（幼保連携型認定こども園を含む）	3階以上の階※1	2階部分≧300m^2※2 ただし、病院・診療所にあっては、2階以上に患者の収容施設のある場合	—	—
❸	学校、体育館、博物館、美術館、図書館、ボーリング場、スキー場、スケート場、水泳場、スポーツ練習場	3階以上の階※1	用途に供する部分≧2000m^2※2	—	—
❹	百貨店、マーケット、展示場、キャバレー、カフェー、ナイトクラブ、バー、ダンスホール、遊技場、公衆浴場、待合、料理店、飲食店、物販店舗（>10m^2）	3階以上の階※1	2階部分≧500m^2※2 用途に供する部分≧3000m^2※1	—	—
❺	倉庫	—	—	3階以上の部分≧200m^2	用途に供する部分≧1500m^2
❻	自動車車庫、自動車修理工場、映画スタジオ、テレビスタジオ	—	—	3階以上の階	用途に供する部分≧150m^2 ただし、主要構造部を不燃材料などとした準耐火建築物とする（令109条の3-2）
❼	令116条の表の数量以上の危険物の貯蔵場または処理場	—	—	—	全部

※1 令110条2号の基準に適合するものとして、主要構造部などの構造方法が耐火構造（耐火建築物）などのもののほか、地階を除く階数が3で、3階を共同住宅または学校などの用途に供するものであって、一定の要件に該当する場合に限って、1時間準耐火構造による準耐火建築物とすることができる（平成27年国土交通省告示253号、255号）
※2 令110条1号の基準に適合するものとして、主要構造部などの構造方法が準耐火構造（耐火建築物または準耐火建築物）などのものを定める（平成27年国土交通省告示255号）
（注）防火設備の設置を求める外壁の開口部として、延焼の恐れのある部分および他の外壁の開口部から20分間屋内への遮炎性を有するものを定めている（平成27年国土交通省告示255号）
※175ページまで建築基準法を「法」、建築基準法施行令を「令」と略す

〔図4〕**防耐火性能の違いは想定する火災と耐えるべき時間**

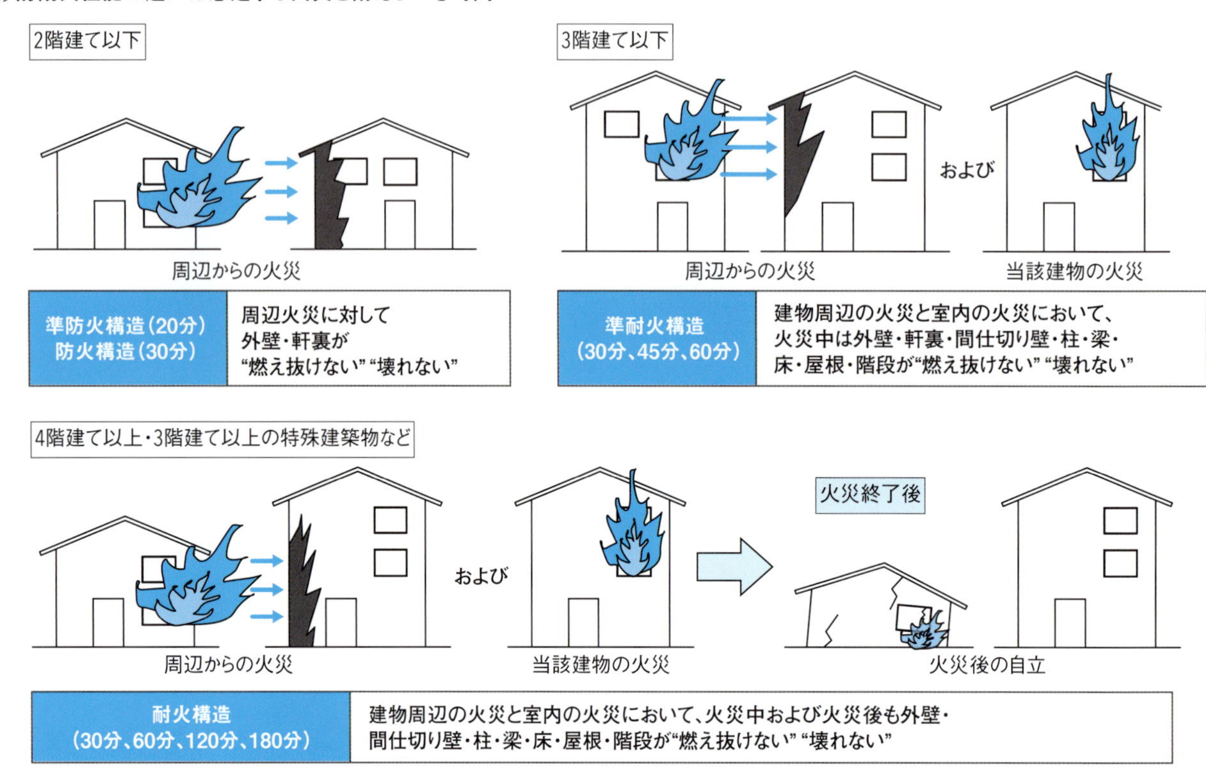

防火構造、準耐火構造、耐火構造で求められる性能の違い。想定する火災（屋内火災と屋外火災）や耐えるべき時間が異なる。いずれも大地震後などで消防活動が期待できない場合を想定しており、放水がなくてもその時間、耐えることが求められる。特に耐火構造は想定火災時間の後も自立していなければならない

と（3）防火区画の規制だ。

耐火構造は鎮火後も自立

建物への木材の使用には、構造躯体の「木造化」と、内装や家具の「木質化」とがある。木造化には（1）構造制限と（3）防火区画が、木質化には（2）内装制限と（4）避難安全措置が、それぞれ密接に関係する規制だ。

まず木造化を考えると、（1）の構造制限として、建築地の防火地域規制と建物用途・規模で、求められる防耐火性能が決まる〔図2、3〕。防火構造、準耐火構造、耐火構造の違いは、想定する火災（屋内火災と屋外火災）と耐えるべき時間だ〔図4〕。

いずれも大地震後などで消防活動が期待できない場合を想定し、放水がなくてもその時間、耐えることが求められる。特に耐火構造は想定時間の後も自立していなければならない。木造では厳重な耐火被覆など、そもそも躯体を燃やさない工夫が要る。

一方、防火構造や準耐火構造は法令が求める想定時間だけ耐えればよいので、石こうボードなどの不燃性材料で被覆する従来の方法に加え、使う木材を厚く太くして燃え残る断面を大きくする方法もある。大断面集成材やCLT（直交集成板）など厚板パネルを使う方法だ〔写真1〕。

（3）の防火区画では、大規模な建物で火災を局所にとどめて建物全体に回らないようにする。準耐火構造の壁・床や防火戸などで、水平方向の面積区画、垂直方向の竪穴区画、用途による異種用途区画などを設ける。戸建て住宅ではほとんど必要ないが、準防火地域の3階建て住宅で延べ面積200m²超の準耐火建築物とする場合は、階段やエレベーターまわりに防火扉やシャッターを設けて竪穴区画する。

（1）構造制限、（3）防火区画とも火災を局所にとどめて隣室、隣棟へと容易に広がらないようにするもの。都市の木造には最も必要な規制だ。

〔図5〕**用途・規模・出火確率によって内装制限が決まる**

	用途・室		構造・規模 耐火建築物	構造・規模 準耐火建築物	構造・規模 その他の建築物	内装制限箇所（壁・天井）	内装材の種類 不燃材料	内装材の種類 準不燃材料	内装材の種類 難燃材料※1
❶	特殊建築物	劇場、映画館、演芸場、観覧場、公会堂、集会場	客席≧400m^2	客席≧100m^2	客席≧100m^2	居室※2	○	○	○
						通路、階段など	○	○	
❷		病院、診療所（患者の収容施設のあるもの）、ホテル、旅館、下宿、共同住宅、寄宿舎、児童福祉施設など※3	3階以上の合計≧300m^2※4	2階部分の合計≧300m^2※4	床面積合計≧200m^2	居室※2	○	○	○
						通路、階段など	○	○	
❸		百貨店、マーケット、展示場、キャバレー、カフェー、ナイトクラブ、バー、ダンスホール、遊技場、公衆浴場、待合、料理店、飲食店、物品販売業（加工修理業）の店舗	3階以上の合計≧1000m^2	2階部分の合計≧500m^2	床面積合計≧200m^2	居室※2	○	○	○
						通路、階段など	○	○	
❹		自動車車庫、自動車修理工場	全部適用			その部分または通路、階段など	○	○	
❺		地階で上記①②③の用途に供するもの	全部適用			その部分または通路、階段など	○	○	
❻	大規模建築物※5		階数3以上、延べ面積>500m^2 階数2以上、延べ面積>1000m^2 階数1以上、延べ面積>3000m^2			居室※2	○	○	○
						通路、階段など	○	○	
❼	火気使用室	調理室、浴室など	—	階数2以上の建築物の最上階以外の階		調理室など	○	○	
❽	すべての建築物	無窓居室※6	床面積>50m^2			居室、通路、階段など	○	○	
❾		法28条1項の湿度調整作業室	全部適用						

※1 難燃材料は、3階以上に居室のある建築物の天井には使用不可。天井のない場合は、屋根が制限を受ける。また2000（平成12）年建設省告示1452号により天井を準不燃材料とすれば、壁は木材等とできる
※2 1.2m以下の腰壁部分は除く
※3 1時間準耐火構造の技術的基準に適合する共同住宅などの用途に供する部分は耐火建築物の部分とみなす
※4 100m^2（共同住宅の住戸は200m^2）以内ごとに、準耐火構造の床、壁または防火設備で区画されたものを除く
※5 学校など、および31m以下の②の項の建築物の居室を除く。また、100m^{2}以内ごとに防火区画された①～④以外で31m以下の耐火、準耐火建築物を除く
※6 天井または天井から下方へ80㎝以内にある部分の開放できる開口部が居室の床面積の50分の1未満のもの。ただし、天井の高さが6mを超えるものを除く

条件満たせば木材使用も可

木質化の場合は、(2) 内装制限として、建物用途・規模・出火確率の高さで、壁と天井に求められる性能（難燃材料、準不燃材料、不燃材料）が決まる〔図5〕。不特定多数が利用する建築物や大規模建築物、火気を使用する室では、壁と天井を燃えにくくして避難時間の確保を図る。

木材でそうした制限に対応するには、難燃薬剤を加圧注入して難燃材料や準不燃材料の大臣認定を取得した木材を使う方法がある。通常の木材でも、一定の条件を満たせば、難燃材料が必要な部分で使える。

例えば、天井を準不燃材料とすれば、壁は下地の規制があるものの木材などが使える〔写真2〕。住宅の火気使用室でも、コンロなどの火気からの着火限界距離を計算し、その距離を越える部分ならば、木材などにできる。仮に出火しても、燃え広がるのを遅くできるからだ。

法令の背景にあるそうした防耐火の仕組みを理解して、出火する可能性の高い部屋の内装や構造躯体を設計したい。それは建基法で規制される火気使用室に限ったことではない。出火時に設計者や施工者がその場に居ることはまれなので、設計時など事前のさりげない火災対策が大切になってくる。

〔写真1〕**CLTで断面を大きくする**
CLTの加熱実験の様子。断面を大きくすることにより、不燃材料を使わず1時間以上加熱しても、燃え抜けず裏面に熱を伝えない（写真：下も安井 昇）

〔写真2〕**天井を準不燃材料にする**
木造3階建て校舎の実大火災実験の出火室の様子。天井を準不燃材料にすれば壁には木材を使える。部屋全体の火災になるまで40分以上要した

防耐火設計のポイント

03

Key Word ▶ 準防火地域、構造制限、外壁、軒裏、大臣認定

準防火地域でも木材の現しは可能

準防火地域の木造では、外壁と軒裏、
開口部の構造制限で延焼防止を図り、内装制限で避難時間を確保する。
いずれも告示で定められた仕様や大臣認定を取得した仕様を使えば、木材を見せる仕上げが可能だ。

木造住宅を設計する場合、敷地の防火地域規制により、建物の主要構造部に防耐火の構造制限が掛かる。

準防火地域では、2階建て以下、延べ面積500m^{2}以下ならば、延焼の恐れのある部分の外壁と軒裏を防火構造（30分間、燃え抜けない・壊れない）、外壁開口部を防火設備（20分間、火炎が貫通しない）とすることが求められる〔図1〕。

「準防火地域に木造をつくること」自体は特に難しくはない。ただし、防耐火の構造制限を守りつつ、柱や梁を外部に露出したり外壁や軒裏の仕上げを木材現しでつくったりするとなると、さて、どうしたものかとなる。

前項で、学んだように、都市の住宅に求められる防耐火性能は2つ。1つは、隣家で火災になった際、外壁・軒裏・外壁開口部といった建物外周部の部材から室内へ容易に燃え抜けない性能。もう1つは、キッチンなど（火気使用室）で出火した際、避難時間を確保できるよう延焼経路となる壁や天井の仕上げを燃え広がりにくくする性能だ。

いずれも防耐火性能を確保する際に、「木材を使ってはいけない」「木材を仕上げとして見せてはいけない」などと、建築基準法をはじめとする法令に書かれているわけではない。

近年、木造防耐火の技術開発が進み、木材を現しに使いながら延焼防止や燃え広がり抑制を講じる手法がいろいろと提案されている〔写真1〕。準防火地域の2階建て以下の住宅について、まずは外壁と軒裏で、木材を仕上げとして見せながら火災時の安全性に配慮する防耐火設計の手法

〔写真1〕**準防火地域で外壁と軒裏を木材現しに**
木材仕上げで防火構造とした外壁と軒裏の例。外壁は全国中小建築工事業団体連合会が取得した国土交通大臣認定の仕様（〔図3〕参照）、軒裏は京都府建築工事業協同組合と早稲田大学が共同で取得した大臣認定の仕様（〔図5〕参照）を使った（写真：川辺 明伸）

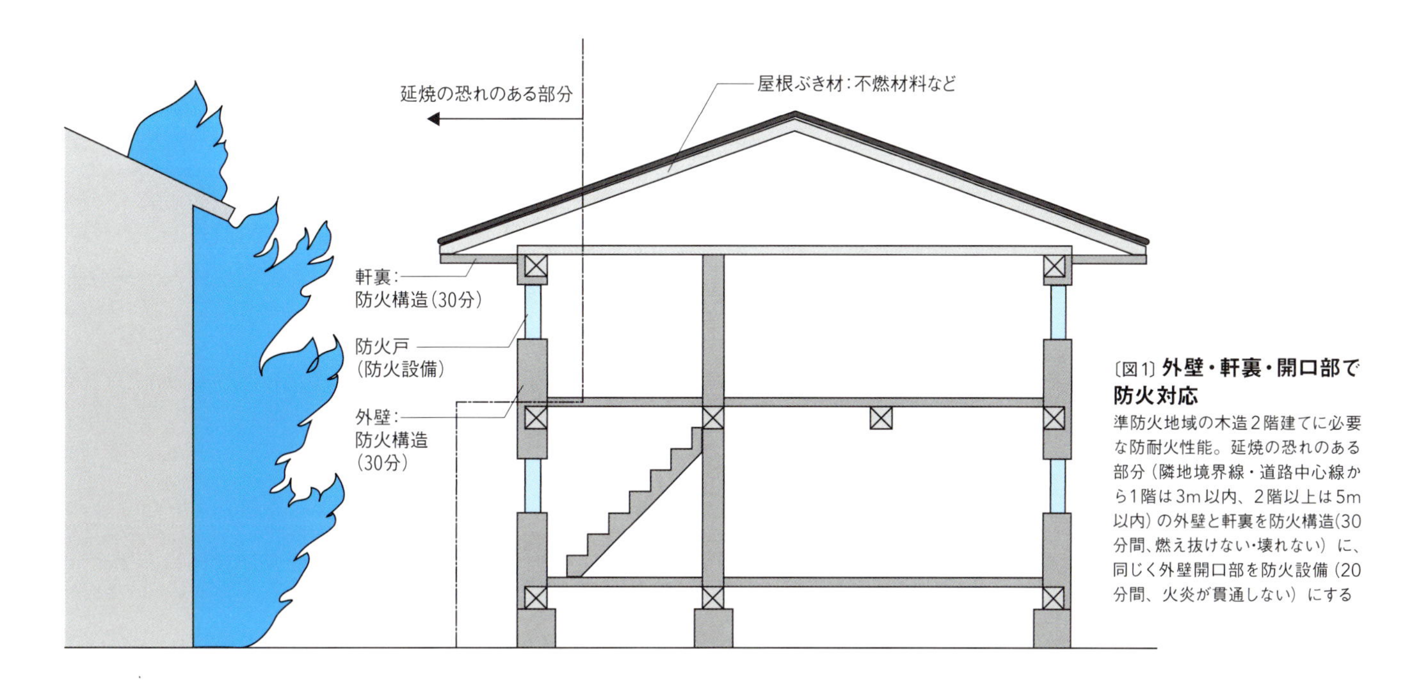

〔図1〕**外壁・軒裏・開口部で防火対応**
準防火地域の木造2階建てに必要な防耐火性能。延焼の恐れのある部分（隣地境界線・道路中心線から1階は3m以内、2階以上は5m以内）の外壁と軒裏を防火構造（30分間、燃え抜けない・壊れない）に、同じく外壁開口部を防火設備（20分間、火炎が貫通しない）にする

をまとめてみる。

柱・梁は現しにできる

外壁を防火構造とするには、(1) 2000（平成12）年建設省告示1359号（防火構造の構造方法を定める件）に例示された仕様を使う、(2) 国土交通大臣認定を取得した仕様を使う、の2種類の方法がある。

(1) は木造の場合、**図2**のように窯業系サイディングやモルタル、土塗り壁などの被覆材による仕様が例示されている。2016年3月には告示が改正され使える仕様が増えた。

告示を詳しく読むと、被覆材による防火構造とすることを定めた箇所には、「真壁造とする場合の柱および梁の部分については、この限りではない」とある。つまり、柱・梁を現しとした真壁造が認められている。柱や梁は木材の塊であり、燃え進む速度が緩慢（分速0.7〜0.9㎜）で、たとえ部分的に露出していても簡単には壊れないためだといえる。

告示の仕様の表面に木材を仕上げとして張ることも可能だ。仕上げの木材が燃え抜けるまで（厚さ15㎜程度の板材の場合、おおよそ15分間）は告示の防火被覆が直接加熱されないため、むしろ防耐火性能が高まるからだ。この取り扱いは、「建築物の防火避難規定の解説2016」（日本建築行政会議編、ぎょうせい発刊）に記載されている。

一方、(2) は個別に加熱試験を実施し、防火構造の要求性能を満足することを確認して大臣認定を取得するものだ。建材メーカーや建築関連の団体などが取り組んでいる。

原則として試験を受けた仕様について国交大臣が個別に認定するので、例えば大壁納まりで認定取得した仕様を、現場で真壁納まりにしたり、表面に木材を張ったりすることは基本的に認められない。真壁造や木材仕上げとするのであれば、その仕様で加熱試験を実施し、認定を取得することがルールとなっている。

真壁造や木材仕上げとした防火構造の例を〔図3〕に示す。木材だけで防火構造とするには総厚50〜55㎜程度、室内側の石こうボードと組み合わせるのであれば屋外側の木材に30㎜程度の厚さが必要となる。

大臣認定の仕様は、木材の仕様（樹種、端部加工形状、節補修の方法など）、くぎ・ビスのサイズ・留め付け間隔などが細かく決められている。使用に当たってはしっかりと大臣認定の内容を読み込むことが重要だ。

軒裏は取り合い部が弱点

軒裏を防火構造とする方法も外壁

〔図2〕**告示仕様でも柱や梁が現しの真壁造が可能**

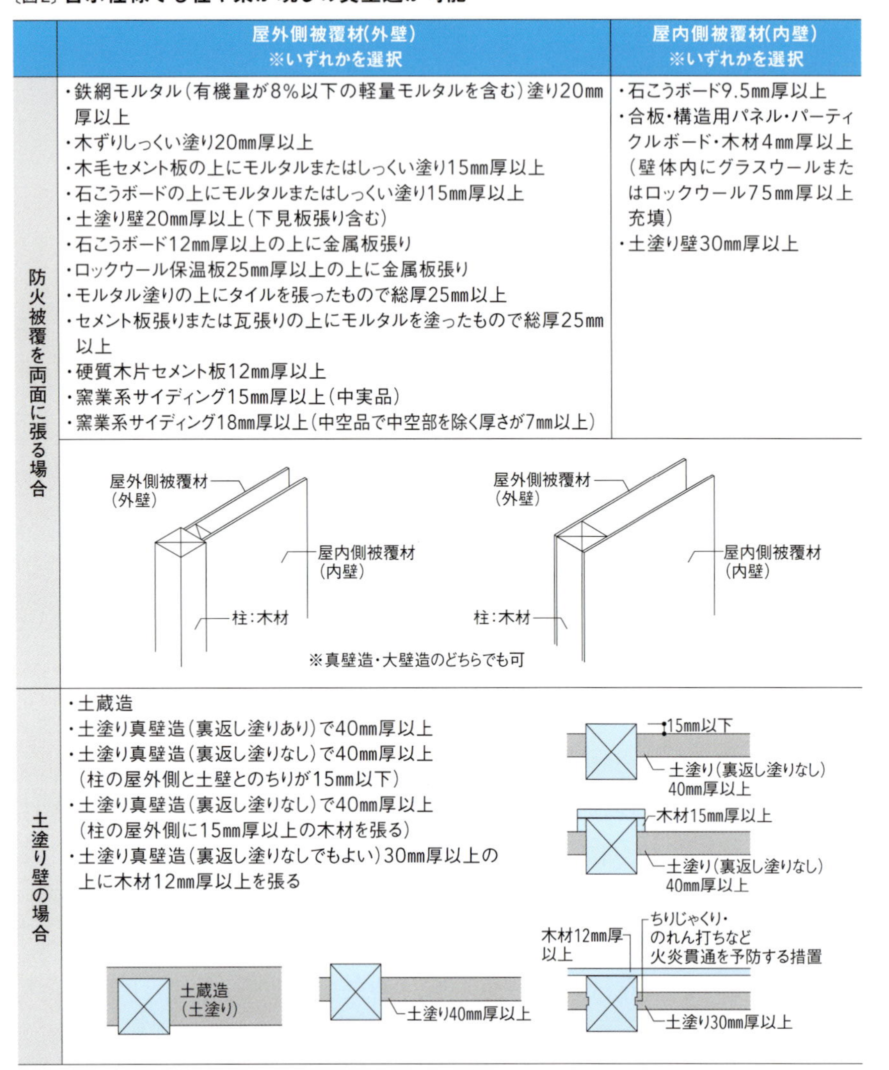

	屋外側被覆材(外壁) ※いずれかを選択	屋内側被覆材(内壁) ※いずれかを選択
防火被覆を両面に張る場合	・鉄網モルタル(有機量が8%以下の軽量モルタルを含む)塗り20mm厚以上 ・木ずりしっくい塗り20mm厚以上 ・木毛セメント板の上にモルタルまたはしっくい塗り15mm厚以上 ・石こうボードの上にモルタルまたはしっくい塗り15mm厚以上 ・土塗り壁20mm厚以上(下見板張り含む) ・石こうボード12mm厚以上の上に金属板張り ・ロックウール保温板25mm厚以上の上に金属板張り ・モルタル塗りの上にタイルを張ったもので総厚25mm以上 ・セメント板張りまたは瓦張りの上にモルタルを塗ったもので総厚25mm以上 ・硬質木片セメント板12mm厚以上 ・窯業系サイディング15mm厚以上(中実品) ・窯業系サイディング18mm厚以上(中空品で中空部を除く厚さが7mm以上)	・石こうボード9.5mm厚以上 ・合板・構造用パネル・パーティクルボード・木材4mm厚以上(壁体内にグラスウールまたはロックウール75mm厚以上充填) ・土塗り壁30mm厚以上
土塗り壁の場合	・土蔵造 ・土塗り真壁造(裏返し塗りあり)で40mm厚以上 ・土塗り真壁造(裏返し塗りなし)で40mm厚以上(柱の屋外側と土壁とのちりが15mm以下) ・土塗り真壁造(裏返し塗りなし)で40mm厚以上(柱の屋外側に15mm厚以上の木材を張る) ・土塗り真壁造(裏返し塗りなしでもよい)30mm厚以上の上に木材12mm厚以上を張る	

外壁を防火構造とする告示の仕様一覧。2000(平成12)年建設省告示1359号に、窯業系サイディングやモルタル、土塗り壁といった被覆材の仕様が例示されている。柱や梁を現しとした真壁造も認められている。なお、準耐火構造の仕様としてもよい

同様、(1)告示による仕様、(2)大臣認定による仕様の2種類がある。

(1)の告示による仕様には、〔図4〕のように、不燃性の軒天材を張る方法(平成12年建設省告示1359号の仕様)と、垂木や野地板の木材の厚さを確保して現しとする方法(平成12年建設省告示1358号の準耐火構造の仕様)とがある。告示の仕様の表面に木材を張る場合の扱いは外壁と同じなので、木材仕上げとする方法は多様だ。

不燃性の軒天材を張る場合と、木材に厚さを持たせて延焼を抑制する場合とでは、防火ライン(延焼を抑制する部分)が異なる(170ページの〔図3〕参照)。防火ラインの外側にさらに仕上げや通気層を設ける場合も想定されるので、耐久性や断熱性に配慮して納まりを決めていくとよい。

一方、(2)については、木材を仕上げに現した仕様で大臣認定を取得

〔図3〕**大臣認定は仕様が細かく決まっている**

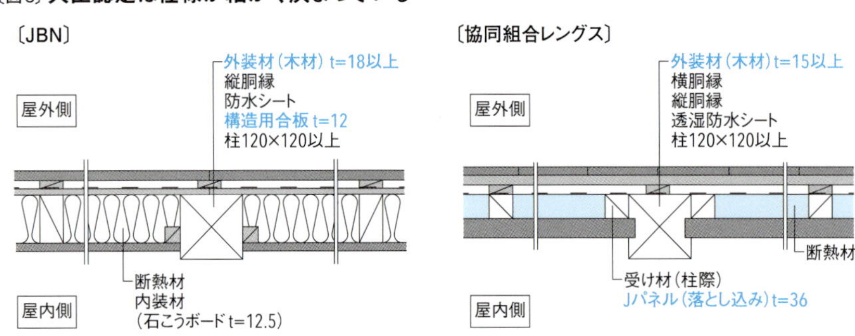

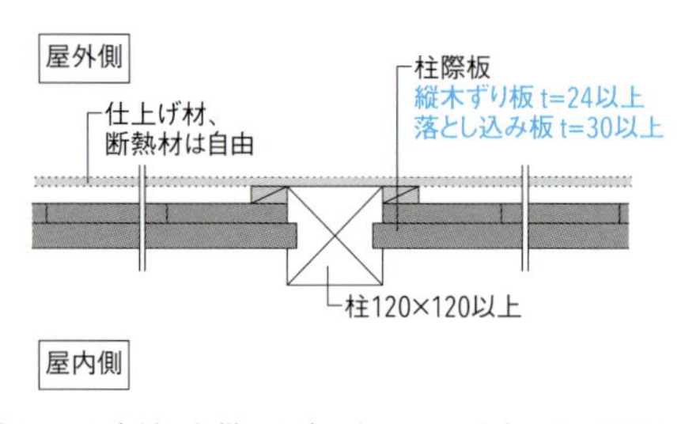

木材を現しにした外壁で大臣認定を受けた防火構造の仕様例。木材の総厚は青字の材の合計となる。樹種や端部加工形状といった木材の仕様、くぎやビスのサイズ・留め付け間隔などが細かく決まっている。詳細を認定取得者に確認したうえで採用してほしい

したものはそれほど多くはない。例としては、図5のように、木材と不燃系の断熱材を組み合わせて室内への燃え抜けを抑制している仕様が挙げられる。

軒裏は、桁や垂木、面戸板、野地板などの部材が狭いスペースに密集している。燃え抜けやすいのは部材同士の取り合い部なので、木材で燃え抜けを抑制する場合には、施工時や施工後に部材間に隙間ができないよう、木材の乾燥や加工精度、施工精度に注意を払っておきたい。

大臣認定を差別化に

大臣認定は、図6のように、性能評価試験（加熱試験）→性能評価→大臣認定申請という流れで取得する。民間企業や建築関連の協会といった法人だけでなく、個人や任意団体でも申請できる。

防火構造の外壁では、性能評価料が137万円（法定金額）、試験体製作・廃棄料（同じ試験体を2体つくり試験する費用）などがこれまでの事例では150万円前後、申請料が2万円。計300万円弱が、大臣認定取得に必要な費用の目安となる。

また、取得までに要する期間は、性能評価機関への事前相談から含めて考えると、早くて半年、長ければ1年程度であることが多い。

大臣認定という仕組みで新たな仕様を建基法に位置付ける道筋が準備されている。自社の差別化やブランディングのために、認定取得に挑戦してみてはいかがだろうか。

〔図4〕**告示仕様では不燃性の軒天材か木材厚さの確保**

垂木・野地板等を防火被覆する場合 ※いずれかを選択	垂木・野地板等を木材現しとする場合
・土蔵造 ・鉄網モルタル（有機量が8%以下の軽量モルタルを含む）塗り20mm厚以上 ・木ずりしっくい塗り20mm厚以上 ・木毛セメント板の上にモルタルまたはしっくい塗り15mm厚以上 ・石こうボードの上にモルタルまたはしっくい塗り15mm厚以上 ・土塗壁20mm厚以上（下見板張り含む） ・石こうボード12mm厚以上の上に金属板張り ・ロックウール保温板25mm厚以上の上に金属板張り ・モルタル塗りの上にタイルを張ったもので総厚25mm以上 ・セメント板張りまたは瓦張りの上にモルタルを塗ったもので総厚25mm以上 軒桁 / 軒裏被覆材 / 外壁 / 鼻隠し：不燃材料でつくるまたはふく	〔野地板〕 ・厚さ30mm以上の木材 〔垂木〕 ・木材 〔面戸板および被覆材〕 ・厚さ45mm以上の木材 〔部材の取り合い部〕 ・野地板および垂木と軒桁との取り合いなどの部分に垂木欠きを設けるなど、建物内部への炎の侵入を有効に防止する 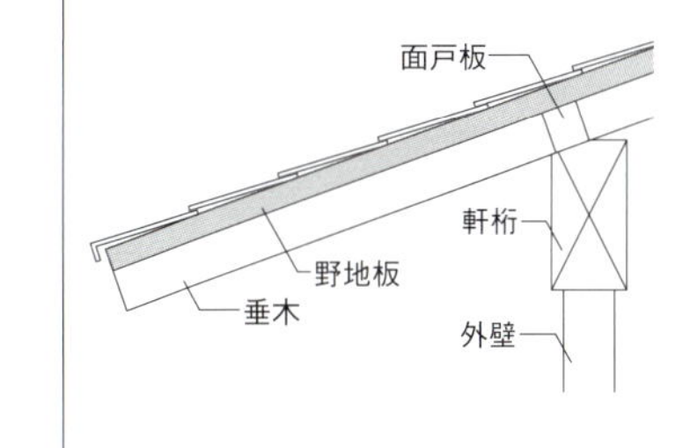

軒裏を防火構造とする告示の仕様一覧。2000（平成12）年建設省告示1359号に例示された不燃性の軒天材を張る方法と、同1358号に例示された軒天や野地板の木材厚さを確保する方法との2通りがある。後者は準耐火構造の仕様

〔京都府建築工業協同組合、早稲田大学〕

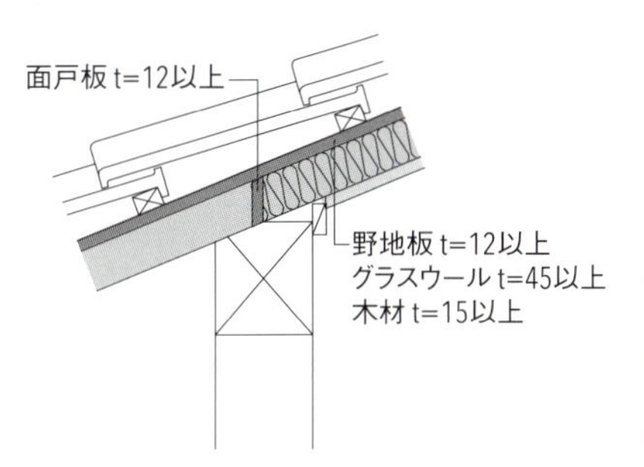

〔図5〕**不燃系の断熱材と組み合わせる**

木材を現しにした軒裏で大臣認定を受けた防火構造の仕様例。木材と不燃系の断熱材を組み合わせて室内への燃え抜けを抑制する。垂木・野地板を木材現しで認定されている仕様は多くない

〔図6〕**大臣認定で新たな仕様が使用可能に**

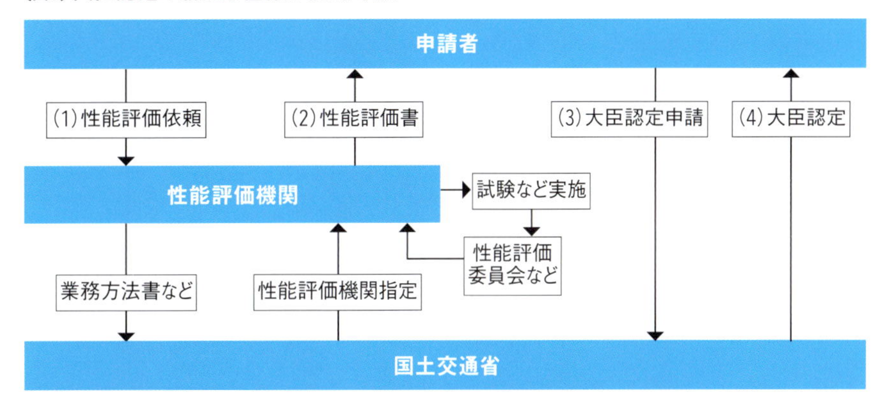

国土交通大臣認定を取得するまでの流れ。性能評価機関に依頼して試験を実施し、性能評価を受けたうえで、国交省に大臣認定の申請を提出する。認定を受けるまでの費用は、防火構造の外壁だと約300万円弱掛かる

防耐火設計のポイント

04

Key Word ▶ 準防火地域、開口部、防火戸、内装制限

大臣認定品なしで開口部や内装を木質化

前項に続いて、準防火地域の木造2階建てで木材を見せながら防火構造とする手法を紹介する。外壁の開口部や内装でも、法令の意図を読み解いて設計に臨めば、大臣認定品なしで木材を現しにすることが可能だ。

〔写真1〕**袖壁を設けて開口部を木材現しに**
防火構造の袖壁を設けて延焼を抑制した木製建具の例。袖壁を、前回紹介したように木材を見せた防火構造の壁として、開口部まわりの木質化を高めた
（写真：183ページまで特記以外は川辺 明伸）

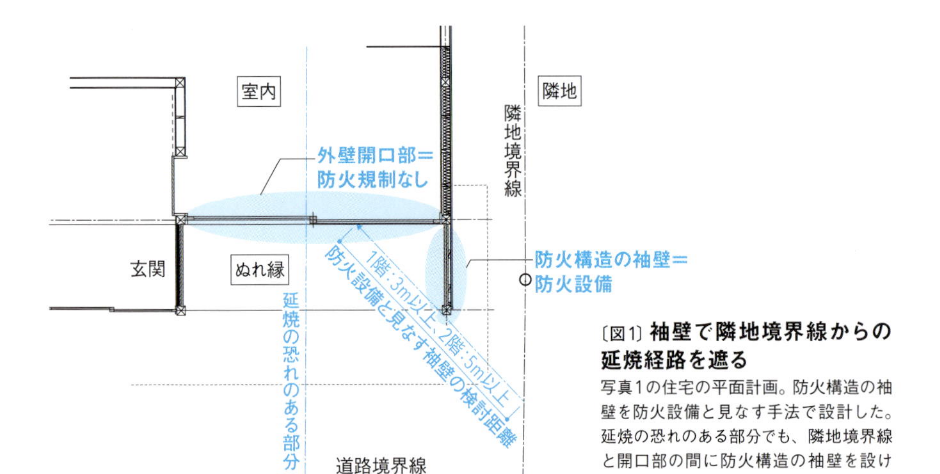

〔図1〕**袖壁で隣地境界線からの延焼経路を遮る**
写真1の住宅の平面計画。防火構造の袖壁を防火設備と見なす手法で設計した。延焼の恐れのある部分でも、隣地境界線と開口部の間に防火構造の袖壁を設ければ、開口部に防火規制が掛からない

ここでは、外壁や軒裏と並んで外観デザインに大きな影響を与える外壁開口部と、内装制限の掛かるキッチンなどの火気使用室（最上階の場合を除く）の壁や天井で、それぞれ木質化する手法を解説する。

準防火地域内の2階建て以下の住宅で、外壁開口部のうち延焼の恐れのある部分に位置するものは、防火設備（建築基準法64条に位置付けられた防火戸など）とすることが求められる。具体的には屋外で火災が起こった際に、20分間、室内へ火炎が貫通しない性能だ。

通常は、網入りガラスや耐熱強化ガラスなどの防火ガラスを用いたアルミサッシや樹脂サッシで、サッシメーカーが個別に大臣認定を取得した防火戸が使われることが多い。網入りガラスはガラスが割れてもワイ

ヤで脱落せず、耐熱強化ガラスはそもそも割れない。いずれも延焼防止性能を確保している。

この防火設備を木質化する方法としては、木製サッシで枠材を太く厚くして防火設備の大臣認定を取得したものが増えてきた。しかし、大臣認定に頼らず、次のような手法でも開口部まわりを木質化できる。

(1) 防火構造の袖壁を設置〔写真1〕。
(2) アルミ防火戸の外側に木製格子を設置〔写真2〕。
(3) 金属板と石こうボードでつくった雨戸を設置。

〔写真2〕**アルミ防火戸を木製格子で覆う**
延焼抑制効果を高めるためにアルミ製の防火戸の屋外側を木製の格子で覆った例。サッシの防火性能を低下させる恐れがあるので、木製格子を設けるならば、サッシではなく外壁などに取り付けたほうがよい

〔写真3〕**延焼防止性能を損なわない**
加熱実験で木製の格子の延焼抑制効果を検証した様子。加熱開始から10分後のガラスの裏面温度は、木製格子なしが400℃に達したのに対して、木製格子付きは300℃程度にとどまり、室内への輻射熱は約半分になった（写真：安井 昇）

袖壁で延焼経路を遮る

(1) は、建基法施行令109条2項に記された「開口部から1階にあっては3m以下、2階以上にあっては5m以下の距離にあるものと当該開口部とを遮る外壁、袖壁、塀その他これらに類するものは防火設備と見なす」という条文に基づいて、防火構造の袖壁を設計するものである。

図1のように、隣地境界線からの延焼経路を遮るように、開口部と境界線の間に袖壁を設けることにより、この袖壁を防火設備と見なすことができ、外壁開口部には防火規制が掛からない。そのため、サッシを防火戸にする必要がなくなる。さらに、**写真1**のように袖壁を、木材を見せた防火構造の壁（前項詳述）とすれば、開口部まわりの木質化は高まる。

(2) は、**写真2**のようにサッシメーカーが個別に大臣認定を取得したアルミ製や樹脂製のサッシによる防火戸の外側に、木製の格子を設けたものである。格子はサッシ本体ではなく外壁に取り付けている。

木製の格子を設けることにより、設けない場合よりも屋外火災時に室内へ入る熱量が減ることが、加熱実験で実証されている〔写真3〕。

木製格子は表面に着火しても加熱を受ける表面からしか燃えないため、燃え落ちるまでは室内へ入る熱量が軽減される。つまり、木製の格子を設けても防火戸の延焼防止性能は低下せず、むしろ同等以上の性能を有するというわけである。

なお、個別の大臣認定を受けたサッシに木製の格子を直接取り付けると、

〔図2〕**特定不燃材料は15種類**

特定不燃材料	❶コンクリート ❷れんが ❸瓦 ❹陶磁器質タイル ❺繊維強化セメント板 ❻厚さが3mm以上のガラス繊維混入セメント板 ❼厚さが5mm以上の繊維混入ケイ酸カルシウム板 ❽鉄鋼 ❾金属板 ❿モルタル ⓫しっくい ⓬石 ⓭厚さが12mm以上の石こうボード(ボード用原紙の厚さが0.6mm以下のものに限る) ⓮ロックウール ⓯グラスウール板

特定不燃材料の一覧。2000(平成12)年建設省告示1400号の不燃材料を定める件に例示された仕様から、ガラスとアルミを除いたもの

〔図3〕**出火源付近を不燃化すれば木材などを使える**

木材など	材質	木材、合板、構造用パネル、パーティクルボードもしくは繊維板	
	表面加工	火炎伝搬を著しく助長するような溝を設けない	
	取り付け方法	木材厚さ25mm以上の場合	特に下地の規定はない
		木材厚さ10mm以上の場合	壁内部で燃え広がらないよう柱・梁・間柱・胴縁などで区画するか難燃材料の壁に直接取り付ける
		木材厚さ10mm未満の場合	難燃材料の壁に直接取り付ける

2000(平成12)年建設省告示1439号の「木材など」の定義。火気使用室でも、出火源付近を不燃化すれば木材などを使える

サッシの防火性能の低下を招く恐れがある。木製格子を設けるならば、サッシの仕様を変えないよう、外壁などに取り付けたほうがよい。

(3)は、防火設備の構造方法を定めた2000(平成12)年建設省告示1360号が根拠となる。そこに例示された「骨組みを防火塗料を塗布した木材製とし屋内面に厚さ1.2cm以上の木毛セメント板または厚さ0.9cm以上の石こうボードを張り、屋外面に亜鉛鉄板を張ったもの」に準じ、雨戸を設けて設計するものである。

防火性能を有する雨戸の内側に木製の建具を設けることもできる。その際、雨戸と枠の取り合い部など隙間が生じる可能性のある部分は、戸じゃくりや戸当たりを設けたり、雨戸を閉じた際に取り付け金物の露出を避けたりすることが告示で定められている。ディテールは慎重に設計しておきたい。

出火源近くを不燃化

住宅において、出火の可能性が高いキッチンなどの火気使用室(最上階を除く)は、壁と天井全体に内装制限が掛かる。石こうボードなどの準不燃材料で仕上げることが多い。

一方、2009(平成21)年国土交通省告示225号(準不燃材料でした内装の仕上げに準ずる仕上げを定める件)では、ガスコンロやまきストーブなどの出火・加熱源からの輻射・対流熱が影響を与える範囲を計算し、その範囲を特定不燃材料〔図2〕などとすれば、それ以外の部分は木材など〔図3〕で仕上げられる。

出火源周辺の内装に容易に燃え広がらなければ、部屋全体の火災に広がる時間を遅延できるので、その部分を重点的に不燃化しようとするものだ。

例えば、ガスコンロでは、通常の使用時の輻射熱で着火する可能性がある範囲を「長期加熱による可燃物燃焼範囲」、天ぷら油による火災など非常時の輻射熱で着火する可能性がある範囲を「短期加熱による可燃物燃焼範囲」と呼ぶ。告示では、この2つの可燃物燃焼範囲内の内装材や下地材に求められる不燃性能などを規定している。

一般的な長さ2650mmのI型キッチンについて、告示の式に従って作図すると**図4**のようになる。長期加熱による可燃物燃焼範囲には天井や壁がないので、内装制限が掛かるのは短期加熱によるコンロから半径約1mの範囲であることが分かる。

この部分を「厚さ12.5mm以上の石こうボード張り」「厚さ5.6mm以上の繊維混入ケイ酸カルシウム板または

繊維強化セメント板を2枚以上張り」「厚さ12mm以上のモルタル塗り」のいずれかとすれば、その他の部分は木材などで仕上げられる。

写真4のようにLDKが一体の空間でも、コンロから一定の距離を取った梁や天井・壁仕上げを木材現しとできるのだ。

なお、長期加熱による可燃物燃焼範囲に壁が掛かると、間柱などの下地も特定不燃材料とする必要がある。市販の奥行き65cm以上のシステムキッチンでは、コンロと壁の距離がその範囲に掛からない25cm超であることも多いが、オーダーでキッチンをつくる際にはこの寸法を頭に入れておきたい。

こうした住宅の内装制限については、日本建築センターが企画した「住宅の内装防火設計マニュアル」（全国官報販売協同組合発行）に図解入りで分かりやすくまとまっている。

「燃えないこと」ではない

2回にわたって、準防火地域の2階建て以下の住宅で、外壁・軒裏・開口部・内装を木材で仕上げる手法を紹介した。

建基法では、外壁・軒裏・開口部には「容易に燃え抜けないこと」、内装には「容易に燃え広がらないこと」を要求している。単純に「燃えないこと（着火しないこと）」を求めているわけではないので、木材を見せながら、うまく燃え方をコントロールする手法を知って、設計に生かしてほしい。

〔図4〕**内装制限はコンロから半径約1m**

〔平面で見た制限範囲〕

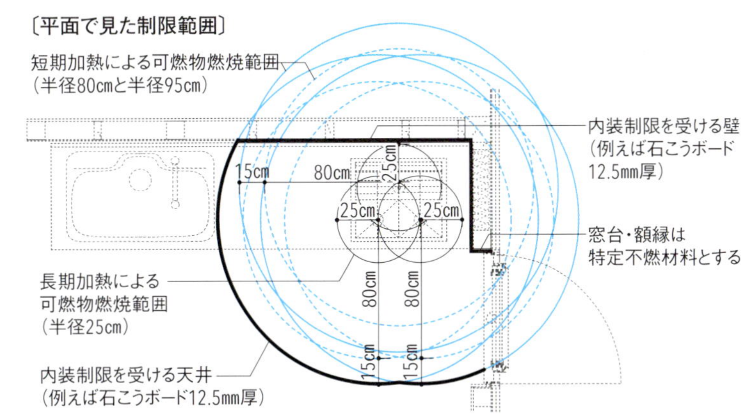

〔断面で見た制限範囲〕

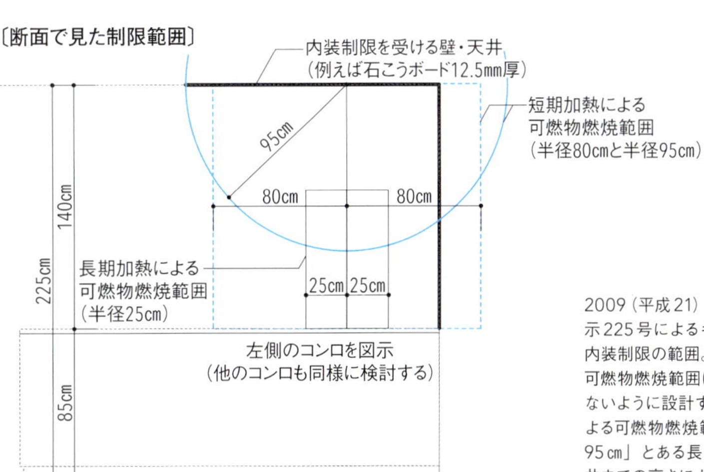

2009（平成21）年国土交通省告示225号によるキッチンまわりの内装制限の範囲。長期加熱による可燃物燃焼範囲に天井・壁が入らないように設計する。短期加熱による可燃物燃焼範囲のうち「半径95cm」とある長さはコンロから天井までの高さによって変わる

〔写真4〕**コンロがあっても木材現しは可能**
2009（平成21）年国土交通省告示225号によりガスコンロ周辺を不燃化して延焼抑制した例。LDKが一体の空間でも、コンロから離れた場所の梁や天井・壁の仕上げを木材現しにできる

防耐火設計のポイント

05

Key Word ▶ イ準耐火建築物、準耐火構造、燃えしろ設計

燃えしろ設計で柱・梁を準耐火構造に

**準防火地域内の木造3階建てで最も一般的なのは、
主要構造部を準耐火構造とする「イ準耐火建築物」だ。
火災時に燃える寸法をあらかじめ設計に見込んだ「燃えしろ設計」によって、柱や梁を現しとできる。**

準防火地域内に木造3階建て住宅を設計する場合、2階建て以下の場合とは異なり、すべての主要構造部を準耐火構造にしなければならないなど高度な防火規制が掛かる。2階建て以下の場合と比較して、建物の可燃物の総量が多くなることや、居住者の避難や消防活動が難しくなることなど、火災時に、より高度な対策が求められるためだ。

このような条件の中で、木材を太く厚く使って現しにしながら火災に対する安全性を確保する方法を解説していこう。

準防火地域内に木造3階建て住宅を設計する際には、延べ面積などに応じて、「イ準耐火建築物」「ロ準耐火建築物1号」「技術的基準適合建築物」の3種類の防耐火建築物がある〔図1〕。

このうち、イ準耐火建築物が最も建築棟数が多く一般的な方法だ〔写真1〕。具体的には、主要構造部を準耐火構造（所定の時間内は壊れないか燃え抜けない構造）としたうえで、延焼の恐れのある部分の外壁開口部を防火設備とする。

〔図1〕**イ準防耐火建築物は主要構造部が準耐火構造**

準耐火建築物		その他の建築物
イ準耐火建築物（主要構造部準耐火構造）	ロ準耐火建築物1号（外壁耐火型）	技術的基準適合建築物（準防木三）
3階建て以下、延べ面積1500m²以下		3階建て以下、延べ面積500m²以下
延焼の恐れのある部分 屋根ふき材：不燃材料 屋根の屋内側または直下の天井：30分 間仕切り壁：45分 床：45分 軒裏：30分 軒裏：45分 外壁（非耐力）：30分 防火戸（防火設備） 梁：45分 柱：45分 外壁（耐力）：45分 階段：30分 ※時間は準耐火構造の要求時間	延焼の恐れのある部分 屋根ふき材：不燃材料など 屋根の構造：20分 外壁：耐火構造 防火戸（防火設備）	延焼の恐れのある部分 屋根直下の天井：石こうボードt=12+9など 屋根ふき材：不燃材料など 軒裏 3階の区画：壁または戸で仕切る 内装：石こうボードt=12など 隣地境界線などから5m以下：・距離に応じた開口面積の制限 ・延焼の恐れのある部分は防火設備 隣地境界線から1m以下：常閉式防火戸 外壁：防火構造 主要部分の柱・梁：・小径を12cm以上とする ・石こうボードt=12などで被覆する 床の直下の天井：石こうボードt=12など
すべての主要構造部を準耐火構造として一定時間 建物が崩壊しないようした建物	外壁を耐火構造として、一定時間建物が崩壊しないようにした建物	延焼経路となりやすい外壁開口部の面積と仕様を隣地境界線からの距離で規定し延焼しにくいようにした建物

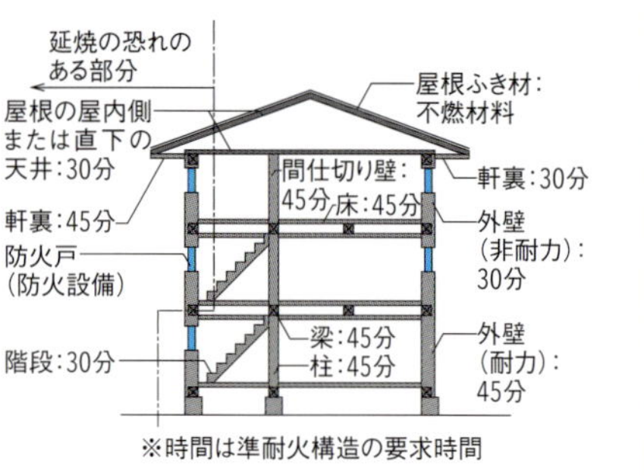

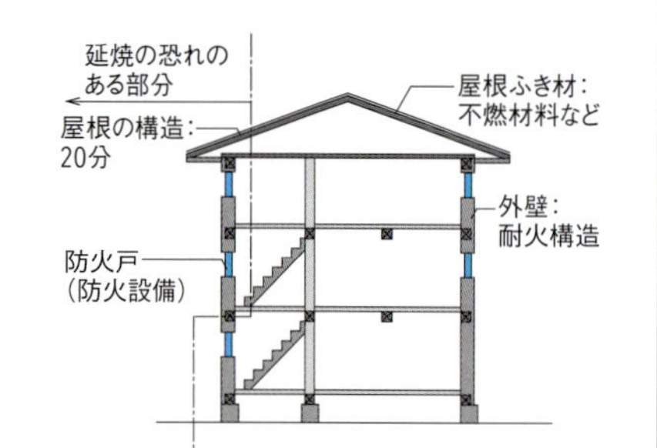

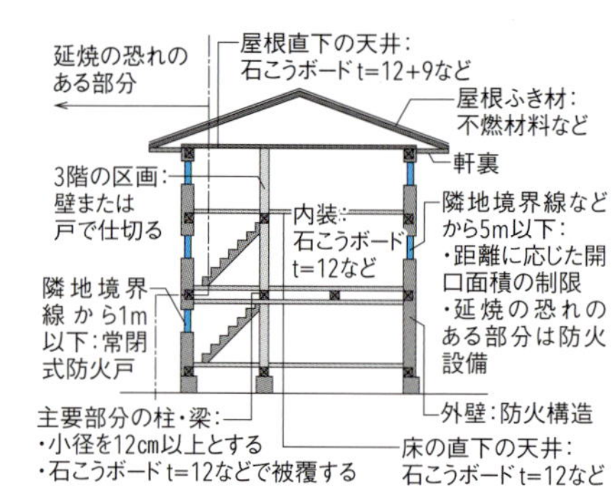

準防火地域の木造3階建ての対応方法。3種類のうち、イ準耐火建築物が最も建築棟数が多く一般的な方法だ

そうすることで、火災が45分間継続しても崩壊を抑制して、市街地への延焼抑制や消防活動の支援をできるようにする。つまり、木材を現しにしてもゆっくり燃えればよいので、太く厚く使えば防火規制に対応できるというわけだ。

木材自体による防火被覆

主要構造部を準耐火構造とする方法には、(1) 防火被覆する（2000年建設省告示1358号に例示された仕様か個別に大臣認定を取得した仕様とする)、(2) 燃えしろ設計とする（同告示による）の2種類がある。

防火被覆の一例を挙げると、壁は石こうボード厚さ15㎜以上、床は裏側や直下の天井面を強化石こうボード厚さ12.5㎜以上として床上面を木材総厚さ30㎜以上とするなどだ。石こうボードなどによる防火被覆なので、柱や梁を見せない大壁造で設計する場合にはこの手法がよい。

一方、柱や梁を見せた真壁造や、壁・床などに厚板の木材を用いたパネル造とする場合は、燃えしろ設計を選べばいい。

燃えしろ設計とは、簡単にいうと、火災時に燃えるであろう寸法（燃えしろ寸法）をあらかじめ部材に見込む手法だ。木材による防火被覆といえる。これにより一定時間は部材が壊れないことを担保する。

2016年3月の告示改正で、従来の柱と梁に加えて、壁や床、屋根の燃えしろ寸法が準耐火構造に追加された〔図2〕。準耐火構造とする際、ほと

〔写真1〕**主要構造部を準耐火構造にする**
木造3階建て住宅の「イ準耐火建築物」の外観。街並みに合わせて道路側は2階建てとなっている。構造部を準耐火構造とし、延焼の恐れのある部分の外壁開口部を防火設備とした。軒裏や木製格子、木製建具など、延焼抑制に配慮しながら木材現し仕上げとしている（写真:187ページまで川辺 明伸）

〔図2〕**ほとんどの構造部材が燃えしろ設計可能に**

準耐火構造の部材		接着剤の種類	集成材・LVL	製材	CLT
45分	柱・梁	—	35㎜	45㎜	—
	外壁・間仕切り壁（耐力壁）	レゾルシノール樹脂など	35㎜	—	35㎜
		水性高分子イソシアネート樹脂など	45㎜	—	45㎜
	床	レゾルシノール樹脂など	35㎜	—	35㎜
		水性高分子イソシアネート樹脂など	45㎜	—	45㎜
30分	屋根	レゾルシノール樹脂など	25㎜	—	25㎜
		水性高分子イソシアネート樹脂など	30㎜	—	30㎜

2000（平成12）年建設省告示1358号による準耐火構造の燃えしろ設計。集成材、LVL（単板積層材）、製材、CLT（直交集成板）はJAS材に限る。接着剤は使用環境AまたはBのものに限る

〔図3〕**燃えしろ設計の流れ**

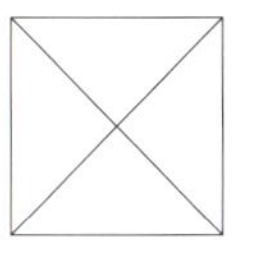

燃えしろ設計は長期荷重を支持するすべての柱と梁に対してチェックする

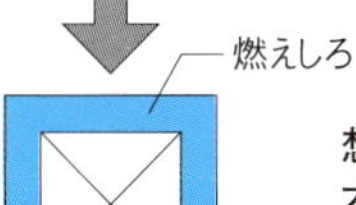

想定した断面から所定の燃えしろ寸法を差し引く。木材などで防火上有効に被覆された部分以外は4面ともに差し引く

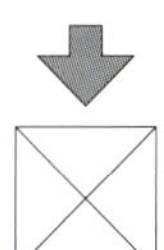

この断面に長期荷重が生じたときの応力度が短期許容応力度を超えなければよい。超えた場合は、元の断面を大きくする

〔写真2〕
柱・梁を燃えしろ設計で現しにした
写真1の住宅の内観。燃えしろ設計した準耐火構造の柱・梁が見える。スギの構造用製材を用い、柱は165㎜角、梁は幅150×背330㎜の寸法で設計。火災時にも倒れにくい構造躯体としている

んどの構造部材を燃えしろ設計で対応できるようになった。つまり、木材だけで準耐火建築物をつくることが可能になったといえる。

実際の設計の流れは**図3**に示した通りだ。まず、太め・厚めに設計した部材寸法から告示で例示された燃えしろ寸法を差し引く。そのうえで、残った断面に長期荷重が生じた際の応力度が、短期の許容応力度を超えないことを確認する。

このように木材による防火被覆を適切に設けることで、準耐火構造が求める火災後の一定時間（30分、45分、1時間）、各部材が壊れず建物が崩壊しない設計となる。

燃えしろ見込み165㎜角の柱に

具体的に準防火地域内の3階建ての住宅の事例を見てみよう。**写真1～3**は同一の住宅で、柱、梁、軒裏、窓格子、玄関引き戸、室内の天井（野地板）などを木材現しとしたイ準耐火建築物である。

柱と梁は、JAS（日本農林規格）構造用製材を用いた燃えしろ設計としている〔写真2〕。先述の告示により45分準耐火構造の製材の燃えしろ寸法は45㎜となる〔図2〕。

柱断面は165㎜角で設計し、4面から燃えしろ45㎜を差し引いた75㎜角で45分火災後に崩壊しないことを構造的にチェックした。

梁は幅150×背330㎜として、同様に燃えしろ部分を差し引いた幅60×背285㎜（梁の上面は燃えしろ寸法以上の厚さの木材床で被覆されているため上面の燃えしろを省略）で崩壊しないことを確認した。

いずれも奈良・吉野で調達したスギ製材を用いている。燃えしろ設計では、ヤング係数や含水率（燃えしろ設計では20％以下の材料とする）など、しっかりと製品管理された材料を用いることが重要である。

軒裏は、179ページの**図4**の右側で紹介した準耐火構造の仕様。野地板を厚さ30㎜以上の木材、面戸板を厚さ45㎜以上の木材とした。2000（平成12）年建設省告示1358号に例示された垂木・面戸板・野地板の木材を現しにした軒裏だ。

木材の厚さを確保し、木材がゆっくり燃えることで一定時間、延焼を抑制する。

防火・構造兼ねる大臣認定

窓格子と玄関引き戸は、「ポイント04」で紹介した手法を用いた〔写真1〕。アルミ防火戸の外側に木製格子

〔図4〕**床や屋根は構造と防火の性能を1つの部材で兼ねられる**

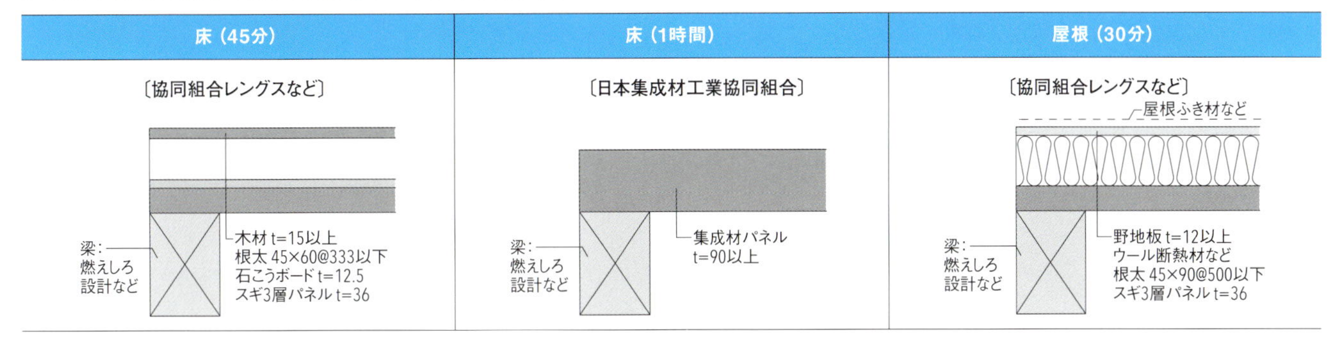

大臣認定による木材を現しとした準防火構造の床・屋根の仕様例。スギ3層パネルや集成材パネルは所定のビスやくぎで梁に留めることによって床倍率も有するようになる

を付けることで、外部からの延焼をいっそう抑制できる。プライバシーの確保も兼ねている。

ただし、格子を設けると室内火災時に窓から避難できなくなる恐れもある。格子がない窓からの脱出経路を設けたり、格子が非常時に容易に外れるように対処したりしておくとよいだろう。

また、玄関引き戸の横に設けた準耐火構造の袖壁が隣地火災からの延焼を抑制するため玄関建具の木質化も可能となる。

室内の天井には、上階の床が容易に燃え抜けない準耐火構造が求められ、キッチンなどの火気使用室であれば仕上げに内装制限も掛かる。それぞれに対応する必要がある。要求性能は、前者が燃え抜けない性能、後者が燃え広がらない性能でそれぞれ異なる。

この部分を準耐火構造とする方法は図4のように、床や屋根で大臣認定が取得されている。スギ3層パネルや集成材パネルは、所定のビスやくぎで梁に留めることによって、床倍率も有するようになるため、構造と防火の両方の性能を1つの部材で兼ねられる。

内装制限は、「ポイント04」で紹介した2009（平成21）年国土交通省告示225号を踏まえて対応する。コンロからの火災時に延焼する可能性のある範囲を特定し、その部分の壁・天井を特定不燃材料、それ以外を木材等で仕上げている〔写真3〕。

準防火地域内の3階建て準耐火建築物であっても、木材を太く、厚く使うことや、木材を出火源から離すことで、火災時の安全性能を確保しながら、ほとんどの部位を木材現しにできる。ここでは紹介しなかったが、当然、床板や階段板も可能だ。ぜひ設計に取り入れてほしい。

〔写真3〕**厚い野地板と内装制限対応**
写真1の住宅の内観。燃え抜けないように36㎜厚の野地板を用いて現しとしたうえで、出火源（コンロ）と木材の距離を約1m離して燃えないようにしている

06

Key Word ▶ ロ準耐火建築物1号、技術的基準適合建築物

敷地や建物形状で防耐火の手法を選ぶ

イ準耐火建築物以外でも、準防火地域の3階建て住宅で木材を現しとして設計できる。
ロ準耐火建築物1号は矩形の建物形状で、
技術的基準適合建築物は2方向が道路に接した敷地で、それぞれ採用しやすい。

準防火地域の3階建て住宅を設計する手法は、前項で紹介した「イ準耐火建築物」の他にも、「ロ準耐火建築物1号」(施行令109条の3第1号)と「技術的基準適合建築物」(施行令136条の2)がある。ここでは、これら2つの手法を使って、木材を現しで設計する方法を紹介する。

イ準耐火建築物、ロ準耐火建築物1号、技術的基準適合建築物の3つについて、図1にそれぞれの防耐火規定をまとめた。

イ準耐火建築物では、すべての主要構造部に均等に防耐火規定(壊れない・燃え抜けない)が掛かるのに対して、残る2つは部分的にしか掛からない。イ準耐火建築物以外で設計したほうが設計自由度は高いように見えるが、準防火地域の3階建て住宅で最も建築実績が多いのはイ準耐火建築物である。

これは、石こうボードなどの不燃系面材を各部に張ることにより、所定の性能が確保できるためで、枠組み壁工法や大壁造の軸組み工法では、ほとんどがそうした手法を採用している。この際、構造躯体を現しにする手法は前項で紹介した燃えしろ設計などを採用する。

一方で、ロ準耐火建築物1号は昔

〔図1〕イ準耐火建築物以外は防耐火規定が部分的

		準耐火建築物		技術的基準適合建築物
		イ準耐火建築物	ロ準耐火建築物1号	
延べ面積		1500m²以下		500m²以下
主要構造部	外壁※1	準耐火構造(45分)	耐火構造(1時間)	防火構造(30分)+屋内側:石こうボード12mm厚以上
	間仕切り壁	準耐火構造(45分)	—	—
	床	準耐火構造(45分)	—	天井面:石こうボード12mm厚以上
	柱	準耐火構造(45分)	—	—(120mm角以上の場合)※3
	梁	準耐火構造(45分)	—	—(120mm角以上の場合)※3
	軒裏※1	準耐火構造(45分)	—	防火構造(30分)
	屋根	準耐火構造(30分)	準耐火構造(30分)※2	天井面:石こうボード9mm厚+12mm厚以上
	階段	準耐火構造(30分)	—	—
	外壁開口部※1	防火設備(20分)	防火設備(20分)	防火設備(20分)+隣地との距離により面積制限
3階の室		—	—	階段と3階の室を壁または戸で仕切る

準防火地域の木造3階建ての防耐火規定比較。「—」は規制なし。※1は、延焼の恐れのある部分の場合を記載。※2は、20分の延焼防止性能または準耐火構造が求められる(強化石こうボード12.5mm厚以上など)。※3は、柱・梁が120mm未満の場合は石こうボード12mm厚以上で被覆する

〔図2〕**14年の告示で木造でも外壁を耐火構造にできるように**

屋外側被覆材（外壁）[いずれかを選択する]	屋内側被覆材（内壁）[いずれかを選択する]
・強化石こうボードを2枚以上張ったもので、合計厚さが42mm以上のものの上に、金属板、軽量気泡コンクリートパネルもしくは窯業系サイディングを張るかモルタルもしくはしっくいを塗ったもの ・強化石こうボードを2枚以上張ったもので、合計厚さが36mm以上のものの上に、厚さ8mm以上の繊維混入ケイ酸カルシウム板を張ったものの上に、金属板、軽量気泡コンクリートパネルもしくは窯業系サイディングを張るかモルタルもしくはしっくいを塗ったもの ・厚さ15mm以上の強化石こうボードの上に、厚さ50mm以上の軽量気泡コンクリートパネルを張ったものの	・強化石こうボードを2枚以上張ったもので、合計厚さが42mm以上のもの ・強化石こうボードを2枚以上張ったもので、合計厚さが36mm以上のものの上に、厚さ8mm以上の繊維混入ケイ酸カルシウム板を張ったもの ・厚さ15mm以上の強化石こうボードの上に、厚さ50mm以上の軽量気泡コンクリートパネルを張ったもの

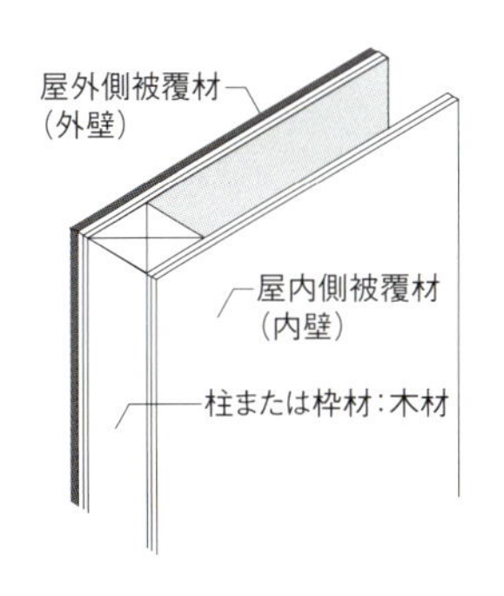

木造耐火構造の外壁の告示仕様。2014年8月に、外壁と間仕切り壁に限ってだが、木造の仕様が例示された。間仕切り壁は、屋内側被覆材（内壁）を両面に張る

の倉庫などによくあったれんが造の建物を想定している。外壁を火災後も壊れない耐火構造として、建物内外での火災に対して延焼を抑制しようとするもので、外壁以外にはほとんど防耐火規定は掛からない。

技術的基準適合建築物は、「準防木3」などと呼ばれ、建物が密集した準防火地域において、延焼経路になりやすい外壁開口部の仕様と面積を、隣地境界線や道路中心線からの距離で制限して、できるだけ延焼遅延を図ろうとするものだ。こちらも外壁と軒裏、室内の天井以外にはほとんど防耐火規定が掛からない。

つまり、ロ準耐火建築物1号と技術的基準適合建築物はいずれも、建物内部の部材に防耐火規定がほとんど掛からない。柱や梁を現しにしやすいと考えられるのに、実情はなかなか採用されていない。どの辺りが防火設計上、難しいのか。

耐火被覆を切り欠かない

まず外壁を耐火構造とした準耐火建築物を考えてみる。

耐火構造の外壁に求められる性能は、建物内外での火災時および火災終了後に、消防活動の有無によらず、外壁が壊れない・燃え抜けないことである。

2014年8月に耐火構造の告示（平成12年建設省告示1399号）に仕様が追加され、外壁と間仕切り壁に限ってだが、木造の仕様が初めて例示された（現在は、壁以外の主要構造部についても例示されている）。具体的には、図2のように強化石こうボード総厚42mm以上（外壁屋外側は窯業系サイディングや金属板などをさらに張る）などを構造躯体の両面に張ったものだ。

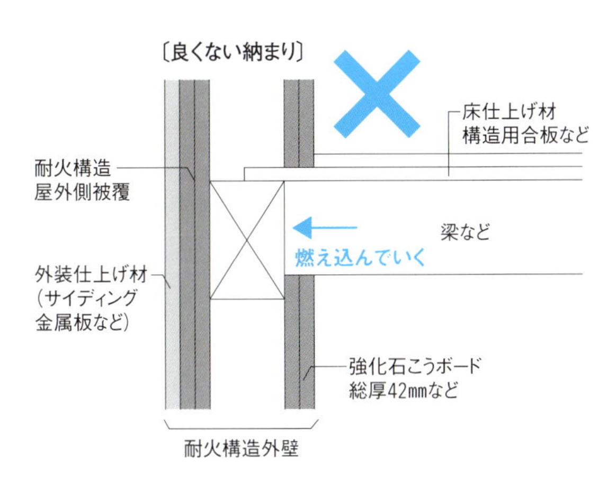

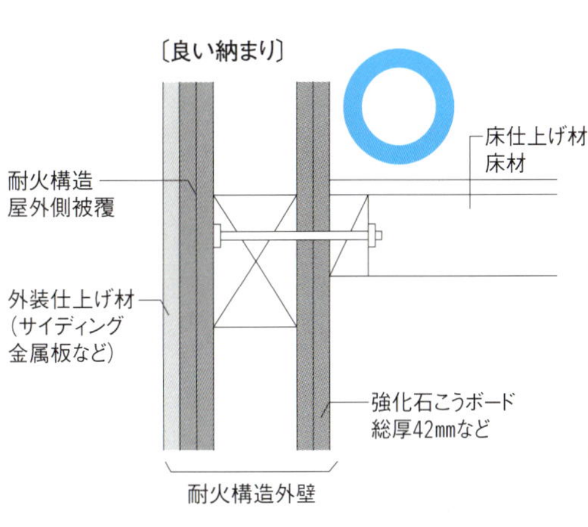

〔図3〕
耐火構造外壁の被覆材を切り欠くべからず
ロ準耐火建築物1号の外壁には耐火構造が求められるため、外壁を構成する柱・梁に燃え込まないような工夫が必要となる。右側の「良い納まり」は耐火被覆の切り欠きを接合金物部分だけにして燃え込まないようにしている

〔図4〕**境界線から1m以下と5m以下で規制**

開口部の境界線からの距離	防火規制
隣地境界線から1m以下	常閉、随閉（熱または煙感知器連動）、はめ殺しの防火設備
隣地境界線・道路中心線から5m以下	開口面積÷隣地境界線までの距離によって定められた面積＜1となることを確認

技術的基準適合建築物の外壁開口部の規制。境界線からの距離が1m超だと、開口部の開閉仕様の制限はないが、5m以内ならば面積制限がある。開口面積の合算方法は図5、隣地境界線までの距離によって定めれられた面積は図6を参照

〔写真1〕**外壁を耐火構造の仕様に**
外壁を耐火構造にした3階建て木造住宅。外壁の耐火被覆を切り欠かずに納めている。矢敷潤建築設計事務所が設計した（写真：平井 広行）

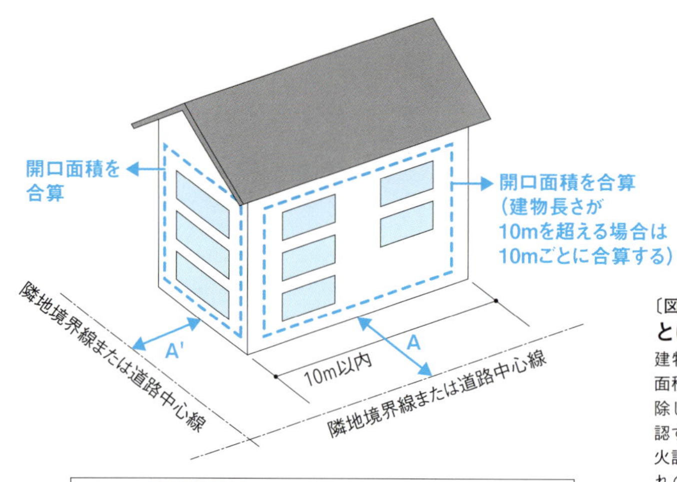

〔図5〕**建物長さ10mごとに開口面積を合算**
建物の長さ10mごとに開口面積を合算し、図6の面積で除して1未満となることを確認する。その際、開口部が防火設備でない場合（延焼の恐れのある部分でない場合）は、開口面積を2倍とする

〔図6〕**1m離れるごとに開口部面積を増やせる**

隣地境界線または道路中心線からの水平距離	立面図の開口面積を除する面積
1m以下	9m²
1m超2m以下	16m²
2m超3m以下	25m²
3m超4m以下	36m²
4m超5m以下	49m²

水平距離と開口面積を除する面積の関係。隣地境界線から1m延びるごとに、開口面積を除する面積が大きくなる

木造でも耐火構造が実現できるようになり、建物全体を木造としたロ準耐火建築物1号が設計できるようになったわけだ。ただし、外壁が火災時および火災終了後に壊れないためには、外壁を構成する構造躯体が燃えないことが重要となる。

通常、木造では、**図3**の左図のように、外壁に直交する梁は外壁を構成する柱や梁に直接、接合するが、これでは室内火災時に梁を通じて外壁内部へ延焼し、やがては外壁が崩壊してしまう。鉄筋コンクリート造やれんが造の外壁の場合は、そもそも自立しているので、建物内部の部材が仮に木造で、それらがすべて燃え落ちても外壁だけは残る。

つまり、木造でロ準耐火建築物1号とするには、外壁が自立して残るように、外壁の耐火被覆を切り欠かずに納めることが重要となる。**写真1**の住宅は木造耐火構造の外壁の耐火被覆を切り欠かずに**図3**の右図のように納めている。

床梁以外に、土台や桁などについても同様の配慮が必要だといえる。木造の柱や梁を組み立ててから被覆材を張る通常の軸組み工法の納まりや施工方法ではなく、まず外周の柱や梁を組み立てて耐火被覆材で覆ってから内部の建て方をするなど、少し特殊な工法や施工方法になる。

設計・施工上、高度な知識と施工技術が必要となるので、なかなか採用されないのかもしれない。しかし、あまり出っ張りや引っ込みのない矩形の建物であれば比較的、設計・施工しやすいだろう。

境界線近くで開閉仕様制限

次に、開口部からの延焼を抑制する技術的基準適合建築物について考えてみる。

1987（昭和62）年建設省告示1903〜1905号に具体的な設計手法が例示されている。柱や梁を120mm角以上とすれば、現しとできるのが最大の特徴だ。

告示施行から30年近くたっているが、あまり知られていないのか、事例が増えない。恐らく、外壁の開口部の仕様と面積が隣地境界線などからの距離で規制されるのが、設計自由度を下げているのかもしれない。

というのも、準耐火建築物ならば、延焼の恐れのある部分の開口部は防火設備（アルミ防火戸など）とすれば面積の制限は特にない。ところが、技術的基準適合建築物では、(1) 防火戸の開閉仕様の制限、(2) 開口面積の制限がある。

(1) については、**図4**のように、隣地境界線から1m以内の外壁開口部に常閉、はめ殺し、随閉（煙感知器連動）のいずれかの防火戸を設けることが求められるもの。ただし、居室以外の室に設ける換気窓で開口面積が$0.2m^2$以下のものは除かれるので、トイレや浴室には通常のアルミ防火戸も付けられる。

隣地境界線から1mを超えて5m以内の場合は、開閉仕様の制限はないものの、(2) の面積制限がある。**図5、6**のように、隣地境界線または道路中心線からの距離に応じて決められた面積で、建物の開口面積の合計（建物長さ10mごとに計算する）を除して、それが1未満になることを確認する。

〔写真2〕
道路側は制限されにくい
2方向が道路に接する敷地に立つ木造3階建ての技術的基準適合建築物。外壁から道路中心までの距離が2〜3mなので、開口部の開閉仕様が制限されず、比較的自由に設計できる（写真：安井 昇）

2方向道路だと自由度が高い

準防火地域の3階建てでは、敷地いっぱいに建物を配置することが珍しくない。隣地境界線と1m以内の居室の窓面積が制限され、かつ基本的に自由に開閉できない窓になってしまうところが、最も設計しにくい点であろう。

逆に、**写真2**のように、2方向が道路に接している場合は、外壁から道路中心線までの距離が2〜3mとなる面が複数あるので比較的自由に設計できる。敷地の道路付けの条件によっては採用しやすくなる。

3つの防耐火手法をまとめると以下のようになる。2方向道路だと技術的基準適合建築物が、建物形状が単純な矩形だとロ準耐火建築物1号が、それぞれ比較的設計しやすい。どこでも、どんな形状でも対応しやすいのがイ準耐火建築物だといえる。いずれも防火規制の趣旨を理解して各部の設計をしておきたい。

防耐火設計のポイント

07

Key Word ▶ 木造密集地、改修、内部出火、外部出火

軒裏と開口部の改修で火災時の類焼を防ぐ

2016年12月22日に新潟県糸魚川市の駅前市街地で約150棟を焼き尽くす大火が発生した。
翌日に現地を視察した安井昇氏が、
これまでの記事を踏まえ木造密集市街地の建物に求められる防火性能を解説する。

糸魚川大火は、準防火地域に指定された地域での火災であったが、「強風」「消防力」「木造密集市街地」の3つの要素が絡み合い、大きな火災へとつながった。

当日は、地域特有のフェーン現象による「強風」が吹いていたとされるが、台風が接近すればどこででも起こり得る状況である。糸魚川市の「消防力」も、地方都市として平均的な消防能力であった。

ところが「強風」のため飛び火による屋根などからの延焼で、その消防能力を超えるような同時多発の火災が起こった。この同時多発火災の原因が「強風」だけでなく、「木造密集市街地」にもあると考えられる。

この地域は、1960年に準防火地域に指定された。大火の翌日に延焼しなかった周辺市街地を見て回ると、指定以前に建設されたであろう建物も多かった。延焼した市街地も開口部などが防火戸や防火ガラスとなっていない、いわゆる“裸木造”の密集市街地であったと想像できる。

つまり、準防火地域が想定した建物に更新される過程の街であったといえる。このような市街地は全国に少なくない。そこで、これまでの記事を振り返りつつ、準防火地域での新築・改修時に防火上、配慮すべきことを考えてみたい〔写真1〕。

密集地は外部出火に備える

一般に火災の原因は、「内部出火」と「外部出火」に分けられる〔図1〕。

〔写真1〕**準耐火建築物は延焼を免れた**
糸魚川大火で、木造に取り囲まれていたものの、延焼を免れていた3階建ての準耐火建築物。左が正面から見たところで、右が裏面から見たところ。準耐火建築物や耐火建築物の有効性が実証されたといえる（写真:安井 昇）

〔図1〕**火災は「内部出火」と「外部出火」に分かれる**

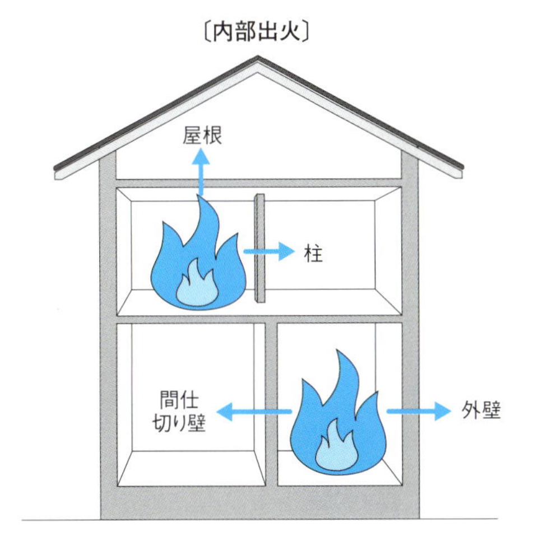

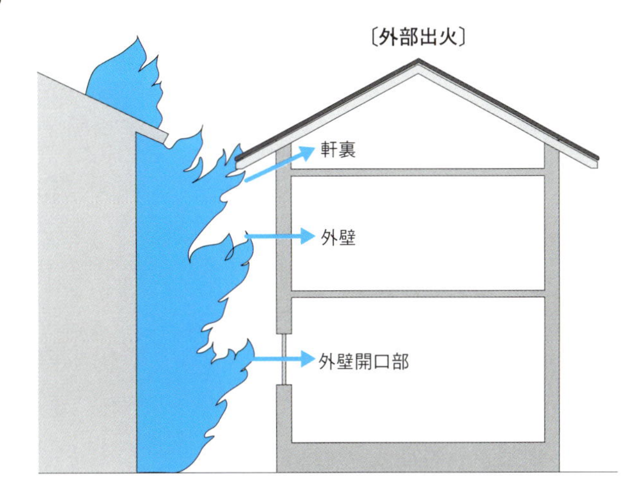

「内部出火」では、出火後、建物利用者が火炎や煙に巻き込まれずに、安全に避難できるよう、建築基準法において内装制限や排煙措置などが規定されている。どのような土地に立っていても同じリスクがあるため、全国一律に規制されている。

一方、「外部出火」は隣棟が燃えた場合に、「類焼（もらい火）」をしないように、建物外周部に防火構造や準耐火構造などの規定が設けられている。建物が密集する防火地域や準防火地域で必要な規定だといえる。

準防火地域の2階建て住宅では、「ポイント03」と「ポイント04」で解説したように、延焼の恐れのある部分の外壁と軒裏を防火構造、外壁開口部を防火設備とする〔図2、3〕。

同じく3階建ての住宅では、「ポイント05」と「ポイント06」で紹介したように、準耐火建築物（木造で一般的なのは主要構造部を準耐火構造とするイ準耐火建築物）などと

〔図2〕**求められる防耐火性能は規模で異なる**

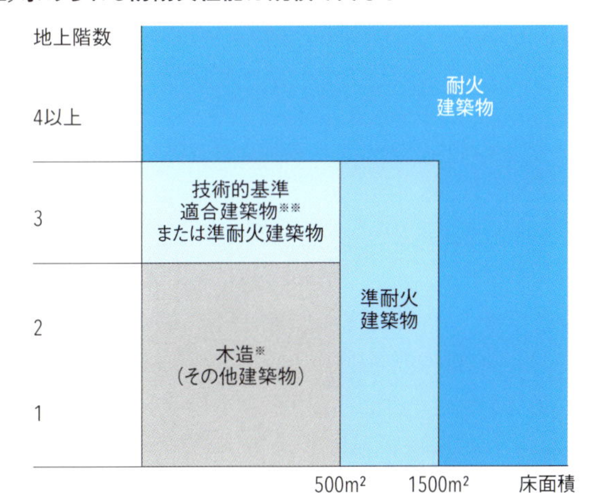

準防火地域で求められる防耐火性能。2階建て住宅は木造（その他建築物）、3階建ては準耐火建築物または技術的基 準適合建築物とする

※木造（その他建築物）：延焼の恐れのある部分の外壁・軒裏は防火構造とする
※※技術的基準適合建築物：準防木三戸と呼ばれ、一定の防火措置を行えば木造とすることができる（令136条の2）

〔図3〕**外壁や軒裏は30分、外壁開口部は20分**

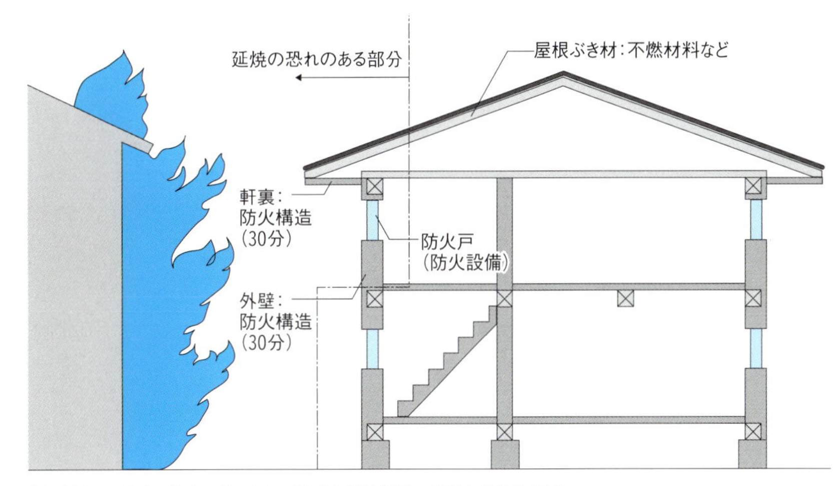

準防火地域の2階建て住宅に求められる防耐火構造制限。外壁や軒裏を30分、燃え抜けない・壊れない、外壁開口部を20分、火炎が貫通しないようにする

する。

改修で防火性能を高めず

防火構造や準耐火構造は30～45分、防火設備は20分の延焼防止が目標。いずれも1棟から火災が発生しても周辺建物への延焼を緩慢にし、その間に消防による消火が期待できるような仕様だ。

準防火地域で新築する際は、建築基準法に沿って、延焼経路となりやすい外壁・軒裏・開口部などの防火措置を施す。建築確認を申請するので当然、準防火地域に必要な防火性能を有することになる。

一方で､改修の際は防火措置もケース・バイ・ケースとなる。改修では、設備を取り替えるだけのリフォームから、構造躯体のみを残して外壁や屋根をやり替える大規模改修まで様々あるからだ。

例えば、建築確認申請の要件となる大規模修繕や用途変更などの場合は、既存の外壁・軒裏・開口部などの防火性能が足りなければ何らかの防火措置をするだろう。ところが、そうでない場合は、設計者や施工者に任されている。

つまり、せっかく建築のプロが手を入れているのに、外壁・軒裏・開口部などの防火性能に対して何の配慮もなくそのままになっているケースもあるのではないか。そうした改修でも、防耐火の基本を知っていれば、少し手を加えるだけで大きく防火性能を引き上げられる。

古くても外壁は防火構造

「外部出火」では、外壁・軒裏・外壁開口部が強い加熱を受ける。

古い建物でも、外壁は土やモルタルが塗ってあったり、改修で既にサイディングなどが張ってあったりするので、実は防火構造に近い燃え抜け防止性能を有している場合も多い。土塗り厚40㎜以上やモルタル塗り厚20㎜以上の屋内側に石こうボード9.5㎜厚といった仕様は、防火構造の構造方法を定めた2000（平成12）年建設省告示1359号に位置付けられているからだ。

しかし、軒裏の面戸板や野地板が厚さ12㎜程度と薄く、さらに現しになっていたり、開口部がフロートガラスだったりする場合は、延焼遅延の効果がほとんど期待できず、建物内への延焼経路になりやすい。

つまり、改修時に、隣棟建物と接近している軒裏や開口部で何らかの防火措置をすることによって、「外

〔図4〕**軒裏も木材現しのまま防火性能を向上できる**

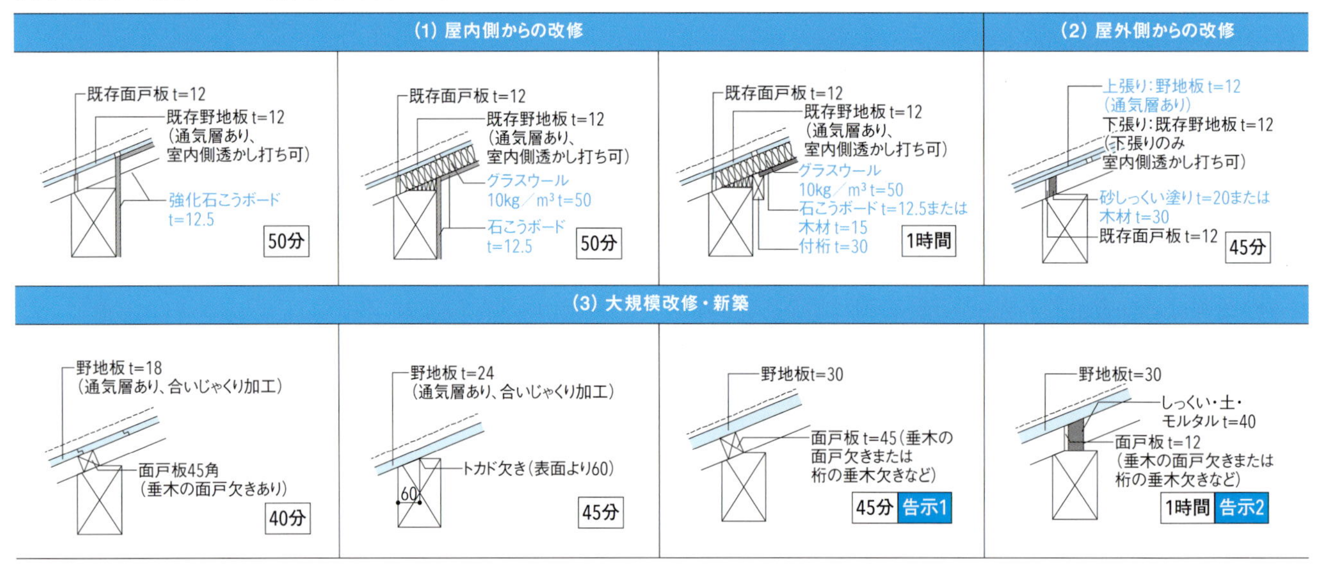

軒裏を木材現しとした防耐火改修の手法。図中の寸法は防耐火性能を確保するための最小寸法（㎜）。（1）および（2）の青字は改修に伴い、補強する部材。四角で囲んだ時間は防耐火性能（遮熱・遮炎性）を有する時間。「告示1」は、2000（平成12）年建設省告示1358号（準耐火構造）に位置付けられた仕様。「告示2」は、2015（平成27）年国土交通省告示253号（1時間準耐火構造）に位置付けられた仕様。「告示1」または「告示2」の記載のない仕様は法令上の位置付けはないが実験で性能が確認された仕様

部出火」による延焼を一定時間抑制して、消防の主たる放水範囲を出火家屋に限定でき、火災を小規模のまま終息できる可能性が高まる。

特にフロートガラスは少し熱せられるだけで、割れて脱落する。網入りガラスや耐熱強化ガラスなどの防火ガラスに変更するだけで、大きな効果を期待できる。

一方の軒裏は、建物の外観を決定する大切な部材なので、元々が垂木・野地板現しだった場合、不燃性の軒天ボードを張ることはできるだけ避けたいかもしれない。それでも、**図4**のように木材現しのまま防火性能を向上させる手法はある。

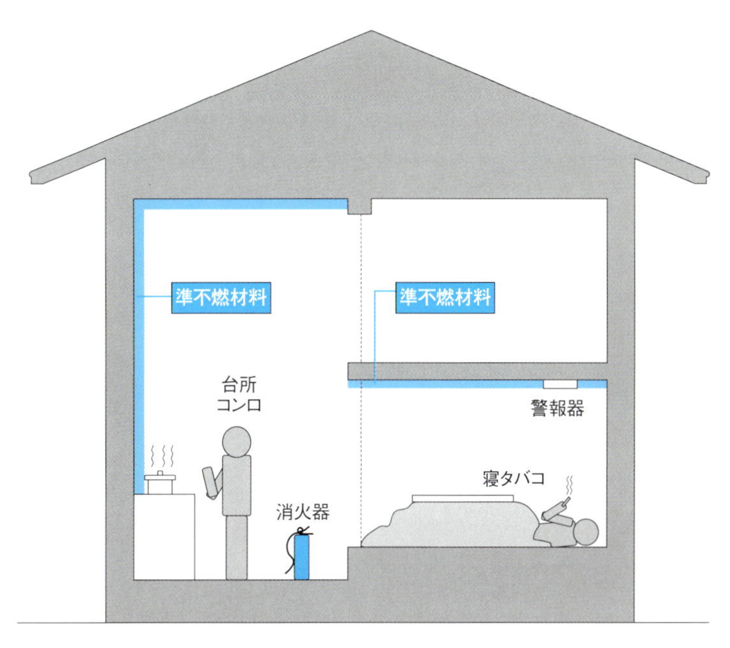

〔図5〕**まずは内部出火を防ぐ工夫**
火事を大きくしない工夫。火を使用する部屋には、壁や天井に準不燃材料を用い、火災時に安全に避難できるよう配慮する必要がある。また、警報器や消火器を設置し、早期発見や初期消火が迅速にできるようにする

震災でも「放任火災」の恐れ

市街地の住宅で防耐火性能を高めることは、地震時の被災を抑える観点からも有効だ。関東大震災や阪神淡路大震災では、地震そのものの被害に加えて、その後に発生した火災による被害が大きかった。関東大震災のときには台風の接近に伴い、強風が吹いていたといわれる。

地震後は道路沿いの建物倒壊で消防などの緊急車両が思うように通行できないことも想定される。同時多発による火災の発生、水利の不足なども重なり、消防活動が十分できない「放任火災」になる恐れがある。

密集市街地では、市街地を構成する建物の約3分の2が、準耐火建築物や耐火建築物になると延焼がかなり緩慢になる。研究レベルでは、風があまり吹いていなければ、消火活動なしに建築物の連続的な延焼が自然に停止する可能性もあることが確認されている。

糸魚川大火でも、**写真1**のように木造に取り囲まれた3階建ての準耐火建築物が延焼を免れていた。準耐火建築物や耐火建築物の有効性が実証されたといえる。

まずは内部出火への備え

強風時や大地震後の火災では、既存の消防力だけでは対応できない可能性がある。

まずは、火事を出さない、大きくしないことが重要だといえる。出火可能性のある部屋の内装を不燃化して出火防止を図るとともに、火災報知器（住宅用も含む）や消火器を備えて早期発見や初期消火に努めるなど、建築関係者と建物使用者が一緒に取り組むべき内部出火への対策が、最も重要となる〔図5〕。

そのうえで、密集市街地を構成する建物は、外部出火に備えた仕様にする。開口部や軒裏、外壁に容易に燃え抜けない措置を施していけば、安全な木造密集市街地をつくることも無理な話ではない。

準防火地域に必要なのは、必ずしも燃えない構造躯体ではなく、防火構造・準耐火構造・耐火構造などの燃え抜けない構造躯体なのだ。現在の建築技術を持ってすれば、それは木造でも実現できる。耐震や断熱の改修と併せて、外周部の防火改修にも取り組みたい。

防耐火設計のポイント

08

Key Word ▶ 耐火建築物、耐火構造、被覆型、中層・大規模

被覆材を連続させて耐火建築物の性能確保

前項までは、3階建て以下の住宅など準耐火建築物以下の防耐火性能を持つ木造の設計手法を紹介してきた。今回からは、木造で中層・大規模の耐火建築物を設計する際のポイントを解説する。

2000年に改正建築基準法が施行され、木造の耐火建築物である「耐火木造」が設計可能となってから、約17年が経過した。この間、最上階から数えて4層を木造化できる1時間耐火構造の部材で、技術開発・実用化が活発に進んだ。

その結果、防火地域の3階建て住宅や延べ面積5000m²を超える大規模な老人福祉施設など、従来は木造でつくれなかった地域や用途で木造が建設されるようになった。1時間耐火構造を用いた耐火木造の実績は大小合わせて6000棟を越える。

ここ数年は、特に木造を取り入れた4層以上の建物が増えてきた。例えば、「赤羽の集合住宅」〔写真1〕のような4階建て純木造や、「高知県自治会館」〔写真2〕のように鉄筋コンクリート（RC）造・鉄骨（S）造との混構造で5～6階建てを実現した

〔写真1〕4階建て集合住宅で純木造
耐火木造4階建ての「赤羽の集合住宅」。ミサワホームが1時間耐火構造の大臣認定を取得した高強度木質パネル「フューチャー・ウッド・システム」で建設した。設計はKUS（写真：安川 千秋）

〔写真2〕4～6階部分を耐火木造に
1～3階を鉄筋コンクリート造、4～6階を耐火木造とした「高知県自治会館」。木造部分は集成材の柱・梁による軸組みで主要構造部を構成。1時間の耐火性能の確保には強化石こうボードで耐火被覆する工法を用いた。設計は細木建築研究所（写真：生田 将人）

ものだ。確実に、木造の中層化、大規模化が進んでいる。

耐火木造は、木造住宅と非木造ビルの両方の設計者・施工者が取り組める規模の建物だが、それ故に両者にとって未知のことも少なくない。そこで、耐火木造ならではの配慮すべき点を挙げてみたい。

火災後も倒壊しない性能

そもそも耐火木造とはどのようなものか。従来、耐火建築物はRC造やS造でつくられてきた。耐火木造もこれらと同等の性能が必要となる。

耐火木造は、ほとんどが「主要構造部を耐火構造とし、延焼のおそれのある部分の外壁開口部に防火設備を設けたもの」という要件でつくられている。一方、木造の準耐火建築物の大半を占め、準防火地域の3階建て住宅などに見られるイ準耐火建築物は「主要構造部を準耐火構造とし、延焼のおそれのある部分の外壁開口部に防火設備を設けたもの」だ。

両者が異なるのは主要構造部の「準」の1文字だけだ。しかし、耐火構造と準耐火構造の要求性能には、1文字では表現しえない大きな差がある。

それは、**図1**のように、準耐火構造が想定加熱中（45分や1時間）に壊れない・燃え抜けないことが求められるのに対して、耐火構造は想定加熱中（1時間、2時間、3時間）だけでなく、加熱後も壊れない・燃え抜けないことが求められる点である。

RC造やS造と異なり木造では、可燃物である躯体が火災後も消火な

〔図1〕**耐火建築物は火災後も壊れない**

	常時	火災時（想定加熱時間※中）	火災後
耐火構造	耐火被覆など 躯体（荷重支持部材）	燃えない	躯体（荷重支持部材） 燃えない
耐火建築物		倒壊しない	倒壊しない
準耐火構造	躯体（荷重支持部材）	ゆっくり燃える	躯体（荷重支持部材） 最終的に燃え尽きる
準耐火建築物		倒壊しない	倒壊する可能性がある

「耐火」と「準耐火」の要求性能の比較。「準耐火」が想定加熱中に壊れない・燃え抜けないことが求められるのに対して、「耐火」は想定加熱中だけでなく火災後も壊れない・燃え抜けないことが求められる。想定加熱時間は、耐火構造が30分（屋根・階段）と1時間・2時間・3時間（壁・床・柱・梁・軒裏）、準耐火構造が30分（屋根・階段）と45分・1時間（壁・床・柱・梁）（延焼ライン外の非耐力外壁・軒裏は30分）

しに壊れないためには、何かしら特別な措置が必要となる。

木材は、太いか厚いとゆっくり燃え（約0.6〜1.0㎜／分）、その考え方が準耐火構造の「燃えしろ設計」に導入されている（「ポイント05」を参照）。ただし、消火しないと最後には燃え尽きて建物は倒壊する。耐火木造ではこの倒壊を防止しなければならない。

知っておきたいのは、「木材はゆっくり燃えるのは得意だが、いったん燃え始めると自分で消えるのは大変不得意だ」ということである。つまり、耐火木造には「躯体が燃えないか、燃え続けない工夫」が必要となる。それは、**図2**のように、主要構造部だけでなく、主要構造部の接合部や開口部、貫通部にも求められる。

〔図2〕**接合部や開口部、貫通部にも措置を施す**

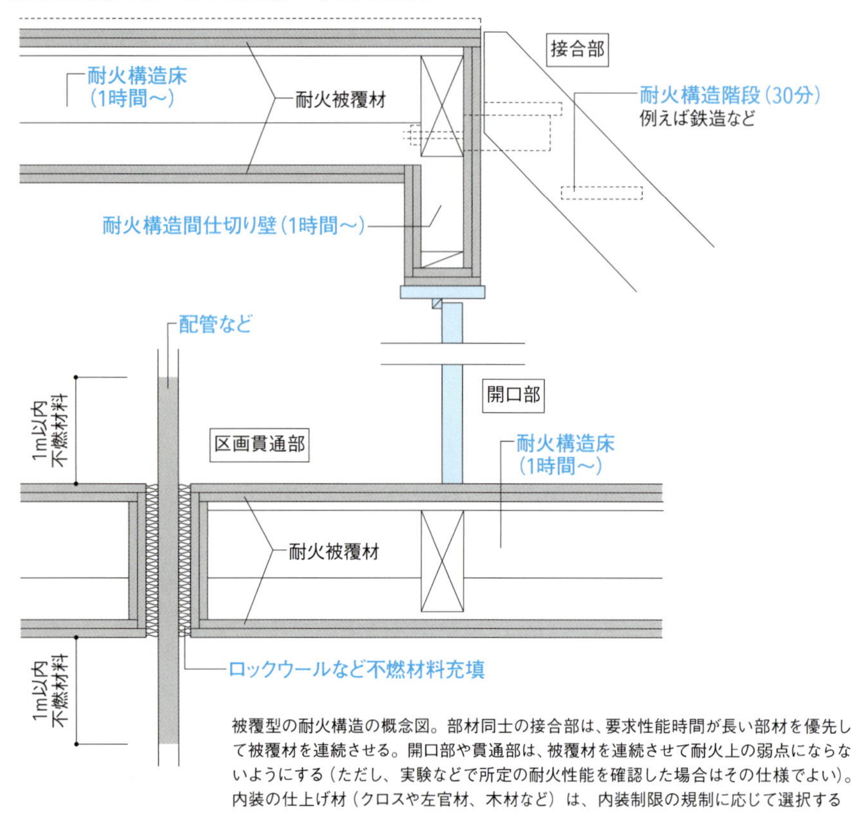

被覆型の耐火構造の概念図。部材同士の接合部は、要求性能時間が長い部材を優先して被覆材を連続させる。開口部や貫通部は、被覆材を連続させて耐火上の弱点にならないようにする（ただし、実験などで所定の耐火性能を確認した場合はその仕様でよい）。内装の仕上げ材（クロスや左官材、木材など）は、内装制限の規制に応じて選択する

〔図3〕**耐火木造はほとんど被覆型**

	方策1（被覆型）	方策2（燃え止まり型）	方策3（鉄骨内蔵型）
概要	木構造支持部材 耐火被覆材	木構造支持部材 燃えしろ（木材） 燃え止まり層（モルタル・薬剤処理木材など）	鉄骨 燃えしろ（木材）
構造	木造	木造	鉄骨造+木造
特徴	木構造部を耐火被覆し、燃焼・炭化しないようにする	加熱中は燃えしろが燃焼し、加熱終了後、燃え止まり層で燃焼を停止させる	加熱中は燃えしろが燃焼し、加熱終了後、燃えしろ木材が鉄骨の影響で燃焼停止する
樹種	制限なし	スギ、カラマツなど	ベイマツ、カラマツ
部位	外壁・間仕切り壁・柱・床・梁・階段・屋根	柱・梁	柱・梁
実績	6000棟以上	約20棟	

木造で耐火構造とする3つの手法。実績は、1時間耐火構造を使った耐火木造の棟数で、桜設計集団が調べた2018年9月時点の数値

被覆材の連続性を確保

それでは、耐火木造のつくり方を具体的に見ていこう。

現在、木造で耐火構造とするには、**図3**の3つの手法が実用化されている。そのうち、2018年3月に告示化もされた方策1（被覆型）が、最も汎用性が高い。前述の赤羽の集合住宅や高知県自治会館もこの被覆型で設計されている。

準耐火構造や防火構造でも、木造の躯体に石こうボードなどの被覆材を張る。その被覆材の厚さと枚数を増やすことで耐火構造にできるため、住宅の延長上で耐火木造を設計する人にとっては、比較的、取り組みやすい手法だといえる。海外でも同様

の考え方で被覆する事例が多い。

被覆型は、耐火木造に必要な「躯体が燃えないか、燃え続けない工夫」を、躯体を燃えないように被覆材の厚さを増して実現するものだ。

2018年3月に、すべての主要構造部について、強化せっこうボードを重ね張り（総厚42～46㎜）する仕様が、2000（平成12）年建設省告示1399号（耐火構造の構造方法を定める件）に位置づけられた。

これら耐火構造とした部材の被覆材を連続させて、室内から構造躯体が見えないようにする。つまり、室内で火災が起こっても構造躯体が加熱されないように、被覆材の連続性を確保して施工する〔図4〕。

もし被覆材を切り欠く場合でも耐火性能を損なわないような措置を必ず施すことが基本だ。

〔図4〕**被覆材の連続性を確保する**

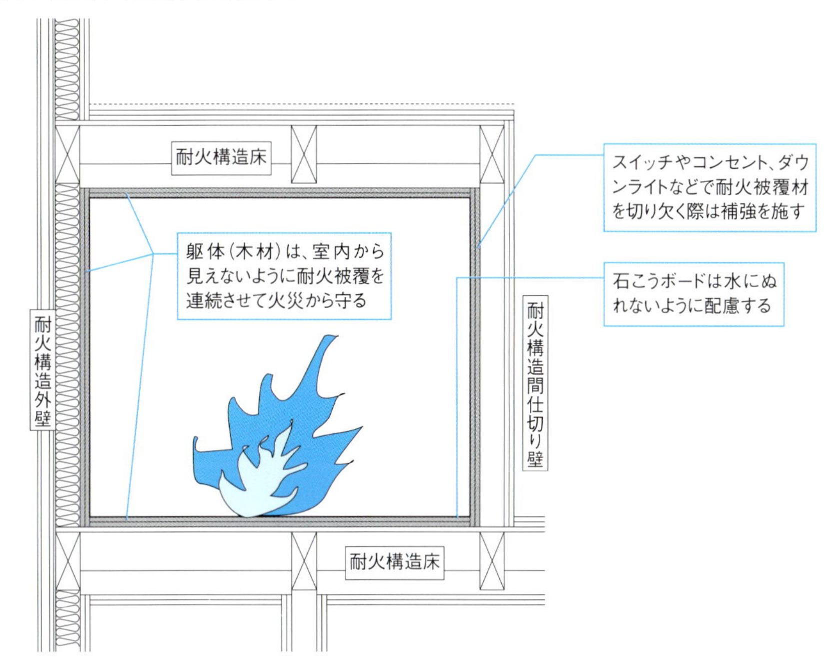

被覆型の耐火構造の注意点。耐火被覆材を切り欠く際の補強措置は、日本建築センター発刊の「木造建築物の防・耐火設計マニュアル―大規模木造を中心として―」にまとめられている

石こうボードはぬらさない

主要構造部の耐火被覆で、住宅を手掛ける設計・施工者にとって、なじみが薄いのは床だろう。準耐火建築物以下の防耐火性能の住宅では、壁や天井に石こうボードなどの被覆材を張ることはあっても、床に張ることはあまりない。

注意すべきは、石こうボードは水にぬれると耐火性能が低下するということだ。いったん低下すれば乾いても元の耐火性能には戻らない。

建物が中層・大規模化すると、住宅とは異なり、屋根や壁・サッシの雨仕舞いが完了する前に石こうボードなどの被覆材の施工が始まることもある。まずは、被覆材をぬらさないように養生し、もしぬれたら取り替えるように配慮すべきだろう。

どうしてもぬれる可能性をゼロにできない場合は、強化石こうボードに防水・防カビ材を付加して、多少の水ぬれであれば耐火性能が低下しない製品が、各メーカーから発売されている。国交省の技術的助言で使用が認められているので必要に応じて選択すればよい。

こうした耐火木造の設計に必要な事項が整理された資料として、日本建築センターが17年3月10日に「木造建築物の防・耐火設計マニュアル―大規模木造を中心として―」を発行した。必要に応じて活用されたい。

木造特有の沈み込み

ここ2年ほど、被覆型を中心に2時間耐火の構造部材の開発が活発になっている。日本木造住宅産業協会や日本ツーバイフォー建築協会などが開発した仕様で大臣認定の取得が進み、今後はマニュアルや講習会などでオープン化される予定だ。

耐火木造の設計自由度はますます向上するが、木造は中層化すると自重によるセトリング（沈み込み）など木造特有の課題も生じる。鉄骨部材やエレベーター設備といった基本的に沈み込みがない部材との取り合い部の設計など、耐火性能以外に検証すべきことが出てくることも知っておきたい。

防耐火設計のポイント

09

Key Word ▶ 耐火建築物、集合住宅、遮音性能、木三共

木造の集合住宅では耐火に加えて遮音も

木造耐火構造の実用化が進み、4階建て以上の木造集合住宅が登場し始めた。様々な人が集まって住む集合住宅を木造で建てる際には、防耐火性能を満足させたうえで遮音性能も高めた設計が求められる。

近年、都市に4階建て以上の木造の集合住宅が建ち始めた〔写真1〕。これまで木造の集合住宅といえば、ほとんどが2階建て、3階建てであったが、木造耐火構造の実用化が進み、4階建て以上の建物が少しずつ登場してきた。

3階建て以下であれば、「準耐火建築物」「その他建築物」で設計可能であるが、4階建て以上だと、必ず「耐火建築物」となる。2017年4月には、日本木造住宅産業協会が14階建てまで建設可能な2時間耐火構造をオープン化し、設計マニュアル講習会を定期的に実施し始めた。今後、4階建てを超える純木造の集合住宅の実現可能性も高まっている。

様々な人が集まって住む集合住宅では、火災安全対策だけでなく、隣戸間・上下階の遮音対策も重要となる。かつての木造は、いずれの対策もそれほど得意ではないと言われていたが、技術の進歩により現状は変わってきた。そこで、近年の木造集合住宅の防耐火対応と遮音対応についてまとめてみたい。

木造3階は「1時間準耐火」

集合住宅について、規模・階数ごとの防耐火対応を図1に整理した。

2階建て以下では、2階の共同住宅に供する床面積が300m²未満の場合は軽量鉄骨造や木造の「その他建築物」、同300m²以上の場合は「準耐火建築物」で建てられてきた。準防火地域で建設する場合も、外壁や軒裏を防火構造とする戸建て住宅の延長上で設計されている。

一方、3階建ては鉄筋コンクリート（RC）造、重量鉄骨（S）造（ラーメン構造）、木造と様々な構造で建

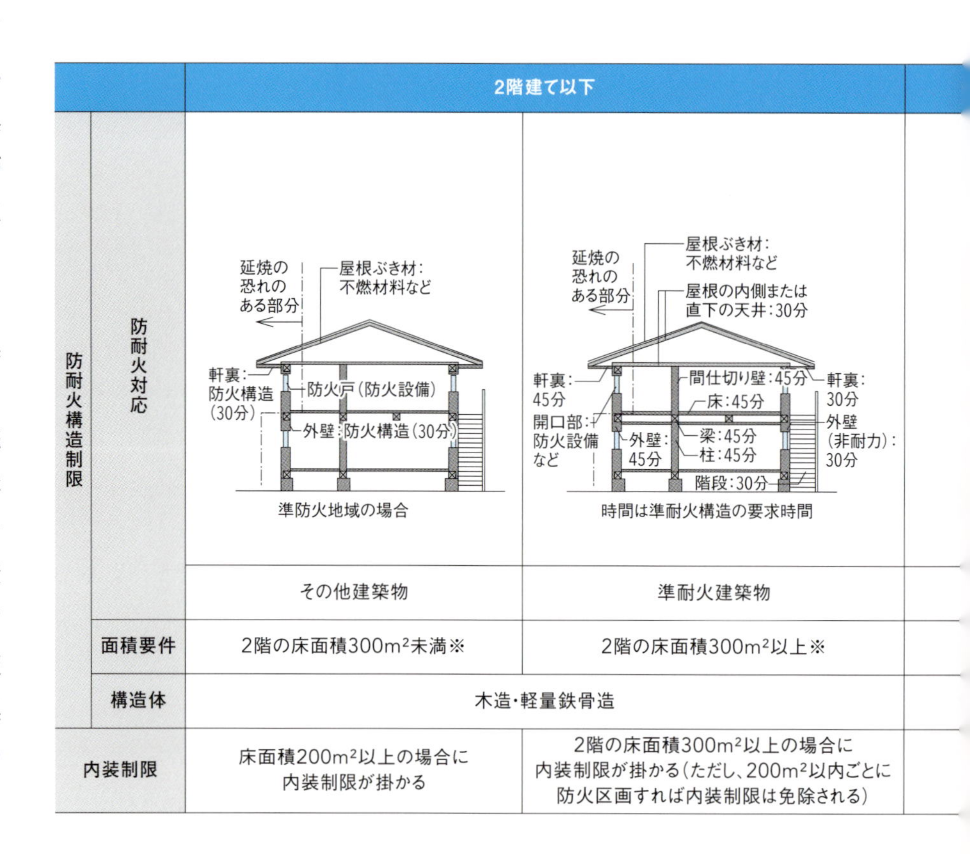

		2階建て以下	
防耐火構造制限	防耐火対応	その他建築物	準耐火建築物
	面積要件	2階の床面積300m²未満※	2階の床面積300m²以上※
	構造体	木造・軽量鉄骨造	
内装制限		床面積200m²以上の場合に内装制限が掛かる	2階の床面積300m²以上の場合に内装制限が掛かる（ただし、200m²以内ごとに防火区画すれば内装制限は免除される）

てられている。RC造や重量S造（ラーメン構造）は「耐火建築物」、木造は木三共仕様と呼ぶ「1時間準耐火建築物」でつくられることが多い。

しかし、1時間準耐火建築物の集合住宅は、燃えしろ設計など木材を現しとした設計が可能な一方で、**図2**のように、居室の開口部の窓先に幅3m以上の通路や避難上有効なバルコニーの設置が必要となるなど、建物の形態に影響を与える規制が掛かる。都市部の狭小な敷地では計画が難しく、少し郊外に建てられることが多い〔写真2〕。

このような状況のなか、木造の耐火建築物が建築可能となったことで、近年は都市部において、3階建てにとどまらず、4階建てや5階建ての

〔写真1〕**2〜5階が木造の集合住宅**
1階が鉄筋コンクリート構造（2時間耐火構造）、2〜5階が木造（1時間耐火構造）の「下馬の集合住宅」（東京都世田谷区）。設計はKUSが手掛けた。木造耐火構造の実用化で、4階建て以上の木造集合住宅が登場してきた（写真：202ページも淺川 敏）

〔図1〕**階数・規模で集合住宅の防耐火対応は異なる**
※延べ面積3000m²を超える場合は3000m²以内ごとに壁等で区画する（法21条）。準防火地域、防火地域は別途規制が掛かる

	3階建て		4階建て以上
	屋根ぶき材：不燃材料など 延焼の恐れのある部分 屋根の内側または直下の天井：30分 軒裏：1時間 間仕切り壁：1時間 軒裏：30分 外壁：1時間 床：1時間 避難上有効なバルコニー 開口部：防火設備など 階段：30分 梁：1時間 外壁（非耐力）：30分 柱：1時間 外壁（耐力）：1時間 3m以上の通路 時間は準耐火構造の要求時間	屋根ぶき材：不燃材料など 延焼の恐れのある部分 屋根の内側または直下の天井：30分 間仕切り壁：1時間 外壁：1時間 床：1時間 階段：30分 外壁（非耐力）：30分 開口部：防火設備など 梁：1時間 柱：1時間 外壁（耐力）：1時間 時間は耐火構造の要求時間	延焼の恐れのある部分 屋根：30分 外壁：1時間 間仕切り壁：1時間 外壁（非耐力）：30分 防火戸（防火設備） 床：1時間 柱：1時間 梁：1時間 外壁（耐力）：1時間 階段：30分 時間は耐火構造の要求時間
	1時間準耐火建築物（木三共仕様）	耐火建築物	耐火建築物
	なし※	なし	なし
	木造	重量鉄骨造・鉄筋コンクリート造	木造・重量鉄骨造・鉄筋コンクリート造
	3階以上の床面積300m²以上の場合に内装制限が掛かる（ただし、200m²以内ごとに防火区画すれば内装制限は免除される）		

集合住宅を木造化する取り組みが目立ち始めた。

燃えない躯体上に木質化

3階建て以上の耐火建築物や準耐火建築物では、防火設計上、2階建ての集合住宅と異なる点がある。階段やエレベーターシャフトなどの上下階につながる竪穴に、他の居室などとの間に防火区画（竪穴区画と呼び、一般的に鉄扉や鋼製シャッターで施す区画）が必要なことや、道路に面した3階以上の外壁に非常用進入口が必要なことなどだ。

一方で集合住宅ならば、床面積200m²以下（住戸）ごとに防火区画（面積区画）すれば、室内の内装制限が掛からない。建物高さ31m以下という条件はあるが、火気使用室を除いて自由な内装を実現できる。

そもそも木造の耐火建築物では、前項で紹介したように構造躯体を強化石こうボード総厚42㎜などの耐火被覆材で連続的に覆って躯体が燃えないことにより耐火構造にする。つまりRC造と同様の耐火性能（火災で倒れない、燃え抜けない）を有しており、RC造の耐火建築物より火災が発生しやすかったり、燃焼拡大しやすかったりするわけではない。

この燃えない躯体の上に、内装を自由に木質化すれば、木材に囲まれた空間を容易につくることができる。欧米では、さらに大きな規模の木造集合住宅でも枠組み壁工法やCLT（直交集成板）工法などの壁工法でつくることが一般的に行われている。その際にも木造躯体を石こうボードなどの耐火被覆で連続的に覆う。

〔図2〕**3階建て集合住宅の1時間準耐火建築物（木三共仕様）には規制・制限**

	1時間準耐火建築物（木三共仕様）	耐火建築物
主要構造部	1時間準耐火構造（燃えしろ設計可能）	耐火構造
防火地域規制	防火地域以外	なし
階数制限	3階建て以下	なし
面積制限	なし（準防火地域は1500m²以下）。ただし、3000m²を超える場合は3000m²以内ごとに壁等を設置（法21条）	なし
敷地内通路	外壁のうち開口部のある面に幅3m以上の道路までつながる通路（避難上有効なバルコニーの設置などにより緩和あり）	なし
バルコニー	各住戸に避難上有効なバルコニー	なし

〔写真2〕**1時間準耐火建築物は郊外に多い**
スタジオ・クハラ・ヤギが設計した3階建ての「矢吹町中町第一災害公営住宅」（福島県矢吹町）。1時間準耐火建築物（木三共仕様）の集合住宅は、建物の形態に影響を与える規制が掛かるため都市部よりも郊外に建てられることが多い

告示仕様の界壁で遮音

先述したように、木造の集合住宅でもう1つ重要な性能は、住戸間の遮音。主に隣戸間の遮音には壁で、上下階の遮音には床で対応する。

壁は、建築基準法上、防耐火性能と遮音性能を備えた界壁とすることが要求され（法30条、令22条の3）、1970（昭和45）年建設省告示1827号に仕様が例示されている。1時間準耐火構造・耐火構造の間仕切り壁としての性能を有したうえで、遮音性能を満たすものだ。

木造の集合住宅では、**図3**のように、石こうボードを耐火被覆とした告示仕様の界壁が使われることが多い。界壁の遮音性能に関して、建材メーカー各社が個別に大臣認定を取得した仕様とすることもできる。

一方、床は、建基法上、遮音に関する要求がない。だからといって遮音性能を無視してよいわけではなく、できるだけ上下階の音を遮る措置を施さないと居住者間の騒音問題が生じる。床の遮音性能は床そのものの面密度や剛性が重要。RC造が断然、有利で、もともと材料が軽く、柔らかい木造は遮音性能の確保が難しい。

木造でも従来から、床を支える梁から天井を吊らずに縁を切ったり、天井懐にグラスウールやロックウールを充填したりすることで遮音性能を高めていた。近年はそれらに加えて、RC造にならい、準耐火構造や耐火構造の耐火被覆を張った木造床の上下に、2重床や吊り天井を設けて配管・配線スペースを確保しながら、遮音性能を確保する設計が行われている〔図4〕。

集合住宅に限らず、中層大規模木造に適した床遮音システムの開発は現在、様々な事業者が進めている。今後の動向に注目したい。

〔図3〕**告示仕様の界壁で防耐火性能と遮音性能を確保**

〔1時間準耐火構造間仕切り壁〕

グラスウールまたはロックウール（かさ比重0.02以上、厚さ25mm以上）

石こうボードt=12.5 2枚張り（両面） 1時間準耐火構造告示［2015（平成27）年国土交通省告示253号］

〔1時間耐火構造間仕切り壁〕

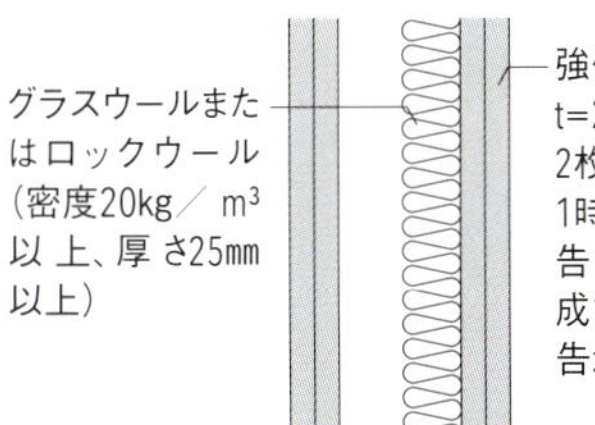

〔界壁［1970（昭和45）年建設省告示1827号］の一例〕
- 界壁の厚さが10cm以上
- 内部に厚さ2.5cm以上のグラスウールまたはロックウール（かさ比重0.02以上）を充填
- 厚さ1.2cm以上の石こうボードを両面に張ったもの

〔図4〕**2重床や吊り天井で遮音性能を確保**

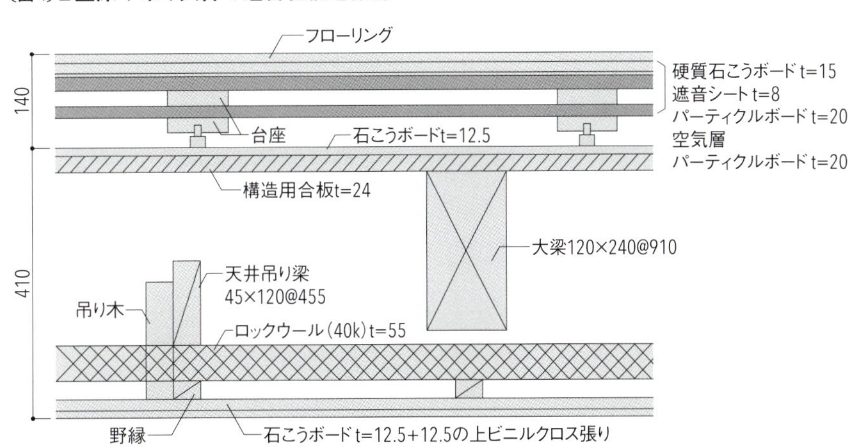

写真2の集合住宅で、準耐火構造・耐火構造の床の上下に2重床・吊り天井を設けて、床遮音を施した。平均値で重量Lr,H-60、軽量Lr,L-55の性能を得た（資料：「在来床組工法と乾式遮音二重床を用いた3階建て木造集合住宅の床衝撃音実測結果」、日本建築学会大会学術講演梗概集［九州］、2016年、久原裕ほか）

短所の中に長所がある

同じ集合住宅でも、木造は「アパート」、RC造は「マンション」と区別して呼ばれることが多い。木造は他の構造と比較して、何かしら性能が劣るというのが、従来の考え方であったからかもしれない。しかし、今回紹介したように、様々な技術開発で他構造と同等の性能を有する仕様が明確になってきた。

そうした他構造と同等の性能を求めることも重要ではあるが、木材は「燃えるけれどもゆっくり燃える」「柔らかく傷付きやすいけれども、ひざへの負担が少なく疲れにくい」といったように、短所の中に長所がある。

木造の老人福祉施設を視察した際に聞いた声が印象的だった。耐火建築物で躯体の木材が見えない建物にもかかわらず、入居者と従業員は口をそろえて、「床が柔らかいので歩き回ってもひざに負担が少なく、転んでも大きなけがをしにくい」「適度に上下、左右の個室の音が聞こえて寂しくない」と言っていた。

建物用途によっては木造の短所が長所に変わる可能性があることを知り、短所の克服と長所の活用を進めていけば、木造にしかできない空間・建築ができるのではなかろうか。

防耐火設計のポイント

10

Key Word ▶ CLT、LVL、燃えしろ設計、パネル工法

厚板でつくる壁・床は内装制限にも配慮

CLT（直交集成板）などの厚板を使った建築が増えてきた。
告示に位置付けられたパネル工法だけでなく、軸組みと組み合わせた工法など活用の幅も広がっている。
防耐火面から厚板の設計手法を解説する。

近年、CLTやLVL（単板積層材）をはじめとする厚い木材の板が建築に使われるようになった。従来、木質材料といえば、線材（柱、梁）の集成材が主であったが、集成材とほぼ同じラミナを層ごとに直交に張り合わせたCLTの登場により、面材（壁、床、屋根）をLVLや集成材でもつくるようになってきた〔図1〕。

また、柱や梁を丸太から切り出した製材（無垢材）でも、樹木の成長が進んだことにより丸太周辺で無地の（節がない）板が取りやすくなった。そのため、仕上げ材としての利活用も進んでいる〔写真1〕。

これら新しい木質材料について、防耐火面から可能性を考えてみる。

厚板の使い方は3種類

CLTについては、2016年3月、4月に壁式のパネル工法の設計を可能とする、材料の基準強度や設計法に関する複数の国土交通省告示が出された。その結果、図2で示したように、CLTやLVL、集成材の厚板を建築に使用する際には、柱や梁を設けず、厚板が建物の鉛直力を負担する「パネル工法」が可能になった。

さらに、木造や鉄骨（S）造など従来の柱や梁の軸組みに、厚板を帳壁（カーテンウオール）のように取り付けたり厚物構造用合板のように水平力負担部材で設けたりする「(2) 軸組み工法」や、(1) と (2) の両方を用いた「(3) パネル＋軸組み工法」にも、厚板は使える。大きく3つの設計手法が選択可能となった。

(1)～(3) の使い分けは様々な要因で行われるが、(1) を選ばない理

〔図1〕集成材やLVL、CLTで壁・床・屋根をつくるようになってきた

		集成材	LVL（単板積層材）	CLT（直交集成板）	製材（無垢材）
木質材料の種類		約30mmのひき板を接着	約3mmの薄板を接着	約30mmのひき板を接着	丸太から四角形に製材
使う部位	躯体	柱・梁・壁・床・屋根	柱・梁・壁・床・屋根	壁・床・屋根	柱・梁
	仕上げ・下地	—	—	—	—

〔図2〕**厚板を使った3種類の設計手法(イ準耐火建築物の場合)**

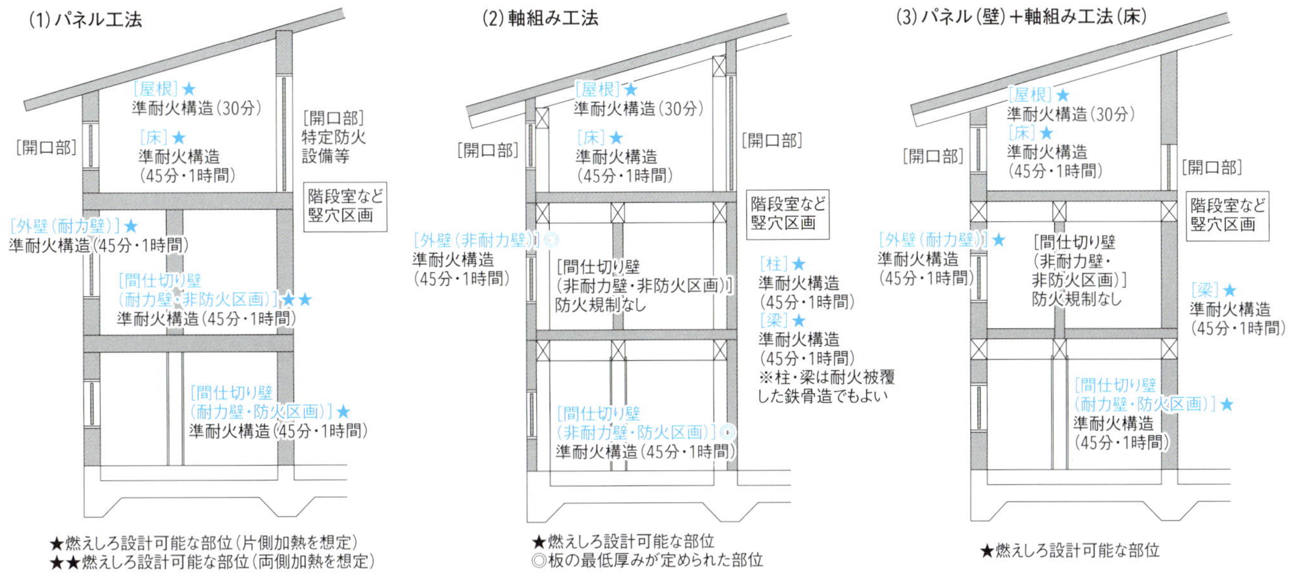

2016年3月、4月の告示により、厚板を建築に使う場合、3つの設計手法が可能になった。イ準耐火建築物とする場合、図に示した防耐火の構造制限が掛かるが、壁や床、屋根の燃えしろ設計が可能となったので、厚板を現しで使える

由の1つに大空間を設計する場合がある。厚板(床版)だけでは効率的にスパンを飛ばせないため、梁を入れて建物全体または床組みを軸組み工法とすることが多い。

「イ準耐火」で厚板を現し

それでは、CLTなどの厚板を準耐火建築物で現しとして使うには、防耐火の面からは、どのように設計すればよいのだろうか。

16年3月に、準耐火構造の告示に壁や床(以上、45分または1時間)、屋根(30分)の燃えしろ設計が追加された〔図3〕。燃えしろ寸法は接着剤の種類ごとに決められている。高温時の接着力が低いタイプの接着剤では、炭化層(断熱層)が脱落しやすく燃え進みが大きくなる傾向が、実験で確認されているからだ。

パネル工法に用いる耐力壁では、柱・梁と同様に燃えしろ設計ができる。想定断面から定められた燃えしろを

木質材料の種類と、それを建築で使う場合の部位

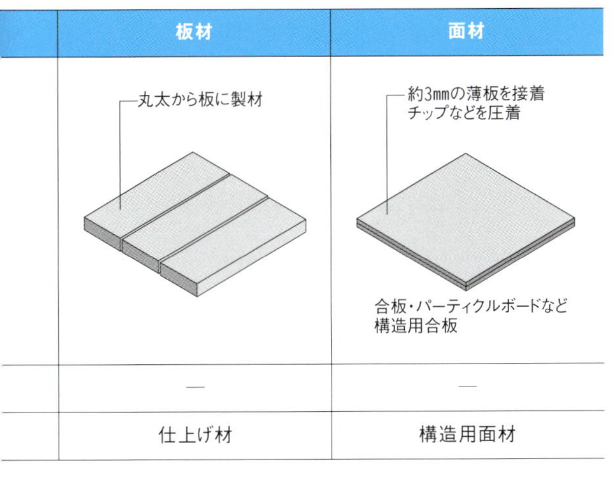

	板材	面材
	丸太から板に製材	約3mmの薄板を接着 チップなどを圧着 合板・パーティクルボードなど 構造用合板
	—	—
	仕上げ材	構造用面材

〔写真1〕**仕上げ材としての活用も進む**
準耐火構造の外壁の加熱実験用試験体。スギ丸太周辺の比較的、節が出づらい「白太」の部分を、厚さ15mmの仕上げ材・防火被覆に活用。JBNが間仕切り壁と外壁で準耐火構造の大臣認定を取得済み(写真:207ページまで桜設計集団)

除き、残った断面に長期荷重が生じた際の応力度が、短期の許容応力度を超えないことを確認する。

一方、軸組み工法に用いる非耐力壁については、燃えしろ寸法を除いた残存断面が厚さ30㎜以上になるように、最低厚さが決められている。例えば、レゾルシノール樹脂系またはフェノール樹脂系の接着剤で製造した厚板ならば、厚さ75㎜以上で1時間準耐火構造の外壁や間仕切り壁として使える。

この告示により、3階建て以下のイ準耐火建築物において、厚板を現しで使えるようになった。

ただし、建物規模や用途により内装制限が掛かる場合は難燃材料や準不燃材料とすることが求められる。壁や床を構成する厚板では、従来の柱・梁の線材とは異なり、準耐火構造などの防耐火構造制限と、内装制限が1つの部材に同時に掛かる。両方に対応しないと現しにできないことに注意したい。

例えば、**写真2**の事例では本来、居室の壁と天井に難燃材料が求めら

〔図3〕**燃えしろ寸法は接着剤の種類で異なる**

[耐力壁・床・屋根]燃えしろ寸法

接着剤の種類	準耐火構造		備考
	45分	1時間	
レゾルシノール樹脂、フェノール樹脂など	35㎜(屋根25㎜)	45㎜(屋根25㎜)	集成材・CLTはラミナ厚12㎜以上
上記以外の接着剤	45㎜(屋根30㎜)	60㎜(屋根30㎜)	集成材・CLTはラミナ厚21㎜以上

[非耐力壁]部材厚さ寸法

接着剤の種類	準耐火構造		備考
	45分	1時間	
レゾルシノール樹脂、フェノール樹脂など	65㎜	75㎜	集成材・CLTはラミナ厚12㎜以上
上記以外の接着剤	75㎜	90㎜	集成材・CLTはラミナ厚21㎜以上

2016年3月の告示によるCLT・LVL・集成材の燃えしろ寸法(準耐火構造)。非耐力壁では、燃えしろ寸法に30㎜を加えた寸法が最低の部材厚さとなる

〔写真2〕**天井の不燃化でCLT壁を現しに**

「高知県森連会館」(設計:ふつう合班)で採用した準耐火構造のCLT間仕切り壁。スギ丸太を有効に活用することを考えると、節の有無、「白太」と「赤身」の色味は混ざることが前提となる。内装制限が掛かるが、天井を不燃化して居室のCLT壁を現しにした

れるが、準耐火構造のCLT壁を現しにした。天井を準不燃材料（石こうボードやロックウール吸音板など）とすれば、壁は木材等（厚みと下地の制限はあるが、厚板であれば問題ない）とできる規定を用いた。これは2000（平成12）年建設省告示1439号に位置付けられた規定だ。同様の手法で、LVLや集成材パネルも現しとできる〔写真3〕。

厚板を用いる場合は、木造に限らず、S造でも現しにできる。S造は通常、ロ準耐火建築物2号（不燃構造型）で設計するが、耐火被覆してイ準耐火建築物で設計し、厚板で床や壁を燃えしろ設計したり、個別の準耐火構造の大臣認定を取得したりすればよい〔写真4〕。

〔写真3〕
燃えしろ設計で準耐火構造としたLVL外壁
「みやむら動物病院」（設計：アトリエOPA＋ビルディングランドスケープ）で採用したLVL外壁（写真の左側）。燃えしろ設計（告示前だが、全国LVL協会が個別に大臣認定を取得）で準耐火構造とした。この建物は3階建て延べ面積500m²以下だが、500m²を超えて内装制限が掛かっても、天井を不燃化すれば居室の壁のLVLは現しとできる

〔写真4〕
S造も燃えしろ設計で厚板の使用が可能に
準耐火構造の集成材外壁・間仕切り壁。3階建ての鉄骨（S）造躯体に集成材パネルを活用した。S造は通常、耐火被覆なしのロ準耐火建築物2号（不燃構造型）で設計するが、逆に耐火被覆すればイ準耐火建築物となり、燃えしろ設計などによる厚板の壁や床と組み合わせられる

壁は上4層が耐火構造可能

4階建て以上の耐火建築物でも、CLTなどの厚板を使えるようになってきた。

2018年3月に、壁・床・屋根を含む、すべての主要構造部について、強化せっこうボードを重ね張り（総厚42～46㎜）する仕様が、2000（平成12）年建設省告示1399号（耐火構造の構造方法を定める件）に位置付けられた。

その仕様を使えば、厚板によるパネル工法、軸組み工法、パネル＋軸組み工法で、最上階から数えて4層を木造化する設計が可能である。

その際、厚板は強化石こうボードなどで耐火被覆されるので、構造躯体は見えないが、内装制限の掛からない範囲であれば、木材を張ることは可能である。

個別の大臣認定取得では、5階建て以上のS造や木造へのCLT活用が検討されている。山佐木材（鹿児島県肝付町）などは中層のS造に活用しようと、CLT床で2時間耐火構造の大臣認定を取得。銘建工業（岡山県真庭市）もCLTで2時間耐火構造の壁・床の大臣認定を取得した。

いずれも、耐火被覆で構造躯体のCLTは見えないが、告示仕様と同様に内装制限が掛からない範囲で木材仕上げにできる。

見せたいのは躯体か仕上げか

CLTなどの厚板の利用促進は、丸太の有効活用を目指したものだ。丸太には節が多いものや少ないもの、「赤身」と「白太」の色の差が激しいものとそうでないものといろいろある。有効活用するためには、節や色味の差も許容した設計が必要だろう〔写真2〕。

ただ最近は、丸太の周辺に近い部分（主に白太）で、節が少なく均一な色味の板材も取りやすくなっている〔写真1〕。仕上げ材としての板材も活用しやすい。

見せたいのは構造躯体（厚板）か仕上げ材（薄板）か。線材の柱・梁のような架構の美しさとは違う、厚板特有の見せ方を今後も模索していきたい。

防耐火設計のポイント

11

Key Word ▶ 3階建て学校、上階延焼抑制措置、区画措置

木造3階建て学校では 窓からの上階延焼を防ぐ

木造3階建て学校が2015年から準耐火建築物として設計できるようになった。
燃えない躯体のRC造と異なり、木造にする場合、もう少し厳しい規制が掛かる。
「上階延焼抑制措置」や「区画措置」が必要だ。

2015年6月の改正建築基準法施行まで、木造3階建ての学校は耐火建築物で設計する必要があった。それが改正建基法により、主要構造部を1時間準耐火構造（延焼の恐れのある部分の外壁開口部には防火設備を設置する）とした準耐火建築物で設計できるようになった（建基法27条）。

併せて、延べ面積が3000m²を超える場合についても緩和された。3000m²以内ごとに「壁等」（90分以上の耐火性能を有する防火壁または防火コア）で区画すれば、必ずしも耐火建築物にしなくてもよくなったのだ（建基法21条）。

これら2つの法令改正により、法22条区域や防火無指定地域では、準耐火建築物（1時間）による木造3階建て学校が、延べ面積の制限なく設計可能となった〔写真1〕。

〔写真1〕**法令改正で木造3階建て学校が可能に**
山形県鶴岡市にある羽黒高等学校の新校舎。国内第1号の準耐火建築物による木造3階建ての学校だ。竣工は2017年3月。設計は日本設計が手掛けた（写真：輿水進）

設計はイ準耐火に限定

準耐火建築物には、イ準耐火建築物、ロ準耐火建築物1号、同2号の3種類あるが、木造3階建て学校を設計できるのは、イ準耐火建築物に限られる。イ準耐火建築物は主要構造部を準耐火構造としたものだ。

この準耐火構造には、燃えしろ設計や厚い木材による防火被覆など、躯体や仕上げの木材を現しで使う仕様が、豊富に法令で位置付けられている。製材（無垢材）や集成材、CLT（直交集成板）、LVL（単板積層材）など様々な木質材料を、見せながら使える。

また、住宅でも準防火地域の3階建てが準耐火建築物で設計されている。そこで用いる部材や技術を使った設計も可能だといえる。

このように、鉄筋コンクリート（RC）造や鉄骨造が主流であった学校建築に、3階建て以下ではあるが、木造という選択肢が増えた。

これらの法令改正は、木造でもRC造に近い延焼性状に建物の燃え方をコントロールできる手法が、工

〔図1〕**上階延焼抑制措置や区画措置が必要**

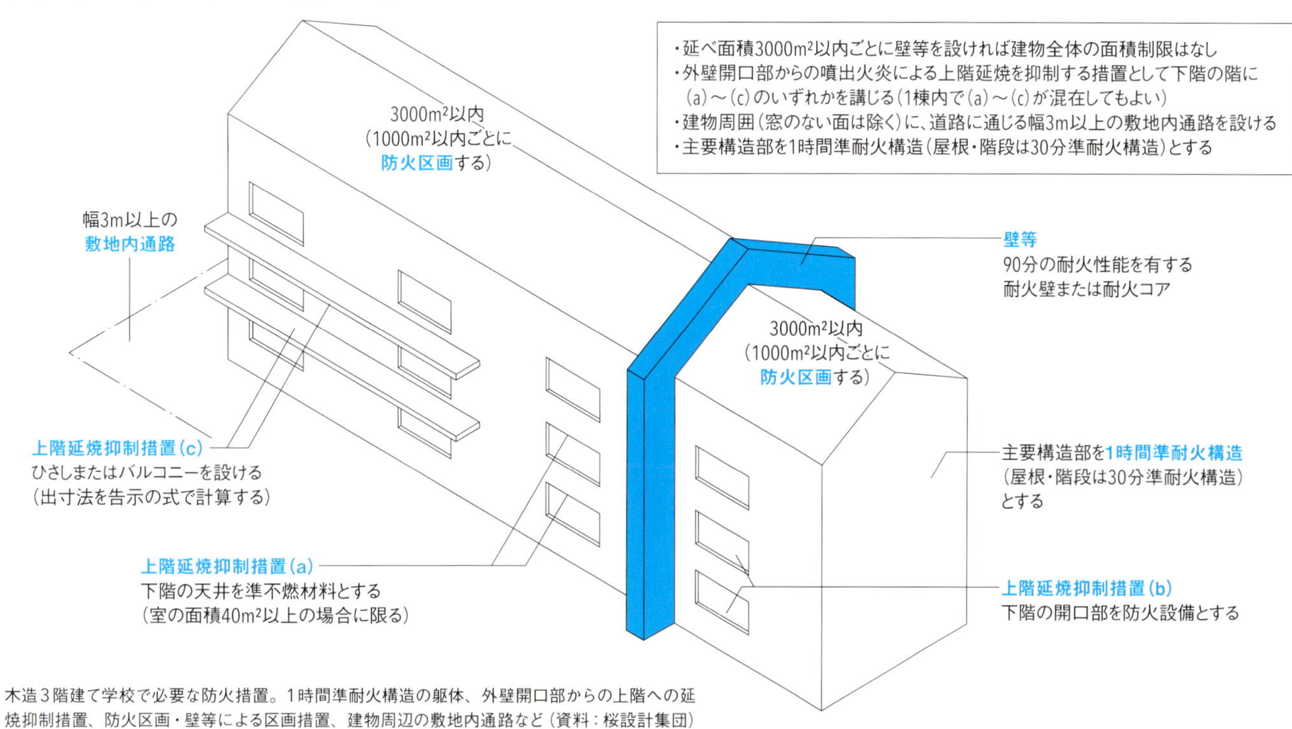

木造3階建て学校で必要な防火措置。1時間準耐火構造の躯体、外壁開口部からの上階への延焼抑制措置、防火区画・壁等による区画措置、建物周辺の敷地内通路など(資料:桜設計集団)

学的な検討によって明確になったことによる。例えば、12～14年度に国土交通省「木造建築基準の高度化推進事業」(事業主体:早稲田大学ほか4者)で、3階建て校舎を使った実大火災実験が実施された〔写真2〕。

木造で火災安全性の高い建物をつくることができる技術が、蓄積されてきた結果だといえる。

〔写真2〕**実大火災実験で工学的な検討**
国土交通省による木造3階建て学校の実大火災実験。写真は、2012年3月に、茨城県つくば市で実施した1回目の様子(写真:210ページまで桜設計集団)

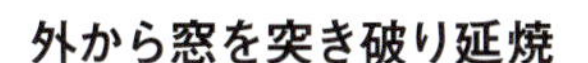

外から窓を突き破り延焼

それでは、木造3階建て学校を設計する際の要点をまとめてみよう。

都市の建物には、「(A) 出火防止性能」「(B) 避難安全性能」「(C) 構造耐火性能(倒壊抑制性能)」「(D) 消防活動支援性能」「(E) 都市火災抑制性能」などの防耐火性能が必要とされる(「ポイント02」を参照)。木造3階建て学校のように規模が大きい建物では特に重要だ。

従来のRC造の学校では、(A)～(E)の性能を燃えないコンクリート躯体で確保してきた。木造の場合、これと同じ性能を燃える躯体を使いながら確保することになる。そのため、外壁開口部からの噴出火炎による「上階延焼抑制措置」や防火区画・壁等による「区画措置」など、RC造より少し厳しい規制が掛かる〔図1〕。

(A)～(E)をもう少し簡単に言い

〔写真3〕**開口部から上階に延焼**
外壁開口部からの噴出火炎による上階延焼の様子。開口部のガラスが普通ガラスの場合、ガラスが炎にあぶられて簡単に割れ、容易に上階に延焼する

〔写真4〕**バルコニーやひさしで延焼抑制**
バルコニーやひさしによる上階延焼抑制の様子。バルコニーやひさしで噴出した炎が建物から離れ、上階の開口部が直接加熱されにくくなる。写真で見えない南面にはバルコニーがある

換えると、次のようなことだ。「(1)そもそもの出火を抑制すること」「(2)仮に出火しても内装を通じて容易に延焼拡大せず建物利用者が煙や火に巻かれず安全に避難できること」「(3)消防隊が消火・救助活動できるように建物が容易に倒壊しないこと」「(4)周辺建物に輻射熱による延焼が起こりにくいこと」

以上を踏まえて建物を設計するには、どんな手法があるのか。

まず、建物内で容易に延焼しない措置が必要となる。出火直後の延焼拡大は壁や天井の内装仕上げ材を介して起こることが多い。

建基法では、一定規模の特殊建築物や大規模建築物の居室や避難路（廊下・階段）に内装制限が掛かる。しかし、そもそも出火の可能性が低いからか、学校は除外されている（火気使用室の内装制限は掛かる）。

そうはいっても可能性はゼロではない。内装を木質化すると、火災時に開口部から吹き出す火炎が大きくなる。建物外部から上階の窓を突き破り延焼する可能性が、実験で確認されている〔写真3〕。

1000m²ごとに面積区画

そのため、内装制限とは別に、15（平成27）年国交省告示255号で、外壁開口部を介した「上階延焼抑制措置」が位置付けられている。最上階以外の室について、次の(a)～(c)のいずれかの措置を講じる必要があるというものだ。

「(a) 下階の天井を準不燃材料と

して噴出する炎を小さくする（延べ面積40m²以上の室に限る）」「(b) 下階の開口部を防火設備として炎の噴出を一定時間抑制する」「(c) 下階の開口部上部にバルコニーやひさしを設けて噴出した炎を上階の開口部から遠ざける」〔写真4〕

どの措置を選択しても構わないが、(a) は下階の天井の仕上げ材に、(b) は下階の開口部のサッシの仕様に、(c) は建物外観に、それぞれ影響を与える。設計に当たっては、あらかじめ知っておきたい。

次に、建物利用者が安全に避難可能で救助活動しやすい措置が必要となる。

これは、防火区画を設ける。3階建て学校の場合、階段室やエレベーターシャフトなどの竪穴とその他の部分とを区画する「竪穴区画」や延べ面積1000m²ごとの「面積区画」を設けることになっている。

また、建物周囲には、居室の窓がない部分と道路に面する部分を除く部分に、避難や消防・救助活動を考慮して、道路まで通じる幅3mの敷地内通路が必要となる。配置計画に影響を与えるので知っておきたい。

最後に、消火しやすく周辺建物に延焼しにくい措置がある。

建物規模が大きく、燃焼面積が広くなると消防活動に支障を来す。そこで、燃焼面積を一定規模に抑えるため、延べ面積3000m²以内ごとに耐火壁または耐火コアの壁等で区画する。そのうえで、延べ面積1000m²以内ごとに1時間準耐火構造の壁・床や特定防火設備で防火区画する必要がある。

〔図2〕**「壁等」も木造で設計**
2019年4月に開校予定の「住吉・上中島・松倉統合小学校木造校舎（仮称）」（富山県魚津市）の完成イメージ。高い耐火性能が求められる「壁等」も木造にするなど、建物全体を木造で設計している（資料：東畑建築事務所）

主要構造部は1時間準耐火構造として、1時間は建物が壊れず、消火や避難・救助活動が円滑にできるようにする。近年、CLTなどの厚板の燃えしろ設計など、1時間準耐火構造を定めた15（平成27）年国交省告示253号が追加された。最新の法令や告示を確認しておきたい。

美術館も準耐火にできる

15年6月の建基法27条の改正で、「学校等」は3階建てであれば、準耐火建築物（1時間）で設計可能となった。この「学校等」には、学校以外に美術館や博物館、図書館なども含んでいる。

従来から準耐火建築物（1時間）で設計可能な3階建ての集合住宅や寮、寄宿舎も合わせると、多くの用途で、耐火建築物ではなく準耐火建築物（1時間）で設計できるようになった。木材がゆっくり燃えることを長所と捉え、太く厚く使えば実現できる準耐火構造でこれらの建物をつくっていきたい。

現在、木造3階建て学校は、富山県魚津市（19年4月開校予定）〔図2〕、神奈川県松田町、千葉県流山市などで計画されている。これから少しずつ増加していくだろう。

なお、設計に取り組む際の参考資料として、準耐火建築物（1時間）による木造3階建て学校の設計の手引きを、文部科学省が作成し、ウェブサイト※で公開している。法令の要点が分かりやすく記載されているので、ぜひ参考にしてほしい。

※文部科学省のウェブサイト「木の学校づくり－木造3階建て校舎の手引－」：http ://www.mext.go.jp/a_menu/shisetu/mokuzou/1369464.htm

防耐火設計のポイント

12

Key Word ▶ 耐火性能検証、避難安全検証、体育館、屋根

耐火性能検証の基本は「火源から木部を離す」

木造を耐火建築物とするには、火源から木部を離して着火しないようにする「耐火性能検証」と呼ぶ手法が使える。体育館の屋根などを木造とする際に有効だ。また内装は「避難安全検証」で木質化できる。

「耐火性能検証」は、耐火建築物の要求性能を満たすことを検証するもの。「避難安全検証」は、建物利用者の避難安全性能が損なわれないことを検証するもの。これら2つの検証は、鉄骨造などで耐火被覆を軽減したり排煙規定を緩和したりする際に適用されることが多い。

しかし実は、木造でも適用でき、耐火建築物化や内装の木質化を目的に使える。最近の適用例としては、2016年秋に竣工した奈良県五條市の「五條市上野公園総合体育館（シダーアリーナ）」がある〔写真1〕。

〔写真1〕**耐火性能検証で屋根を木造化**
奈良県の五條市上野公園総合体育館（シダーアリーナ）の内観。建物規模から耐火建築物とすることが求められたので、屋根を木造とするために耐火性能検証を実施した。避難安全検証も実施して内装の木質化も実現した（写真：215ページまで特記以外は桜設計集団）

同体育館は、建物規模から耐火建築物とすることが求められ、さらに内装制限で建物全体の壁と天井の仕上げに難燃化・不燃化が求められた。それを、耐火性能検証と避難安全検証を実施することで、屋根を木造化し、かつ内装を木質化した。

ただし、2つの検証が成立するには、「天井が高い」「可燃物が少ない」「床面積当たりの利用人数が少ない」など、建物の用途や形状、利用形態が大きく影響する。近年、建築された事例から、木造に耐火性能検証と避難安全検証を適用することの可能性を考えてみたい。

火源から6m以上離す

耐火建築物とは、簡単に言うと、火災が起こった際に、仮に消防活動を期待できなくても火災後に崩壊せず立ち続けられる建物だ。鉄筋コンクリート（RC）造ならば火災時に躯体が燃えないので崩壊しない。

木造の耐火建築物は、RC造と同じ性能を可燃物の木材を使って実現しようというものである。木材はゆっ

くり燃えることは得意だが、いったん燃え始めると容易には燃焼が止まらず燃え続けることが多い。これでは、火災時に建物が崩壊してしまう。

この木造を耐火建築物とする方法として、建築基準法では、図1のように、「主要構造部を耐火構造とする方法（ルートA、仕様規定）」または「耐火性能検証により耐火建築物としての性能を有することを検証する方法（ルートBおよびC、性能規定）」が示されている。

いずれも、木造の主要構造部のうち建物の鉛直力を支持する部分が燃えてなくならないよう、熱の影響を受けず着火しないようにする方法だ。

具体的には、ルートAを用いる場合、「ポイント08」の項で紹介したように、木部に耐火被覆などを施す。ルートBおよびCについては、想定される火源から木部を遠く（目安は6m以上）離す。

木造の耐火建築物が設計可能となった2000年の改正建築基準法施行以降、ルートAによる耐火建築物は5000棟を超える。一方、耐火性能検証のルートBおよびCによる耐火建築物は30棟前後に過ぎない。

木造にしやすいのは屋根

耐火性能検証のうち、ルートBは2000（平成12）年建設省告示1433号に定められた検証方法だ。通常の建築確認申請で建築主事が確認する。ルートCは実験や解析といった高度な検証方法によるもので、個別に大臣認定を取得する必要がある。ルー

〔図1〕木造を耐火建築物とする方法は2種類

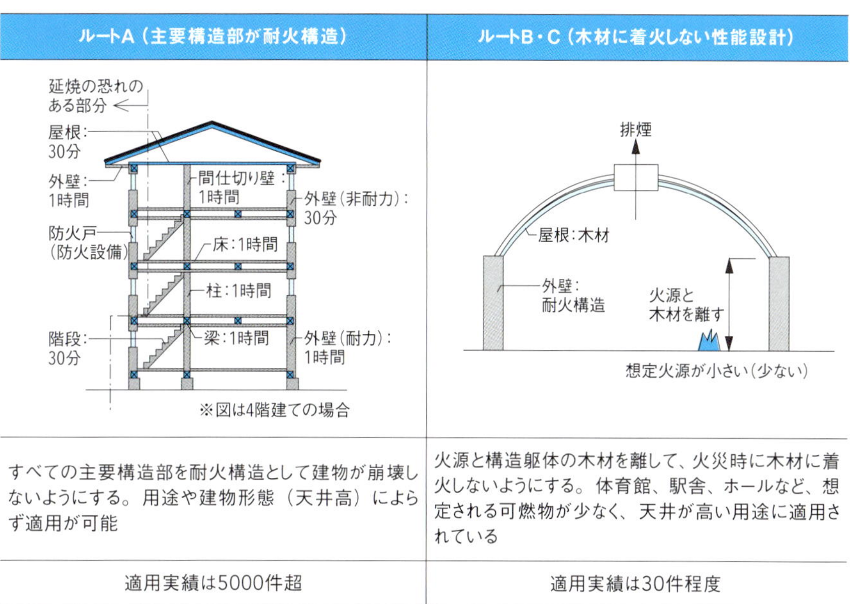

ルートA（主要構造部が耐火構造）	ルートB・C（木材に着火しない性能設計）
すべての主要構造部を耐火構造として建物が崩壊しないようにする。用途や建物形態（天井高）によらず適用が可能	火源と構造躯体の木材を離して、火災時に木材に着火しないようにする。体育館、駅舎、ホールなど、想定される可燃物が少なく、天井が高い用途に適用されている
適用実績は5000件超	適用実績は30件程度

（資料：215ページまで特記以外は桜設計集団）

〔図2〕ルートCを適用した木造屋根は体育館に多い

建物名	主用途	所在地	竣工時期	耐火性能検証により木造化した部位	認定時期
姶良総合運動公園体育館	体育館	鹿児島県姶良市	2005年7月	屋根	2003年9月
二ツ井町総合体育館	体育館	秋田県能代市	2005年8月	屋根	2003年11月
JR四国高知駅	駅舎	高知市	2009年1月	屋根	2005年6月
高知学芸高等学校創立50周年記念体育館	体育館	高知市	2007年9月	屋根	2006年11月
能代市立二ツ井小学校体育館	体育館	秋田県能代市	2010年3月	屋根	2008年7月
木材会館	事務所（ホール）	東京都江東区	2009年6月	屋根	2009年2月
秋葉山公園県民水泳場	水泳場	和歌山市	2013年7月	屋根	2011年11月
静岡県草薙総合運動場体育館	体育館	静岡市	2015年3月	屋根	2014年12月
みんなの森 ぎふメディアコスモス	図書館など	岐阜市	2015年2月	屋根	2015年2月
五條市上野公園総合体育館	体育館	奈良県五條市	2016年10月	屋根	2016年6月

木造で耐火性能検証（ルートC）を適用した最近の主な事例（資料：国土交通省の「構造方法等の認定にかかる帳簿」に記載の認定状況をもとに桜設計集団が作成）

〔写真2〕**木造化は屋根部が多い**
静岡県草薙総合運動場体育館（このはなアリーナ）の内観。体育館のように火源が少なく（小さく）、天井が高い空間の屋根部が、最も耐火性能検証で木造化しやすい。体育館以外でも、木造とするのは屋根（天井）に限定しているケースが多い（写真：吉田 誠）

トBに比べて通常6カ月以上は設計期間が余計に掛かる。

ルートBの方が検証の流れは単純だが、設計の自由度が低い。そのためだろうか、近年の事例はほとんどがルートCによるものである。

図2に、木造で耐火性能検証（ルートC）を適用した最近の主な事例を挙げた。国土交通省が公表している認定状況からピックアップしたものだ。これらの事例の用途を見ると多くが体育館であることに気付く。

これは、耐火性能検証が成立するには、想定される火源に対して、木部に着火しないことが求められるためだ。体育館のように、火源が少なく（小さく）、天井が高い空間の屋根部を木質化するのが、最も設計しやすい〔写真2〕。

例えば、前述の五條市上野公園総合体育館では、**図3**のような設計上の工夫がなされている。図中の（1）〜（3）の工夫で火源を小さくし、（4）と（5）の工夫で火源や上部にたまる煙層からの熱の影響を小さくして、屋根の木材に着火しないように配慮している〔写真3〕。

耐火性能検証は、体育館以外の事例もあるが、いずれも木造化を屋根（天井）に限定している。適用する際には、什器（じゅうき）や備品の不燃化などによって出火源が小さくなる工夫を施したうえで、天井を高く取り、排煙

〔図3〕**屋根の木材に着火しないようにする**

五條市上野公園総合体育館での工夫

（1）体育館アリーナ部は**スポーツ競技または着席型のイベントのみに利用**する

（2）利用時に、**過大な可燃物が持ち込まれない**ようにするとともに、着席時の**椅子のレイアウトを制限**する

（3）2階客席の座面や背もたれの**木材使用量を制限**する。また、**客席に通路を設けてブロック化**し、客席ブロック間の延焼を防ぐ

（4）出火源となり得る1階アリーナや木質壁面、2階客席から**屋根架構までの離隔距離を確保**する。アリーナから屋根までは約12m、2階客席から屋根までは約7m

（5）天井付近に**自然排煙口**および床付近に**排煙口連動開放の給気口**を設ける

〔写真3〕**客席をブロック化**
五條市上野公園総合体育館（シダーアリーナ）の2階客席。客席の木材使用量を制限して火源を小さくした。また客席間に通路を設けてブロック化することで、延焼を防ぐ。避難安全検証を成立させるための設計上の工夫だ

と給気をしっかりと確保することが必要不可欠だ。

なお、もともと想定可燃物量の多い事務室や店舗、住宅などでの耐火性能検証による屋根の木造化は難しい。ルートAの木質耐火部材で設計するのが現実的だろう。

まずは煙の降下を遅くする

一方、避難安全検証は、火災時に発生する煙などに避難者が巻かれないように、煙の降下時間よりも避難時間が短いことを検証するものである〔図4〕。耐火建築物のほか、イ準耐火建築物や構造躯体が不燃材料の建築物にも適用できる。

とはいえ、これまで避難安全検証を木造に適用した事例としては、耐火建築物で内装制限や排煙規定の適用除外を目的としたものが多い。

内装制限を適用除外して内装を木質化する場合に、避難安全検証を成立しやすくするには、高温になって天井にたまった煙の降下時間を遅くし、かつ避難時間を短くすることが重要となる。

特に壁または天井の内装が木材仕上げの場合（一部が木材仕上げの場合も含む）は、建基法に規定された火災成長率（燃え広がる速さ）が大きい。そのため、内装による煙の発生量がそもそも多い。

まずは煙の降下時間を遅くする。それには、「可燃物の少ない用途とすること」や「天井を高くして蓄煙すること」「天井付近に排煙口を設けること」が有効になる。

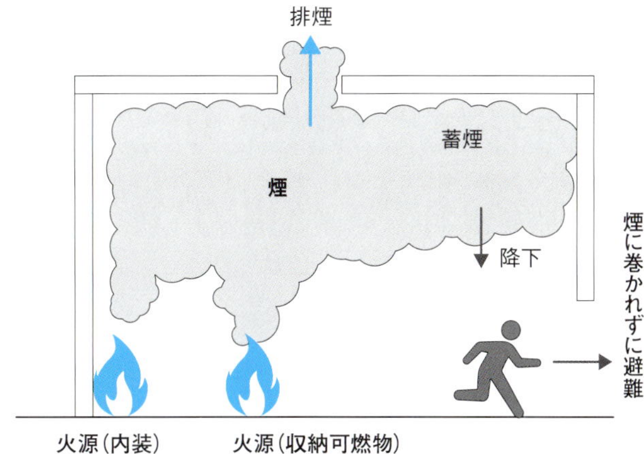

〔図4〕**煙の降下時間より避難時間が短いことを検証**
避難安全検証のイメージ。火災時に発生する煙などに避難者が巻き込まれないように、煙の降下時間よりも避難時間が短いことを検証する

〔写真4〕
最上階のホールは木質化しやすい
木材会館の最上階にあるホール。耐火性能検証と避難安全検証により、屋根を木造化して内装を木質化した。最上階の広いホールは比較的、天井高を確保しやすいので、避難安全検証によって内装制限を適用除外しやすい（写真：細谷 陽二郎）

加えて、避難時間を短くする。具体的には、そもそも「利用人数が少ない用途とすること」や、「室内の歩行距離を短くすること（出入り口を複数設けるなど）」「出入り口幅を大きくすること」が有効な手段となる。

以上のような条件を考えると、最上階などにある広い会議室やホール〔写真4〕、先に例示した体育館といった用途や場所が、内装制限を適用除外しやすいだろう。比較的、天井高が取りやすいうえ、可燃物量が少なく、面積に対する在館者人数も少ないからだ。

近年の法令改正により、木造のイ準耐火建築物で設計できる範囲が拡大された（「ポイント11」の項を参照）。先述したように、内装の木質化を実現できる避難安全検証は、耐火建築物だけでなく、主要構造部を準耐火構造としたイ準耐火建築物にも適用できる。

今後、都市の耐火建築物だけでなく、準耐火建築物でも、天井を比較的、高くできる会議室やホールなどで内装の木質化（内装制限の適用除外）などに取り組んでみてはいかがだろうか。

防耐火設計のポイント

13

Key Word ▶ 耐火構造、混構造、許容温度

防耐火規制が少ないほど設計の腕が問われる

本記事では、都市木造が備えるべき防耐火性能について、実例を交えて解説してきた。
最後は総まとめとして、防耐火上、
都市木造に求められる性能や設計で配慮すべき点を整理してもらった。

都市の木造には、2つの火災外力が働く〔図1〕。1つは、建物が密集した都市特有の「隣棟からの火災」、もう1つは建物立地に関係なく生じる「内部からの火災」である。

隣棟からの火災では、建物外周部の外壁や軒裏、外壁開口部が容易に燃え抜けないことが大切だ。準防火地域や防火地域などでは、建物の主要構造部に防火構造（30分、主に2階建て以下）や準耐火構造（45分、1時間、主に3階建て）、耐火構造（1時間、2時間、3時間）、防火設備（20分）を施す〔図2〕。

一方、建物内部からの火災は、都市や郊外といった立地に関係なく、人が建物を使う際に生じる火災である。出火点から容易に燃え広がらないことが大切だ。延焼経路になりやすい壁や天井の仕上げを規制する内装制限や、火災を局所にとどめる防火区画などを施して、容易に燃え広がらない建物をつくる。

つまり都市木造には、容易に外部から燃え抜けず、かつ内部で容易に燃え広がらない性能が必要となる。その手段として、燃え抜けないコンクリートや金属板、窯業系サイディング、厚い石こうボード、網入りガラス、なかなか燃え抜けない木材の厚板（準耐火構造や防火構造に限る）を、上手に組み合わせるのだ。

「耐火構造の中に木造」も

都市木造に必要な性能が、「燃え抜けない」「燃え広がらない」の2つの性能だとすると、図3のような建築も設計可能だといえる。

これは、NPOの team Timberize（チーム ティンバライズ）が2016年に実施した展覧会「CROSS LAMINATED TIMBERIZE ―CLTはじまりました ―」で提案した12階建ての都市木造。3層ごとに鉄筋コンクリート（RC）造（耐火構造）によるメガストラクチャーを設け、その中を木造（準耐火構造以下）でつくるものである。

耐火構造のメガストラクチャーが、外部（隣棟）から燃え抜けない性能と内部で一定面積しか燃え広がらない性能を担保すれば、現行の建築基準法のように全ての部位を耐火構造としなくても安全な都市木造をつくれるのではないか、という提案だ。

〔図1〕建物火災の外力は2種類

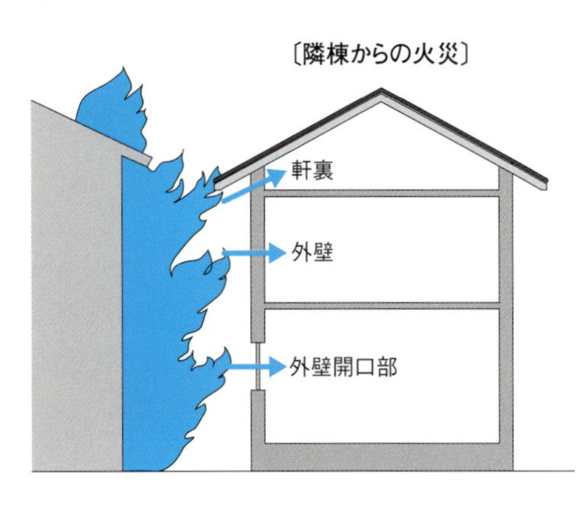

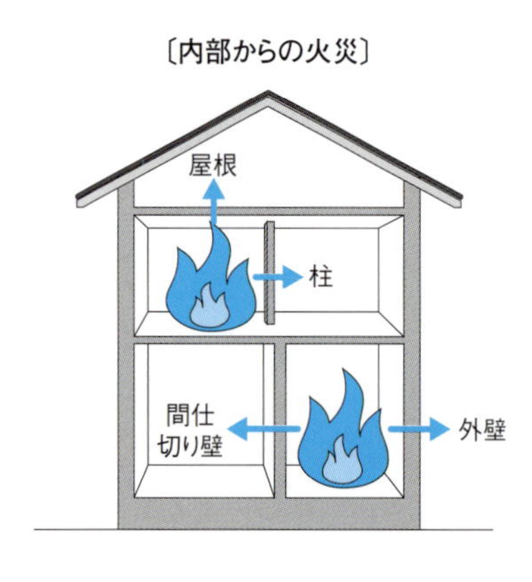

〔図2〕**外壁や軒裏、外壁開口部が容易に燃え抜けない**

	その他建築物	準耐火建築物	耐火建築物
建築可能地	準防火地域の2階建て以下	準防火地域の3階建て	防火地域の4階建て以下など
概要図	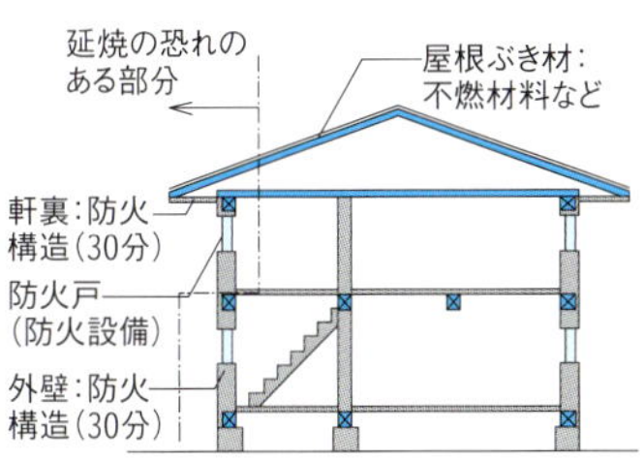 延焼の恐れのある部分 屋根ぶき材:不燃材料など 軒裏:防火構造(30分) 防火戸(防火設備) 外壁:防火構造(30分)	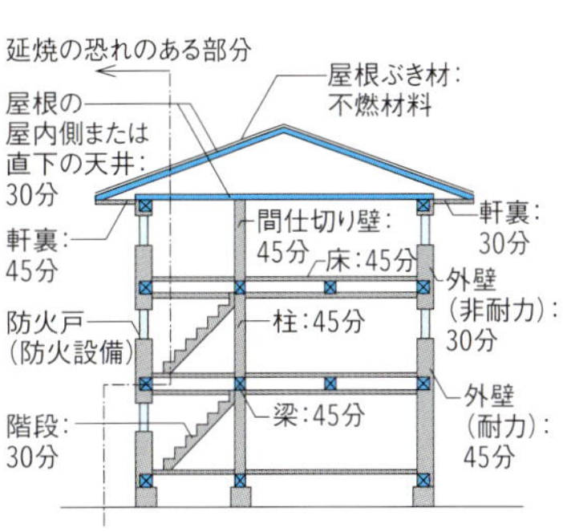 延焼の恐れのある部分 屋根ぶき材:不燃材料 屋根の屋内側または直下の天井:30分 軒裏:45分 間仕切り壁:45分 床:45分 軒裏:30分 外壁(非耐力):30分 柱:45分 防火戸(防火設備) 梁:45分 外壁(耐力):45分 階段:30分	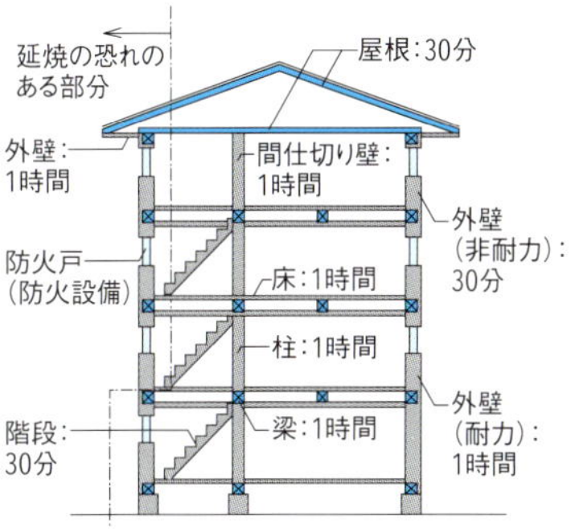 延焼の恐れのある部分 屋根:30分 外壁:1時間 間仕切り壁:1時間 外壁(非耐力):30分 防火戸(防火設備) 床:1時間 柱:1時間 梁:1時間 外壁(耐力):1時間 階段:30分
外壁※	防火構造(30分)	準耐火構造(45分)	耐火構造(1時間)
軒裏※	防火構造(30分)	準耐火構造(45分)	耐火構造(1時間)
間仕切り壁	—	準耐火構造(45分)	耐火構造(1時間)
床	—	準耐火構造(45分)	耐火構造(1時間)
柱	—	準耐火構造(45分)	耐火構造(1時間)
梁	—	準耐火構造(45分)	耐火構造(1時間)
階段	—	準耐火構造(30分)	耐火構造(30分)
屋根	—	準耐火構造(30分)	耐火構造(30分)
外壁開口部※	防火設備(20分)	防火設備(20分)	防火設備(20分)

防耐火建築物の主要構造部に必要とされる燃え抜けない・燃えて壊れない時間
※延焼の恐れのある部分の場合を記載

もちろん現状は、このような考え方はできない。しかし、17年度から5カ年計画で始まった国土交通省による総合技術開発プロジェクト「新しい木質材料を活用した混構造建築物の設計・施工技術の開発」(※1)で、ほぼ同様の考え方による安全検証が実施される予定である。

数年後には、法令改正により、我々が提案したような「耐火構造メガストラクチャー＋木造」による建物が実現可能になるかもしれない。

〔図3〕**防耐火性能をメガストラクチャーで担保**
NPOのteam Timberizeが提案した「耐火構造メガストラクチャー＋木造」による都市木造。耐火構造のメガストラクチャーが外部から燃え抜けない性能と内部で一定面積しか燃え広がらない性能を担保する。現状は実現できないが、同様の考え方による安全検証が実施される予定だ

木と鉄は許容温度が違う

耐火構造メガストラクチャー＋木

造はまだ実現できないものの、都市木造に必要な防耐火性能が分かると、様々な手段を使って防耐火性能に配慮した設計ができるようになる。特に中大規模木造では、RC造や鉄骨(S)造との混構造も珍しくない。都市木造を手掛ける際、防耐火上、配慮すべきことを3つ挙げる。

1つ目は、「木は燃え始めると容易には消えない」ということだ。

木材は水分を含む可燃物のため、なかなか着火せず、内部に燃え進む速度も1分当たり約1mmと比較的遅い。ただ、いったん燃え始めると消火活動などをしなければ消えない。火災時にずっと倒れないことが要件となる耐火建築物をつくるには、そもそも構造躯体に着火しないように耐火被覆などの措置が必要となる。

これは、準耐火建築物を外壁耐火構造(ロ準耐火建築物1号)でつくる場合も同じだ。耐火構造部分とそれ以外の部分に用いる木材とを連続させると、所定の性能を確保できなくなる恐れがある。ディテールの工夫が必要となる〔図4〕。

2つ目は、「木材と鉄では許容温度が異なる」ということだ。

木材の許容温度は約260℃だが、

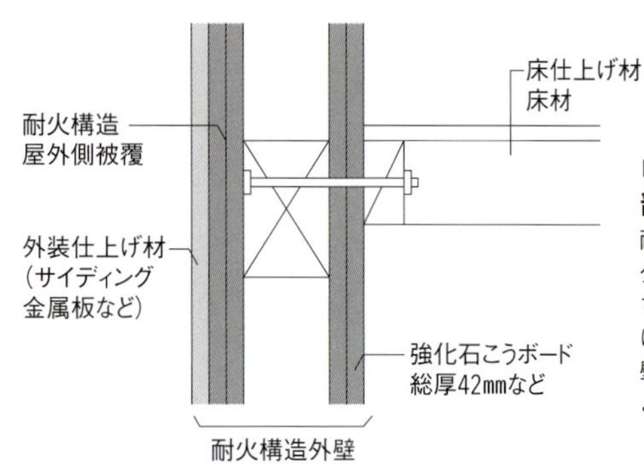

〔図4〕**耐火構造部分の接合部は要工夫**
耐火被覆の切り欠きを接合金物部分だけにして燃え込まないようにしている。ロ準耐火建築物1号の外壁には耐火構造が求められるため、外壁を構成する柱・梁に燃え込まないような工夫が必要となる

〔図5〕**鉄骨造との混構造では鉄の温度に注意**
木造と鉄骨造の混構造で生じる課題とその解決策の一例。※に記載した数字は「所定の耐火時間に必要な厚さ」→「鉄を260℃以下に制御するための厚さ」

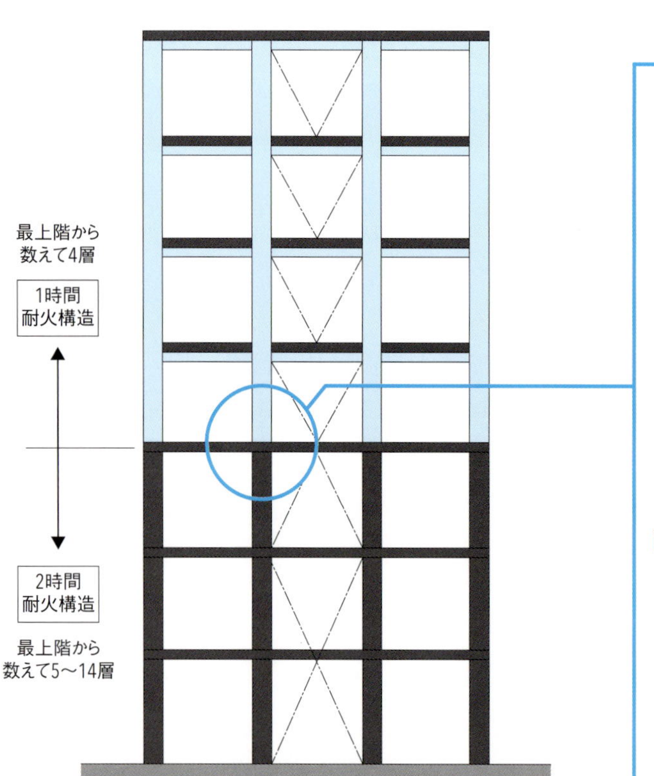

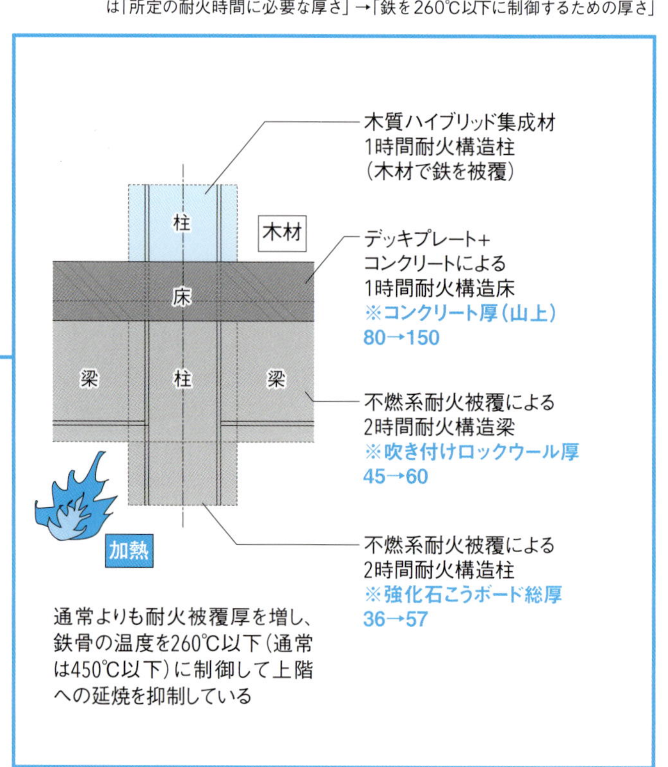

鉄の許容温度は約450℃。耐火建築物とする場合、ともに耐火被覆を必要とする木材と鉄だが、被覆内で部材が連続していると、鉄の温度が260℃を超えたときに、木材が燃え始める可能性がある。

つまり、鉄の耐火被覆を選定する際、1時間耐火構造仕様とすることに加えて、鉄の温度が260℃を超えないように配慮する必要がある。それを怠ると、ずっと倒れないことが要件の耐火建築物の必要性能を確保できなくなる可能性がある〔図5〕。

例えば、私が防耐火の面で設計協力した「国分寺フレーバーライフ社本社ビル」（東京都国分寺市、130ページ参照）は、S造・7階建てだが、上4層では鉄を木材によって耐火被覆している。加熱実験で、鉄の温度を約200℃にとどめる仕様を検討し、建設できた。

燃え方をコントロール

最後の3つ目は、「耐火・準耐火建築物とその他建築物の違い」を意識することだ。

都市には耐火・準耐火建築物とすべき建物が多い。これは1棟1棟の燃え方をコントロールしなければ、市街地大火などに発展する可能性があるためである。つまり、耐火・準耐火建築物は、建基法において、燃え方をコントロールする最低限の手法が定められているといえる。

一方で、都市近郊に建つことが多いその他建築物は、建物自体で燃え方をコントロールするというよりは、防火壁など強い部材を途中に設けることで燃焼範囲を限定する手法を取る。防火壁は延べ面積1000m²以下ごとに設けるが、逆に1000m²までは燃える可能性があるということだ。

1000m²は木造住宅約8〜10棟分で、市街地でこれだけの規模が燃えれば大騒ぎとなる。つまり、建基法の規制の少ないその他建築物ほど、最低限の基準を定めた建基法だけでなく、設計者自身の考えによる防耐火設計の手腕が問われる。

例えば、1951（昭和26）年3月6日住防発14号（建設省住宅局建築防災課長通達）の「部分により構造を異にする建築物の棟の解釈について」を用いて、その他建築物群を設計する場合がある〔図6〕。建物内部からの延焼だけでなく、開口部や軒裏を介した外部からの延焼も抑制できるよう配慮した設計が必要だろう。

今後、中大規模の都市木造が増えると、現状は想定できない課題が生じる可能性もある。法令に合わせるのは当たり前で、さらに安全性に余裕を持たせた設計を心掛けることが重要ではないだろうか。

火災は、マッチ1本から市街地大火に成長する災害である。燃え広がらない、燃え抜けない、燃えて壊れないなど、火災が成長する過程ごとに燃え方をコントロールする防耐火設計を、これからも実践したい。

〔図6〕**外部からの延焼も抑制**

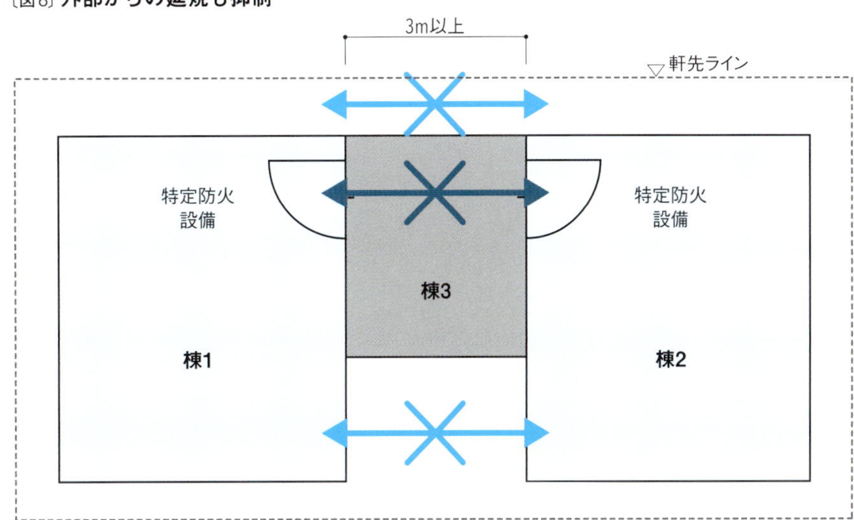

×内部出火に対応する特定防火設備と耐火構造
×外部出火（内部出火から噴出した火炎も含む）に対応して連続する軒裏を介して、さらに外壁間を介して延焼しない措置を必ず行う

□主要構造部の一部または全部を木造とした建築
■主要構造部を耐火構造とした建築

1951（昭和26）年建設省通達「部分により構造を異にする建築物の棟の解釈について」の概要

※1 国土交通省が公開した「新しい木質材料を活用した混構造建築物の設計・施工技術の開発」の資料のURL: http://www.mlit.go.jp/tec/gijutu/kaihatu/pdf/h28/160801_05clt.pdf

2018年建基法改正のポイント

「耐火」の性能規定化で中層建築の設計に自由度

2010年に公共建築物等木材利用促進法が施行、国は法改正や技術基準の整備を進める。
18年の建築基準法改正では、性能規定化によって
準耐火構造による建築物の適用が拡大し、木の現しなど設計の自由度が高まる。

国土交通省は2018年の建築基準法改正について、(1) 建築物・市街地の安全性の確保、(2) 既存建築ストックの活用、(3) 木造建築物の整備の推進——の3本柱を示しており、(3) が最も大きな改正になる。要点は、建基法の21条と27条、61〜62条を性能規定化すること。19年6月27日までに施行される。

21条2項と27条は、木造3階建て実大規模の火災実験を受けて、15年に改正されている。残るは21条1項の「高さ制限」、および「防火地域・準防火地域の制限」で、これら3条はいずれも、耐火建築物にしなければならない要件を定めたものだ。

法律が求めているのは、21条は大規模木造が火災時に倒れないようにすること。27条は特殊建築物の用途制限に関するもので、不特定多数の人が使用する用途の場合、避難安全への配慮を促す。61〜62条については、今回の改正で62条がなくなって61条に集約される。これは市街地の延焼抑制を目的としているものだ。

この3条に対して、これまで耐火建築物で対応していたが、今回の改正では、耐火建築物に「同等の性能を持つ建築物」が加わる。これが大きなポイントだ〔図1〕。

寺などの棟が高い建築にも配慮

前提は火災安全性を落とさないこと。「緩和」という言葉がよく聞かれるが、要求性能を落とすのではなくて、耐火建築物、もしくはそれと同等の性能をほかの手段で確保することを求める。これまで通り、仕様規定を用いる場合は、耐火建築物とする必要があるが、性能設計をする場合、同等建築物となるので、準耐火構造の建築物として設計することになる。今回導入される準耐火構造とは、火災になっても倒壊する前に、消火するという考えだ。

その考え方の基となる21条では、「高さ13m、軒高9m超」とあった条件が、「高さ16m超、階数4以上」になる。木造の場合、これまで棟の高さが制限にかかる場合が多く、16mになっても内部の可燃物量はそれほど変わらない想定だ。棟の高い寺などに配慮している。

61条では、防火地域だと2階建て、100m^{2}を超えた場合、準防火地域だと、3階建て、1500m^{2}を超えた場合、耐火建築物とすることを求めている。性能規定化を踏まえ、75分や90分の準耐火構造が告示で位置付けられる予定だ。　（安井 昇氏、談）

〔図1〕中層木造建築の「耐火」を性能規定化

木造建築の推進	木造建築物等にかかる制限の合理化
	中層木造共同住宅など木造建築物の整備を推進するとともに、防火改修・建て替え等を促進 ○耐火構造等とすべき木造建築物の対象を見直し（高さ13m・軒高9m超→高さ16m超・階数4以上） ○上記の規制を受ける場合についても、木造の現し等の耐火構造以外の構造を可能とするよう基準を見直し ○防火地域・準防火地域内において高い延焼防止性能が求められる建築物についても、内部の壁・柱等においてさらなる木材利用が可能となるよう基準を見直し

❶建築基準法21条1項の性能規定化（高さ制限）
建築基準法21条2項の性能規定化（面積制限、2015年改正済み）　➡ 倒壊制御
❷建築基準法27条の性能規定化（用途制限、2015年改正済み）　➡ 避難安全
❸建築基準法61条・62条の性能規定化（防火地域・準防火地域の制限）　➡ 延焼抑制

2018年の建築基準法改正（同年6月27日公布）では、木造建築の推進に向けて、「高さ制限」と「防火地域・準防火地域の制限」に対して性能規定化が図られる（資料：国土交通省、桜設計集団）

PART

都市住宅を攻略する

都市の密集市街地に立つ集合住宅や戸建て住宅でも、木造が進化している。
新しい技術や法規制を生かして防耐火性能を確保し、
木造ならではの快適な住空間を提案する事例が増えてきた。

各事例のタイトルで1行目は、左から順番に、「耐火性能」「架構のポイント」「地上階数」を示します。
耐火性能で、「その他」とあるのは、「その他建築物」を表します

1時間耐火　木質接着パネル（マッシブホルツ）｜5階建て

下馬の集合住宅［東京都世田谷区］

設計：KUS

木造耐火のトレンドを切り開いた中層住宅

1時間耐火構造が求められる4層木造に、国内で初めて挑んだ集合住宅。木質の床スラブ「マッシブホルツ」を開発するなど住宅としての居住性も確保。木材利用が難しいとされてきた「都市木造」に風穴を開けた。

［写真1］**10年越しで完成した「下馬の集合住宅」**
東京都世田谷区の主要幹線道路沿いに建つ。1階をRC造、2階から5階を木造とした。ガラス越しに見える木製斜材が木造らしい印象を与えている。2003年に計画を開始、13年にようやく完成した（写真：都築 雅人）

〔写真2〕**無垢の木製斜材で屋内を覆う**

斜材は金物を介して床スラブへ直結しており、地震力を負担する。屋内をカゴのように覆う構造だ。柱と床・天井、屋根については独自に取得した大臣認定、壁は日本木造住宅産業協会が取得した大臣認定を用いた（写真：浅川 敏）

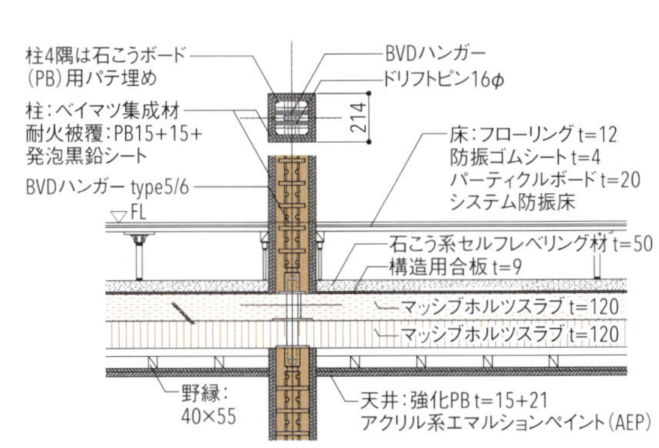

床・天井と柱部分の断面図 1/40

〔図1〕**遮音性を高めた床・天井**

床には2層の木製集成板を現場接着した「マッシブホルツ」を用いており、通常の木造より床面の質量が大きい。さらに防振床を採用して衝撃音を軽減した。床の大臣認定はマッシブホルツを石こうボードで耐火被覆した一体の構造として取得している（資料：KUS）

木造耐火建築物のトレンドを切り開いた「下馬の集合住宅」（東京都世田谷区）〔写真1〕。この建物がきっかけとなり、木質構造で4階建てを実現する木造1時間耐火構造の技術開発が進んだ。

元々の計画は今から10年以上前の2003年に遡る。都市木造の実現を目指し、設計者や研究者でつくるteamTimberize（ティンバライズ）というNPO法人（理事長：腰原幹雄・東京大学生産技術研究所教授）が技術開発を主導。柱、床、屋根について1時間耐火構造の国土交通大臣認定を06年までに取得するなどして実現した。

構造計画のうえで、鉛直力と水平力を明確に分離し、水平力を負担する部材を耐火被覆していない斜材とすることで、木に包まれた空間を実現した〔写真2〕。設計を担当したのはKUS（東京都新宿区）。施工は大和ハウス工業が手掛けた。

遮音性が特に重要

このプロジェクトは、「都市木造」を掲げたティンバライズの活動に賛同した建て主、原田登美男氏が、腰原教授に直接連絡を取ったのがきっ

床の施工の様子。厚さ12㎜の幅接ぎ集成板をクレーンで吊って下階の木の柱と支保工に載せていく。最も長い板は8mに達した。板は2枚重ねて現場接着とボルト留めで固定する（写真：下も池谷和浩）

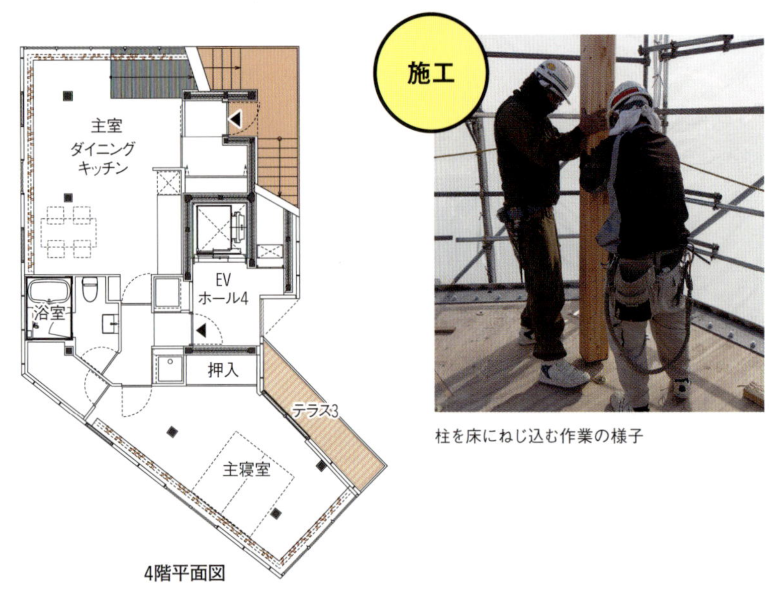

柱を床にねじ込む作業の様子

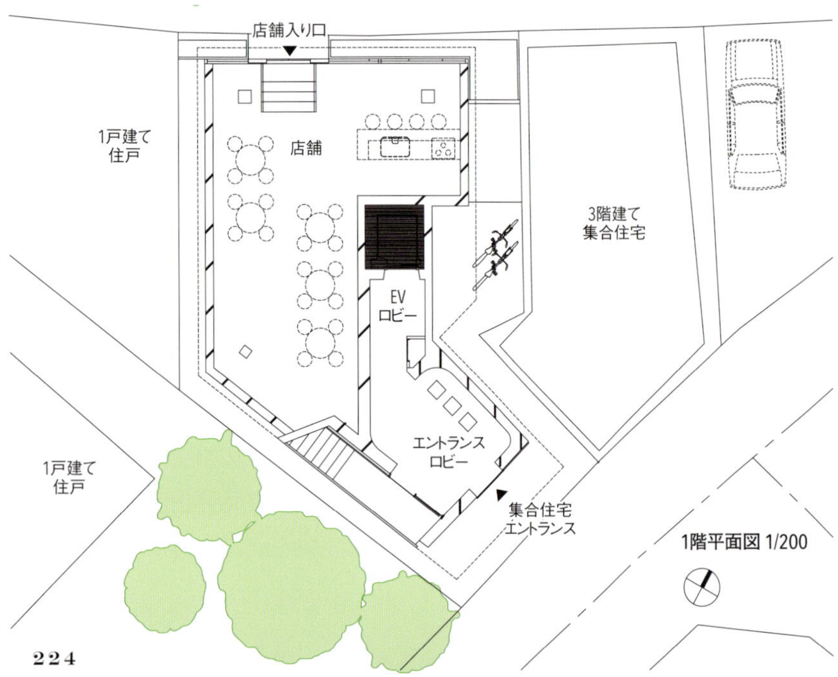

かけだった。

大臣認定の取得に3年、資金調達に7年近くを要したが、原田氏は「下馬プロジェクト施主」という肩書を記した名刺を持って、辛抱強くプロジェクトに関わり続けた。「コンクリートばかりでは面白くない。都市における木造の選択肢を切り開いて、社会に残したい」という思いからだ。

KUSの共同代表である内海彩氏と小杉栄次郎氏がこだわったのは、遮音性の問題だ。「集合住宅では住戸間の遮音性が住み心地を決める。木造耐火建築物の集合住宅としては最初の計画であるこの建物で、『木造は遮音性がない』と行った形で評価が下ることだけは避けたかった」と小杉代表は語る。

1層1戸のプランであり、各住戸を隔てるのは床・天井だけだ。この建物では、木材の集成板を複層接着した「マッシブホルツ」と呼ばれる床スラブを採用しており、スラブ自体が一定の質量を有する。そこへ、さらに防振床を採用することで、上階からの音の伝達を抑制した〔図1〕。

（安井 功＝現・日経ホームビルダー）

下馬の集合住宅

所在地：東京都世田谷区下馬　主用途：共同住宅、店舗　地域・地区：近隣商業地域、準防火地域、第三種高度地区　建蔽率：75.55％（許容80％）容積率：268.83％（許容：300％）　敷地面積：122.88m²　建築面積：92.83m²　延べ面積：372.15m²　構造：木造、一部RC造　防火性能：耐火建築物　階数：地上5階　基礎・杭：羽根付き鋼管杭　最高高さ：15.8m　主なスパン：最大5m　発注者：原田登美男　設計・監理：KUS　設計協力者：桜設計集団（構造）、東京大学生産技術研究所腰原研究室（構造）、長谷川設備計画（設備）、フォーライツ（照明）　施工者：大和ハウス工業　運営者：大和リビング　設計期間：2004年1月～11年3月　施工期間：2012年4月～13年9月　開業：2014年2月　総戸数：4戸　賃貸住戸面積：60.5～69.54m²　月額家賃：18万7000円～19万3000円（ほかに管理費が1万円）　総工事費：1億8000万円（税抜き）　補助金：木のまち整備促進事業（12年度からは木造建築技術先導事業に名称変更）3860万円

防振床も使い遮音性にこだわり

2階以上の4層を1時間耐火構造の木造とした。また、集合住宅のため、住戸間の遮音性にも配慮し、床には2重の木製集成板を現場接着した「マッシブホルツ」に加え、防振床を用いることで、上階からの音の伝達を抑えている

木格子のコーナー部分の納まり（写真：下も日経アーキテクチュア）

屋外階段の上部に当たる斜めの壁には腰掛けを設けた

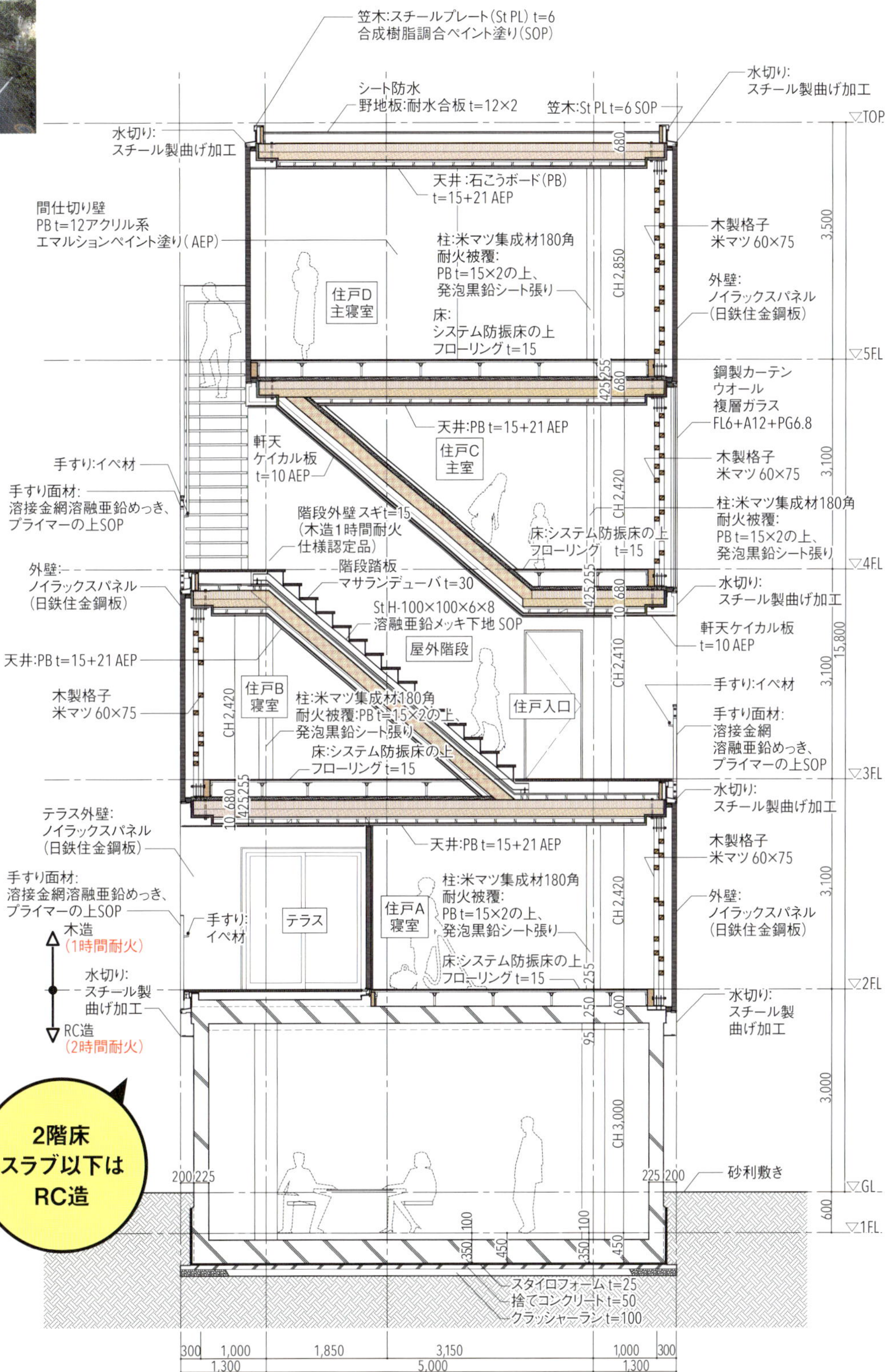

断面詳細図 1/100

1時間耐火　木質接着複合パネル構法 ｜ 4階建て

赤羽の集合住宅 ［東京都北区］

設計：KUS

〔写真1〕**住宅密集地の木造4階建て**
北側外観。ランダムな横長の出窓がファサードの表情をつくる。出窓の向こうに構造を暗示する壁柱が透けて見える（写真：228ページまで安川 千秋）

高耐力の木製パネルで木造4層の集合住宅

住宅メーカーが開発した木質パネルを用いて、4階建ての木造耐火集合住宅が完成した。壁倍率の高さを生かし、木造ながら大空間、大開口を実現した。

〔写真2〕**広々とした店舗スペース**
1階は建て主が営む子どもの本の店「青猫書房」。店舗内装もKUSが手掛けた

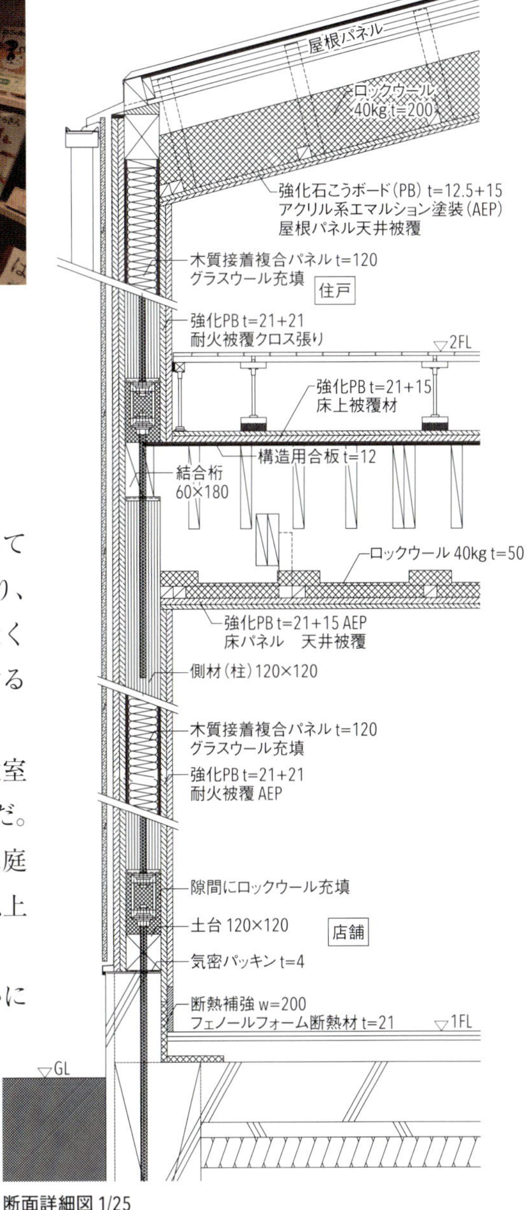

断面詳細図 1/25

地盤の条件などから躯体が軽い木造を選ぶ建主も少なくない。防耐火の問題をクリアし、中高層化できれば、木造集合住宅の普及の可能性は広がるはずだ。

防火地域に建つ「赤羽の集合住宅」〔写真1〕は、店舗と12戸の賃貸住戸から成る4階建て。設計を手掛けたKUS（東京都千代田区）にとっては「下馬の集合住宅」(222ページを参照)に続く、2棟目の木造耐火建築物だ。

このプロジェクトは、ミサワホームグループが開発した高耐力の木質接着複合パネル構法「FWS（フューチャー・ウッド・システム）」を採用している。FWSによる壁式構造の4階建ては、ミサワホームとしても初の試み。住宅メーカーと一般の設計者・施工者との連携も評価され、国土交通省の木造技術先導事業に採択された。

大空間と大開口が可能に

FWSの耐力壁は、壁倍率にして約22倍に相当する。これにより、木造でありながら1階に100m²近くのオープンな店舗スペースを設けることが可能になった〔写真2〕。

2階以上が住宅で、中央の階段室を各階4戸のワンルームが囲む構成だ。建物の北西角にテラス、南東面に庭を配し、すべての住戸が2方向以上の開口を持つ。

住戸同士は壁を共有せず、互いに

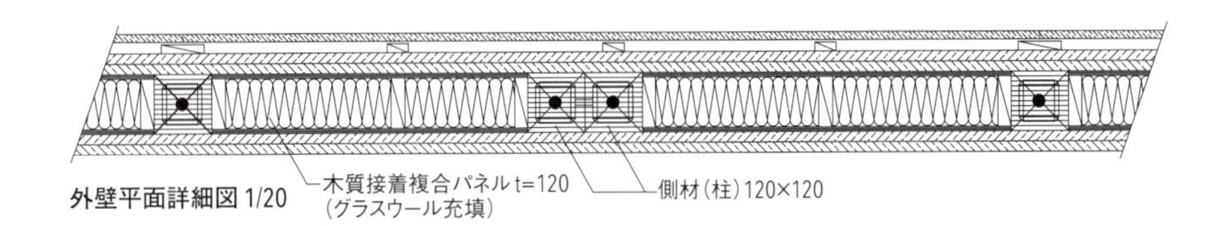

外壁平面詳細図 1/20

〔写真3〕**自然光が差し込む屋内共用階段**
階段室は建物の中央部にあるが、住戸の間の開口とハイサイドライトから自然光が差し込む

〔写真4〕**大きな開口を持つ居室**
出窓などにはトドマツ材を張って木の質感を表現（上の写真）。L字形のワンルームは「寝る場所とリビングを分けられて使い勝手がいい」と入居者

切り離されているので、生活音も伝わりにくい。住戸の間にバルコニーや開口部を設けており、階段室も明るく開放的だ〔写真3〕。

「構造上、上下階の耐力壁の位置はなるべくそろえる必要があった。住戸の間取りは似通うが、それぞれに個性を与えるため、大きな出窓をランダムに設けた」とKUSの内海彩代表は語る。

横長の出窓の中に現れる壁柱が、建物の構造を暗示する〔写真4〕。躯体の壁パネルはすべて耐火被覆しなければならない。そのため、木造らしさを演出する目的で、壁柱の表に現れる部分と出窓の内側、床をトドマツ材で仕上げた。

「これだけ大きな開口部は、2×4などの木造ではつくれないだろう」と内海代表。外観は木造らしからぬデザインとなった。

専有面積は約26～30m²と、都心部のワンルームとしては広めながら、住戸の内側に柱や壁が必要なく、梁型が現れないのもFWSによる壁構造の利点だ。将来、入居者ニーズが変化したとき、水回りを一部撤去してオフィス向きにするなど、リフォームの対応にも配慮した。

軽量化で杭・基礎費を圧縮

新しい構造だけに、設計・施工を通じていくつものハードルがあった。

当初、耐火の認定は厚さ90㎜の戸建て用が対象で、4階建てに必要な厚さ120㎜のパネルは国土交通大臣認定の1時間耐火構造に該当しないことが、実施設計着手後に判明。新たに認定を取得した。

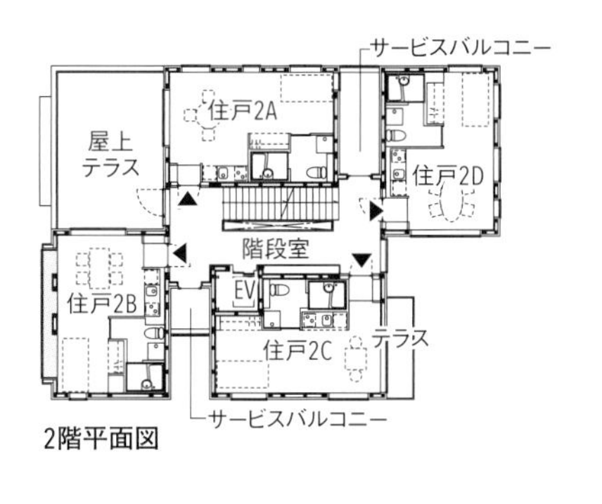

2階平面図

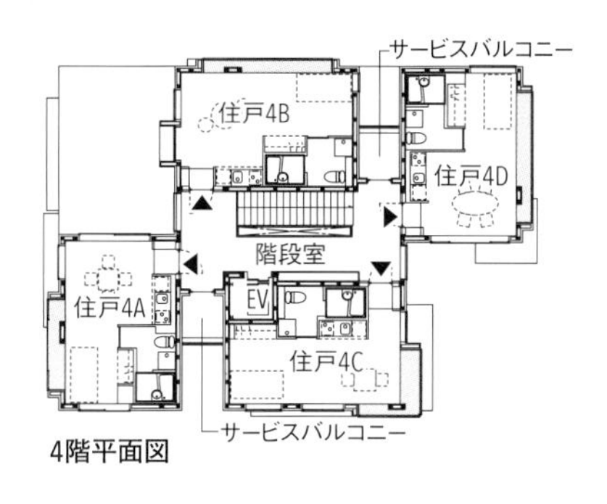

4階平面図

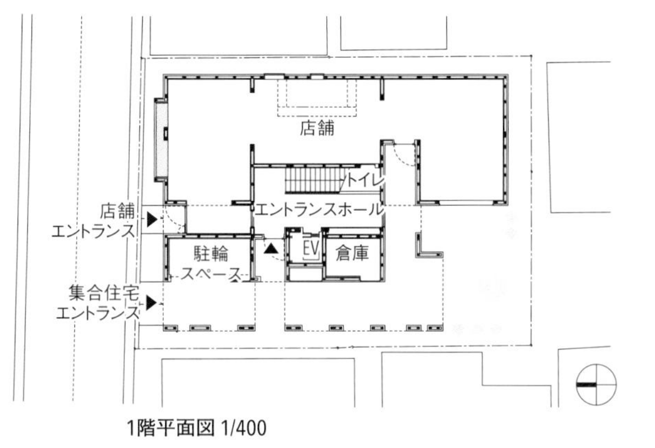

1階平面図 1/400

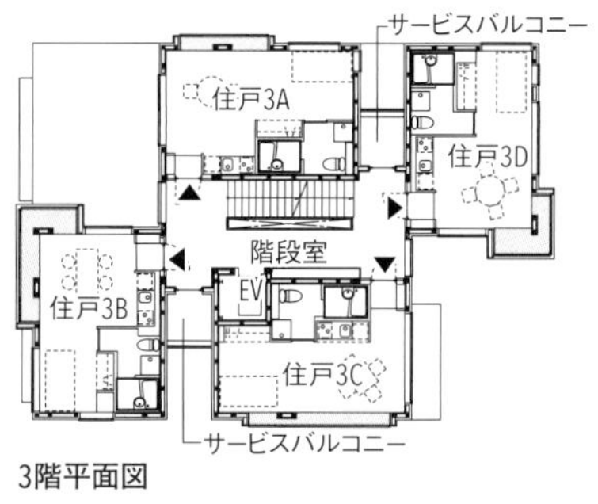

3階平面図

赤羽の集合住宅

所在地：東京都北区赤羽　主用途：共同住宅、店舗　地域・地区：近隣商業地域、防火地域　建蔽率：67.4％（許容80％）容積率：173％（許容300％）　前面道路：北6m　敷地面積：282.26m²　建築面積：190.24m²　延べ面積：599.71m²（うち容積率不算入部分111.23m²）　構造：木造　階数：地上4階　耐火性能：耐火建築物　各階面積：1階146.72m²、2階148.55m²、3階156.28m²、4階153.54m²　基礎・杭：鋼管杭　高さ：最高高さ15.6m、軒高13.41m、階高1階3.85m、2〜3階3.3m、天井高店舗3m、居室2.45m　主なスパン：4.35×6.15m　設計・監理者：KUS　設計協力者：MID研究所（構造）、ミサワホーム総合研究所（構造設計協力）、東京大学生産技術研究所腰原研究室（構法アドバイス）、長谷川設備計画（設備）、フォーライツ（照明）　施工者：スリーエフ　施工協力者：福永設備（空調、衛生）、東晃電機（電気）、ミサワホーム（木質接着複合パネル生産）、テクノエフアンドシー（パネル工事）　賃貸戸数：12戸　賃貸住戸面積：26.75〜30.11m²　月額家賃（募集時）：7万8000〜8万8000円（別途管理費5000円）総事業費：約2億4000万円（店舗内装含む）

また、接合金物も90㎜厚パネル用だったため、耐力壁パネルの施工には高い精度が求められた。工事中も実験を行って性能などを確認した。結果、8カ月を予定していた工期は約1年に延びた。

同時進行で店舗の開業準備を進めていた建て主は「間に合うか心配したが、建物には満足している」と語る。「竣工直後、真冬の1階で商品を整理していてもコンクリートの建物のような底冷えは感じなかった。木造ならではの温かみがあると思う」

FWSについて、内海代表は「工場生産のパネルには品質確保や現場工程の短縮が期待できる」と語る。木造は軽量なことから、鉄筋コンクリート造などに比べ杭・基礎工事費の圧縮も可能になるはずだ。

（萩原 詩子＝ライター）

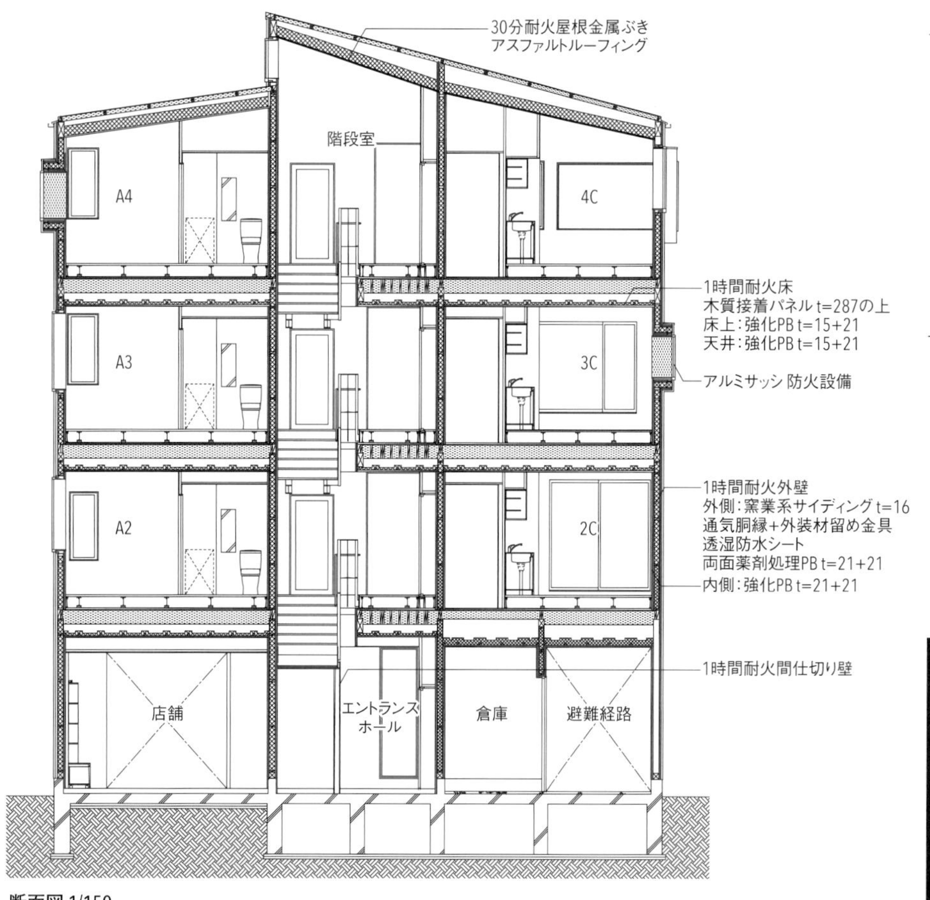

断面図 1/150

ロ1準耐火　外壁耐火構造 | 3階建て

4つの柱［東京都世田谷区］

設計：福島加津也＋冨永祥子建築設計事務所

告示仕様の外壁耐火で細い木の架構を現しに

準耐火建築物とする必要がある木造3階建ての小住宅に、告示が出たばかりの外壁耐火構造を採用。細い製材を組み合わせた木構造を意匠化するのと同時に、耐火被覆や燃えしろ設計では難しい開放的で自由度の高い室内空間を実現した。

75㎜角の柱4本による組み柱が4つ。平面形が5.1×7.6mの建物の真ん中に2.7m四方に立つ。建物内部で、鉛直力を受け持つ構造部材はこれだけ。ささやかながらも開放的な空間を生み出している〔写真1〕。

東京・世田谷の立て込んだ住宅地に建つ木造3階建て。4つの組み柱に梁を渡して“やぐら”のような架構を組み、2階と3階の床を載せている。水まわりなどに最小限の間仕切りはあるが、基本的に内部はひとつながりの空間だ〔写真2、3、図1〕。

組み柱に渡した梁も、幅45×高さ180㎜という細い部材を3本合わせたもの〔写真4〕。柱や梁を分節して、限られた空間に対する部材のボリューム感を抑えている。「どちらも流通材なので入手しやすいうえ、構造と家具の中間的なスケールで、小さな住空間に調和する」。設計を手掛けた福島加津也＋冨永祥子建築設計事務所（東京都世田谷区）の福島加津也代表はそう説明する〔図2～4、写真5、6〕。

やぐらのような架構の発想は、建て主のこんな要望から生まれた。「福島さんの設計による住宅『柱と床』（234

〔写真1〕**細い部材の組み柱**
建物内部には、細い部材による組み柱が4本立つ。建て主が仕事場にしている1階は、床全面が土間の空間（写真：234ページまで特記以外は小川 重雄）

断面POINT　独立した組み柱で高い自由度〔図1〕

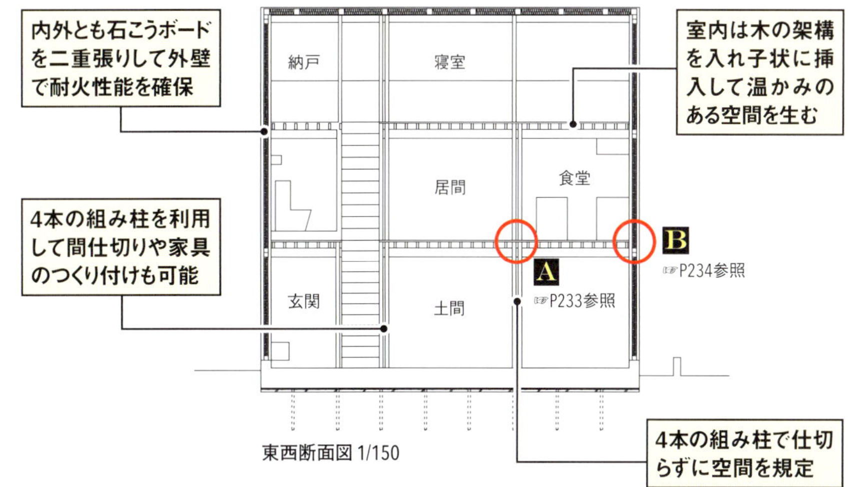

組み柱と梁とで組んだ架構と、外壁とが支え合う構造。内部の鉛直材を、4つの組み柱だけにしたことで、空間の自由度が高い（資料：235ページまで福島加津也＋冨永祥子建築設計事務所）

〔写真2〕**準防火地域の木造3階建て**
南から見た全景。準防火地域に建つ木造3階建て。建物の間口は約7.6m

ページ別項参照）のように装飾ではなく、構造自体をデザイン化してほしい」と。2008年に完成した「柱と床」は、柱梁が鉄筋コンクリート（RC）造だが、この住宅は、それを木造に置き換えたような格好だ。建設費の高騰や予算などを勘案して、木造に絞って設計に入った。建て主の要望を満たすのに2階建てでは足りず、3階建てでの計画になった〔図5〕。

木造3階の自由度が高まる

敷地は、準防火地域に指定されており、木造3階建ては準耐火建築物であることが求められる。その手法としてよく用いられるのは、燃えしろ設計や耐火被覆など、主要構造部を準耐火構造とする建築基準法2条9の3で定められた「イ準耐」だ。

それに対してこの住宅は、準耐火構造と同等の耐火性能を持つ「ロ準耐」に規定された「外壁耐火構造」で設計し、内部の架構を現しにしている。外壁耐火構造は、以前からある基準だが、認知度が低いこともあり、木造住宅での適用例は多くない。

この住宅で、外壁耐火構造を用い

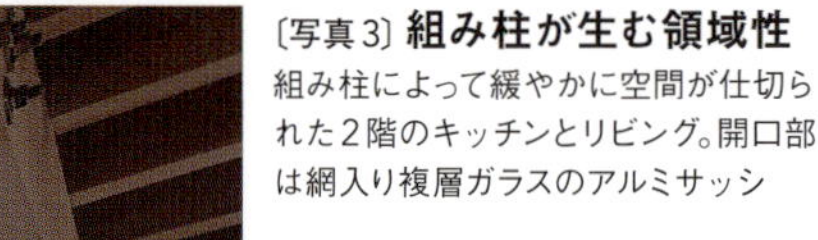

〔写真3〕**組み柱が生む領域性**
組み柱によって緩やかに空間が仕切られた2階のキッチンとリビング。開口部は網入り複層ガラスのアルミサッシ

〔写真4〕**組み柱を利用して本棚に**
1階では、組み柱の隙間を利用して横架材を渡し、本棚を取り付けている

たのは、内部の架構を現しにしやすい道が昨年、開かれたためだ。それは、2014年8月に施行された国土交通省告示861号。1時間耐火構造に適合する木造の外壁と間仕切りについて、2000年の建設省告示1399号（耐火構造の構造方法を定める件）の一部を改正したものだ。

外壁については次の2つの仕様を示している。1つは、木造躯体の両側に、2枚以上の強化石こうボードによる厚さ42㎜以上の防火被覆を設けるもの。もう1つは、2枚以上の強化石こうボードで厚さ36㎜以上とし、さらに厚さ8㎜以上の繊維混入ケイ酸カルシウム板を張って防火被覆とするものだ。

その際、屋外側には、防火被覆の上に、金属板や軽量気泡コンクリートパネル、窯業系サイディングを張るか、モルタルやしっくいを塗って仕上げるよう定めている。

「従来の木造の外壁耐火構造は、大臣認定の材料や工法にほぼ限られていた。外壁と接合する内部の架構が制約を受け、木造の現しは極めて難しかった。今回の告示によって、内部に自由な架構を掛けたり、外装に流通品を使ったりすることが可能になり、設計の幅が広がった」と福島代表は指摘する。

防火被覆の欠損は最小限に

告示を用いることで、細い部材で構成する架構を現しとするめどが付いたものの、ディテールの設計では戸惑い、悩む場面が多かった。設計の時期が、告示の施行直後で、まだ前例がなく、地元の行政も確認検査機関も、細部の納まりに対する見解は持っていなかった。

その一例が、外壁耐火構造と、現しの梁との接合方法だ。告示には、そこまでは書かれていない。そこで、関係機関との協議の結果、外壁耐火構造の防火被覆の上に梁受けを設け、そこに梁を引っ掛ける形の納まりとなった。防火被覆の欠損を最小にとどめるために、梁受けは木ビスで外壁躯体に固定した〔図6、7、写真7、8〕。このほか、バルコニーなどでも、外壁耐火構造ならではの納まりが見られる〔写真9、図8〕。

福島代表は、「この告示は偶然に知った」と言うが、それによって建て主が望んだ「構造をデザイン化した住宅」が実現した。

（松浦 隆幸＝ライター）

A 4本の組み柱で床を支える

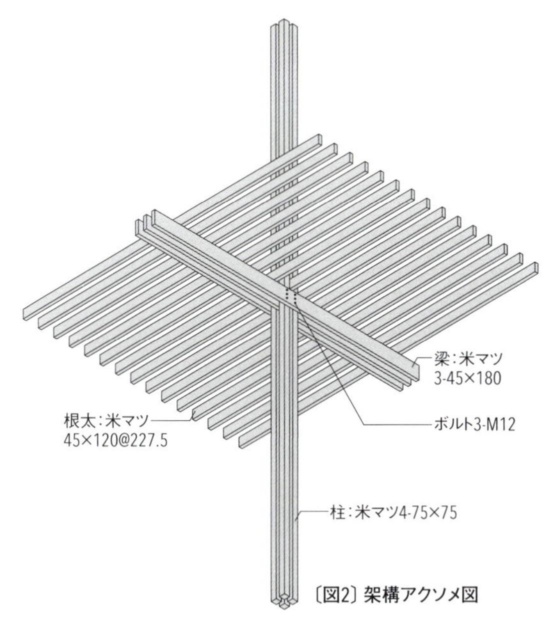

〔図2〕架構アクソメ図

柱梁ともに通常よりも細い部材を使用。接合部は、各部材を交互に挟み合わせてボルトで締めた。梁に根太を架けて、上階の床を載せている

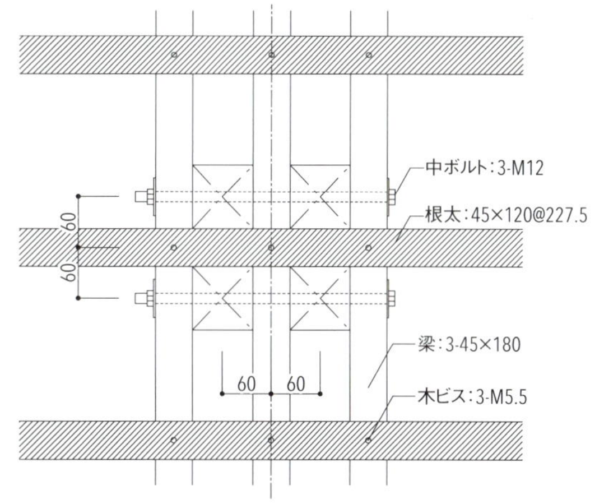

〔図3〕接合部平面詳細図 1/10

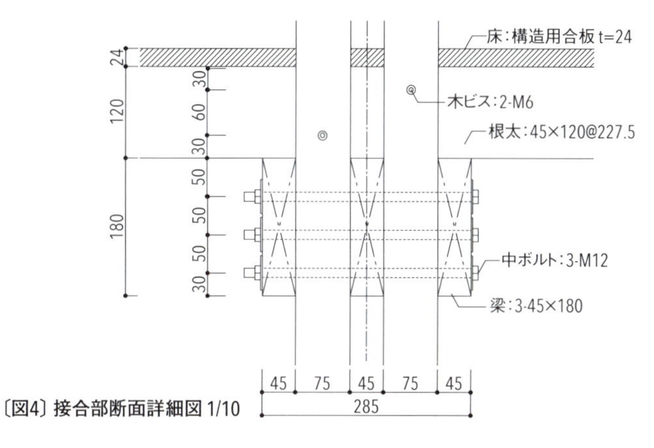

〔図4〕接合部断面詳細図 1/10

〔写真5〕

〔写真6〕

写真5のように組み柱は長さ7mの通し柱。途中で2階の床、上部で3階の床を支える。写真6の左は120mm角の柱、右はこの建物で使った75mm角の柱（写真：2点とも福島加津也＋冨永祥子建築設計事務所）

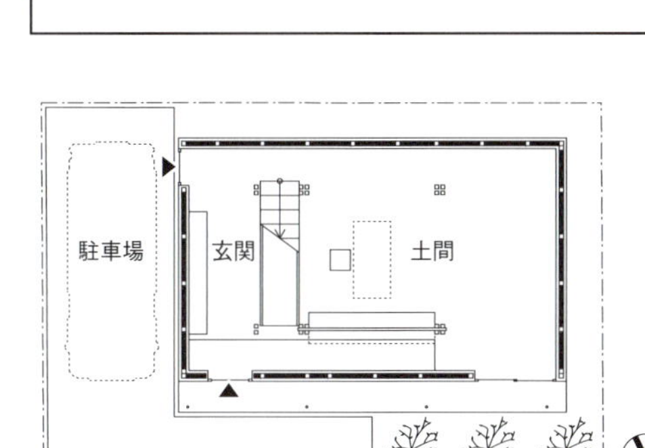

配置・1階平面図 1/200

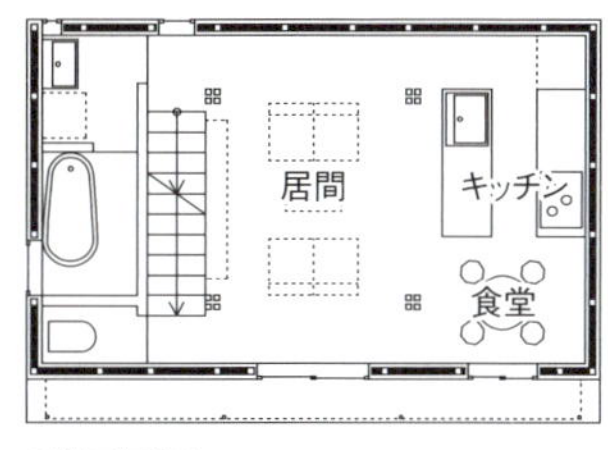

2階平面図

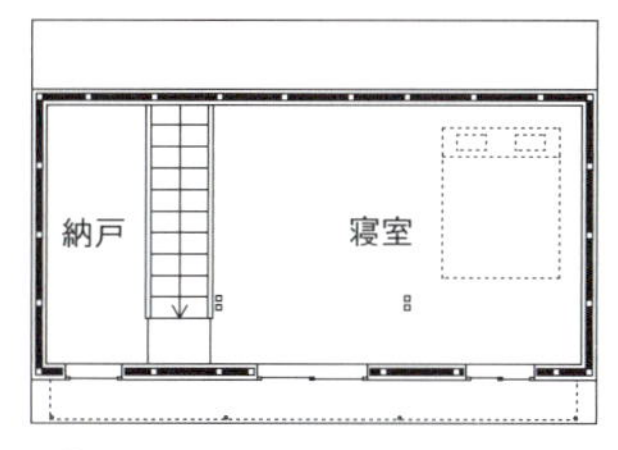

3階平面図

〔図5〕**大開口は南面のみ**

各階のプランは、組み柱の位置を基準に緩やかにゾーニングしている。将来のプラン変更もしやすい。南面以外の開口部は最小限にした

B 外壁耐火構造と現しの梁を接合

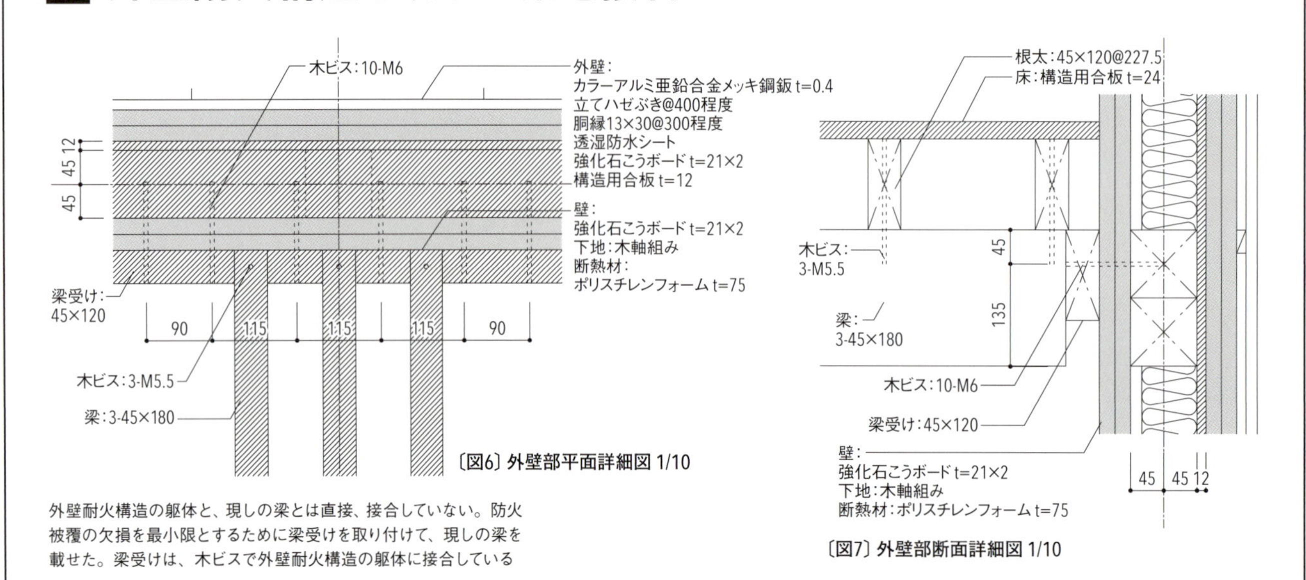

〔図6〕 外壁部平面詳細図 1/10

外壁耐火構造の躯体と、現しの梁とは直接、接合していない。防火被覆の欠損を最小限とするために梁受けを取り付けて、現しの梁を載せた。梁受けは、木ビスで外壁耐火構造の躯体に接合している

〔図7〕 外壁部断面詳細図 1/10

〔写真7〕

〔写真8〕

写真7の奥の左右に梁受けが見える。梁受けを取り付けないと、梁を架けられないため、該当箇所の防火被覆のみ先行して施工した。写真8は施工後の梁と梁受け。梁は、建物の長辺方向に架かるので、梁受けは計4つある（写真：左は福島加津也＋冨永祥子建築設計事務所）

〔写真9〕 **外装材は流通品**

南西から見た外観。外装は一般的なアルミ亜鉛合金メッキ鋼板。開口部はすべて防火設備を使用

類似プラン | RC柱で領域を生む

正面外観。外壁ラインより内側に設定したRC柱を、そのまま意匠として表現（写真：鳥村 鋼一）

準防火地域に指定された東京の密集市街地に、2008年に建てられた小住宅「柱と床」。1～2階が鉄筋コンクリート（RC）造、3階が木造の混構造。敷地面積は77m²で、延べ面積は105m²。構造部材の断面をできるだけ抑えるために、8本のRC柱を外壁ラインよりも1m近く内側に設定した。そのうえで、RCラーメンの架構から外壁ラインまで梁を張り出して床を載せ、最大限の住空間を確保している。その架構は、そのまま意匠として表現している。間仕切りのないオープンな建物内部には4本のRC柱が立ち、「4つの柱」と同様、緩やかに空間を仕切っている。

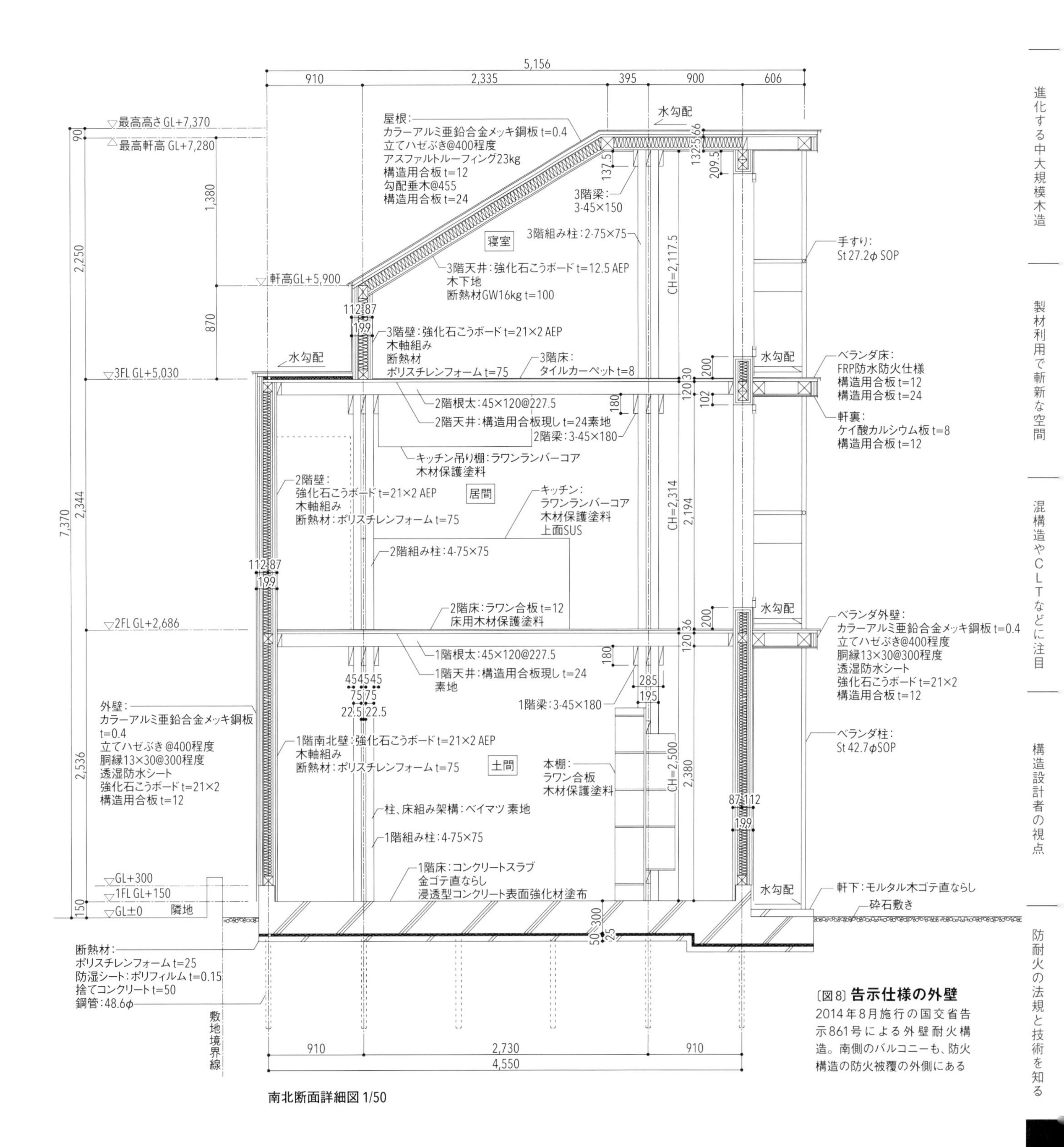

南北断面詳細図 1/50

〔図8〕**告示仕様の外壁**
2014年8月施行の国交省告示861号による外壁耐火構造。南側のバルコニーも、防火構造の防火被覆の外側にある

4つの柱

所在地：東京都世田谷区　主用途：専用住宅　地域・地区：第一種中高層住居専用地域、第一種高度地区、第二種風致地区、準防火地域　建蔽率：40.72％（許容50％）　容積率：119.43％（許容180％）　前面道路：南4.5m　駐車台数：1台　敷地面積：84.73m²　建築面積：34.50m²　延べ面積：101.19m²　構造：木造　階数：地上3階　各階面積：1階34.50m²、2階39.09m²、3階27.60m²　耐火性能：準耐火建築物（ロ準耐1：外壁耐火構造）　基礎・杭：直接基礎、地盤補強　高さ：最高高さ7.370m、軒高7.280m、階高2.536m（1階）・2.344m（2階）、天井高2.500m（1階）・2.314m（2階）・2.1175m（3階）　主なスパン：2.730×2.730m（組み柱）　設計・監理者：福島加津也＋冨永祥子建築設計事務所　設計協力者：多田脩二構造設計事務所（構造）　施工者：前川建設　施工協力者：菊嶋工業所（設備）、ハマファクトリー（電気）、プロペラ（家具）、グラディナ（造園）　設計期間：2014年5月～11月　施工期間：2015年1月～4月　総工費：非公表

その他 **防火袖壁 | 2階建て**

市松模様の家 ［東京都北区］

設計：鹿内健建築事務所

〔写真1〕**防火構造の袖壁**
建物の両側に防火構造の袖壁を張り出すことで、無垢のスギ板や、防火設備ではない開口部の採用を可能にした（写真：239ページまで鳥村 鋼一）

防火構造の袖壁で 都心に無処理木材の外壁

密集市街地に立つ2階建て住宅の外壁を、無垢のスギ板と、防火設備ではない開口部で構成した。外壁の両側に大きく袖壁を張り出すことで延焼ラインをクリアして実現した。建て主の要望と、限られた予算を満たすために設計者が考案したものだ。

スギ板の壁とガラス窓とが、市松模様を構成して外装を覆っている。ガラス窓には、建て主のアウトドアグッズが丁寧に並べられ、ディスプレーさながらの雰囲気を見せる。この住宅は木造2階建てで、30代の建て主夫婦と、夫の父の3人が暮らす二世帯住宅。老朽化した3階建ての住まいを建て替えた〔写真1〕。

敷地は住宅が密集する東京・駒込の角地にあり、準防火地域に指定されている。その立地にあって、この住宅の正面の外壁は、壁材も建具枠も不燃処理を施していない木材を使っている。壁のスギ板は厚さ15㎜のごく一般的な外装材だ。

「建て主の要望や予算などをもとにプランを組み立てていくなかで、無処理の木材で外壁を成立させる方法を検討し始めた」。設計を手掛けた鹿内健建築事務所（東京都千代田区）の鹿内健代表はそう話す。

示された予算から、構造と規模は早い段階で、木造2階建てに決まった。アウトドアが趣味の建て主のライフスタイルなどから、鹿内代表は建物の正面を木材で覆う案を出した。建て主も賛同し、コストやメンテナンスに配慮しつつ、木材を使う方法を探り始めた。ただし、予算上、不燃木材は厳しいので、延焼の恐れのある部分（延焼ライン）を避けて、無処理の木材を使えるプランを模索した。

袖壁で延焼ラインを避ける

木材の外装に加えて、建て主の要望やプラン構成、予算などの諸条件を一気に解決に導いたのが、外壁の両側に張り出す防火構造の袖壁だ〔図1〕。外壁の位置は、2階のレベルで、

2枚の袖壁から回り込む延焼ラインと、道路中心線からの延焼ラインを避けられるギリギリの位置に設定している〔図2、3〕。

延焼ラインを外れるので、当然、開口部の仕様も緩和される。防火設備を使う必要がなくなり、コストアップ要因を1つクリアした。その窓には複層ガラスを入れ、スギ板の壁とともに市松模様に仕立てた。一部の窓は開閉する木製サッシだ。

断面 POINT　延焼ラインを避けて壁面を決める〔図1〕

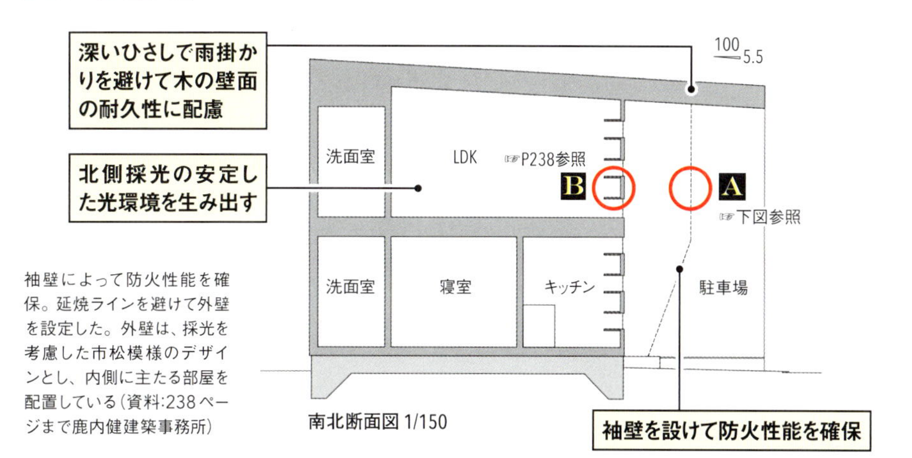

袖壁によって防火性能を確保。延焼ラインを避けて外壁を設定した。外壁は、採光を考慮した市松模様のデザインとし、内側に主たる部屋を配置している（資料:238ページまで鹿内健建築事務所）

南北断面図 1/150

A 袖壁を出し外壁に無垢のスギ板を張る

無垢の木材による外壁は、袖壁から回り込む延焼ラインと、道路中心線からの延焼ラインを避けた位置にある。さらに、2枚の袖壁の先端を結ぶひさしを張り出し、外壁への雨掛かりを防いだ。この外壁以外の3面と屋根は、アルミ亜鉛合金メッキ鋼板で仕上げている

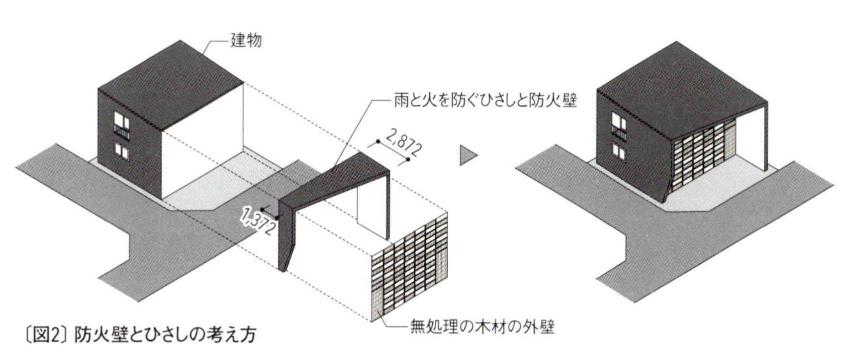

〔図2〕防火壁とひさしの考え方

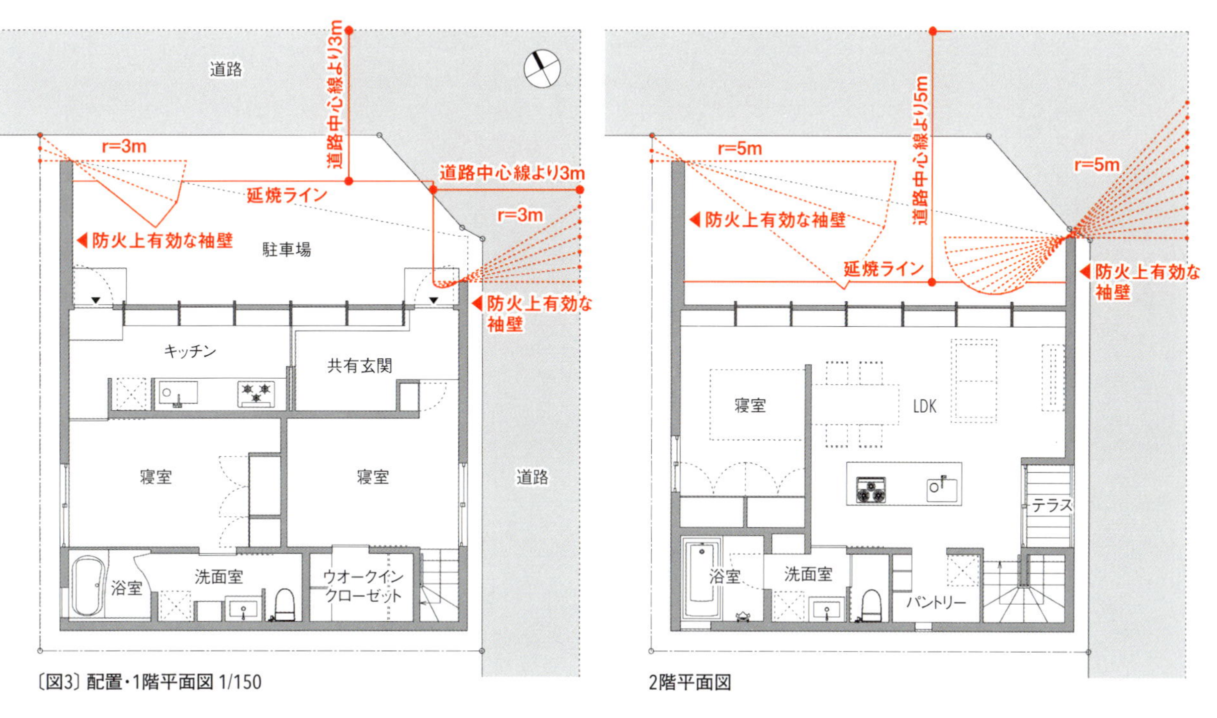

〔図3〕配置・1階平面図 1/150

2階平面図

B 採光とプライバシーを両立する意匠

市松模様を構成するスギ板の外装とガラス窓のグリッドは、幅1095㎜、高さ388㎜。基本的に市松模様だが、2カ所の玄関と層間部だけは開口部がない。ガラス窓には、滑り出しで開閉するものと、はめ殺しがある。開閉する窓の枠も無処理の木材を使っている

〔写真2〕

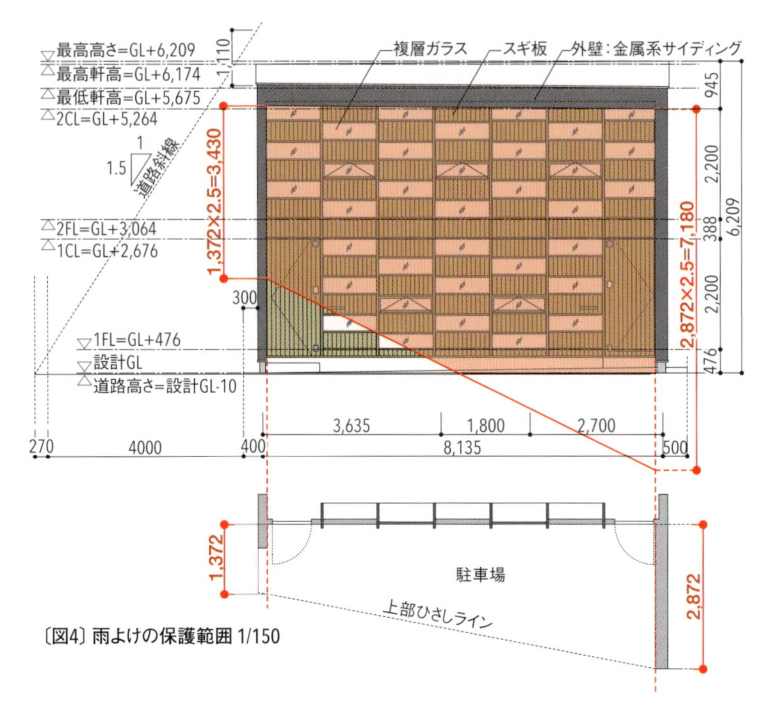

〔図4〕雨よけの保護範囲 1/150

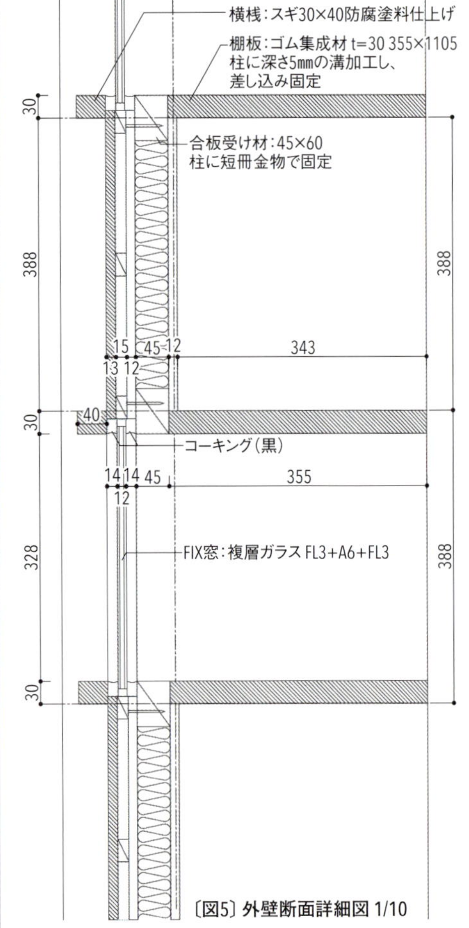

〔図5〕外壁断面詳細図 1/10

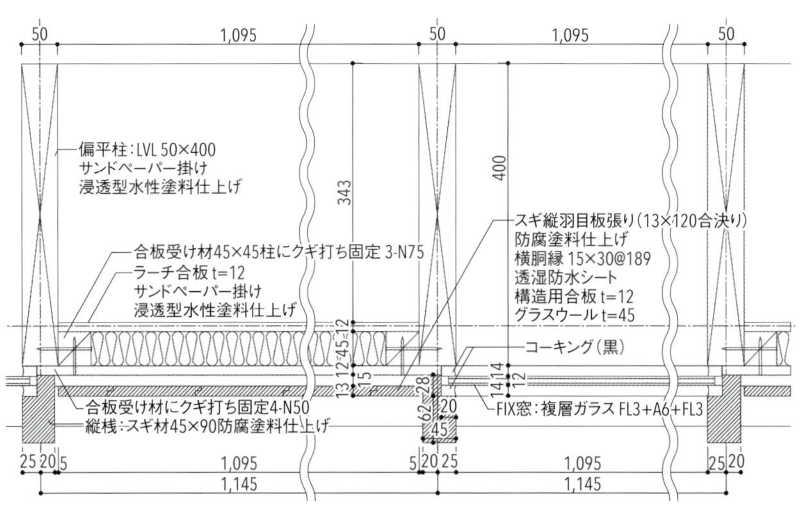

〔図6〕外壁平面詳細図 1/10

北東向きの正面外観の夕景。小刻みな開口部にすることで、採光を確保しながら、内部の様子は把握しにくくしている。木部には木材保護塗料を塗っている

〔写真3〕

〔写真4〕
室内側は全面が棚
建て主世帯の2階LDK。市松模様の内側は、全面が棚になっており、建て主がディスプレーを楽しんでいる。棚の縦材は厚さ50㎜の構造用LVLとし、外壁を支えている

市松模様の家
所在地：東京都北区　主用途：専用住宅　地域・地区：近隣商業地域、第三種高度地区、準防火地域　建蔽率：75.65%（許容90%）　容積率：111.62%（許容300%）　前面道路：北4m、東4m　駐車台数：1台　敷地面積：90.32m²　建築面積：68.33m²　延べ面積：117.90m²（うち容積率不算入部分17.08m²）　構造：木造　階数：地上2階　各階面積：1階68.33m²、2階49.56m²　耐火性能：その他建築物　基礎・杭：ベタ基礎　高さ：最高高さ6.291m、軒高6.254m、階高2.6m、天井高2.2m　主なスパン：5.435×4.800m　設計・監理者：鹿内健建築事務所　設計協力者：オーノJAPAN（構造）、スズキユウコ建築事務所（意匠）　施工者：伸栄　設計期間：2013年7月～14年8月　施工期間：2014年9月～15年3月　総工費：2752万1640円

敷地は、北東と南東に道路がある角地だが、建物の正面となる市松模様の外壁は、あえて北東向きに設けている。その理由は2つ。1つは、木材に直射日光が当たらず、劣化を防ぎやすいこと。もう1つは、周辺環境などからより自然光を得やすい北東向きを採光面にした点だ。

二世帯とも、リビングダイニングやキッチンなどの主たる部屋は、その市松模様のすぐ内側にある。前面道路からの視線が気になりそうだが、市松模様という窓の配置によって、外からの視線を“くらます”効果を狙った。加えて、市松模様の室内側の全面を棚にすることで、その奥行き感と、建て主が楽しみながら飾っているアウトドアグッズや雑貨などが緩衝帯となって、外からの視線をさらに遠のけている〔写真2～4、図4～6〕。

止水なしのシンプルな納まり

この住宅は、2枚の袖壁の先端をつないで深いひさしを出している。建て主が要望した駐車スペースの屋根をつくるのと同時に、木材の外装への雨掛かりを防ぐ役目を持つ。10%の角地緩和によって、90%まで建蔽率が増すことが、ここまで大きく張り出すひさしを可能にした。

さらに、「深いひさしで雨掛かりを防いだことで、外装のディテールもすっきりしたものにできた」と、鹿内代表は言う。スギ板の外壁は通気層を取っているが、下端に板金などの止水材は取り付けていない。

住宅瑕疵担保責任保険の設計施工基準では止水措置を求めているが、ここでそれを不要にしたのが大きく張り出すひさしだ。これが同基準が示す「雨除けの保護範囲」となり、止水の措置を不要にしている。その点について、鹿内代表はあらかじめ保険機関などと図面を挟んで協議して確認を取ったという。これによって、市松模様の一つひとつの枠まわりがすっきりした納まりになった。

「防耐火の要件が厳しい都心の密集地であっても、安価な流通材を使って、様々な木の外壁を提案する可能性があることを示せた」と、鹿内氏は手応えを口にする。

（松浦 隆幸＝ライター）

イ2準耐火　木造軸組み＋ボード仕上げ ｜ 2階建て

まち「なかの」まどり ［東京都中野区］

設計：設計アトリエ

〔写真1〕**階段と縁側を多目的に利用**
床の段差を生かして階段下を活用し、縦格子の縁側で視覚的な広がりを与えた（写真:242ページまで吉田 誠）

柱梁は不燃材でくるみ 建具で木の温かみ

準耐火構造による延べ面積60m²あまりの2階建て住宅。限られた居住空間に広がりを持たせるために様々な工夫を凝らしている。それを象徴するのが、縦格子の引き戸に包まれた縁側やベランダといった半屋外の緩衝空間だ。

天然乾燥材の天竜スギによる柱や梁を不燃材のボードで覆った白い空間のなか、建具と床に用いた木の肌合いが温かみとアクセントを与えている。準耐火建築物である建物の延べ面積は63m²で、掘りごたつ式の居間・食堂まわりは、6畳を切る。

断面POINT　床座をベースに間仕切り取り払う〔図1〕

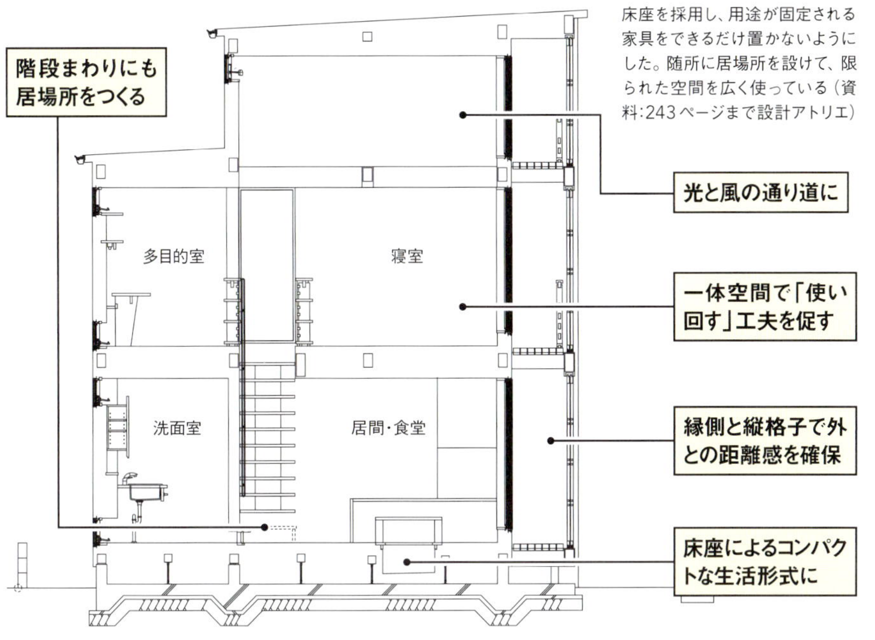

床座を採用し、用途が固定される家具をできるだけ置かないようにした。随所に居場所を設けて、限られた空間を広く使っている（資料：243ページまで設計アトリエ）

南北断面図 1/100

〔図2〕**南の縁側をバッファーゾーンに**

間仕切りをなくし、水まわりと収納以外は1、2階ともワンルーム状の空間にした。縁側とベランダには縦格子の引き戸を配して外からの視線を遮りつつ、室内にいる人からは縦格子まで一体空間と感じられるようにした

隣地境界線　隣地境界線　犬走り　トイレ　洗面室　浴室　玄関　ホール　隣地境界線　アプローチ　居間・食堂　キッチン　縁側　前庭　道路境界線

1階平面図 1/150

トイレ　多目的室　寝室　ベランダ　押し入れ

2階平面図

それでも、この家で親子4人の生活を始めた夫妻は、「面積以上の広さを感じている」と満足げだ〔写真1〕。

設計は、瀬野和広代表の率いる設計アトリエ（東京都中野区）が手掛けた。空間構成はシンプルだ。3間（5460㎜）×3間の正方形平面を生活空間とし、南側に付加した半間（910㎜）の帯状スペースを縁側やベランダと収納に充てた。

生活空間のうち、北側を水まわりや多目的室に利用し、南側に居間・食堂、寝室を重ねた。水まわりと収納を除いて間仕切りがなく、階段が上下階を1つに結び付けている〔図1、2〕。

階段の上下も活用

瀬野代表は設計に際し、「家全体を単一空間とし、それぞれのエリアを複数用途に用いること」を心掛ける。

「特に小さな子のいる家族の場合、個々が部屋に分かれて暮らす必要はない。間仕切りのない空間に同居している過程で、互いに時間をずらして用事を済ませたり、兄弟と陣取りしながら自分のスペースを確保したりするなど、居場所を工夫して生み出す力が磨かれる。最初から親が子に個室を与えるのではなく、子が望むようになってから、対応すればいい」。そう瀬野代表は話す。

建て主も、こうした考えに同意する。「寝室や多目的室といった、どのようにも使えるスペースがある。人が来た場合にも、いろいろ対応できるから不便はない」と夫妻〔写真2〕。

さらにこの家では、限られた面積を有効利用する工夫をいくつか施している。まず気付くのは、断面方向を活用して、あちこちに「居場所」をちりばめていることだ。

例えば、階段まわり。キッチンの横に続く階段下にカウンターを設け、妻の作業デスクとして活用している。視線の高さをそろえるために、キッチン側の床を畳敷きの居間・食堂から400㎜下げている。この段差を利用し、広いカウンター幅を確保した。階段下なので、ニッチのような落ち着いた雰囲気も加わる。さらに階段そのものも、夫がしばしば段板に腰掛けてくつろぐという。階段の上も下も、居場所として機能している。

室内に広がりを与えるもう1つの

〔写真2〕**家族が共有する多目的室と寝室**
階段の手すり部分は本棚として活用。階段の奥側には洗濯物を干すためのパイプを取り付けている

〔写真3〕**木格子で外との距離感**
玄関から居間・食堂越しに縁側を見る。可動式の木格子が歩行者からの視線を遮る

ポイントは、各階の南面に用意した半屋外空間にある。910㎜の奥行きを持つスノコ床の縁側やベランダを設け、前面に通る二項道路との間を縦格子の引き戸で仕切った〔写真3〕。

「周囲の街とつながり、外の空気を感じられる緩衝地帯を用意した。目の前に前面道路が通っているので、格子戸を設けることで視覚的な距離感を確保し、外側と内側の空間をギリギリまで活用できるようにした」(瀬野代表)。ベランダは洗濯物を干す場所として用いるほか、夏季の日射を遮る軒にもなる〔図3〕。

歩行者からの視線を防ぐため、カナダスギを用いた格子の断面寸法と間隔は、原寸模型をつくって検討を重ねた。幅19㎜、奥行き38㎜のスギ桟を、38㎜の隙間を設けて縦に並べている。建て主夫妻は、「縦格子があるおかげで、縁側の部分まで室内空間の続きとして感じられる。昼間は外から中の様子が見えないので、室内にいても外の視線は気にならない」と話す。

動線と居場所の床を変える

床座の採用も、空間を広く使える効果をもたらしている。もともと瀬野代表は、空間を多目的に利用するためにテーブルや椅子を置かずに、床座とするケースが多い。建て主も、父親から譲り受けた座卓を使うことを望んだため、当初から床座を前提に設計を進めた。2階の寝室も、布団を敷く部分を畳敷きとしている。

一方、玄関から階段やキッチンにつながる動線部分や2階の階段まわりの床には、無垢のスギ材を配した。床仕上げを変えるという工夫により、連続した空間にもかかわらず、人が動き回る部分と落ち着いて過ごす部分で雰囲気の差を生み出している。

(守山 久子＝ライター)

まち「なかの」まどり

所在地：東京都中野区　主用途：専用住宅　地域・地区：準防火地域、新たな防火規制区域、第一種中高層住居専用地域　建蔽率：52.6%（許容60%）　容積率：95.16%（許容160%）　前面道路：南4m　駐車台数：なし　敷地面積：66.12m²　建築面積：34.78m²　延べ面積：62.92m²　構造：木造　階数：地上2階　耐火性能：イ2準耐火建築物　各階面積：1階31.46m²、2階31.46m²　基礎・杭：ベタ基礎、鋼管杭　高さ：最高高さ7.649m、軒高5.32m、階高2.6m、天井高2.175m　主なスパン：1.82m×3.64m　設計・監理者：設計アトリエ　施工者：田中工務店　施工協力者：新栄鋼業、堤産業、サンエー住設、東和アークス、アルファ建材、有山造園、小坂技研、中村塗装店、鈴木工業、信越ビー・アイ・ビー、服部左官工業、大熊電機、やまざきトーヨー住器、駒設備　設計期間：2014年3月～8月　施工期間：2014年12月～15年7月　環境性能：省エネルギー対策等級4

〔図3〕**日射や風の道をコントロール**

南側に設けたベランダが軒となり、季節に応じて室内に入り込む日射量を調整する。北側の地窓から南側の上部開口へと風が抜ける経路も確保し、心地良い室内環境を得られるようにした。1階の階段下にも、洗面室と居間・食堂をつなぐ通気用の開口を設けている

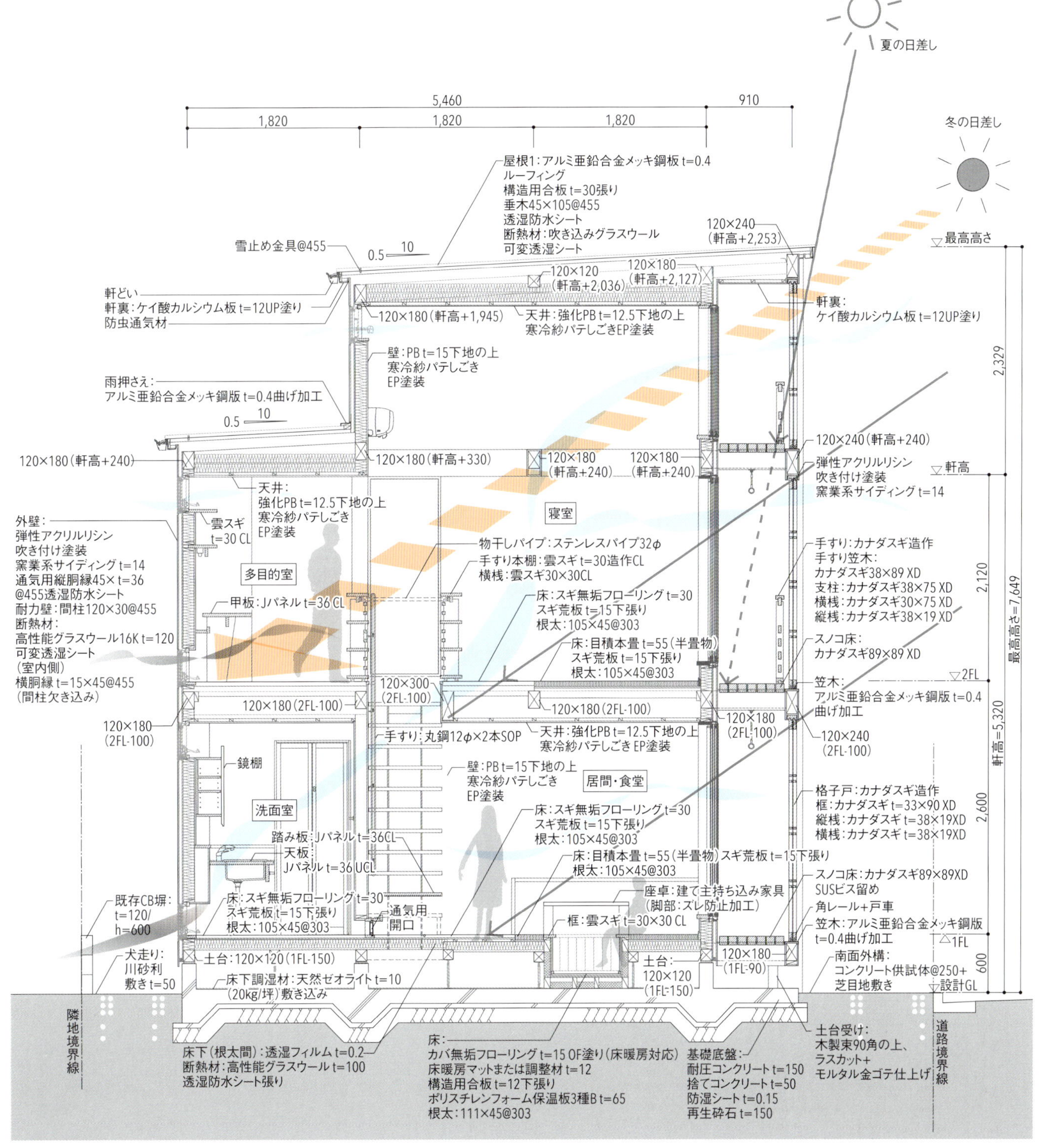

南北断面詳細図 1/60

収録プロジェクト一覧 (完成時期順)

建物名称	所在地	建築設計者	構造設計者など	完成時期
下馬の集合住宅	東京都世田谷区	KUS(現・内海彩建築設計事務所、コードアーキテクツ)	桜設計集団、東京大学腰原研究室	2013年9月
和水町立三加和小中学校	熊本県和水町	野沢正光建築工房、一宇、UL設計室、東大森裕子時空間設計室	山辺構造設計事務所	2013年12月
道の駅あいづ 湯川・会津坂下	福島県湯川村	アルセッド建築研究所	ホルツストラ、坂田涼太郎構造設計事務所	2014年7月
住田町役場	岩手県住田町	前田建設工業・長谷川建設・中居敬一都市建築設計JV、近代建築研究所(意匠)	ホルツストラ	2014年8月
赤羽の集合住宅	東京都北区	KUS(現・内海彩建築設計事務所、コードアーキテクツ)	MID研究所、ミサワホーム総合研究所(構造設計協力)、東京大学腰原研究室(構法アドバイス)	2014年12月
ATグループ本社 北館	名古屋市昭和区	竹中工務店	竹中工務店	2015年2月
南陽市文化会館	山形県南陽市	大建設計	大建設計	2015年3月
静岡県草薙総合運動場体育館	静岡市駿河区	内藤廣建築設計事務所	KAP(岡村仁)	2015年3月
大分県立美術館	大分市	坂茂建築設計	アラップ	2015年3月
市松模様の家	東京都北区	鹿内健建築事務所(現・Sデザインファーム)	オーノJAPAN	2015年3月
4つの柱	東京都世田谷区	福島加津也+冨永祥子建築設計事務所	多田脩二構造設計事務所	2015年4月
まち「なかの」まどり	東京都中野区	設計アトリエ	設計アトリエ	2015年7月
みやむら動物病院	東京都江戸川区	アトリエOPA+ビルディングランドスケープ	桜設計集団	2015年10月
京都木材会館	京都市中京区	ゆう建築設計	シェルター(木構造)	2016年3月
高知県森連会館	高知県南国市	ふつう合班(鈴江章宏建築設計事務所、界設計室、○ケンチクジムショ)	HF設計	2016年3月
道の駅ましこ	栃木県益子町	マウントフジアーキテクツスタジオ	アラップ	2016年9月
高知県自治会館	高知市	細木建築研究所	桜設計集団(構造、防耐火)	2016年9月
東松島市立宮野森小学校	宮城県東松島市	盛総合設計+シーラカンスK&H	佐藤淳構造設計事務所	2016年12月
国分寺フレーバーライフ社本社ビル	東京都国分寺市	スタジオ・クハラ・ヤギ	KAP(桐野康則)、team Timberize(木構法、工法)、桜設計集団(防耐火)	2017年7月
熊本県総合防災航空センター	熊本県菊陽町	アトリエ・シムサ+ライト設計JV	長谷川大輔構造計画	2017年10月
ティンバード・テラス	石川県小松市	SALHAUS	桜設計集団(構造、防耐火)	2017年10月
大船渡消防署住田分署	岩手県住田町	SALHAUS	佐藤淳構造設計事務所	2018年3月
由布市ツーリストインフォメーションセンター	大分県由布市	坂茂建築設計	星野建築構造設計事務所	2018年3月
小林市新庁舎	宮崎県小林市	梓設計	梓設計、ホルツストラ(構造設計監修)	2018年3月
富岡商工会議所会館	群馬県富岡市	手塚建築研究所	オーノJAPAN	2018年5月
柳小路南角	東京都世田谷区	三井嶺建築設計事務所	坂田涼太郎構造設計事務所	2018年11月(予定)
仙台市泉区高森2丁目プロジェクト(仮称)	仙台市泉区	竹中工務店	竹中工務店	2019年2月(予定)

構造	地上階数	延べ面積	主要使用木材	耐火性能	木造架構のポイント	掲載ページ
木造、一部RC造	5階	372.15m^2	木質接着パネル	1時間耐火建築物	木質接着パネル（マッシブホルツ）	222
木造	1階	1965.17m^2 （木造校舎＋体育館）	製材	その他建築物	製材による大スパン架構（最大21m）	50
木造	1階	1894.57m^2	製材	その他建築物・ 一部1時間耐火建築物	製材による架構・樹状柱	56
木造	2階	2883.48m^2	集成材	イ2準耐火建築物	集成材による大スパントラス梁 （約22m）＋ラチス壁	6
木造	4階	599.71m^2	木質接着パネル	1時間耐火建築物	木質接着複合パネル構法	226
S造、一部木造	4階	4321.31m^2	耐火集成材	1時間耐火建築物	耐火集成材による天井架構	108
木造、一部RC造	3階 （地下1階）	6191.38m^2	耐火集成材	1時間耐火建築物	耐火集成材による組み柱+立体トラス	16
RC造、木造、S造	2階 （地下1階）	1万3509.33m^2	集成材	1時間耐火建築物	RCリング+集成材による架構	98
S造、一部RC造・木造 （柱頭免震構造）	4階 （地下1階）	1万7213.37m^2	製材、集成材	1時間耐火建築物 （地上）	木質ハイブリッド集成材（柱） +製材（筋交い）	112
木造	2階	117.90m^2	製材	その他建築物	防火袖壁による無処理木材の外壁	236
木造	3階	101.19m^2	製材	ロ1準耐火建築物	外壁耐火構造による内部架構の現し	230
木造	2階	62.92m^2	製材	イ2準耐火建築物	木造軸組み+ボード仕上げ	240
木造	3階	246.09m^2	LVL	イ2準耐火建築物	木造混構造（在来軸組み+LVL）	136
木造、一部S造	4階	754.50m^2	耐火集成材	1時間耐火建築物	木造混構造（耐火集成材による 木造ラーメン+在来軸組み）	26
木造	2階	1227.73m^2	CLT	イ1準耐火建築物	木造混構造（在来軸組み+CLT）	140
RC造	1階	1328.84m^2	集成材	ロ1準耐火建築物	集成材による大スパン架構 （14.1～31.6m）	122
RC造・一部S造、木造	6階	3648.59m^2	集成材、CLT	1時間耐火建築物 （木造部分）	混構造（RC造+木造）／ 木造は集成材の柱・梁+CLT耐力壁	144
木造、一部RC造・S造	1階・ 一部2階	3999.07m^2	製材	その他建築物	製材による大スパン架構（最大約25m）	66
S造	7階	605.70m^2	耐火集成材	1時間耐火建築物 （4～7階）	木質ハイブリッド集成材（柱・梁）	130
RC造、木造	1階	1909.55m^2	製材	その他建築物	製材による大スパントラス（約20m）	76
木造	3階	779.22m^2	CLT、集成材	イ1準耐火建築物	木造混構造（CLT+在来軸組み）	154
木造	2階	1029.74m^2	集成材	その他建築物	貫式木造ラーメン	38
木造、一部S造	2階	624.21m^2	集成材	その他建築物	集成材アーチ	44
木造（東館）	3階 （東館）	2082.32m^2 （東館）	製材	その他建築物 （東館）	製材による大スパン張弦梁（約13m） +耐力壁	82
木造	2階	801.64m^2	集成材	その他建築物	壁・屋根一体の格子トラス	32
木造、一部RC造・S造	3階	756.47m^2	製材（ラフ材）	イ1準耐火建築物	束ね柱+重ね梁	92
木造（CLT床・耐震壁、 燃エンウッド柱）+S造	10階	3604.79m^2	CLT、 耐火集成材	耐火建築物	木造（CLTの床スラブ・耐震壁ほか） +S造（柱・梁）	158

日経アーキテクチュア掲載号・執筆者一覧

PART1 進化する中大規模木造

6ページ｜住田町役場｜2014年11月10日号「フォーカス建築」｜松浦隆幸（ライター）
16ページ｜南陽市文化会館｜2015年12月25日号「フォーカス建築」｜松浦隆幸（ライター）
26ページ｜京都木材会館｜2016年9月22日号「特別リポート／耐火で攻める中大規模木造」｜松浦隆幸（ライター）
32ページ｜富岡商工会議所会館｜2018年10月11日号「特集／木造第3世代」｜守山久子（ライター）
38ページ｜大船渡消防署住田分署｜2018年10月11日号「特集／木造第3世代」｜長井美暁（ライター）
44ページ｜由布市ツーリストインフォメーションセンター｜2018年10月11日号「特集／木造第3世代」｜長井美暁（ライター）

PART2 製材利用で斬新な空間

50ページ｜和水町立三加和小中学校｜2014年6月25日号「特集／活気づく中・大規模木造」｜松浦隆幸（ライター）
56ページ｜道の駅あいづ 湯川・会津坂下｜2015年1月25日号「フォーカス建築」｜松浦隆幸（ライター）
66ページ｜東松島市立宮野森小学校｜2017年3月9日号「フォーカス建築」｜松浦隆幸（ライター）
76ページ｜熊本県総合防災航空センター｜2018年10月11日号「特集／木造第3世代」｜森清、松浦隆幸（ライター）
82ページ｜小林市新庁舎｜2018年7月12日号「フォーカス建築」｜松浦隆幸（ライター）
92ページ｜柳小路南角｜2018年10月11日号「特集／木造第3世代」｜森清

PART3 混構造やCLTに注目

98ページ｜静岡県草薙総合運動場体育館｜2014年6月25日号「特集／活気づく中・大規模木造」、2015年5月10日号「フォーカス建築」｜松浦隆幸（ライター）
108ページ｜ATグループ本社 北館｜2015年8月10日号「特集／ディテールで読み解く都市木造の核心」｜松浦隆幸（ライター）
112ページ｜大分県立美術館｜2015年6月25日号「フォーカス建築」、同年8月10日号「特集／ディテールで読み解く都市木造の核心」｜守山久子（ライター）
122ページ｜道の駅ましこ｜2016年12月22日号「フォーカス建築」｜松浦隆幸（ライター）
130ページ｜国分寺フレーバーライフ社本社ビル｜2017年9月28日号「特別リポート／木造・木質ビル『街なか型』普及期へ」｜松浦隆幸（ライター）
136ページ｜みやむら動物病院｜2015年8月10日号「特集／ディテールで読み解く都市木造の核心」｜松浦隆幸（ライター）
140ページ｜高知県森連会館｜2016年9月22日号「特別リポート／耐火で攻める中大規模木造」｜松浦隆幸（ライター）
144ページ｜高知県自治会館｜2016年12月8日号「フォーカス建築」｜松浦隆幸（ライター）
154ページ｜ティンバード・テラス｜2018年3月22日号「特別リポート／聞かせて！CLTの使い勝手」｜松浦隆幸（ライター）
158ページ｜仙台市泉区高森2丁目プロジェクト（仮称）｜2018年10月11日号「特集／木造第3世代」｜宮沢洋

構造設計者の視点

160ページ｜山田憲明氏｜2018年10月11日号「特集／木造第3世代」（加筆）｜談話まとめ／森清、松浦隆幸（ライター）
164ページ｜稲山正弘氏｜2018年10月11日号「特集／木造第3世代」（加筆）｜談話まとめ／森清、松浦隆幸（ライター）

PART4 防耐火の法規と技術を知る

168ページ｜防耐火設計のポイント1｜2016年8月11日号「連載講座／都市木造入門（防耐火設計編）第1回」｜安井昇（桜設計集団）
172ページ｜防耐火設計のポイント2｜2016年9月8日号「連載講座／都市木造入門（防耐火設計編）第2回」｜安井昇（桜設計集団）
176ページ｜防耐火設計のポイント3｜2016年10月13日号「連載講座／都市木造入門（防耐火設計編）第3回」｜安井昇（桜設計集団）
180ページ｜防耐火設計のポイント4｜2016年11月10日号「連載講座／都市木造入門（防耐火設計編）第4回」｜安井昇（桜設計集団）
184ページ｜防耐火設計のポイント5｜2016年12月8日号「連載講座／都市木造入門（防耐火設計編）第5回」｜安井昇（桜設計集団）
188ページ｜防耐火設計のポイント6｜2017年1月12日号「連載講座／都市木造入門（防耐火設計編）第6回」｜安井昇（桜設計集団）
192ページ｜防耐火設計のポイント7｜2017年2月9日号「連載講座／都市木造入門（防耐火設計編）第7回」｜安井昇（桜設計集団）
196ページ｜防耐火設計のポイント8｜2017年4月13日号「連載講座／都市木造入門（防耐火設計編）第8回」｜安井昇（桜設計集団）
200ページ｜防耐火設計のポイント9｜2017年5月25日号「連載講座／都市木造入門（防耐火設計編）第9回」｜安井昇（桜設計集団）
204ページ｜防耐火設計のポイント10｜2017年7月13日号「連載講座／都市木造入門（防耐火設計編）第10回」｜安井昇（桜設計集団）
208ページ｜防耐火設計のポイント11｜2017年8月24日号「連載講座／都市木造入門（防耐火設計編）第11回」｜安井昇（桜設計集団）
212ページ｜防耐火設計のポイント12｜2017年10月12日号「連載講座／都市木造入門（防耐火設計編）第12回」｜安井昇（桜設計集団）
216ページ｜防耐火設計のポイント13｜2017年11月23日号「連載講座／都市木造入門（防耐火設計編）最終回」｜安井昇（桜設計集団）
220ページ｜2018年建基法改正のポイント｜書き下ろし｜談話まとめ／森清

PART5 都市住宅を攻略する

222ページ｜下馬の集合住宅｜2014年6月10日号「住宅特集／身近になる木造防耐火」｜安井功（現・日経ホームビルダー）
226ページ｜赤羽の集合住宅｜2015年8月25日号「フォーカス住宅」｜萩原詩子（ライター）
230ページ｜4つの柱｜2015年9月25日号「住宅特集／断面から変える都市型プラン」｜松浦隆幸（ライター）
236ページ｜市松模様の家｜2015年9月25日号「住宅特集／断面から変える都市型プラン」｜松浦隆幸（ライター）
240ページ｜まち「なかの」まどり｜2015年9月25日号「住宅特集／断面から変える都市型プラン」｜守山久子（ライター）

安井 昇

桜設計集団代表、チーム・ティンバライズ副理事長

やすい・のぼる　1968年京都市生まれ。91年東京理科大学理工学部建築学科卒業。93年同大学理工学研究科建築学専攻（修士）修了、積水ハウス入社。99年桜設計集団一級建築士事務所開設。2004年早稲田大学理工学研究科建設学専攻（博士）修了。同年から同大学理工学研究所研究員（長谷見雄二研究室所属）。05年から岐阜県立森林文化アカデミー、06年から東京都市大学で非常勤講師。07年からNPO木の建築フォラム理事、11年からNPO法人team Timberize副理事長。博士（工学）、一級建築士

都市木造デザイン大全
構造や防耐火から接合部のディテールまで

2018年11月26日 初版第1刷発行

著者	安井昇、日経アーキテクチュア
編者	日経アーキテクチュア
発行者	畠中克弘
編集スタッフ	森 清
編集協力スタッフ	松浦隆幸（エディター／ライター）
発行	日経BP社
発売	日経BPマーケティング
	〒105-8308 東京都港区虎ノ門4-3-12
装丁	松田剛（東京100ミリバールスタジオ）
デザイン	原理子（Rico Graphic）
印刷・製本	図書印刷株式会社

ISBN978-4-296-10091-0

本書籍に関するお問い合わせ、ご連絡は下記にて承ります。
https://nkbp.jp/booksQA